Wolfgang Schröer
Sozialpädagogik und die soziale Frage

Dresdner Studien zur Erziehungswissenschaft und Sozialforschung

Herausgegeben von der
Fakultät Erziehungswissenschaften
der Technischen Universität Dresden

Herausgeberkollegium:
Heiner Drerup, Wolfgang Melzer, Frank Nestmann,
Jörg-Peter Pahl und Gisela Wiesner

Wolfgang Schröer

Sozialpädagogik und die soziale Frage

Der Mensch im Zeitalter des Kapitalismus um 1900

Mit einem Vorwort von
Christian Niemeyer

Juventa Verlag Weinheim und München 1999

Der Autor
Wolfgang Schröer Jg. 1967, Dr. phil., ist wissenschaftlicher Assistent am Institut für Sozialpädagogik und Sozialarbeit der Technischen Universität Dresden.
Seine Arbeitsschwerpunkte sind Theorie und Geschichte der Sozialpädagogik und Sozialpolitik, Interkulturelle Pädagogik und soziokulturelle Erziehung und Bildung.

Die Deutsche Bibliothek - CIP-Einheitsaufnahme

Schröer, Wolfgang:
Sozialpädagogik und die soziale Frage : der Mensch im Zeitalter des Kapitalismus um 1900 / Wolfgang Schröer. - Weinheim ; München : Juventa Verlag , 1999
 (Dresdner Studien zur Erziehungswissenschaft und Sozialforschung)
 ISBN 3-7799-1307-0

Das Werk einschließlich aller seiner Teile ist urheberrechtlich geschützt. Jede Verwertung außerhalb der engen Grenzen des Urheberrechtsgesetzes ist ohne Zustimmung des Verlags unzulässig und strafbar. Das gilt insbesondere für Vervielfältigungen, Übersetzungen, Mikroverfilmungen und die Einspeicherung und Verarbeitung in elektronischen Systemen.

© 1999 Juventa Verlag Weinheim und München
Umschlaggestaltung: Atelier Warminski, 63654 Büdingen
Printed in Germany

ISBN 3-7799-1307-0

Vorwort

Die Diskussion um die theorie- und begriffsgeschichtlichen Grundlagen der Sozialpädagogik ist in den letzten Jahren in Bewegung gekommen. Nachdem man sich schon daran gewöhnt hatte, die Weimarer Epoche als jene Phase auszuweisen, in der sich das Disziplinverständnis in einer auch die Folgeforschung noch dominierenden Weise ausgeprägt habe, dabei die Theoriedebatten des Kaiserreichs allenfalls als Störungsepisode verrechnend, die einer begrifflichen Vereinheitlichung noch Widerstand leistete, wird in den letzten Jahren - wie übrigens in anderen Sozial- und Kulturwissenschaften auch - zunehmend kritischer gefragt, was sich in dieser Epoche tatsächlich ereignete und welche Relevanz ein Rekurs auf sie haben könne beim Versuch, den Traditionslinien des Faches in seiner ganzen Breite gerecht werden zu wollen.

Das Buch von Wolfgang Schröer erschließt nun eine zentrale Lücke: Zum ersten Mal wird ein über Jahrzehnte hinweg gänzlich vernachlässigter Diskussionszusammenhang so aufbereitet, daß die Auseinandersetzung um die Theoriegeschichte der Sozialpädagogik der Jahrhundertwende auf neue Grundlagen gestellt werden kann. Dabei ist nicht nur die rekonstruierte Sozialpädagogikdebatte zwischen 1888 und 1905 bis heute so gut wie unerforscht, auch das Verfahren, dessen sich Wolfgang Schröer bedient, ist ungewöhnlich und in dieser Konsequenz bis heute in der Sozialpädagogik noch nicht in Anwendung gebracht worden. Worum es ihm nämlich geht, ist eine sehr zurückhaltende, eine von vorschnellen Einordnungen und Gewichtungen absehende Analyse eines Ausschnittes der Theoriegeschichte, nicht aber etwa eine hypothesengeleitete Aufbereitung selektierten Materials. Gemeint ist der Verzicht auf die Inanwendungsetzung gängiger Klischees in der sozialpädagogischen Theoriegeschichte und die auf diese Weise wieder zugänglich gemachte Möglichkeit, die in dieser Arbeit im Zentrum stehenden Autoren in ihrer Bedeutung vor dem Hintergrund der zeitgebundenen Diskussionen, in dem sie eine Rolle spielen, kennenzulernen und für die gegenwärtige Reflexion aufzuschließen. Wolfgang Schröer bringt, anders gesagt, die von ihm ins Zentrum gerückten Quellen wieder zum Sprechen, ohne daß er etwa darauf verzichten würde, zentrale Teilergebnisse herauszustellen.

Das vorliegende Buch wäre allerdings mißverstanden, wenn man 'nur' anzuerkennen wüßte, daß der Verfasser einen bisher weitgehend unbekannten Zeitschriftendiskurs ausgewertet hat. Denn es ist weiterhin herauszustreichen, daß die Theorieentwürfe Wilhelm Reins, Otto Willmanns, Paul Natorps und Paul Bergemanns rekonstruiert werden - auch dies unter Bezug auf die jeweils bis 1905 erschienenen Schriften. Wolfgang Schröer rückt damit Autoren ins Zentrum, die - abgesehen vielleicht von Paul Natorp - in der neuen sozialpädagogischen Theoriedebatte so gut wie unberücksichtigt bleiben und zu denen auch aus den Jahren zuvor kaum Sekundärliteratur aus sozialpädagogischer Feder vorliegt. Dabei ist es durchaus bemerkenswert, wie differenziert die jeweiligen

Darlegungen dieser Theorieprogramme vorgestellt werden: nämlich auf Abkürzung verzichtend, auch auf gängige Bewertungsmuster - und statt dessen die Genese des jeweiligen Theorieprogramms auch in den je maßgebenden weltanschaulichen Grundlagen anschaulich machend.

Schließlich wird, was für die sozialpädagogische Theoriegeschichte notwendig erscheint, der Blick über die Disziplingrenzen hinaus geöffnet. Die Sozialpädagogikdiskussion wird aus dem Blickwinkel der Sozialpolitik und Sozialreform betrachtet: Sie erscheint als eine durch die sozialreformerische und sozialpolitische Aufbruchstimmung der Jahrhundertwende herausgeforderte Auseinandersetzung um die pädagogischen Aufgaben in der kapitalistischen Moderne und die sozialpolitische Einordnung der Pädagogik. Umgekehrt wird darum auch die Frage notwendig, wie die 'sozialpädagogische Mission' (Werner Sombart) in der Sozialpolitik aufgenommen wurde. Wolfgang Schröer konzentriert sich in diesem Zusammenhang vor allem auf Ferdinand Tönnies und arbeitet aus dessen Auseinandersetzung mit der Sozialpädagogik vor allem zwei Momente heraus: Das (1) über den Gedanken der Bildungsgemeinschaft zu fassende Motiv Tönnies, die Pädagogik - ähnlich wie Natorp - auf die Notwendigkeit der Reflexion ihrer sozialen und politischen Einlagerung vor dem Kontext der Auflösung überlieferter Lebensformen zu verweisen; und (2) die im Kontext der Zwangserziehungsgesetzgebung zu sehende Reflexion von Tönnies auf die im Vorfeld jeder Zwangserziehung zu leistende politische Rekonstruktion der pädagogischen Leistungsmöglichkeiten von Familien als Bildungsträgern. Gerade durch diese Verhältnisbestimmung von Sozialpolitik und Sozialpädagogik wird die Neugierde auf Anschlußuntersuchungen geweckt, denn in der Theoriegeschichte der Sozialpädagogik hat man sich bisher von den Grenzen der Disziplin nur selten entfernt und die sozialpädagogische Problemwahrnehmung in ihrer Vielschichtigkeit noch nicht beschrieben. Ich verspreche dem Leser eine anregende Lektüre, soweit er etwas Geduld mitbringt, sich auf die detaillierte Darstellung der Sozialpädagogikdiskussion der Jahrhundertwende einzulassen.

Christian Niemeyer   Dresden, im April 1999

Inhalt

Vorwort 5

1. Einleitung: Der Mensch in der kapitalistischen Moderne - Sozialpädagogik und soziale Frage 11

   1.1 Sozialpädagogik und Soziale Gestaltung 15
   1.2 Die Sozialpädagogikdebatte im 'Kampf um Herbart' 18
   1.3 Zur Theoriegeschichte der Sozialpädagogik 21
   1.4 Der Zugang zur Sozialpädagogikdebatte im 'Kampf um Herbart' 23

2. Der Anfang: Sozialpädagogik im Kreis der Herbartianer - Sozialisierung von Bildung 29

   2.1 Der Kampf um Dörpfeld: Sozialisierung des Bildungswesens 35
   2.2 Der Geist der Isolierung: Wer trägt die Verantwortung für die ganze Persönlichkeit? 41
   2.3 Individuallage und die konkrete Persönlichkeit: Staatliche Interventionen und Ersatzinstitutionen 49
   2.4 Die nationale Kulturarbeit und das Bildungsdefizit: Teilhabe an den Kulturgütern. 58
   2.5 Die Lehre von den Bildungsinhalten 66
   2.6 Resümee: Sozialisierung des Bildungswesens - Der Wohlfahrtsstaat 69
   2.7 Kulturelle Teilhabe - Die sozialpolitische Reflektion der Bildungsinstitutionen 72

3. Vertiefung I: Demokratisierung von Bildung - Die Sozialpädagogik Wilhelm Reins 77

   3.1 Herbarts Ethik und die sozialen Probleme der modernen Zivilisation 79
   3.2 Die sittliche Ertüchtigung von Mensch und Gesellschaft 83
   3.3 Sozialpädagogische Quintessenz - Demokratisierung von Bildung 95

4. *Vertiefung II: Die Heimat des Menschen im 'christlichen Lebensganzen' - Die Sozialpädagogik Otto Willmanns* 99

4.1 Auf der Suche nach einer 'inneren Heimat' in der modernen Welt 101
4.2 Von der sozial-historischen Gesinnung zur sozial-historischen Bildung 107
4.3 Sozialpädagogik und die Farben der modernen 'Decadence' 115

5. *Der 'Kampf um Herbart' - Sozialismus derBildung - 'Als ob man blinden Augen die Sehkraft einsetze'* 119

5.1 Die Mitstreiter I: Die Experimentelle Pädagogik 124
5.2 Die Mitstreiter II: Persönlichkeitspädagogik 129
5.3 Die Vorkämpfer der Sozialpädagogik: Kritik des erziehenden Unterrichts 132
5.4 Der Hauptverteidiger: Otto Flügel - Die Notwendigkeit sittlicher Charakterbildung 138
5.5 Kant oder Herbart 140
5.6 Resümee: Der 'Kampf um Herbart' - Sozialismus der Bildung und ein neues System der Pädagogik? .. 146

6. *Vertiefung III: Die Vermenschlichung des Staates - Sozialismus der unendlichen Aufgabe - Die Sozialpädagogik Paul Natorps* 153

6.1 Auf der Suche nach einem Leben "von dem das goldene Wort gilt: Die Seelen taglöhnen nicht" 156
6.2 Der Mensch wird zum Menschen nur durch menschliche Gemeinschaft - die Sozialpädagogik 166
6.3 Sozialpädagogik als emanzipatorische Gestaltungstheorie von Gesellschaft - wider den anarchischen Idealismus 171

7. *Vertiefung IV: Bildung als Sozialisierungsinstanz
   in der modernen Welt -
   Die Sozialpädagogik Paul Bergemanns* 175

   7.1   Sozialpädagogik und die Einschränkung
         der menschlichen Degeneration 177
   7.2   Die Frage nach dem 'Ich' in der modernen Welt 181
   7.3   Von der Sozialpädagogik zur Kulturideologie - die Ethik 185
   7.4   Das Eigenleben der modernen Völker -
         Sozialisierung und die europäische Kulturgesellschaft 189

8. *Ausblick: Sozialisierung und Bildung -
   Bildung heißt bewußte Freisetzung zur
   Schaffung einer 'neuen' Kultur* 192

   8.1   Schulkritik vom Kinde aus - Kunst und Unmittelbarkeit
         als Ansatzpunkt einer Suche nach dem ganzen Menschen 195
   8.2   Albert Görlands Sozialpädagogik: Bildung durch
         unmittelbare Gemeinschaften 200
   8.3   Resümee: Sozialisierung und Bildung: Der moderne Mensch 203

9. *Die sozialpädagogische Verlegenheit
   der kapitalistischen Moderne* 205

   9.1   Die "sozialpädagogische Mission" und die Sozialpolitik 211
   9.2   Ferdinand Tönnies und die Sozialpädagogik I -
         die sozialpolitische Einordnung der Bildungsgemeinschaft 224
   9.3   Tönnies und die Sozialpädagogik II - die
         Zwangserziehungsgesetzgebung 227

Literatur 232

Anstelle eines eigenen Vorwortes möchte ich mich bei den Herausgebern dieser Reihe und dem Verleger des Juventa-Verlages für die Aufnahme dieses Buches bedanken. Gleichzeitig gilt ein besonderer Dank meinen Kollegen in Dresden, die für eine sehr erfrischende Zusammenarbeit sorgen. Allen voran danke ich Christian Niemeyer, der mich jetzt schon über Jahre uneingeschränkt unterstützt und sein umfassendes Wissen für diese Arbeit immer wieder zur Verfügung stellte, und Lothar Böhnisch, der in vielen, mehr als anregenden Diskussionen und Kooperationen meinen engen pädagogischen Horizont stets erweitert. Nicht vergessen möchte ich Alfred Langewand, der mich erst mit den Hindernissen der pädagogischen Theoriebildung vertraut machte. Schließlich danke ich meinen Eltern und meiner Tante Lucie Schröer, die viel Zeit in diese Arbeit investierte, und schließlich meinem Bruder Ulrich, der die Arbeit eigentlich betreute, ohne es zu merken.

Wolfgang Schröer   Dresden, im April 1999

1. Einleitung: Der Mensch in der kapitalistischen Moderne – Sozialpädagogik und soziale Frage

"Jetzt brennt die Not uns auf den Nägeln, die Einsicht bricht sich Bahn, daß man den mechanisch wirkenden Kräften des Wirtschaftslebens und der Politik die menschliche Gesellschaft nicht überlassen dürfe, daß es, um zu gesunden Verhältnissen zu kommen, nötig ist, den menschlichen Faktor wieder einzuschalten in das kalte Spiel der Kräfte." (Heinrich Wolgast)[1]

'Ganze Menschen. Ein sozialpädagogischer Versuch' überschrieb Heinrich Wolgast 1908 eine Preisschrift, in der er die zeitgenössischen pädagogischen Bewegungen zusammenfaßte. Wolgast resümierte eine kontroverse und mit tiefer Sorge geführte Suche nach den sozialen Lebensbedingungen und vor allem nach den Bildungsbedingungen des Menschen in der kapitalistischen Moderne. Wolgast beschrieb die Lage im Tenor der Jahrhundertwende:

"Wir leben in einer Zeit des Entwurzelns. Die Zusammenhäufung der Menschen in den Industriezentren und die Entvölkerung des platten Landes, das Hin- und Herfließen je nach der wechselnden Arbeitsgelegenheit und die Mietskaserne der Großstädte, der Bodenwucher und das Schlafstellenunwesen - eins hängt fest mit am andern, und das Resultat all dieser großen und umfassenden Tatsachen ist die Heimatlosigkeit der Menschen."[2]

"In einer Zeit des drohenden Verfalls eines Volkes", erklärte Hochegger 1892, blicke man besonders auf die Pädagogen.[3] Müller erkannte mit Nietzsche eine "Umwertung der Werte" und verwies darauf, daß auf der ganzen Linie die sozialen Probleme metaphysisches Denken und religiöse Heilslehren verdrängt hätten.[4] Die Pädagogen sahen sich als die Statthalter einer menschlichen Gesellschaft, und sie hatten darum die Menschwerdung von "Entfremdung", "gegenseitigem Hass" und "gegenseitiger Vernichtung" zu befreien.[5] Der

---

[1] Heinrich Wolgast, Ganze Menschen. Eine sozialpädagogischer Versuch, Leipzig 1913, S. 132.
[2] H. Wolgast, Ganze Menschen ..., S. 24.
[3] R. Hochegger, Über die Culturaufgabe des Lehrers und die Notwendigkeit eines freien Lehrerstandes, Bielefeld 1892, 14.
[4] C. Müller, Individual- und Sozialpädagogik, in: Die Deutsche Schule 4 (1900), S. 336.
[5] Robert Rissmann, Die "Sozialpädagogik" und die "Deutsche Schule", in: Die Deutsche Schule 3 (1899), S. 765.

Mensch habe wieder bei sich selbst anzufangen und seinen Platz in der Gesellschaft zu suchen. Das alte "Erkenne dich selbst" des Sokrates, das große Ziel der Bildung, habe eine "sozialpolitische Biegung" erfahren.[6] Der bekannteste Sozialpädagoge der Zeit - Paul Natorp - nannte darum die Wechselbeziehungen zwischen Bildung und Gesamtheit das eigentliche Thema der Sozialpädagogik. War, fragten die Sozialpädagogen, das Recht auf Menschwerdung noch sozial abgesichert, und wie wurde dieses Recht überhaupt legitimiert? Lebte der Mensch in gewachsenen Sozialformen oder existierten Institutionen, die seine Bildung garantierten? Waren das Gemeinwesen, die Kulturnation und der Staat nicht selbst abhängig von der Bildung der Menschen? Wer war für die Bildung verantwortlich: die privaten Lebensformen, die Großbetriebe, das Gemeinwesen, die Kirche, die Gesellschaft oder der Staat? Mußten - wie in der Ökonomie - auch die überkommenen Formen der Vergesellschaftung von Bildung neu überdacht werden, und welche Ansätze der Sozialisierung von Bildung waren zu unterstützen?

Der moderne Mensch, so Wolgast, sei ein Arbeiter. Entfernt von seinem Heim arbeite er eingegliedert in die Maschinerie der Technik und Arbeitsteilung, die ihm eigentlich Entlastung bringen solle. Es werde ihm "ein Stückchen Arbeit zugewiesen", wobei er "weder Zweck noch endgültige Gestaltung" kenne. Kurzum: Die Dinge beherrschten den Menschen, "nicht er die Dinge".[7]

"Alle die guten Geister, die Erdenlast tragen helfen, als da sind: Verstand, Vernunft, Scharfsinn, Phantasie, Witz, Genugtuung, Erfolg, Freude, Wachstum, sie sind entflohen, und es ist nichts geblieben als der geistlose, immer wiederholte Handgriff. Dieser eine Handgriff aber schlägt den ganzen Menschen in Fesseln. Kräfte, die nicht in Anspruch genommen werden, sterben ab. Der Teilarbeiter wird auch zu einem Teilmenschen (...). Wo die Art der Arbeit nun aber das Einsetzen des ganzen Menschen erfordert, entsteht ein Widerstreit. Unbedingte Durchführung und Sicherung des Systems läßt das Individuum nicht gelten, und lebendiges Einsetzen des Individuums für seine Arbeit gefährdet das System."[8]

Es hat den Anschein, führte Wolgast weiter aus, als wenn die "Errungenschaften unserer Zeit" derart organisiert seien, den "Menschen klein zu machen". Schon fast bereit, auf "sein Menschenrecht eigenen Daseins" zu verzichten, trotte der Mensch "in der Herde" mit.[9]

Bildung, schrieb jüngst (1990) der Historiker Reinhart Koselleck, verbindet das "Wissen um die Selbstentfremdung" und "den Weg, ihr zu entkommen".[10]

---

[6] C. Müller, Individual- und Sozialpädagogik, ... S. 336.
[7] H. Wolgast, Ganze Menschen ..., S. 15.
[8] H. Wolgast, Ganze Menschen ..., S. 16-18.
[9] H. Wolgast, Ganze Menschen ..., S. 18-20.
[10] Reinhart Koselleck, Einleitung - Zur anthroplogischen und semantischen Struktur der Bildung, in: R. Koselleck (Hg.), Bildungsbürgertum im 19. Jahrhundert, Teil II, Bildungsgüter und Bildungswissen, Stuttgart 1990, S. 26.

In diesem Sinne suchten die Sozialpädagogen, so sie den Menschen in sozialen Widersprüchen verwoben sahen, vor allem nach bildenden Sozialformen, damit der Mensch nicht in Lebenskreisen aufwachse, "die ihm fremd sind".[11] Die Sozialpädagogen hatten gleichzeitig das Neue zu begreifen und einen Ausweg zu weisen, sie hatten zudem ihr soziales Bild vom Menschen zu entschlüsseln. Die Sehnsucht nach traditionellen festen Bahnen und den alten Sinnstiftungsinstanzen überwog: "Die Erhaltung und Entwicklung der sozialen Gemeinschaften als sittliche Pflicht bedingt die ethische Assimilation der Jugend", hielt z.B. Villanyi 1890 den modernen Tendenzen entgegen.[12] Betont wurde immer wieder "die Störung des Familienlebens", das starke "Fluktuieren der jugendlichen Bevölkerung" und die "Fabrikarbeit der Frau" als Krankheitssymptome der Zeit.[13] Schließlich wurden auch die Entwicklungen in der Kriminalstatistik vor dem Hintergrund der Entwicklung der "modernen Lebensformen" gelesen.[14]

Gefordert war eine Theorie, die nicht nur die vorhandene Institution Schule sozial verortete, sondern zudem die Notwendigkeit und soziale Einlagerung weiterer Bildungs- und Erziehunginstitutionen auslotete. Es ging insgesamt darum, den sozialen Ort der Bildung und die pädagogische Perspektive angesichts der Vergesellschaftungsformen in der kapitalistischen Moderne zu bestimmen, und zwar auch um pädagogische Ambitionen in Sozialpolitik und Sozialreform zu formulieren. Sozialisierung von Bildung hieß in diesem Kontext nicht nur, die Verantwortung des Gemeinwesens für die Bildung zu betonen, sondern die sozialen Bildungsinstanzen in der Gesellschaft, im Staat zu hinterfragen und nach neuen Vergesellschaftungsformen von Bildung zu suchen. Der Begriff 'Gemeinschaft' diente dabei als zentraler Leitbegriff und stand erst einmal ganz allgemein für eine Sozialform, in der der Mensch zu seinem Menschsein finden und selbst seine sozialen Verhältnisse mitgestalten kann.

So wie die Bildung einst die "Aristokratie der Geburt" besiegt hatte, so sollte auch die "Aristokratie des Kapitals"[15] bezwungen werden. Bildung erschien als das geeignete Mittel, wie Johannes Tews es ausdrückte, die Menschen von "dem Schmutze der Unsittlichkeit zu befreien", damit sie sich als "gleichberechtigte Persönlichkeiten" akzeptieren lernten.[16] Zu diesem Zweck galt es, das Recht aller Menschen auf Bildung anzuerkennen, damit sie einheitlich und gemeinsam am Fortschreiten der deutschen Kultur und des Volkes arbeiten könnten. Die gegenwärtige Gesellschaft, stellte Friedrich Paulsen

---

[11] Robert Rissmann, Pestalozzi, in: Die Deutsche Schule 3 (1899), S. 4.
[12] H. Villanyi, Das soziale Princip der Pädagogik, Cöthen 1890, S. 17.
[13] Arthur Dix, Die Jugendlichen in der Sozial- und Kriminalpolitik, Jena 1902, S. 14.
[14] Ernst Mischler, Zur Beurteilung der Kriminalität des Deutschen Reiches, in: Archiv 2 (1889), S. 199.
[15] Robert Rissmann, Ein Jubiläum, in: Die Deutsche Schule 1 (1897), S. 582.
[16] Johannes Tews, Volksbildung und Volkssittlichkeit, in: Die Deutsche Schule 5 (1901), S. 253.

ganz nüchtern fest, sei in zwei Hälften geteilt: in "Gebildete" und "Ungebildete".[17] Bildungsgerechtigkeit wurde darum eine klare bildungspolitische Forderung. Die Sozialpädagogen strebten eine "Sozialisierung des Geistes" an, so Herman Nohl in einer Rückschau, sie suchten nach Bedingungen, in denen alle Kräfte geweckt würden.[18]

Kritiker warfen der Sozialpädagogik darum vor, "im Grunde gar keine Pädagogik mehr" zu sein, "sondern eine Art Sozialpolitik in pädagogischer Umhüllung". Denn sie wolle "nichts Geringeres, als dem vierten Stand bei seinem Aufwärtsstreben zu Hilfe kommen". Sie solle "die Hemmnisse wegschaffen helfen, die 'als Folgen langjähriger unsozialer Wirtschaftspolitik' der Aufwärtsbewegung des arbeitenden Standes im Wege liegen". Bildungsziele würden mit politischen Aufgaben verwechselt.[19] Diese Kritik wurde von den Sozialpädagogen nicht akzeptiert, denn über die Politik konnte in ihren Augen die Sinnkrise und die Zerrissenheit der Gesellschaft und des Menschen nur schwer überwunden werden. Zudem hoben einige Sozialpädagogen hervor, daß nicht nur die soziale und sittliche Frage, sondern auch die Tatsache, daß der "zukünftige Kampf um die Weltmachtstellung" auf industriellem Gebiet ausgetragen werde, eine "unablässige Arbeit an der körperlichen und geistigen Gesundheit des Volkes" erfordere.[20]

Fast alle Sozialpädagogen glaubten, über die Bildung den "Einheitsgrund wiederzufinden", damit das in Klassen gespaltene Volk sich vereine - "der inneren Entfremdung zum Trotz, die Menschen voneinander reißt, fast als ob sie nicht mehr in einer Menschheit zusammenstehen sollten".[21] Nur über die Bildung könnten alle Kräfte geweckt werden, damit die Menschheit und der Mensch wieder zur Ganzheit finde. Im sozialen 20. Jahrhundert solle, schrieb Schmarje, ein gestärkter Gemeinsinn im deutschen Volk leben und "die durch Sonderinteressen einander entfremdeten Glieder und Stände des Volkes" in "gemeinsamer Arbeit im Dienste des Ganzen" vereinigt sein:

> "Wir sind berechtigt, dieses Ziel als das Lebensideal unserer Zeit zu bezeichnen, sei es nun, weil erst mit seiner Verwirklichung in den Einzelpersönlichkeiten die ideale Ausgestaltung der Volkspersönlichkeit gelingen kann oder weil ihm gegenüber andere Lebensziele überhaupt nur sekundäre Bedeutung haben. Wenn die Verwirklichung jenes Ideals je gelingen soll, so müssen die Edelsten und Besten, die Tüchtigsten und Einsichtsvollsten des ganzen Volkes ihre ganze Kraft daran setzen, und unter den Mitteln,

---

[17] Friedrich Paulsen, Bildung, in: W. Rein (Hg.), Enzyklopädisches Handbuch der Pädagogik (Bd. 1), Langensalza ²1908, S. 658.
[18] Herman Nohl, Die volkserzieherische Arbeit innerhalb der pädagogischen Bewegung (1932), in: Pädagogik aus dreißig Jahren, Frankfurt a.M. 1949, S. 214.
[19] Aus der pädagogischen Fachpresse, in: Zeitschrift 5 (1898), S. 431.
[20] Paul Rühlmann, Amerikanische Politiker und deutsches Schulwesen, in: Die Deutsche Schule 8 (1904), S. 107.
[21] Paul Natorp, Religion innerhalb der Grenzen der Humanität. Ein Beitrag zur Grundlegung der Sozialpädagogik (1894), Tübingen ²1908, S. III.

die sie in Anwendung zu bringen haben, werden die auf dem Gebiet der Jugenderziehung wirksam zu machenden nicht in letzter Reihe stehen. Der Pädagogik wird man die Aufgabe stellen, die Wege zu zeigen, auf denen die Erziehung und Bildung zur Gemeinschaft und für das Gemeinschaftsleben am sichersten und besten erreicht werden kann. Eine Pädagogik, die sich diese Aufgabe zuweisen läßt und mit Bewusstsein an ihrer Lösung arbeitet, ist Sozialpädagogik."[22]

Die Pädagogen ließen keinen Zweifel daran, daß das Wesen und der generative Kern der deutschen Soziokultur in der Bildungsphilosophie zu finden sei. Die 1871 geschaffene politische oder äußere Einheit Deutschlands sollte gemäß der deutschen Bestimmung als einer Kulturnation über Bildung im Inneren des Staates vollendet werden. Die Sozialpädagogen beantworteten die soziale und nationale Integrationskrise am Ende des 19. Jahrhunderts mit einer sozialen Bildungstheorie, die sich in der Kapitalismus-Kritik einig war.

Doch damit endeten die Gemeinsamkeiten und begannen die Auseinandersetzungen um die "Sozialisierungstendenz" in der Pädagogik.[23] Schon die Fragen, welche Sozial- oder Gemeinschaftsform Träger der Bildung sein könne, oder welche Sozialphilosophie dem Bildungsdenken entspreche, spaltete die Geister. Im Spannungsverhältnis zwischen kulturell vermitteltem Bildungsauftrag und der Bildungswirklichkeit bewegte sich die Sozialpädagogikdebatte. Vor diesem Hintergrund wurden Vorschläge an die Menschen, die Gesellschaft, die Kirchen und in erster Linie an den Staat gerichtet, wie die Bildung des Menschen sozialstrukturell zu sichern sei und über den Bildungshabitus eine neue Soziokultur entstehen könne.

1.1 Sozialpädagogik und Soziale Gestaltung

"Bis zu den neunziger Jahren des vorigen Jahrhunderts", schrieb der Historiker Detlev Peukert, "hatte sich die Industriegesellschaft in Deutschland sozioökonomisch durchgesetzt. Seitdem erlebte(n)" die Menschen "den soziokulturellen Durchbruch der Moderne". Die Sozialpädagogen begriffen die soziokulturelle Moderne in erster Linie als kapitalistische Moderne. Sie suchten nach sozialen und pädagogischen Sicherheiten und ließen sich nur vorsichtig auf das Experimentieren und "die faszinierenden und die fatalen Möglichkeiten unserer modernen Welt" ein.[24] Sie analysierten die sozialen und ideellen Folgen des Kapitalismus und erkannten die soziokulturelle Widersprüchlich-

---

[22] Johannes Schmarje, Ein Beitrag zur Sozialpädagogik, in: Die Deutsche Schule 4 (1900), S. 533.
[23] John Edelheim, Über den Begriff 'Sozialpädagogik', in: Die Deutsche Schule 5 (1901), S. 525.
[24] Detlev J.K. Peukert, Die Weimarer Republik, Frankfurt a.M. 1987, S. 11.

keit und Heterogenität der kapitalistischen Moderne - es war der Anfang des "sozialpädagogischen Jahrhunderts".[25]

Das sozialpädagogische Jahrhundert begann in einer Zeit, in der eine Reformstimmung die sozialpolitischen Auseinandersetzungen in Deutschland bestimmte. Besonders in Kreisen der bürgerlichen Sozialreform wurde spätestens seit den 1890er Jahren über die "(Wieder-)Entdeckung der Gestaltbarkeit von Gesellschaft"[26] diskutiert. 1904 resümierten Max Weber, Werner Sombart und Edgar Jaffé die sozialpolitischen Debatten im *Archiv für soziale Gesetzgebung und Statistik*. Demnach setzten sich die sozialen Analysen und Reformbestrebungen mit dem grundsätzlichen sozialen Wandlungsprozeß von "den patriarchalen Grundlagen der alten Gesellschaft" hin zum Kapitalismus als "schlechthin hinzunehmendes Ergebnis der geschichtlichen Entwicklung" auseinander.[27] Sie unterstrichen, daß eine Rückkehr zu den alten Ordnungen unmöglich sei, "ob wir es nun wünschen oder nicht".[28] Neue Ordnungen hätten sich durchgesetzt oder würden sich durchsetzen, "die den veränderten Bedingungen des Wirtschaftslebens" entsprächen. Als besonderes Problem jeder Sozialpolitik erkannten sie die "Eingliederung des Proletariats" in die "Kulturgemeinschaft der modernen Staaten als neues selbständiges Element, (...) nachdem dies als Klasse durch den Kapitalismus einmal geschaffen und zum Bewußtsein seiner historischen Eigenart gelangt" sei. Sie forderten eine schrittweise Neugestaltung von Gesellschaft, die den sozialen Herausforderungen des Kapitalismus gewachsen sei und die der Grundeinsicht gerecht werde, daß eine "'organische()' Umbildung historisch überkommener Zustände und Einrichtungen" der Mithilfe wissenschaftlicher Erkenntnisse über die historisch gegebene Lage bedürfe.[29] Die 'Vergesellschaftungsformen von Menschen' und die Arbeitsverhältnisse seien neu zu ordnen und könnten nicht allein den Privatinteressen des Kapitals ausgeliefert werden. Eine einfache Ausgrenzung der Arbeiterklasse von weiten Bereichen der öffentlichen und gesellschaftlichen Teilhabe, wie sie in den Sozialistengesetzen einen Höhepunkt erfuhr, sollte der Vergangenheit angehören.

Gerade die Bildung und Erziehung erschien den Sozialpädagogen als ein zentraler Bereich, über den gesellschaftliche Teilhabe vermittelt wurde. Darüberhinaus wurde das Verhältnis der Bildung zu den Vergesellschaftungsformen sozialer Teilnahme in der kapitalistischen Moderne grundlegend hinterfragt. Schließlich waren es die sich mehr und mehr durchsetzenden Vergesellschaftungsformen individueller Lebensführung, die dem vorherrschenden pädagogischen Menschenbild widersprachen. Gerade das Bildungsideal ließ die

---

[25] Vgl.: Hans Thiersch, Lebensweltorientierte soziale Arbeit. Aufgaben der Praxis im sozialen Wandel, Weinheim/München 1992.
[26] Vgl.: Adalbert Evers/Helga Nowotny, Über den Umgang mit Unsicherheit. Die Entdeckung der Gestaltbarkeit von Gesellschaft, Frankfurt a.M. 1987, S. 118-181.
[27] Edgar Jaffé, Werner Sombart, Max Weber, Geleitwort, in: Archiv 19 (1904), S. IV.
[28] E. Jaffé, W. Sombart, M. Weber, Geleitwort ..., S. IV.
[29] E. Jaffé, W. Sombart, M. Weber, Geleitwort ..., S. IV.

"Dissoziierung" als "elementare() Sozialisierungsform()" in der kapitalistischen Moderne deutlich werden.[30] Überhaupt schien ein ganzheitliches Bildungsdenken, so Lothar Böhnisch, in Kontrast zur Lebenswirklichkeit in der kapitalistischen Moderne zu stehen. So ist es nicht überraschend, daß im "sozialen Wertkollektiv Bildungsbürgertum", dem die Mehrzahl der Autoren entstammten, ein Krisendenken "sozusagen Konjunktur" gewann.[31]

In diesem Zusammenhang war die Sozialpädagogik der Jahrhundertwende als eine durch die sozialpolitische Aufbruchstimmung geöffnete eigenständige soziale Reformperspektive anzusehen. Es entstand eine Sozialpädagogikdiskussion, die den Menschen in seiner Zerrissenheit und Heimatlosigkeit beschrieb und sich der pädagogischen Herausforderungen vergewisserte, die sich mit den Ausgrenzungs-, Desintegrations- und Entfremdungsdynamiken in der kapitalistischen Moderne ergaben. Die Sozialpädagogen analysierten somit die dem sozialen Leben immanenten Integrationsfragen nicht nur, sondern sie stritten um den pädagogischen Gestaltungsauftrag.

In erster Linie wurden um die Jahrhundertwende die pädagogischen Vergesellschaftungsformen (Familie und Schule), dann aber auch z.B. die Betriebe, die Großstädte und die Arbeiterbewegung hinsichtlich ihrer sozialpädagogischen Wirkmächtigkeit und sozialen Einlagerung befragt. Gleichzeitig begann eine Suche nach Formen sozialen Zusammenlebens, in denen Bildungsbedingungen herrschen, die das Recht jedes Menschen, ein selbsttätiger Gestalter seines Lebens zu sein, in die Gestaltungsperspektive von Gesellschaft integrieren. Damit war die Frage inbegriffen, ob die vorherrschenden 'einheimischen Begriffe' der Pädagogik - die Begriffsdefinitionen Herbarts - für diese sozialpädagogischen Auseinandersetzungen anschlußfähig waren und natürlich, wie die Sozialpädagogen ihre Reformperspektiven in Verhältnis zur Sozialpolitik setzten und umgekehrt.

---

[30] Georg Simmel, Die Gross-Städte und das Geistesleben (1903), in: G. Simmel, Das Individuum und die Freiheit, Frankfurt a.M. 1993, S. 198.

[31] Lothar Böhnisch hat diesen historischen Zusammenhang von Sozialpolitik und Sozialpädagogik erst jüngst für die gegenwärtigen theoretischen Diskussionen grundlegend und systematisch aufgeschlossen. Vgl.: Lothar Böhnisch, Sozialpädagogik der Lebensalter, Weinheim/München 1999.
Zitat von Rüdiger vom Bruch, Gesellschaftliche Funktionen und politische Rollen des Bildungsbürgertums im Wilhelminischen Reich - Zum Wandel von Milieu und politischer Kultur, in: Jürgen Kocka (Hg.), Bildungsbürgertum im 19. Jahrhundert. Politischer Einfluß und gesellschaftliche Formation, Stuttgart 1989, S. 146. Vgl. zu den Diskussionen um die Sozialreform auch: Rüdiger vom Bruch, Bürgerliche Sozialreform im deutschen Kaiserreich, in: ders. (Hg.), Weder Kommunismus noch Kapitalismus. Bürgerliche Sozialreform in Deutschland vom Vormärz bis zur Ära Adenauer, München 1985, S. 61-179.

1.2 Die Sozialpädagogikdebatte im 'Kampf um Herbart'[32]

Die Sozialpädagogikdebatte im 'Kampf um Herbart', die in diesem Buch untersucht werden soll, ist ein zentraler Ausschnitt der Sozialpädagogik-Diskussionen der Jahrhundertwende. Die Ausgangslage formulierte der Herbartianer Wilhelm Rein 1924 rückblickend in einer kleinen Schrift mit dem Titel: *Marx oder Herbart*. Die Schrift ist getragen von der Hoffnung, daß aufgrund der unsicheren Lage in der Weimarer Republik eine Rückkehr zu Herbart in der deutschen Pädagogik ausgerufen werde, welche die Kritiken der letzten dreißig Jahre vergessen mache und zum status quo vor der Sozialpädagogikdebatte im 'Kampf um Herbart' zurückführe. Noch 1890 war für fast alle Pädagogen die Frage 'Marx oder Herbart' eigentlich keine Frage. Der Herbartianismus bestimmte die Lehrmeinung in der Pädagogik.

Die 'Sozialisten' propagierten aus der damaligen Perspektive nur eine politische Indienstnahme der Pädagogik, die eine Überwindung des deutschen Kulturstaates einschloß, um die Erziehung und Bildung ganz zu einem Instrument der sozialistischen Gesellschaft werden zu lassen. "An die Stelle des Staatsbegriffs" trete in der marxistischen Philosophie "der Gesellschaftsgedanke, der keine politische Grenzen" kenne und jede Achtung vor den überlieferten Erziehungsverbänden - in erster Linie der Familie - und den christlichen Gemeinden ignoriere.[33] Herbarts Pädagogik biete dagegen die Grundlage, eine "zwangsmäßige Sozialisierung des gesamten Bildungswesens" zu verhindern, durch die die sozialistische Herrschaft gesichert werden solle.[34] Folglich gab es 1890 für die Pädagogen keine Alternative: Auf der einen Seite stand eine am Religiösen, am Sittlichen, am Nationalen und an der Familie orientierte Erziehung zur charaktervollen Persönlichkeit - natürlich nach dem Ideal der Herbartianer. Nach Rein "lebte" die dieser Pädagogik zugrundeliegende "deutsche Seele" in dem "Mittelstand, der Ehre und Pflicht raschem Geldgewinn voranstellte; sie lebte in Pfarrer- und Lehrerhäusern, in Bauernhöfen und rang nach Licht und Luft in Werkstätten, Fabriken und Kontoren".[35] Auf der anderen Seite strebte eine sozialisierende, atheistische, internationale, materialistische Pädagogik der Sozialisten danach, das Proletariat und die Jugend, die teilweise "in freier Luft" schwebe, "in die Dogmen der Partei einzuführen".[36] Das in der Aufklärung und im Protestantismus begründete Recht des Subjekts gegenüber der Gesamtheit und die Erosion der sozialen Instanzen, die bisher die Erziehung zur charaktervollen Persönlichkeit mitgetragen hätten, verpflichteten die Pädagogik, so Rein, den Menschen vor der "Wucht des

---

[32] Der Ausdruck 'Kampf um Herbart' wurde durch die Zeitgenossen geprägt (vgl. nur: F. Schulze, Zum Kampf um Herbart, in: Die Deutsche Schule 11 (1907), S. 665-675).
[33] Wilhelm Rein, Marx oder Herbart, Langensalza 1924, S. 15.
[34] W. Rein, Marx oder Herbart ..., S. 21.
[35] W. Rein, Marx oder Herbart ..., S. 33.
[36] W. Rein, Marx oder Herbart ..., S. 10.

Gemeinschaftslebens" zu schützen.[37] Die Pädagogik hatte darum den Habitus zu bewahren, der in den mittelständischen Haushalten und Institutionen lebte und die deutsche Kulturnation soziokulturell verankerte.

Doch schon die Wut, mit der Rein 1924 diese Gegenüberstellung formulierte, zeigte, daß sie historisch geworden war. Vor dem Hintergrund einer breiten sozial- und bildungspolitischen Diskussion im letzten Jahrzehnt des 19. Jahrhunderts - einschließlich der differenzierteren Analyse marxistischer Theorien in Kreisen bürgerlicher Sozialwissenschaftler - verlor auch in der Pädagogik die Frage *Marx oder Herbart* ihre scharfen Konturen. Die Verwobenheit der soziokulturellen Moderne mit dem Kapitalismus machte eher einen Marx *und* Herbart notwendig und forderte geradezu einen Marx *und* Pestalozzi heraus. So ist es zu erklären, daß einige Sozialpädagogen auf den "sozialistischen Geist"[38] in der Pädagogik Pestalozzis besonders hinwiesen. Auf jeden Fall begann mit der allgemeinen sozialpolitischen Aufbruchstimmung um die Jahrhundertwende die Sozialpädagogikdebatte im 'Kampf um Herbart'.

Rein, der als Leiter des Universitätsseminars in Jena den Herbartianismus zum Höhepunkt geführt und als führende Schule in der deutschen Pädagogik etabliert hatte, konnte den mit dem 'Kampf um Herbart' beginnenden Abstieg des Herbartianismus nicht verhindern. Der Lehrerverbandsfunktionär Johannes Tews brachte den Ansatzpunkt aller Kritiker auf einen einfachen Nenner: Die "soziale Entwickelung der letzten fünfzig Jahre hat eine ganze Reihe von Problemen aufleben lassen, von denen unsere Vorfahren, auch die Schöpfer unserer klassischen Pädagogik, keine Ahnung hatten". Somit sei die Lösung der hier gestellten Aufgabe wahrlich nicht nur aus der Herbartschen Psychologie und Ethik zu entwickeln.[39] Die Sozialpädagogen forderten eine sozialwissenschaftliche und sozialphilosophische Begründung der Pädagogik. 1914 hielt Rudolf Lehmann fest, daß "die Pädagogik der Gegenwart sich in einer der Herbartschen Pädagogik entgegengesetzten Richtung" bewege. Der "Bruch" auf dem Gebiet der systematischen Erziehungslehre war nach Lehmann "am entschiedensten durch P. Natorps Sozialpädagogik und die Kontroversen, die sich daran knüpften, bezeichnet".[40]

In diesem Buch soll die Sozialpädagogikdebatte im 'Kampf um Herbart' aus der Perspektive der sozialen Fragen, wie sie die Sozialpädagogen wahrnehmen, beleuchtet werden.[41] Ein Hinweis ist unumgänglich. Es existierte kein

---

[37] Wilhelm Rein, Pädagogik in systematischer Darstellung (Bd.1), Langensalza ²1911, S. 47.
[38] Theobald Ziegler, Splitter, in: Die Deutsche Schule 2 (1898), S. 59.
[39] Johannes Tews, Umschau, in: Die Deutsche Schule 6 (1902), S. 764.
[40] Rudolf Lehmann, Pädagogik, in: Max Frischeisen-Köhler (Hg.), Jahrbücher der Philosophie, 2 (1914), S. 151. Vgl. zudem auch die Kritik an Natorp bei: G. Budde, Die philosophische Grundlegung der Pädagogik Herbarts im Urteile P. Natorps, Langensalza 1913.
[41] In der historischen Forschung ist die Sozialpädagogikdebatte im 'Kampf um Herbart' bisher nur sehr randständig betrachtet worden. Ein jüngeres Beispiel ist ein Beitrag

genuin sozialpädagogisches Argument gegen den Herbartianismus.[42] Soweit Sozialpädagogen gegen die Herbartianer zu Felde zogen, darf dies nicht darüber hinwegtäuschen, daß Herbartianer, z.B. Karl Mager (1844), den Begriff 'Sozialpädagogik' bereits mit Inhalt gefüllt hatten und auch Theorien, wie die der Herbartianer Friedrich Wilhelm Dörpfeld, Johannes Trüper und Otto Willmann durchaus als sozialpädagogische Theorien bezeichnet werden konnten.[43] Sozialpädagogik hieß das Thema des Streites, unterschiedliche Gesellschaftsdiagnosen, pädagogische Bezugssysteme und institutionelle Verortungen wurden debattiert.

Eine klare Gegenüberstellung von Sozialpädagogik und Herbartianismus würde zudem die Spur der Herbartianer in der Sozialpädagogik, man denke z.B. an die Rein-Schüler Hermann Lietz und Karl Wilker, verwischen. Es gilt, die Sozialpädagogikdebatte aus der strengen Gegenüberstellung von Herbart-Schule und Sozialpädagogik herauszulösen und vor dem Hintergrund der bildungs- und sozialpolitischen Problemwahrnehmung der Zeit zu thematisieren. Der 'Kampf um Herbart' beschreibt - so das Fazit - allein den historischen Ort der Betrachtung. Durch den 'Kampf um Herbart' wurden sozialpädagogische Theorieentwürfe aus unterschiedlichen Kontexten und Entwicklungslinien an

---

von Jürgen Oelkers, der in erster Linie die formale Logik und die Argumentationsstruktur analysiert, ohne die inhaltliche Debatte detailliert zu verfolgen. Aus seiner Warte sind die "Herausforderer", also u.a. die Sozialpädagogen, im 'Kampf um Herbart' nicht die "Gewinner". Als eigentliches Folgeparadigma des Herbartianismus, "wenn Einfluß, Dauer und Publizität verglichen werden", bezeichnet Oelkers die lebensphilosophische wie neukantianische Kulturpädagogik (Jürgen Oelkers, Das Ende des Herbartianismus. Überlegungen zu einem Fallbeispiel der pädagogischen Wissenschaftsgeschichte, in: P. Zedler, E. König (Hg.), Rekonstruktionen pädagogischer Wissenschaftsgeschichte. Fallstudien, Ansätze, Perspektiven, Weinheim 1989, S. 77). Gegen Oelkers Einordnung von Gewinnern und Verlierern sprechen lediglich kleinere Arbeiten aus der Weimarer Republik, wie z.B. von Herget, der die Sozialpädagogik, experimentelle Pädagogik und Persönlichkeitspädagogik noch 1925 zu den wichtigsten Strömungen im pädagogischen Leben der Gegenwart zählt (vgl.: A. Herget, Die wichtigsten Strömungen im pädagogischen Leben der Gegenwart, Leipzig 1925). Aus der Perspektive der Disziplingeschichte kann Oelkers Einschätzung kaum widersprochen werden, doch es wäre zu voreilig, aufgrund der geringen disziplinären Durchsetzungskraft der Sozialpädagogik sich dem Urteil Friedrich Paulsens anzuschließen, der den Sozialpädagogen mit einem Poeten verglich, "der eines Tages entdeckte, daß er Prosa, wirklich Prosa rede" (Friedrich Paulsen, Das moderne Bildungswesen, in: P. Hinneberg (Hg.), Die Kultur der Gegenwart, Berlin/Leipzig 1906, S. 59).

[42] Freilich ist die These zu stützen, daß die "Herbart-Kritik (...) von Willmann bis Nohl eines der unverzichtbaren Essentials sozialpädagogischer Theoriebildung" war, doch sollten darüber nicht die Sozialpädagogikentwürfe der Herbartianer vergessen werden (Franz-Michael Konrad, Sozialpädagogik, Begriffsgeschichtliche Annäherungen - von Adolph Diesterweg bis Gertrud Bäumer, in: neue praxis 23 (1993), S. 293).

[43] Im Jahr 1900 überschrieb z.B. Johannes Trüper den 10. Band der Gesammelten Schriften Friedrich Wilhelm Dörpfelds mit dem Titel 'Socialpädagogisches' (vgl. Friedrich Wilhelm Dörpfeld, Gesammelte Schriften, 10. Band, Socialpädagogisches, Gütersloh 1900).

einen theoretischen Ort geführt, weil ein mächtiges Bezugsystem - der Herbartianismus - in die Kritik geriet. Der 'Kampf um Herbart' stellte den Rahmen dar, in dem das sozialpädagogische Problem der Zeit verhandelt wurde. Im 'Kampf um Herbart' kam es zu einer kontroversen bildungstheoretischen Sozialpädagogikdiskussion und dadurch zu einer grundlegenden Ausdifferenzierung des Begriffes 'Sozialpädagogik' innerhalb der Pädagogik.

1.3 Zur Theoriegeschichte der Sozialpädagogik

Die neuere theoriegeschichtliche Forschung in der Sozialpädagogik begann 1959 mit Mollenhauers Untersuchung über die 'Ursprünge der Sozialpädagogik in der industriellen Gesellschaft'. Mollenhauer zog einen vorsichtigen Schlußstrich unter ideengeschichtliche Theoriebildungsversuche und plädierte für eine Entideologisierung sozialpädagogischer Ansätze. Er verwies die Theoriebildung auf die sozialpädagogischen Herausforderungen der gesellschaftlichen Verhältnisse und insistierte, daß es das 'sozialpädagogische Problem' nicht gibt.[44] Damit verpflichtete er einerseits die Theoriebildung, über die sozialpädagogische Aufgabe in der Gesellschaft zu streiten und andererseits die Theoriehistoriker in den historischen Entwürfen, den Streit um die sozialpädagogischen Aufgaben und Perspektiven zu suchen.

Doch Mollenhauers Feststellung, daß es das sozialpädagogische Problem nicht gibt, ist wiederum sozialhistorisch einzuordnen. Denn die noch junge Geschichte der Sozialpädagogik hat in einer sog 'Zwielichtzone' stattgefunden, wie der Historiker Eric Hobsbawm es ausdrücken würde. Mit dem Begriff Zwielichtzone ist gemeint, daß wir immer zwei Lichtkegel auf die Geschichte werfen, also in zwei Perspektiven sehen: Einmal mit dem Blick des Historikers, der das Gewesene ordnet, erzählt und nach Quellen und Zusammenhängen im Gestern sucht und andererseits mit dem Blick auf die Geschichten, die heute noch in uns stecken.[45] Die Theoriegeschichte der Sozialpädagogik untersucht entsprechend Theorien, die teilweise unseren heutigen Überlegungen noch sehr nahe sind und doch historisch sind, sie findet unter Umständen ein Problembewußtsein, das uns entgangen ist, obwohl wir uns von den Problemen noch nicht entfernt haben. Blicken wir also auf die Theoriegeschichte der Sozialpädagogik als eine Geschichte, die in einer derartigen Zwielichtzone stattgefunden hat, so müssen wir die hier analysierten Debatten auch als Definitionen oder Antworten auf das sozialpädagogische Problem in der kapitalistischen Moderne lesen, die in unsere Zeit hineinwirkt. Nehmen wir diese Perspektive nicht ein, dann geht der epochale Zusammenhang der sozialpädagogischen Theoriegeschichte verloren.

---

[44] Vgl.: Klaus Mollenhauer, Die Ursprünge der Sozialpädagogik in der industriellen Gesellschaft, Weinheim 1959.
[45] Vgl.: Eric Hobsbawm, Das imperiale Zeitalter, Frankfurt a.M., New York 1989.

Beispielhaft in diesem Kontext ist die Untersuchung von Münchmeier, 'Zugänge zur Geschichte der Sozialarbeit'. Münchmeier stellte einerseits die historischen Theorien in den gesellschaftlichen Kontext der Zeit, andererseits verstand er es, zwischen historischen und heute noch sich uns stellenden Fragen zu scheiden.[46] Münchmeier hat zudem mit der These von der 'Pädagogisierung' der Armut, die Theoriehistoriker in der Sozialpädagogik herausgefordert. Die Theoriegeschichte über den Weg einer sozialwissenschaftlichorientierten Invariantenanalyse zu betrachten, wie es Münchmeier getan habe, durchschaue zwar eine zentrale Dimension der sozialpädagogischen Professionalisierungsstrategien, überdecke aber - so Winkler - die "durchaus bewußte Differenz der theoretischen Sozialpädagogik und der Arbeitsweisen im sozialen Sektor".[47] Niemeyer konnte weiterhin deutlich machen, daß sich auch die Theoriehistoriker in der Sozialpädagogik immer noch eng an das Theoriemodell der geisteswissenschaftlichen Pädagogik klammerten und hier in erster Linie Herman Nohls in der Weimarer Republik entworfene Sozialpädagogikkonzeption favorisierten.[48] Diese Linie in der sozialpädagogischen Theoriegeschichte hat Niemeyer (1998) in seinen ‚Klassikern der Sozialpädagogik' vielschichtig nachgezeichnet und theoretisch geöffnet.[49]

Die historische Forschung in der Sozialpädagogik und Sozialarbeit der letzten zehn Jahre hat insgesamt deutlich werden lassen, daß wir bisher erst über Zugänge zur Theoriegeschichte der Sozialpädagogik und Sozialarbeit verfügen. Es werden Untersuchungen notwendig, die theoretische Perspektiven, Problemwahrnehmungen und Ansätze miteinander vergleichen und in Verhältnis zueinander setzen sowie theoretische Auseinandersetzungen analysieren, damit die unterschiedlichen Fassungen des sozialpädagogischen Problems in der kapitalistischen Moderne - theoriegeschichtlich differenziert - sozialhistorisch kontextualisiert werden können. Die theoretischen Auseinandersetzungen um die Sozialpädagogik der Jahrhundertwende sind bisher nur in Einzelfragen gut erforscht.[50]

---

[46] Vgl.: Richard Münchmeier, Zugänge zur Geschichte der Sozialarbeit, München 1981, S. 171.
[47] Michael Winkler, Die Lust am Untergang: Polemische Skizzen zum Untergang ..., in: neue praxis 27 (1997), S. 57.
[48] Vgl.: Christian Niemeyer, Sozialpädagogik und der Zwang der disziplinären Verortung, in: C. Niemeyer, W. Schröer, L. Böhnisch, Grundlinien historischer Sozialpädagogik, Weinheim 1997, S. 33- 42; Christian Niemeyer, Die disziplinäre Engführung des Sozialpädagogikbegriffs im Zuge des Jugendwohlfahrtsdiskurses der Weimarer Epoche, in: C. Niemeyer, W. Schröer, L. Böhnisch, Grundlinien historischer Sozialpädagogik, Weinheim 1997, S.165-177.
[49] Vgl.: Christian Niemeyer, Klassiker der Sozialpädagogik, Weinheim 1998.
[50] Joachim Henseler hat in seiner Dissertation die Bedeutung der Auseinandersetzungen um die Jahrhundertwende für die Disziplingeschichte nachgezeichnet und in Verhältnis zu den Positionen in der Weimarer Republik gesetzt (vgl.: Joachim Henseler, Disziplingeschichtliche Analyse der Sozialpädagogik Paul Natorps und Herman Nohls, Berlin 1997). Franz-Michael Konrad hat in seinem Aufsatz, 'Sozial-

1.4 Der Zugang zur Sozialpädagogikdebatte im 'Kampf um Herbart'

So ist auch über die theoriegeschichtlichen Zusammenhänge der Sozialpädagogikdebatte im 'Kampf um Herbart' kaum etwas bekannt. Aus diesem Grund empfiehlt sich eine vorsichtige Annäherung an die Diskussionen. Standpunkte gilt es aufzufinden und zentrale Thesen herauszustreichen, weniger große Linien zu ziehen, als viel mehr die Positionen zu erkennen und nicht gleich mit bekannten Urteilen zuzuschütten. Der Begriff 'Sozialpädagogik' stand für eine Suchbewegung und nicht für eine abgegrenzte wissenschaftliche Diskussion. Zudem gehörte die absichtliche und zufällige Nichtverwendung des Begriffes und die Verwendung von Alternativbegriffen zum Alltagsgeschäft. Da die Sozialpädagogik zu dieser Zeit eine "junge Wissenschaft" und der Begriff ungeklärt war, konnte allein eine erweiterte begriffsgeschichtliche Untersuchung durchgeführt werden.[51] Aus diesem Grund wurde versucht, die Breite zu erfassen, Diskussionen aufzuzeigen, in denen der Begriff 'Sozialpädagogik' 'gebraucht' wurde, das bedeutete letztlich, in die Auseinandersetzungen selbst hineinzublicken.[52] Eine inhaltliche Analyse von zeitgenössischen Fachzeitschriften schien für den ersten Zugang die geeignete Methode. Insgesamt wurden die Jahrgänge folgender Zeitschriften zwischen

---

pädagogik, Begriffsgeschichtliche Annäherungen', zur Klärung des Begriffes Sozialpädagogik, die zentralen Positionen unserer Debatte aufgegriffen (vgl.: F.-M. Konrad, Sozialpädagogik ..., S. 293-304). Die Debatte selbst, den Streit über das sozialpädagogische Grundproblem der Zeit haben aber Henseler und Konrad aufgrund ihres anderen Forschungsinteresses nicht ausführlich darstellen können. Rainer Treptow hat nun jüngst die Positionen Wilhelm Reins und Paul Natorps miteinander verglichen. Er beschränkt sich dabei aber auf die unterschiedlichen philosophischen Begründungen der Pädagogik (vgl.: Rainer Treptow, Wilhelm Rein und Paul Natorp - einige Gemeinsamkeiten und Unterschiede, in: R. Coriand, M. Winkler (Hg.), Der Herbartianismus - Die vergessene Wissenschaftsgeschichte, Weinheim 1998, S. 155-168). Noch im Kaiserreich und in der Weimarer Republik erschienen immer wieder Arbeiten zur Sozialpädagogik der Jahrhundertwende, die am Beipiel einzelner Theoretiker den Begriff 'Sozialpädagogik' zu klären versuchten. Beipielhaft seien genannt: Max Grittschneder, Der Begriff der Sozialpädagogik in der deutschen erziehungswissenschaftlichen Literatur des XIX. Jahrhunderts, Typoskript München 1921; G. Budde, Sozialpädagogik und Individualpädagogik, Langensalza 1913. Weiterhin existierten Arbeiten, die einzelne Protagonisten der Sozialpädagogikdebatte in die Geschichte der Pädagogischen Soziologie einordneten. Beipielhaft sei hier nur genannt: J. H. Whang, Die Entwicklung der Pädagogischen Soziologie in Deutschland, Ratingen 1963; Hermann Pixberg, Soziologie und Pädagogik bei Willmann, Barth, Litt und Krieck, Langensalza 1927.

[51] Heinrich Schulz, Goethe und die Sozialpädagogik, in: Die Deutsche Schule 3 (1899), S. 479.
[52] In einem ersten Durchgang wurden allein Texte aus den Zeitschriften ausgewählt, die den Begriff 'Sozialpädagogik' enthielten. Diese wurden dann systematisiert, um in einem zweiten Durchgang die Beiträge hinzuziehen zu können, die sich ebenfalls mit den angesprochenen Problemen auseinandersetzten, aber es nicht unter dem Signum 'Sozialpädagogik' taten.

1888 und 1905 untersucht: Das *Jahrbuch des Vereins für wissenschaftliche Pädagogik* und die *Zeitschrift für Philosophie und Pädagogik*, die zentralen Theorieorgane der Herbartianer sowie die *Deutsche Schule* als 'Bühne' der Herbart-Kritiker. Zusätzlich wurden die Beiträge im *Archiv für soziale Gesetzgebung und Statistik* für eine Einordnung der Sozialpädagogik in die sozialpolitischen Ansätze der Zeit analysiert.

Der Untersuchungszeitraum wurde auf die Jahre zwischen 1888 bis 1905 begrenzt, da 1888 das *Archiv für soziale Gesetzgebung und Statistik* begründet wurde und in diesen Jahren mit der sozialpolitischen Aufbruchstimmung auch die ersten sozialpädagogischen Anfragen in den Zeitschriften der Herbartianer diskutiert wurden. 1905 hatten sich die Diskussionen um den Begriff 'Sozialpädagogik' beruhigt, die Standpunkte waren geklärt, Epigonen beherrschten die Debatte. Kontroversen wurden nun eher um die 'Pädagogik vom Kinde aus' und die 'Schulreform' geführt. Auch im *Archiv* hatte es 1904 einen klaren Einschnitt gegeben, die jüngere Generation der Sozialwissenschaft - Werner Sombart, Edgar Jaffé und Max Weber - hatten die Zeitschrift übernommen.

Im Rahmen der Zeitschriftenanalysen ergab sich, daß die Autoren der Zeitschriftenbeiträge zwar aufeinander reagierten und die Breite der Diskussionen spiegelten, die Tagesfragen aufgriffen und eine Vielzahl von Meinungen zu Worte kam, gleichwohl in den kurzen Aufsätzen die Theorien in ihrer Vielschichtigkeit und komplexen Zusammenhängen kaum erfaßt wurden. Es fehlten in den Zeitschriften die systematischen Theorieentwürfe zur Sozialpädagogik. Otto Willmann stellte z.B. seine Theorie in den Zeitschriften kaum vor, sein Name wurde nur hin und wieder genannt, obwohl sich fast alle Sozialpädagogen inhaltlich auf ihn bezogen. Aus diesem Grund wurden die Veröffentlichungen der vier zentralen Theoretiker der Sozialpädagogik im 'Kampf um Herbart' vertiefend hinzugezogen. So werden zusätzlich die Theorien zur Sozialpädagogik Wilhelm Reins, Otto Willmanns, Paul Natorps und Paul Bergemanns, wie sie bis 1905 in ihren Schriften entwickelt worden waren, vorgestellt. Diese vier Pädagogen wurden ausgewählt, da sie eigene systematische Ansätze zur Sozialpädagogik vorlegten. Sie repräsentierten gleichzeitig vier prononcierte Positionen. Rein und besonders Natorp nahmen auch in den Zeitschriften eine zentrale Stellung ein. Bergemanns Auftreten glich eher einem kurzen Strohfeuer und Willmann, wie gesagt, wurde zwar von den Autoren theoretisch verarbeitet, aber man setzte sich in Distanz zu dem Katholiken Willmann und wollte nicht mit seinem Namen identifiziert werden.[53]

---

[53] Über diesen Rahmen hinaus wurden keine Schriften und Beiträge aufgenommen, d.h. Auseinandersetzungen um die Sozialpädagogik, wie sie z.B. in der *Zeitschrift für Ethische Kultur*, den *Comenius-Blättern für Volkserziehung* oder in den *Neuen Bahnen* geführt wurden. Aber auch Erörterungen in der Tagespresse, wie z.B. in der *Frankfurter Zeitung* blieben unberücksichtigt. Die Arbeitsschuldebatte, die in den untersuchten Zeitschriften erst nach 1905 aufgegriffen und bereits vorher von Sozi-

Es sollen nun die einzelnen Zeitschriften vorgestellt werden. Das *Jahrbuch des Vereins für wissenschaftliche Pädagogik* war keine Zeitschrift im eigentlichen Sinn, sondern das Organ des Vereins für wissenschaftliche Pädagogik der Herbartianer. In den Jahrbüchern wurden die Beiträge abgedruckt, die auf der Generalversammlung des Vereins einmal jährlich besprochen und diskutiert wurden.[54] Der Verein war das zentrale Diskussionsforum der Herbartianer. 1888 zählte er 800 und 1905 noch 661 Mitglieder, die mehrheitlich aus dem Deutschen Reich und hier in einer großen Zahl aus dem Königreich Sachsen stammten.[55] Zu den dreitägigen Generalversammlungen - meist an den Pfingsttagen - kamen um die Jahrhundertwende jeweils um die 150 Mitglieder.[56]

---

alpädagogen wie Robert Seidel thematisiert wurde, (vgl z.B.: Robert Seidel, Sozialpädagogische Streiflichter über Frankreich und Deutschland. Hamburg 1886; Robert Seidel, Der Arbeitsunterricht. Eine pädagogische und soziale Notwendigkeit, Tübingen 1885) fehlt ganz und auch die Ansätze Kerschensteiners, Paul Barths, Lays sowie die Kontroversen um Arbeiterbildung und Reichsämter für Volkserziehung, (vgl. z.B.: J. Ziehen, Eine Reichsamt für Volkserziehung und das Bildungswesen, Berlin 1903) um nur einige der Disziplin Pädagogik nahestehenden Theoretiker und Bereiche zu benennen, kommen nur in Nebensätzen vor. Eines hat sich im Laufe der Recherchen deutlich ergeben, über die theoretische Vielfalt der zeitgenössischen Sozialpädagogik, erst recht wenn man über den Tellerrand der Pädagogik hinausblickt, wissen wir noch sehr wenig. Die hier skizzierte Debatte war ein zentrales Ereignis.

[54] Eduard von Sallwürk schrieb 1885: Am 16 Juli 1868 wurde der Verein für wissenschaftliche Pädagogik gegründet, dessen Seele Ziller war und blieb; er bestand damals aus sechsundzwanzig Mitgliedern aus Leipzig und Berlin. Herbartsche Pädagogik und Philosophie bildeten den 'gemeinsamen Beziehungspunkt' für die Untersuchungen und Überlegungen derselben; 'im Vordergrunde' ihrer Arbeit stand 'die Förderung der Theorie der wissenschaftlichen Pädagogik und ihre Verbreitung durch Lehre und Schrift'. Wesentliches Mittel zur Erreichung dieser Zwecke war das im Jahr 1869 zum ersten Male erschienene 'Jahrbuch' des Vereins (...). Die Geschichte dieses Jahrbuches nebst den 'Mitteilungen' und 'Erläuterungen', zu welchen die jährlichen Generalversammlungen des Vereines Veranlassung boten, bilden von jetzt ab auch die Geschichte der Zillerschen Schule." (Eduard von Sallwürk, Handel und Wandel der Pädagogischen Schule Herbart's, Langensalza 1885, S. 21.) Von Sallwürk betonte die enge Beziehung des Vereins zur Pädagogik des Herbartianers Tuiskon Zillers, da er gleichzeitig auf die unterschiedlichen Auffassungen innerhalb des Herbartianismus aufmerksam machen wollte und sich gegen eine einseitige Prägung durch Ziller stellte. Er berichtete, wie schwer sich der Verein von der Lehrmeinung Zillers lösen und allen Strömungen unter den Herbart-Nachfolgern einen Platz bieten konnte. Vgl. zur Theoriegeschichte des Herbartianismus auch: Bernard Schwenk, Das Herbartverständnis der Herbartianer, Weinheim 1963; oder als ein Beispiel aus der zeitgenössischen Literatur: Charles des Garmo, Herbart and the Herbartians, New York 1895.

[55] Peter Metz, Herbartianismus als Paradigma für Professionalisierung und Schulreform, Bern, Berlin, u.a. 1992, S. 122.

[56] Vgl.: A. Reukauf, XXXI. Versammlung des Vereins für wissenschaftliche Pädagogik, in: Zeitschrift 6 (1899), S. 378; A. Reukauf, XXXII. Hauptversammlung des Vereins für wissenschaftliche Pädagogik, in: Zeitschrift 7 (1900), S. 312.

Dem *Jahrbuch* zur Seite stellten die Herbartianer 1894 eine wissenschaftliche Fachzeitschrift, die *Zeitschrift für Philosophie und Pädagogik*, die sechsmal im Jahr - also jeden zweiten Monat[57] - erschien. Herausgeber waren Pastor Otto Flügel aus Wansleben bei Halle und Wilhelm Rein, wobei Flügel mit seinen Beiträgen den Ton angab.[58] Mit der Zeitschrift reagierten die Herbartianer auf die wachsende Kritik in erster Linie an ihren philosophischen und psychologischen Grundlagen, aber auch an ihrer Vorherrschaft in der Pädagogik. Die *Zeitschrift für Philosophie und Pädagogik* sollte als überregionales theoretisches Fachorgan die Lehre Herbarts in Verhältnis zu den geistigen und sozialen Entwicklungen der Zeit setzen und die Herbart-Schüler regelmäßig über den Stand der pädagogischen Forschungen informieren. Auf dem wachsenden Markt pädagogischer Fachblätter boten die Herbartianer damit ihren Anhängern auch ein eigenes Organ zur theoretischen Reflexion der zeitgenössischen Herausforderungen. Sowohl das *Jahrbuch des Vereins für wissenschaftliche Pädagogik* als auch die *Zeitschrift für Philosophie und Pädagogik* wurde von einer sozial-protestantischen Grundhaltung geprägt.[59]

Der Volksschulrektor Robert Rissmann, ein überzeugter Pestalozzianer und Streiter für die Sozialpädagogik, machte von Anbeginn keinen Hehl daraus, daß in der *Deutschen Schule*, die wissenschaftliche Zeitschrift des Deutschen Lehrervereins, 'gegen' den Herbartianismus geschrieben wurde.[60] Der Deutsche Lehrerverein hatte zu diesem Zeitpunkt die Aufgabe, als Dachverband alle Provinziallehrerverbände zu vereinigen. Der Verein beabsichtigte damit, eine nationale Einheit innerhalb der Lehrerschaft und Volksschule zu schaffen, die noch lange nicht die Schulwirklichkeit bestimmte. Auch wenn die Gehälter der Volksschullehrer um die Jahrhundertwende (erneut nach den siebziger Jahren) bedeutend angehoben und vereinheitlicht wurden[61] und der Versuch

---

[57] 1905 wurde die Zeitschrift in eine Monatsschrift umgewandelt.
[58] Jedes Heft hatte einen Umfang von ca. 90 Seiten und war dreigeteilt, im ersten Teil wurden längere Abhandlungen veröffentlicht, im zweiten Teil sollten die Leser unter der Rubrik Mitteilungen über Veranstaltungen und neuere Beiträge sowie Entwicklungen im Gebiet der Pädagogik, der Philosophie und Sozialreform informiert werden, und im dritten Teil war Platz für Besprechungen pädagogischer und philosophischer Literatur.
[59] Vgl.: P. Metz, Herbartianismus als Paradigma für ..., S. 118ff.
[60] Im Januar 1897 erschien die erste Ausgabe. Die *Deutsche Schule* war eine Monatsschrift und hatte eine Stärke von ca. 70 Seiten. Die ersten 40 Seiten standen für längere Beiträge zur Verfügung. Auf den folgenden 5-10 Seiten folgte die Kolumne 'Umschau'. Johannes Tews, Vorstandsmitglied des Deutschen Lehrervereins und Generalsekretär der Gesellschaft zur Verbreitung der Volksbildung, nahm hier Stellung zu schulpolitischen Fragen. Die letzten 20 Seiten waren für Mitteilungen und Besprechungen reserviert. Rissmann erklärte später, daß die *Deutsche Schule* ein Jubiläumsgeschenk zum 25-jährigen Bestehen des Deutschen Lehrervereins gewesen sei und zugleich als Nachfolgeblatt der von seinem Freund Friedrich Dittes gegründeten Monatsschrift *Paedagogium* verstanden werden müsse (Robert Rissmann, Geschichte des Deutschen Lehrervereins, Leipzig 1908).
[61] Thomas Nipperdey, Deutsche Geschichte 1866-1918, Bd. 1, Arbeitswelt und Bürgergeist, München 1990, S. 543.

einer Instrumentalisierung der Schule für die Interessen des Staates am Ende des 19. Jahrhunderts zunahm, sah die Schulwirklichkeit, betrachtet man z.B. wie Kulhemann nur den Aspekt der Schulfinanzierung, sehr uneinheitlich aus:

"Unter Berücksichtigung der nur subsidiär erfolgenden staatlichen Finanzierung der Volksschulen kann man zusammenfassen, daß - entgegen der These vom überragenden Einfluß des Staates - die Volksschule in dieser Beziehung kaum als 'Staatsschule', sondern nur als 'Gemeindeschule' begriffen werden kann."[62]

Herrlitz hob vor diesem Hintergrund jüngst in einem Rückblick, Einhundert Jahre "Die Deutsche Schule", hervor, wie eng in der Sozialpädagogik-Konzeption Rissmanns und der *Deutschen Schule* "sozialpolitische, schulpädagogische und berufsständische Gesichtspunkte" miteinander verknüpft waren". "'Die Deutsche Schule' sollte ein Organ zur theoretischen Klärung und praktischen Verwirklichung einer neuen sozialintegrativen Nationalerziehung"[63] sein. Mit diesem Ansatz wurde also nicht nur eine Antwort auf die Klassengegensätze und die soziale Frage gegeben, sondern gleichzeitig Schulpolitik betrieben und die einheitliche Aufgabe der Volksschullehrerschaft in Gesellschaft und Pädagogik erneut betont.[64] Die *Deutsche Schule* sollte die wissenschaftliche Pädagogik den Zeitströmungen anpassen, erfahrungswissenschaftliche und experimentelle Elemente aufnehmen und den Lehrer zu einer sozialen Stütze im deutschen Vaterland machen.

Anhand der Beiträge zur Sozialpädagogik dieser drei Fachorgane wurde die Sozialpädagogikdiskussion im 'Kampf um Herbart' analysiert. In einem ersten Schritt werden die Diskussionen um die 'Sozialisierung des Bildungswesen' dargestellt. Ausgangspunkt war hier der sozialpädagogische Haltepunkt der Herbartianer, die Pädagogik Dörpfelds. Der 'Kampf um Dörpfeld' konnte als sozialpädagogischer Vorkampf des 'Kampfes um Herbart' begriffen werden. Die Debatten um die 'Sozialisierung des Bildungswesens' beherrschten die so-

---

[62] F.-M. Kuhlemann, "Niedere Schulen", in: C. Berg u.a. (Hg.), Handbuch der deutschen Bildungsgeschichte, Bd. IV, München 1991, S. 198.
Zudem war, obwohl das 'Gesetz, betreffend die Beaufsichtigung des Unterrichts- und Erziehungswesens' vom 11. März 1872 das Bildungswesen eigentlich in die Hände des Staates gelegt hatte, die Volksschule vielerorts faktisch eine Gemeindeschule und der Einfluß der Kirchen - vor allem in den ländlichen Regionen - weiterhin praktisch bestimmend. In der Bildungspolitik stießen konservative Kräfte, die im Namen der Kirchen und des Glaubens die Notwendigkeit einer traditionellen Sozialstruktur betonten, auf säkularisierende und vereinheitlichende Bestrebungen der Sozialdemokraten und Liberalen (vgl. auch: Wolfgang Neugebauer, Das Bildungswesen in Preußen seit der Mitte des 17. Jahrhunderts, in: O. Büsch (Hg.), Handbuch der Preussischen Geschichte, Band II, Das 19. Jahrhundert und große Themen der Geschichte Preußens, Berlin, New York 1992).
[63] Hans-Georg Herrlitz, Einhundert Jahre "Die Deutsche Schule", in: Die Deutsche Schule 89 (1997), S. 11.
[64] Vgl. zu diesem Thema besonders: Johannes Tews, Die deutsche Lehrerversammlung in Köln, in: Zeitschrift 7 (1900), S. 322-332.

zialpädagogische Diskussion besonders in den Jahren bis zur Jahrhundertwende. Am Ende dieses Abschnittes werden vertiefend die sozialpädagogischen Ansätze Wilhelm Reins und Otto Willmanns dargelegt. Damit war die Grundlage geschaffen für den eigentlichen 'Kampf um Herbart' und die Kontroversen um den 'Sozialismus der Bildung' der Jahrhundertwende. Grundlegend und ebenfalls vertiefend schließen sich die Sozialpädagogik Paul Natorps und Paul Bergemanns an. In einem letzten Abschnitt 'Sozialisierung und Bildung' werden die - besonders seit dem Jahr 1900 - aus der Perspektive der 'Schulreform' und der Position einer 'Pädagogik vom Kinde aus' vorgetragenen Anfragen an die Sozialpädagogik hinzugefügt und die sozialpädagogischen Antworten und das Ausklingen der Sozialpädagogikdebatte thematisiert. Schließlich wird im dritten Kapitel unter Bezug auf die Auseinandersetzungen im *Archiv für soziale Gesetzgebung und Statistik*[65], dem - nach Stölting "wichtigste(n) Forum der Soziologie vor dem ersten Weltkrieg"[66], die Sozialpädagogik in Verhältnis zur Sozialpolitik gesetzt.

---

[65] Der sozialdemokratische Reichstagsabgeordnete Heinrich Braun hatte 1888 das *Archiv* gegründet. Das *Archiv* erschien ungefähr alle zwei Monate (in einigen Jahren z.B. 1897 und 1905 hatte es den doppelten Umfang). Jedes Heft kam auf ca. 150 Seiten. Der Inhalt war in vier Unterbereiche gegliedert: Abhandlungen, Gesetzgebung, Miszellen und Literatur. Neuerungen in der sozialen Gesetzgebung im In- und Ausland wurden kommentiert, in Verhältnis zu den sozialpolitischen und - wissenschaftlichen Entwürfen gesetzt und der Stand der Sozialreform in den einzelnen Ländern miteinander verglichen. Mit der Übernahme des *Archivs* durch Sombart, Jaffé und Weber verschob sich 1904 die Schwerpunktsetzung. Nun sollte nicht die Sozialpolitik, sondern die Sozialwissenschaft den Charakter der Zeitschrift bestimmen.
Vgl. auch: Gisela Wallgärtner, Der soziologische Diskurs im Kaiserreich, Münster 1990; vgl. zum Verhältnis Heinrich Braun und Werner Sombart: Friedrich Lenger, Werner Sombart 1863-1941, Eine Biographie, München 1994, S. 143-162.
[66] Erhard Stölting, Akademische Soziologie in der Weimarer Republik, Berlin 1986, S. 154.

2. Der Anfang: Sozialpädagogik im Kreis der Herbartianer - Sozialisierung von Bildung

"Erwägt man, dass das Band gemeinsamer religiöser und vaterländischer Anschauungen und Empfindungen vielfach völlig durchschnitten, der vermittelnde und verbindende Einfluss der Kirche und ihrer Vertreter weiten Kreisen gegenüber wirkungslos geworden ist, dass die Trennung der Stände in den Schulen, namentlich in den grösseren Städten, zugenommen hat, während die lokalen Gemeinde- und Nachbarschafts-Beziehungen infolge der Freizügigkeit und des schnellen Anwachsens der Städte vielfach gelockert worden sind, dass aber diese Entwicklung in den Grossstädten an die Stelle von im Laufe der Zeit gewachsenen, organisch gegliederten Gruppen in immer weiterem Umfange durch den Zufall zusammengewürfelte und damit auch zufälligen Einflüssen zugängliche, zusammenhangslose Massen zu setzen droht, so wird man nicht verkennen dürfen, dass es vielleicht die wichtigste der unserer Zeit gestellten Aufgaben ist, neue Verknüpfungen und Bindungen zu schaffen, welche der höheren Bildung und Tüchtigkeit den ihr gebührenden Einfluss sichern, den auch das allgemeine Wahlrecht voraussetzt, wenn es nicht zu ganz schwankenden, unberechenbaren Zuständen führen soll."[1] *(Aus dem Aufruf zur Gründung einer Volkshochschule in Berlin)*

Welche sozialen 'Verknüpfungen' und 'Bindungen' garantieren, daß die Bildung wirken kann und der Mensch und die Kultur nicht der 'Unberechenbarkeit' und dem 'Schwanken' ausgeliefert wird? Johannes Trüper griff diese Frage 1890 in einem zentralen Beitrag, 'Erziehung und Gesellschaft', im *Jahrbuch des Vereins für wissenschaftliche Pädagogik* auf. Er eröffnete damit die Sozialpädagogikdiskussion im und um den Herbartianismus und versprach, "Lücken unserer pädagogischen Wissenschaft anzudeuten",[2] welche das "Verhältnis der Schule und Erziehung zur Gesellschaft und der Schulwissenschaft, wie der gesamten Pädagogik, zur Gesellschaftswissenschaft" betrafen.[3] Die anschließende Diskussion auf der Hauptversammlung des Vereins für wissenschaftliche Pädagogik der Herbartianer verlief äußerst kontrovers. Eine Gesellschaftswissenschaft sei doch gar nicht in Sicht, entgegneten aufgebrachte Herbart-Schüler, selbst die Mitglieder des letzten Pariser Soziologenkongres-

---

[1] Eine Volkshochschule in Berlin, in: Zeitschrift 4 (1897), S. 53-54.
[2] Johannes Trüper, Erziehung und Gesellschaft, in: Jahrbuch 22 (1890), S. 193.
[3] J. Trüper, Erziehung und ... S. 195. Trüper war noch ein sehr junges Mitglied im Verein und er schrieb diese Abhandlung auf Anfrage des Vorsitzenden des Vereins für wissenschaftliche Pädagogik Theodor Vogt, da Trüper sich bereits in anderen Zeitschriften zu dem Problem geäußert hatte.

ses hätten sich nicht über den Gegenstand der - dort sogenannten - Soziologie einigen können. Bestenfalls, schlugen vorsichtigere Kritiker vor, könne von einer Gesellschaftskunde gesprochen werden. Für die Pädagogik seien, wie Herbart es vorgeschlagen habe, auch weiterhin Psychologie und Ethik als Hilfswissenschaften vollkommen ausreichend. Das Herbartsche System hatte aus dieser Perspektive keine Lücken, die durch eine Gesellschaftswissenschaft zu schließen waren.[4]

Dabei hatte Trüper sein Thema zusätzlich zu rechtfertigen versucht, indem er bemerkte, daß nicht nur Außenstehende oder Gegner der Herbart-Schule, sondern auch "befreundete" Kreise angesichts der sozialen Entwicklung begonnen hätten, eine "sozial-ethische() Revisionsarbeit der Pädagogik" vorzunehmen.[5] Darum müßte auch die Theorie in der Nachfolge Herbarts diesbezüglich hinterfragt werden. Wobei er unter anderem daran erinnerte, daß Herbart selbst zur sozialen Seite drängte und die Bedeutung von Geschichte und Gesellschaft für die Pädagogik immer wieder betont habe. Schließlich war es allein Trüpers Absicht, die sozialen Positionen der Herbartianer, wie sie Karl Mager[6], Otto Willmann und vor allem Friedrich Wilhelm Dörpfeld formuliert hatten, in "das besondere Gebiet der Sozialpädagogik" einzuführen, welches, so seine Einschätzung, in Politik und Kirchenpolitik hineinreiche und die Staatswissenschaft, Rechtswissenschaft und Sozialwissenschaft berühre.[7] In ersten Linie wollte er das Familienprinzip in der beginnenden sozialpädagogischen Diskussion betonen, da er hier Tendenzen zu entdecken glaubte, die die Familie übersprangen.[8] Insgesamt ging es ihm nur darum, die Individualpädagogik der

---

[4] vgl.: Anhang, 3. Trüper, Erziehung und Gesellschaft, in: Jahrbuch 22 (1890), S. 23-50.
[5] J. Trüper, Erziehung und ... S. 237.
[6] In der *Deutschen Schule* wurde immer wieder darauf verwiesen, daß Mager ein Sozialpädagoge gewesen sei. In den Zeitschriften der Herbartianer wurde kaum gefragt, ob Mager nun Individual- oder Sozialpädagoge gewesen sei, sondern vielmehr ob er sich der Philosophie Hegels oder Herbarts angeschlossen habe. Bliedner kam zu folgendem Schluß: "Sonach lassen sich in Magers philosophischer Entwicklung vier Perioden unterscheiden: I. Mager ergiebt sich planlosen philosophischen Studien, die ihm keine Befriedigung gewähren. II. Er wird ein begeisterter Schüler Hegels. III. Er sagt sich völlig von Hegel los und wird Anhänger Herbarts, doch auch diesem gegenüber sich eine freie Stellung wahrend. IV. Er erblickt in der Encyklopädie das Höhere, dem sich die Philosophie unterzuordnen habe" (A. Bliedner, Karl Magers philosophische Entwicklung, in Zeitschrift 4 (1897), S. 446).
[7] J. Trüper, Erziehung und ... S. 197.
[8] Trüper meinte z.B. die Reformvorschläge aus der "Neuen Deutschen Schule": "Und thatsächlich liegt der Kardinalfehler dieser 'Neuen Deutschen Schule' in dem Unberücksichtigtlassen der Familie, ja aller sozialen Gemeinschaften, als Erziehungsfaktoren und der Teilung der Erziehungs- und Bildungsarbeit zwischen denselben wie zwischen ihnen und der Schule. Prof. Preyer mag zwar recht haben, dass unser Verein für wissenschaftliche Pädagogik bislang praktisch so wenig in der gedachten Beziehung erreicht und der Verein der 'Neuen Deutschen Schule' wenigstens Aufsehen gemacht hat. Allein der Lärm ist nicht immer ein Zeichen für die Gediegenheit und Richtigkeit einer Sache" (J. Trüper, Erziehung und ..., S. 197).

Herbartianer um eine Sozialpädagogik zu ergänzen, damit sie nicht den Anschluß an die Entwicklungen der Zeit verliere.

Trüpers Ansichten wurden 1890 im Verein für wissenschaftliche Pädagogik zwar heftig kritisiert, doch sein Anliegen war nicht vollständig gescheitert. Führende Herbartianer, wie z.B. Wilhelm Rein (vgl.: Die Sozialpädagogik Wilhelm Reins), nahmen sich der Fragen an oder hatten wie Friedrich Wilhelm Dörpfeld oder Otto Willmann (vgl.: Die Sozialpädagogik Otto Willmanns) diese Fragen bereits aufgegriffen. Auch wenn im *Jahrbuch des Vereins für wissenschaftliche Pädagogik* und in der *Zeitschrift für Philosophie und Pädagogik* (1894-1905) die Sozialpädagogik immer ein wenig geschätztes Thema blieb, im Kreis der Herbartianer wurde entschieden über die Sozialpädagogik debattiert.

Es existierten also schon Sozialpädagogikentwürfe der Herbart-Schüler, als Robert Rissmann 1897 in der ersten Ausgabe der *Deutschen Schule* jeden "Fremdling" warnte, seinen Fuß nicht über die Schwelle dieser Zeitschrift zu setzen, soweit er sich nicht unter der "Fahne" der Sozialpädagogik eingliedern und gegen den Herbartianismus ins Feld ziehen wollte.[9] Die kämpferische Rhetorik, die in den folgenden Jahren die Sozialpädagogikdiskussion beherrschte, war ein Ausdruck dafür, daß jetzt - in der zweiten Hälfte des Jahrzehnts - die Sozialpädagogikdiskussion zu einer zentralen Auseinandersetzung der Pädagogik, zu einem zentralen Streitpunkt im 'Kampf um Herbart' geworden war. Trüpers Anliegen aus dem Jahr 1890, gesellschaftswissenschaftliche Erkenntnisse für die Pädagogik nutzbar zu machen, wurde nun zur Allgemeinforderung der Sozialpädagogen. Jede "zeitgemäße Erziehungswissenschaft", formulierte z.B. Gramzow, müsse in Zukunft auch "Kulturwissenschaft" und "Sozialwissenschaft" sein.[10] Herbarts Vorschlag, die Pädagogik aus Psychologie und Ethik zu entwickeln, bedurfte nun doch zumindest der Ergänzung.

---

[9] Robert Rissmann, Zur Einführung, in: Die Deutsche Schule 1(1897), S. 3-4.
[10] Otto Gramzow, Kritische Streifzüge im Gebiete der Sozialpädagogik, in: Die Deutsche Schule 4 (1900), S. 94. Zudem forderte Müller z.B. eine Anwendung der "Soziologie auf die Pädagogik", um so eine "Nachprüfung der Grundlagen unserer pädagogischen Systeme" einzuleiten (C. Müller, Individual- und Sozialpädagogik, in: Die Deutsche Schule 4 (1900), S. 355). Rissmann ergänzte, um noch ein weiteres Beispiel zu nennen, daß die "Wissenschaft der Soziologie" von "Tag zu Tag für beinahe alle wissenschaftliche(n) Gebiete" an Bedeutung gewinne und die Pädagogik sich darum dem Einfluß der Soziologie nicht widersetzen könne (Robert Rissmann, Herr Ries in Frankfurt und die "Deutsche Schule", in: Die Deutsche Schule 2 (1898), S. 308).
Doch schon die Unklarheit in der Begriffswendung zeigte, daß man unterschiedliche Vorstellungen sowohl vom Gegenstand als auch von den Erkenntnissen dieser Wissenschaft hatte. Denn einmal wurde von einer Socialistik oder Gesellschaftskunde, dann von einer Soziologie oder Sozialwissenschaft, schließlich einer Gesellschaftswissenschaft und Kulturwissenschaft gesprochen. Diese Begriffsvielfalt war letztlich auch Ausdruck dafür, daß man sich einer "jugendlichen Disziplin" annäherte (Max Weber, Die "Objektivität" sozialwissenschaftlicher und sozialpolitischer Erkenntnis,

Die Öffnung zur sozialen Seite vollzogen die Sozialpädagogen in erster Linie, indem sie überlieferte und zeitgenössische pädagogische Theoretiker hinsichtlich ihrer Aussagen über die soziale Welt und die sozialen Aufgaben der Pädagogik befragten und auf die Herausforderungen des zeitgenössischen sozialen Wandlungsprozesses bezogen. Denn eine "Verdrängung der 'reinen Pädagogik'" durch die Soziologie, beruhigte Rissmann die Skeptiker, war nicht das Ziel der Sozialpädagogik.[11] Trüper forderte z.B. in Anlehnung an den Barmer Rektor und geistigen Begründer der evangelischen Schulgemeindebewegung Dörpfeld (vgl.: Kampf um Dörpfeld), daß man sich der sozialpädagogischen Bedeutung der sozialen Lebensformen, in erster Linie der Familie, der bürgerlichen Provinzialgemeinde, der Kirche und des Staates usw. zuwenden sollte, wobei die "Glieder der menschlichen Gesellschaft" wie Glieder von "leiblichen Organismen" angesehen werden müßten.[12] Diese Forderung war als Antwort auf die in sozialpädagogischen Kreisen weitgehend geteilte Diagnose zu verstehen, daß "die patriarchalischen Zustände (...) heutzutage in den Grossstädten nicht mehr zu finden" seien.[13] Denn selbst in vorsichtigeren Einschätzungen wurde festgestellt, daß zumindest die Selbstverständlichkeit durchbrochen war, mit der die "alten patriarchalischen Verhältnisse"[14] als Grundlage der Ge-

---

in: Archiv 19 (1904), S. 81), die in ihrem Werden ganz an die Dynamik sozialer Wandlungssprozesse, Gestaltungsbestrebungen und -interessen gebunden war und deren Bezeichnungen noch jeweils ein Programm ausdrückten.

[11] Robert Rissmann, Sozialpädagogik, in: Die Deutsche Schule 4 (1900), S. 247.
In der Zeitschrift für Philosophie und Pädagogik und der Deutschen Schule findet man besonders um die Jahrhundertwende in der Rubrik 'Mitteilungen' und 'Aus der Fachpresse', immer wieder Berichte über Vorträge und Veröffentlichungen, die die Frage Individual- oder Sozialpädagogik thematisierten. In fast allen Beiträgen kamen die Autoren darin überein, daß das Individuum freilich auch in der Sozialpädagogik der "Ausgangspunkt und Endpunkt" der Erziehung darstelle, nur daß, so z.B. Pyritz, die Pädagogik bisher die Frage des Menschen als "Glied der Gesellschaft" und dessen Einführung in die Kulturgesellschaft vernachlässigt habe (Skizzen zur Sozialpädagogik, in: Die Deutsche Schule 2 (1898), S. 368; Vgl. beispielsweise auch: Aus der pädagogischen Fachpresse, in Zeitschrift 10 (1903), S. 523; C. Müller, Individual- und ...).

[12] Die Metapher, daß ein Volk als Organismus zu begreifen sei, wurde von fast allen Sozialpädagogen übernommen. Sie sollte ausdrücken, daß das gesamte Sozialgefüge und nicht einzelne hervorragende Individuen die kulturelle Entwicklung bestimmen und die sozialpädagogische Grundansicht stützen, daß das "Gemeinschaftsleben" zumindest "die conditio sine qua non der Lebenserhaltung" sei (Robert Rissmann, Anmerkung zu: Paul Bergemann, Soziale Pädagogik, in: Die Deutsche Schule 3 (1899), S. 269). Dabei wurden die Begriffe 'Volk', 'Nation', 'Gesellschaft' und 'Staat' nur selten differenziert auseinandergehalten und häufig gleichgesetzt. Kritische Bemerkungen wie die z.B. von Otto Gramzow, daß, soweit man die Gesellschaft mit einem Organismus vergleiche, eine Analogie ohne Beweiskraft angesprochen sei, die man nur als "Mittel und als Leitfaden der Untersuchung heranziehen" dürfe, wurden kaum zur Kenntnis genommen (O. Gramzow, Kritische Streifzüge ..., S.688).

[13] R. Heine, Der Idealismus als Bildungs- und Lebenselement. Eine sozialpolitische Studie auf historischer Grundlage, in: Zeitschrift 10 (1903), S. 202.

[14] O. Lehmann, Der Einfluss der Volksbildung auf die wirtschaftliche Entwickelung des Volkes, in: Die Deutsche Schule, 3 (1899), S. 682.

sellschaftsordnung und auch von Erziehung und Bildung angesehen wurden. Auch sozial-konservative Kreise, die an ihnen festhalten wollten, mußten nun eine sozialpädagogische Erklärung bieten.

In der Mehrheit beschrieben die Sozialpädagogen die sozialen Probleme ganz allgemein als 'Krise des Gemeinschaftslebens', da der Idealismus als Bildungs- und Lebenselement abhanden gekommen sei. Alle Sozialpädagogen waren überzeugt, daß jeder Sozialreform nur dann Erfolg beschieden sein könne, soweit eine innere sittliche Hebung des Volkes mit ihr einhergehe.[15] Heine nannte dies einen 'unumstösslichen kulturgeschichtlichen Erfahrungssatz' und folgerte entsprechend:

> "Ausgerottet werden muss vor allem der unser Gemeinschaftsleben vergiftende Eigennutz des engherzigen Krämergeistes, der kein höheres Prinzip als die Rentabilität kennt. Ihm gleicht an Einseitigkeit und selbstsüchtigen materialistischen Streben die realistische Richtung auf dem Gebiete der Wissenschaften. Unter dem Einfluss dieser beiden Zeitrichtungen hat sich immer mehr ein verderblicher Geist der Isolierung herausgebildet."[16]

Doch derartige Einwürfe mußten sich fragen lassen, wie sie ihr sittliches oder idealistisches Ideal begründeten. Sie hatten sich mit euphorischen Beschreibungen einer fundamentalen Zeitenwende auseinanderzusetzen, die das "Zeitalter Goethes" nun durch das "Zeitalter Bismarcks" abgelöst sahen: "Nicht mehr harmonisch abgetönte Charaktere - sondern willenskräftige reale Verhältnisse" würden den Zeitgeist bestimmen.[17] Die Pädagogen hatten nun endlich einzusehen, forderte Wegener, daß die Bildungsbedürfnisse nicht nach einem "idealen Wolkenkucksheim" zu bemessen seien, sondern sich nach den nationalen, kulturellen und sozialen "Bedürfnissen des deutschen Volkes" zu richten hätten, um "Gegenwartsmenschen" auszubilden.[18] Johannes Tews sprach - wie viele seiner Zeitgenossen - vom "Zeitalter der Naturwissenschaften", das der deutschen Industrie den Weg gebahnt habe und den Fortschritt garantiere.[19] Die Wissenschaft, die Empirie, solle "in Küche, Keller, Wohnungen und Schlafstuben hineinleuchten".[20] Die Gegenwart, in der 'alles' sich in Entwicklung befinde, könne nur noch durch die "Wissenschaft im eigentlichen Sinne" verstanden werden.[21] Und Sommer betonte, daß die "Buntscheckigkeit

---

[15] R. Heine, Der Idealismus als Bildungs- ..., S. 483.
[16] R. Heine, Der Idealismus als Bildungs- ..., S. 481.
[17] Soziale Pädagogik, in: Die Deutsche Schule 5 (1901), S. 108.
[18] Paul Wegener, Bildungsbewegungen der Gegenwart, in: Die Deutsche Schule 3 (1899), S. 144.
[19] Johannes Tews, Umschau, in: Die Deutsche Schule 2 (1898), S. 490; vgl. auch: Johannes Tews, Umschau, in: Die Deutsche Schule 1 (1897), S. 300.
[20] Johannes Tews, Zur Revision des Volksschullehrplans, in: Die Deutsche Schule 1 (1897), S. 539.
[21] Johannes Tews, Zur Ausgestaltung der Arbeit in den Lehrervereinen, in: Die Deutsche Schule 1 (1897), S. 33.

und Variabilität" der sich immer ändernden Meinungen Wilhelm Dilthey in der Auffassung recht gebe, eine Bestimmung des "Endzieles der Erziehungsaufgabe" sei unmöglich.[22]

Zwar beklagte auch Trüper den fehlenden Idealismus. Doch er formulierte vorsichtiger und verwies erst einmal auch auf Dilthey. Der erste Teil einer wissenschaftlichen Pädagogik hatte sich demnach mit der Aufgabe auseinanderzusetzen, "den Ursprung der Erziehung, des Unterrichts, der Schulen und die zunehmende Gliederung des Schulwesens in der Gesellschaft" aufzusuchen.[23] Die Pädagogik, so lautete die Konsequenz, hatte sich der sozialen Bedingungen des pädagogischen Geschehens zu vergewissern und zu fragen, welche Pädagogik in der Gesellschaft vorherrsche und nun gefordert sei. Die Pädagogik habe sodann zu begründen, welche Sozialformen und - damit verbunden - welche Bildungsinhalte den pädagogischen Herausforderungen genügen könnten?

Trüper warnte schließlich diejenigen, die diese Fragen für unwichtig erklärten, "daß der neue Inhalt, welcher den socialen und socialistischen Strömungen eigen ist, auch zu einer neuen (Erziehungs-)Form führen kann, und unser Schulwesen ist schon staatssocialistisch."[24] Damit hatte er ein Grundproblem der Sozialpädagogikdebatte angesprochen. Angesichts der 'Krise des Gemeinschaftslebens' war es notwendig geworden, sich über die sozialen Bildungs- und Erziehungsformen in der kapitalistischen Moderne zu verständigen. Die sozialen Bildungs- und Erziehungsformen mußten nun sozialpädagogisch legitimiert und begründet werden. Sie schienen nicht mehr selbstverständlich gegeben. Die Ablehnung der staatssozialistischen Auffassung und ein "Mitgruseln vor dem roten Gespenst der Sozialdemokratie"[25] reichte nicht aus, wie Trüper sich ausdrückte, um der Aufgabe zu entgehen, die soziale und so-

---

Tews sah aber auch Grenzen einer tatsachenorientierten oder realistischen Auffassung der Pädagogik z.B. im Bereich der Ethik und der praktischen Pädagogik (ebd., S. 35; vgl. auch: Johannes Tews, Zur Revision des Volksschullehrplans, in: Die Deutsche Schule 1 (1897), S. 534-536).

[22] P. Sommer 1901, Die Schule im neuen Jahrhundert, in: Die Deutsche Schule 5 (1901), S. 155.
Um noch ein weiteres typisches Beispiel zu nennen, sei Wilk genannt, der feststellte, daß auch die Möglichkeit, "den idealen Zustand der Gesellschaft" zu benennen, nicht gegeben sei. Den Sozialpädagogen sei darum empfohlen, sich "an die realen Beziehungen der Gesellschaft" und eine so bezeichnete "Evolutionsethik" zu wenden (Wilk, Stimmen zur Sozialpädagogik, in: Die Deutsche Schule 3 (1899), S. 641). Insgesamt hatten Ansätze, welche die sozialen Bedürfnisse in den Mittelpunkt rückten, sich mit dem Vorwurf auseinanderzusetzen, daß sie einem sozialen "Eudämonismus" und Utilitarismus" huldigten (Skizzen zur Sozialpädagogik, in: Die Deutsche Schule 2 (1898), S. 695) und die Pädagogik zu einer reinen "Nützlichkeitspädagogik" degradierten (Stimmen zur Sozialpädagogik, in: Die Deutsche Schule 3 (1899), S. 179).

[23] J. Trüper, Erziehung und ..., S. 269.
[24] vgl.: Anhang, 3. Trüper, ..., S. 24.
[25] J. Trüper, Erziehung und ..., S. 233.

zialpolitische Bedeutung und Einlagerung von Bildung und Erziehung zu bestimmen. Die Pädagogik habe dafür zu sorgen, daß in den sozialen Auseinandersetzungen der Zeit nicht "Parteiungen und Strömungen (...) die öffentliche Erziehung einseitigen Zwecken dienstbar" machten. Gerade die einseitige politische Indienstnahme der Pädagogik habe nämlich in der deutschen Staats- und Bildungsphilosophie eine große Tradition:

> "Ja, dadurch, dass sich die soziale Ansicht der Jugendbildung zur politischen verengte, wie z.B. Fichte in seinen 'Reden an die Deutsche Nation' bis hin zu den 'Kulturstaats'-Pädagogen unserer Zeit, wurde sie unfähig, die individuale zu ergänzen. Unsere Forderung kann daher nicht den Sinn haben, der Pädagogik den politischen Gesichtspunkt aufzudrängen, der immer nur einen Teil der sozialen Erscheinungen überblicken lässt."[26]

Trüper wollte zeigen, daß Dörpfeld der politischen Indienstnahme der Pädagogik eine Sozialpädagogik entgegengestellt hatte, die letztlich das Herbartianische Prinzip des erziehenden Unterrichts auf die soziale Aufgabe projizierte. Er betrachtete die soziale Welt nicht aus dem Blickwinkel zergliedernder politischer Interessen, sondern mit Hilfe der sozialen Begriffe Herbarts. Dörpfeld fordere eine "Ethisierung aller Gesellschaftsklassen im Sinne des hohen Liedes auf die Solidarität aller Glieder an dem sozial-ethischen Leibe der beseelten Gesellschaft".[27]

2.1 Der Kampf um Dörpfeld: Sozialisierung des Bildungswesens

> *"Auf dieses Geben und Empfangen, auf diese Wechselwirkung zwischen dem Individuum und den Gemeinschaften, von denen es umfangen und getragen ist, muss daher die Erziehung nicht minder ihr Augenmerk richten, als auf die formale allseitige Entwickelung der Individualität: wo nicht, so wird das Resultat dennoch höchst einseitig; der Zögling bleibt ein armes selbstsüchtiges Wesen und unpraktisch dazu, und was das schlimmste ist, einer, dem die notwendigen Bedingungen des allseitigen Fortwachsens fehlen; denn diese Bedingungen bestehen eben in der selbstthätigen Teilnahme an dem Leben der ihn umgebenden Gemeinschaften, denen das Individuum verdankt, was es an individueller Bildung besitzt."[28]* (Friedrich Wilhelm Dörpfeld)

Aus Trüpers Perspektive hatte Dörpfeld das Grundproblem der Sozialpädagogik bereits erfaßt: Nur soweit die das Individuum 'tragenden' Gemeinschaften ihre pädagogische Aufgabe erfüllten, könne der Mensch zu einer ganzen Persönlichkeit gebildet werden. Angesichts der sozialen Lage mußte darum die

---

[26] J. Trüper, Erziehung und ..., S. 208.
[27] J. Trüper, Erziehung und ..., S. 238.
[28] J. Trüper, Erziehung und ..., S. 201.

Pädagogik in Zukunft ebenfalls die Wechselwirkung von Individuum und Gemeinschaft thematisieren.

Denn "trotz aller 'allseitigen harmonischen Ausbildung' und aller 'Vielseitigkeit des Interesses' hat man das ganze soziale Leben in der Gegenwart nach seiner realen Seite hin vergessen, bis die Sozialdemokratie schliesslich den Staatspädagogen die Augen geöffnet hat."[29]

Dörpfeld schloß diese Lücke, indem er fragte, welche soziale Lebensform die Verantwortung für die 'ganze Persönlichkeit' trage. Für ihn war diese Frage unabänderlich beantwortet: Unter den vier Interessenten an der Erziehung und Bildung der Jugend (Staat, Kirche, bürgerliche Gemeinde, Familie) hatte der Staat für das gesellschaftlich-politische Leben und die Kultur im allgemeinen, die Gemeinde für die wirtschaftliche Ausbildung, die Kirche für die ethisch-religiöse Erziehung und die Familie für die ganze Persönlichkeit zu sorgen. Die Familie und die Kirchengemeinde sollten demnach den Kern der Bildungs- und Schulverfassungslehre bilden. Auch die Schulerziehung sei nach dem Vorbild der Familie zu gestalten und durch lokale Träger zu verantworten. Freilich könne, gestanden die Dörpfeldianer ein, angesichts der bereits weitgehenden Übernahme der Bildungsverantwortung durch den Staat, die Rückverlagerung des Schulwesens in die Verantwortung der lokalen Schulvorstände nicht ohne "Übergangsstufen" vonstatten gehen.[30]

Doch mit diesem Ansatz stieß man unweigerlich auf die Frage, ob das Bildungswesen "eine sich selbst überlassene Privatsache" oder "ein öffentliches sein" sollte und ob angesichts der Krise des Gemeinschaftslebens nicht andere Lebensgemeinschaften oder öffentliche Institutionen die Verantwortung für die Erziehung und Bildung zu übernehmen hatten? Dörpfeld übertrug seine Auffassung, daß der Staat nicht die Privatwirtschaft aufzuheben habe, sondern diese nur zweckmäßiger organisieren müßte, auf das Bildungswesen und fand dadurch seine "rechte Verbindung" der beteiligten "Lebensgemeinschaften".[31]

Dörpfeld starb 1893. Über sein Vermächtnis stritten sich die Geister. Der Herausgeber der *Deutschen Schule* Robert Rissmann, der entschieden für eine "Sozialisierung des Bildungswesens"[32] im Sinn einer einheitlichen öffentlichen Bildungsorganisation durch den Staat eintrat, nutzte in einem Nachruf die Chance, Dörpfelds Theorie als durch und durch konservativ zu deklarieren. Anhänger Dörpfelds antworteten ihm in der *Zeitschrift für Philosophie und Pädagogik* und stellten Rissmann als einen der "Parteikämpfer" dar, "die übel riechen".[33] Es würde sich zeigen, wer hier konservativ und wer fortschrittlich

---

[29] J. Trüper, Erziehung und ..., S. 223-234.
[30] Zur historischen Stellung Dörpfelds, in: Zeitschrift 1 (1894) S. 382.
[31] J. Trüper, Erziehung und ..., S. 214.
[32] Robert Rissmann, Die Volksbildungsfrage im zwanzigsten Jahrhundert, in: Die Deutsche Schule 6(1902), S. 5.
[33] Zur historischen Stellung ..., S. 303.

sei, denn zu einem richtig verstandenen Liberalismus gehöre doch wohl das "Prinzip des Selfgovernments" - also der Selbstverwaltung im Schulwesen.[34]

Trüper wurde in den folgenden Jahren zum Dörpfeld-Experten. Er erklärte den sozialpolitischen Gehalt der Dörpfeldschen Lehre: Ihr liege die 'Idee der Brüderlichkeit' zugrunde, da wahres Kulturmaterial nur in brüderlichen Gemeinschaften entstehen könne, darum gehöre das Individuum auch zur Gemeinschaft wie die 'Rebe zum Weinstock'. Nach Dörpfeld komme, erklärte Trüper weiter, das Prinzip der Brüderlichkeit erst in der Genossenschaftlichkeit aller sozial-wirtschaftlichen Verhältnisse wirklich zur Geltung.

Der Sozialpädagoge Paul Natorp verwies deshalb auf Dörpfelds Nähe zu Lassalle, dessen "Genossenschaftsidee" er sich ganz angeeignet habe.[35] Doch andererseits schlug Natorp sich nicht auf die Seite Dörpfelds. Auch Natorp stellte fest: Dörpfelds Lehre sei geprägt von einem "konservativen Zug des Denkens".[36] Gemeint war die Ansicht, daß die Familie und die christliche Gemeinde die ethischen und darum auch sozialen Hauptverantwortungsträger der Bildung und somit die sozialen Erziehungsformen seien, denen sich die anderen Teilinteressenten an der Bildung unterzuordnen hätten. Dörpfeld lehne darum, so Natorp, jede "Zentralgewalt" ab und sehe das Heil der Menschen in einem religiösen Partikularismus:[37]

"Er denkt (...) an eine religiöse Gleichgestimmtheit kleiner, volkstümlicher, lokaler Verbände, die nicht eine 'freie Kirche', sondern ungezählt freie Kirchlein in einem ähnlich lose gefügten, decentralisierten, in diesem Sinne

---

[34] Zur historischen Stellung ..., S. 380.
Dörpfelds Theorie bot die ideale Grundlage für eine derartige Auseinandersetzung, da er weder den orthodoxen Herbartianern noch einer anderen Schule ganz zugerechnet werden konnte (Vgl.: Friedrich Paulsen, Friedrich Wilhelm Dörpfeld, in: Die Deutsche Schule 1 (1897). S. 28-32).
1897 wurde in der *Zeitschrift für Philosophie und Pädagogik* über einen Beitrag berichtet, in dem Frank auf die Vorwürfe Rissmanns anwortete, daß Dörpfeld zumindest nicht immer ein Herbartianer war: "Dörpfeld ist nicht früher Sozialpädagog in Rissmanns Sinn gewesen, hat also auch nicht später (1879) eine Schwankung zu Herbart und Ziller zu machen nötig gehabt, weil er, in die Fusstapfen Magers tretend, von Anfang seiner öffentlichen Thätigkeit an in der Richtung Herbarts gegangen ist. (...) Der Anschluss Rissmanns an moderne soziologische Lehren führt zu Folgerungen, die für die Pädagogik höchst bedenklich sind; Rissmann verfolgt aber diese Konsequenzen nicht vollständig und erkennt die ihnen entgegenstehenden Lehren der seitherigen, insbesondere auch der Herbartschen Pädagogik vielfach ausdrücklich an; darum hat er, so mutmasst der Verfasser, zu den vieldeutigen soziologischen Wendungen vielleicht bloss gegriffen, weil sie ihm ein Kampfmittel gegen Dörpfelds Schulverfassungslehre zu sein schienen, von deren Einführung er Nachteile für den Lehrerstand fürchtet" (Zur sozialen Seite der Pädagogik, in: Zeitschrift 4 (1897), S. 60).
[35] Paul Natorp, F. W. Dörpfelds Soziale Erziehung, in: Die Deutsche Schule 6 (1902), S. 89.
[36] Paul Natorp, Dörpfelds Fundamentstück, in: Die Deutsche Schule 2 (1898), S. 9.
[37] P. Natorp, F.W. Dörpfelds ..., S. 85.

'freien' bürgerlichen Gemeinwesen darstellen würden, und die, als 'Schulgemeinden', den entscheidenden Einfluss auf die Schule behalten oder erhalten sollen."[38]

Natorp und Dörpfeld verband ein gemeinsamer Bezugspunkt, es war die Philosophie Friedrich Albert Langes. Doch Lange, so Natorp, verwerfe auch den religiösen Partikularismus Dörpfelds. Natorp schrieb die Idee der kleinen dezentralisierten Gemeinde- und Schulorganisation dem Umstand zu, daß Dörpfeld im Gegensatz zu dem als Oberlehrer in einem Zentrum der industriellen Revolution (Duisburg) lebenden Lange, in einem kleinen Bezirk am Niederrhein saß, in dem er die "Draußenstehenden" noch durch eine Reform der Gemeinschaft von unten, durch eine freiere autonome Ethik zurückzugewinnen hoffen konnte.[39] Natorp griff nicht direkt auf die Kategorie der 'ganzen Persönlichkeit' zurück, sondern verwies in Anlehnung an Pestalozzi auf die "Individualsorge" und "Individuallage" der Menschen, damit war die Sorge für die direkte soziale Umgebung des Kindes, für den Lebensort gemeint:[40]

"Allein wie kann man sich dagegen verschliessen, dass in der proletarischen Bevölkerung unserer Grossstädte, vielfach aber auch in kleineren Städten und auf dem Lande, da oft kaum noch etwas zu retten ist, ein Ersatz für fehlendes, mehr und mehr unmöglich werdendes häusliches Leben der Jugend irgendwie geschaffen werden muß?"[41]

Die Sozialpädagogen hatten sich demzufolge an der "Individuallage" der Menschen zu orientieren und dann zu beurteilen, inwieweit das Recht des Menschen auf Bildung in dieser Gesellschaft eingelöst war. Die Bildung, so Natorps Folgerung, konnte dem Menschen nicht mehr durch die Familie garantiert werden, sie umfasse nicht die Kulturarbeit der gegenwärtigen Gesellschaft. Der Familie 'gehöre' das Kind nur bis zum Schulalter. Den zumindest äußeren Rahmen für die gesamte Kulturarbeit stellte für Natorp der Staat dar, er hatte dafür Sorge zu tragen, daß eine bürgerliche Gemeinschaft in ihm lebe und nicht eine in Klasse gespaltene Gesellschaft:

"Der 'Vollinteressent' bei der Erziehung ist demnach jener, die Gemeinde wie die Familie einschließende Organismus, der der Träger der Kultur überhaupt ist; (...) der Staat, oder, wenn man diesen Namen allein auf die Zentralgewalt beschränkt, die bürgerliche Gemeinschaft überhaupt, als ganzes und in ihren Gliedern, zu denen die Familie gehört." Natorp entgegnete sodann Kritikern, die ihm vorhielten, daß er damit den idealen Staat voraussetzte, "dass die derzeitige Familie ebenso wenig die ideale ist. Und es ist sehr fraglich, ob nicht das Wagnis gegenwärtig weit grösser wä-

---

[38] P. Natorp, F.W. Dörpfelds ..., S. 85.
[39] P. Natorp, F.W. Dörpfelds ..., S. 86.
[40] P. Natorp, Dörpfelds Fundamentstück ..., S. 13; Vgl.: Robert Rissmann, Zwei Kapitel aus der Pädagogik Pestalozzis, in Die Deutsche Schule 2 (1898), S. 280-289.
[41] P. Natorp 1902, F.W. Dörpfelds ..., S. 87.

re, den Familien, so wie sie sind, die Schule auszuliefern, als sie der Gemeinde und dem Staat ganz zu überlassen."[42]

Eine falsche Interpretation des 'Kampfes um Dörpfeld' war es nun, zu folgern, die Anhänger Dörpfelds lehnten alle öffentlichen Erziehungs- und Bildungsinstitutionen ab und zogen sich ganz auf eine staatlich geschützte und an der christlichen Familie orientierte privatistische Soziallehre zurück, während Theoretiker, die sich an Pestalozzi orientierten, das Familienideal verwarfen und für eine staatliche und öffentliche Organisation des Bildungswesens eintraten. Dagegen spricht zunächst einmal, daß gerade die Herbartianer in ihren Zeitschriften die Professionalisierung der Lehrer in den öffentlichen Bildungsinstitutionen vorantrieben und nur wenige von ihnen auch die Schulverfassungsfrage noch mit einem so deutlichen Votum für die christliche Familie und Gemeinde beantworteten, wie Dörpfeld es tat. Es war eine politische Tendenzentscheidung, mit der man auf die sozialen Folgen der Strukturveränderungen in der Gesellschaft aufmerksam machen wollte. So betonte Julius Honke, daß zwar der Staat "eine der höchsten Formen der menschlichen Gemeinschaft" darstelle, doch darum könne nicht so getan werden, "als wäre ihm gegenüber der einzelne Mensch oder eine Gemeinde ein Nichts". Der Staat, so der Ansatz, begegne dem Verfall der patriarchalen Lebens- und Bildungsformen mit einer öffentlichen sozialen Erziehung zur Gemeinschaft, anstatt Gemeinschaften, welche die Bildung der Persönlichkeit trügen, zu schützen und zu reformieren:

> "Vielmehr soll der Staat bei allem, was jenseits seiner Hauptaufgabe liegt, mehr als Helfer und Pfleger, als Berater und Beschützer auftreten, aber hier nicht alles besser wissen und alles allein machen wollen, das würde eine Beschränkung der bürgerlichen Freiheit sein, worauf notwendig ein Rückschlag erfolgen muss."[43]

Und andererseits sprachen auch Anhänger der Pädagogik Pestalozzis von der Vorbildfunktion der Familie und der Persönlichkeitsbildung, z.B. in Fragen des Umgangs mit jungen Kriminellen.[44] Der Pestalozzianer Rissmann sah z.B. gerade in der Familie die Sozialform, in der es keine feindselige Handlungsweisen gebe. Gemeinsame Arbeit und das Band der Liebe kennzeichneten ihmzufolge die Familie, welche der Ausgangspunkt und die ideale soziale Er-

---

[42] P. Natorp, Dörpfelds Fundamentstück ..., S. 12-14.
In einem Beitrag zur Frage der körperlichen Züchtigung in der Schule, ergänzte er die Kritik an den Familienverhältnissen, denn vornehmlich Schüler aus der Bevölkerungsklasse, "die ökonomisch nicht in der Lage ist, ihren Kindern eine sorgsame und beständige häusliche Zucht angedeihen zu lassen", würden in der Schule enstprechend gestraft (Paul Natorp, Zur Frage der körperlichen Züchtigung in der Schule, in: Die Deutsche Schule 1 (1897), S. 345-346).

[43] Julius, Honke, Nach welchen Gesichtspunkten muss ein Schulgesetz entworfen und beurteilt werden? in: Jahrbuch 25 (1893), S. 128.

[44] Vgl. z.B.: J. Walter, Pestalozzi über Kriminalgesetzgebung, in: Die Deutsche Schule 6 (1902), S. 430-434.

ziehungsform einer lückenlosen Bildung der Menschen darstelle, weshalb sie wiederum die Grundlage der Schulerziehung sein solle. Und auch Natorp betonte die besondere Aufgabe der Familienerziehung, nur wies er darauf hin, daß damit nicht die umfassende, sondern die engste, die konkreteste Erziehungsinstanz genannt sei, da auch die Sorge für die ganze Persönlichkeit allein die konkrete Form oder den individuellen Fall der allgemeinen Kulturarbeit der Menschheit betreffe.

"Das käme wesentlich auf den Gedanken Pestalozzis zurück, der mit so grossem Recht die 'Individualsorge' bei der Erziehung hervorhebt und diese vorzugsweise der Familie, nur neben und Hand in Hand mit ihr einer möglichst familienähnlich zu gestaltenden Schule zuweist, im Unterschied gerade von der zu generellen, das Individuum als solches kaum treffenden Staatsfürsorge für die Kultur. Das könnte wohl darunter verstanden sein, dass der Familie die Sorge für die 'ganze', d.i. konkrete Persönlichkeit, dem Staat dagegen die um die Kultur bloss als allgemeine obliege. (...) Dennoch kann die Folgerung auf einen beherrschenden Einfluss, den die Familie auf die Schule auszuüben hätte, nicht zugegeben werden."[45]

Charakteristisch für die Haltung eines Herbart-Schülers gegenüber der Pädagogik Pestalozzis war hingegen wiederum die Aussage Trüpers, der Pestalozzis Leistung darin sah, daß dieser sich in die "Niederungen des Lebens" herabbegeben habe, wo nicht mehr "strenge Wissenschaft", sondern "die Farbe der Alltäglichkeit" die Pädagogik bestimme und wo "Aufgegebenes in der Form der 'sozialen Frage'" das Klären von "Thatbeständen" und das Aufsuchen von Gesetzen verdränge.[46] Regeln und Vorschriften für das praktische Handeln waren demnach bei Pestalozzi gefragt, Herbart gab die wissenschaftliche Grundlage. Nicht selten fügten die Herbartianer dann den berühmten Ausspruch Karl Magers an: "Der Pestalozzi, von dem philosophischen Bewusstsein unserer Zeit erfasst und weitergeführt, ist im Herbart zu studieren."[47]

Auffällig war die häufige Gleichsetzung der Schulverfassungsfrage mit der sozialen Verfassung der Bildung überhaupt. Doch dieser Eindruck verdeckte

---

[45] P. Natorp, Dörpfelds Fundamentstück ..., S. 13.
[46] J. Trüper, Erziehung und ..., S. 211.
[47] Zur historischen Stellung ..., S. 301.
Auch Theodor Wiget erinnerte 1891 in einem Aufsatz 'Pestalozzi und Herbart' an den Ausspruch Magers und fügte hinzu, daß der einfache Schlachtruf: "Pestalozzi für immer" nicht ausreiche, um eine Pädagogik zu begründen (Theodor Wiget, Pestalozzi und Herbart, in: Jahrbuch 23 (1891), S. 196). Wiget weiter: "Fehlte somit der Methode, welche Pestalozzi wählte, ein wesentliches Erfordernis, um die Erziehungslehre zu dem zu machen, wozu er sie machen wollte, zu einer Wissenschaft, so bleibt ihm in dieser Hinsicht das doppelte Verdienst, trotz aller Kämpfe und Misserfolge seines Lebens die Idee einer Erziehungswissenschaft festgehalten, und das andere nicht geringere, im bewussten Gegensatz zu einer von aller Erfahrung abgewandten Philosophie die Notwendigkeit einer empirischen Grundlage der Methodik mit Nachdruck betont zu haben" (Theodor Wiget, Fortsetzung, in: Jahrbuch 24 (1892), S. 59-60).

die eigentliche Problematik. Unklar war nämlich, wie das Schulsystem angesichts der sozialen Frage zu reformieren war und welche zusätzlichen Bildungsinstitutionen geschaffen werden mußten - und nicht zuletzt die Frage, wer denn überhaupt Träger von Erziehung und Bildung in der kapitalistischen Moderne sein könne. Auf der Suche nach einem pädagogischen Umgang mit der Großstadtjugend, einer Neugliederung des beruflichen Ausbildungswesens und einem Umverteilungsverfahren für die 'Bildungsgüter' stellten die Sozialpädagogen dabei zunächst einmal nicht die Bildung und Erziehung an sich in Frage, sondern aus ihrer Perspektive war Schleiermachers These wieder aktuell geworden: "Alles (R)revolutionäre liegt in der unrichtigen Organisation der öffentlichen Erziehung".[48] Im folgenden werden die bereits angesprochenen Positionen vertiefend diskutiert:

- Wer trägt die Verantwortung für die ganze Persönlichkeit?

- Die Individuallage und die konkrete Persönlichkeit.

- Die nationale Kulturarbeit und das Bildungsdefizit.

2.2 Der Geist der Isolierung: Wer trägt die Verantwortung für die ganze Persönlichkeit?

"Die Grossstädte sind, wenn ich nicht irre, von Bismarck, die Pestbeulen der Gesellschaft genannt worden. Mag diese Bezeichnung hart erscheinen, so ist doch so viel sicher, dass die Grossstädte eine Menge sittlicher und sozialer Gefahren in ihrem Schosse bergen und Zustände erzeugen, die einer pestartigen Eiterung nicht unähnlich sind."[49] *(Ernst Barth)*

Sofern die Volksschule nach den Bedürfnissen der Gegenwart ausgestaltet werden solle, schrieb v. Schenkendorff, müsse neben der Individual-Erziehung die Sozial-Erziehung gleichberechtigt anerkannt werden, d.h. nicht nur "die harmonische Ausbildung des ganzen Menschen" als pädagogische Aufgabe zu sehen, sondern "den heranwachsenden Menschen auch für das Leben in der Gemeinschaft vorzubereiten".[50] Doch gerade ein gleichberechtigtes Nebeneinander von Individual- und Sozialerziehung wurde von den Herbart-Schülern mehrheitlich abgelehnt. Die "möglichst rationelle Einführung in die Kultur der Gegenwart" könne nicht ein gleichberechtigtes Erziehungsziel sein, schrieb z.B. Schubert, denn "wer nur einen Funken Idealismus besitzt" und "wer in Jesus das Persönlichkeitsideal sieht", werde die Person als das Primäre betrachten und sich nicht einer "öden Bedürfnispädagogik" zuwenden, wie sie

---
[48] O. Lehmann, Der Einfluss der Volksbildung ..., S. 681.
[49] Ernst Barth, Die Gliederung der Grossstädte, in: Jahrbuch 26 (1894), S. 253.
[50] Grosskopf, Buchbesprechung, v. Schenkendorff, Die Ausgestaltung der Volksschule nach den Bedürfnissen der Gegenwart, Görlitz 1896, in: Zeitschrift 3 (1896), S. 149.

nun aufgrund der Krise des Gemeinschaftslebens von Sozialisten propagiert und von Staatswissenschaftlern und Nationalökonomen in den Vordergrund gehoben würde.[51] Herbarts Persönlichkeitstheorie und Sozialideal der beseelten Gesellschaft implizierten folglich eine Sozialpädagogik, die der protestantischen Lebens- und Persönlichkeitsauffassung noch verpflichtet war. Heine mahnte die Staatswissenschaftler, Juristen, Sozialisten und die Sozialistik in toto, doch Dörpfeld ernst zu nehmen und von der Bibel zu lernen, da der Materialismus und der "moderne Götzendienst der Wissenschaft" im fehlenden Glauben ihren Ursprung fänden:

"'Durch das System materialer Belohnungen lernt jeder nur an sich denken, und ein Geist der Isolierung durchdringt alle von oben bis unten. Man gehorcht nur, solange der Gehorsam Gewinn bringt, und hält sich für verfolgt, wenn man um den gemeinen Besten willen gehorchen soll.' Und weist nicht gerade die Notwendigkeit von Vereinsgründungen auf die umfangreiche Einwurzelung dieses Übels in den einzelnen Gliedern unseres Volkes hin? Ist es nicht jener selbstsüchtige Geist der Isolierung gewesen, der endlich den Staat veranlasste, die sozialen Pflichten des einzelnen in einem gewissen Umfange sozusagen zu verstaatlichen, durch das Medium der Staatsmaschinerie für die Gesamtheit dienstbar zu machen?"[52]

Die fehlende Verwurzelung im christlichen Glauben habe folglich zu einem Geist der Isolierung unter den Menschen geführt und den Staat mehr oder weniger gezwungen, die sozialen Pflichten der Menschen von außen zu regulieren. Der Staat könne die Schule z.B. nicht mehr als "Hilfsorganismus der Familie" betrachten, da die Familie den Bildungspflichten nicht mehr nachkomme. Die selbstverständliche Wechselwirkung von christlicher Gemeinschaft und Persönlichkeitsbildung sei durchbrochen, der Geist der Isolierung habe gesiegt, und die Schule müsse eine "reine Staatsinstitution" werden.[53] Doch entscheidend für die Anhänger Dörpfelds war, daß sie als notwendige Konsequenz dieser Entwicklung den Untergang der sittlichen Erziehung feststellten. Nur das christliche Erkenntnisprinzip konnte in ihren Augen den "Kampf zwischen Glauben und Wissen" beenden und Kraft spenden "für den Kampf, der zur Ordnung dieses Lebens gehört".[54]

Grundsätzlich besprach Ernst Barth das Problem. Er führte den 'Geist der Isolierung' 1894 auf die staatlich-zentralistische Gliederung der Großstädte zurück, in denen die sozialpädagogisch-notwendige Gliederung des sozialen Lebens nicht mehr aufzufinden sei. Die "Hauptsitze" von "Kunst und Wissen-

---

[51] Schubert, Buchbesprechung, Lüer, Die Volksschulerziehung im Zeitalter der Sozialreform. Sozialpädagogische Studien, Leipzig 1899, in: Zeitschrift 7 (1900), S. 514.
[52] R. Heine, Der Idealismus als Bildungs- ..., S. 480-481.
[53] Schubert, Buchbesprechung, Lüer ..., S. 515.
[54] R. Heine, Der Idealismus als Bildungs- ..., S. 379.
Heine bezog sich in diesem Punkt auf Karl Fischers Schrift 'Grundzüge der Sozialpädagogik und Sozialpolitik' aus dem Jahr 1892.

schaft, Industrie und Litteratur" seien heute eine unübersichtliche "Anhäufung von Menschen auf einigen wenigen Geviertkilometern unseres vaterländischen Bodens": Schließlich könne man "nirgends so einsam, so von aller Welt unbeachtet leben als in einer Grossstadt".[55]

Das soziale Elend war folglich ein Ergebnis der "Beziehungslosigkeit der Einwohner zu einander": Arme verhungerten "in der Seitengasse einer hocheleganten Villengasse", Selbstmorde könnten der fehlenden Arbeit und dem fehlenden Brot zugeschrieben werden, die Zahl der Prostituierten wachse in den Großstädten unaufhörlich, und man denke nur an die vielen Verbrecher, die in den Zuchthäusern einsäßen. Nicht zuletzt verwies Barth auf das großstädtische Proletariat, das durch die Struktur der Großstädte geradezu in die Sozialdemokratie getrieben würde.[56] Für ihn stand eindeutig fest, daß die

---

[55] E. Barth, Die Gliederung der ..., S. 253.
[56] Sodann fügte Barth in einer Fußnote einige konkrete Beispiele der "Misswirtschaft in den Grossstädten" hinzu, die seine Sichtweise der Großstädte und der sozialen Probleme verdeutlichen sollten: "Nach dem Berichte des Leichenhausamtes in New-York sind im Jahr 1885 auf den Strassen, Plätzen und Häfen dieser Riesenstadt nicht weniger als 5755 Leichen aufgefunden und als unbekannt in das öffentliche Leichenhaus geschafft worden. Darunter waren nicht weniger als 1968 Kinderleichen, welche zumeist aus dem Wasser oder aus den Kehrichhaufen gezogen wurden. Die übrigen 3787 Leichname waren solche von Selbstmördern, Ermordeten und solchen Personen, welche durch Unglücksfälle, Schlagfuss oder Erkrankung ihr Leben auf der Strasse verloren hatten. Von den 5755 in der Morgue ausgestellten Kadavern wurden nur 148 von den Angehörigen reklamiert. (Aus allen Weltteilen) - In der Melbourner Vorstadt Brighton Beach ist es dieser Tage an einem schönen Sonntag Nachmittag zu Auseinandersetzungen zwischen einem Haufen betrunkener Mädchen im Alter von 15 bis 25 Jahren gekommen. Wortwechsel genügte nicht mehr, und so wurde die Entscheidung der Fäuste herbeigeführt. Die streitenden Parteien wählten ihre Kandidatinnen, worauf die beiden Schönen, auf welche die Wahl gefallen war, sich bis auf die Hüfte entblössten und alsdann über eine volle Stunde aufeinander losschlugen. Endlich sank die eine der vollständig betrunkenen Dirnen ermattet zu Boden, wurde aber unter dem Gejohle der sie umringenden Genossinnen von der anderen Seite noch derartig bearbeitet, dass sie zuletzt in schwerverletztem Zustande nach Melbourne zurückgebracht werden musste. Brigthon Beach pflegt immer des Sonntags von einem nach Tausenden zählenden Publikum aufgesucht zu werden; es ist aber nicht bekannt geworden, dass aus den Reihen desselben Schritte gethan worden sind, um den skandalösen Auftritten ein Ende zu machen (Frankfurter Zeitung). - Durch einen Zufall wurde in den letzten Tagen ermittelt, dass die Familie des arbeitsunfähigen Kaufmanns W. in Berlin aus nicht weniger als 11 Privatstiftungen jährliche Unterstützungen empfängt, und zwar in Höhe von zusammen 5300 Mark, dazu Holz und Kohle! Diese kräftige Unterstützung gestattet es denn auch der Familie W., ein recht angenehmes Dasein zu führen und ermöglichte es dem Manne, innerhalb weniger Jahre über 7000 Mark zu ersparen. (Leipziger Tageblatt). - Kürzlich ist in Lille entdeckt worden dass 660 000 Franks in der Stadtkasse fehlen, nachdem Ähnliches schon in Marseille, Lyon und mehreren anderen Städten vorgekommen. Jetzt ist in Le Mans entdeckt worden, dass bei dem Bau eines auf drei Millionen Franks veranschlagten Krankenhauses 200 000 Franks verschwunden sind, was der Maire Rubillard auch zugiebt. (Leipziger Tageblatt). Leipziger Wahlflugblatt der Sozialdemokratie: Man sagt, wir hielten von der Familie nichts. Da erinnern wir nur

geistige Isolierung der Großstadtmenschen einen Umsturz der überkommenen Ordnung provoziere. Zu offensichtlich war in seinen Augen, daß die Großstädte der Verwaltung entwachsen waren. Voller Staunen habe man die rasche Entwicklung der Großstädte betrachtet, ohne zu merken, daß eine zehnmal größere Stadt nicht von einem "Verwaltungsmittelpunkte" zu überblicken sei: "Die Methode der Zentralisation ist der Fehler in unserm grossstädtischen Verwaltungsorganismus."[57]

Die Konsequenzen des Zentralismus glaubte Barth an den Entwicklungen in Frankreich ablesen zu können, wo die Metropole Paris die Provinzen in die Bedeutungslosigkeit gezwungen habe und die "Kommune im Jahr 1871" ein mahnendes Beispiel abgebe, zu welcher "ungezügelten, verderbendrohenden Macht" der "Zentralisationszauber" führen könne. Nun "germanisches Blut", folgerte Barth, halte dich an die Reichsverfassung vom 16. April 1871 und erhebe die dort geforderte "glückliche Mischung von Zentralisation und Dezentralisation" zur Strukturmaxime der Großstadtverwaltung: Denn "mit der Zentralisation muss eine weitgehende Dezentralisation verbunden werden,"[58] damit "die niederen Bevölkerungsschichten, die der Hilfe, der Leitung so sehr bedürfen", sich nicht mehr selbst überlassen bleiben:[59]

"Es müssen Reiche und Arme, Gebildete und Ungebildete sich berühren, aufeinander einwirken. Dies ist aber nur möglich, wenn die Hunderttausende in kleine Kreise zerlegt und jedem derselben Aufgaben zugeteilt werden, deren Lösung alle seine Glieder zu gemeinschaftlichem Thun veranlasst."[60]

Barths Vorschlag zur notwendigen sozialpädagogischen Gliederung der Großstädte knüpfte nun ganz an die Soziallehre Dörpfelds an. Die Kirchengemeinden sollten ihre soziale Aufgabe erkennen und ihre "Teilnahmslosigkeit dem öffentlichen und privaten Leben gegenüber" beenden. Die Kirchengemeinden sollten ihre Verantwortung für eine Reform der Gemeinschaftlichkeit annehmen und dezentrale Strukturen schaffen. Barth schwebte - wie Dörpfeld - eine sozialprotestantisch motivierte Reorganisation patriarchaler Strukturen aus sozialpädagogischer Notwendigkeit vor. Aus dieser Perspektive habe man in Zukunft, wie Pastor Dr. Sulze in Dresden, "Hausväterverbände" zu begründen, die den Mittelpunkt einer christlichen Gemeinde bilden sollten und in denen Laien beginnen könnten, wie Luther es sich vorgestellt habe, das allgemeine Priestertum zu praktizieren. Durch die Krise des Gemeinschaftslebens wurde demzufolge der Hausvater herausgefordert, die soziale Gestaltung der Lebensformen zu übernehmen. Der Vater sei

---

an die im Vorjahre stattgefundene Aufhebung der Absteigequatiere der Ordnungsmänner" (E. Barth, Die Gliederung der ..., S. 255-256).
[57] E. Barth, Die Gliederung der ..., S. 256.
[58] E. Barth, Die Gliederung der ..., S. 257.
[59] E. Barth, Die Gliederung der ..., S. 254.
[60] E. Barth, Die Gliederung der ..., S. 259.

nicht nur der Ernährer, sondern auch "Priester, Regent und Lehrer", schrieb Hollkamm.[61]

Es galt, die Ideale der christlich-patriarchalen Hausordnung in die Großstädte und damit in die moderne Gesellschaft zu tragen. Strukturen sollten wiederbelebt werden, in denen nicht der Staat und nicht die Wirtschaft, sondern eine christlich-pädagogische Liebe regierte, welche den Menschen prägte und dadurch auch kontrollierte. Entsprechend forderte Barth, die Hausväter in die Schulverwaltung zu integrieren: Die beteiligten Hausväter sollten, wie Dörpfeld es vorgeschlagen habe, zwei aus ihrer Mitte in den Schulvorstand wählen, in dem sie zusammen mit dem Hauptlehrer den Kern der Schulverwaltung bilden, der durch den Ortsgeistlichen und einem Vertreter des Gemeinderates noch zu ergänzen wäre. Nur durch eine Umstrukturierung der Schulverfassung könne so die Schulgemeinde ein Familienverein werden:

> Der Lehrer "kann nun wirklichen Umgang pflegen mit seinen Schülern und auf ihre Charakterentwicklung einwirken, auch wenn sie seine Klasse nicht mehr besuchen. Es wird sich ein Band schliessen zwischen Lehrern und Schülern, das über die Schulzeit hinausreicht. Der Direktor, der Lehrer wird der Freund des Jünglings, des Mannes werden, er wird ihn beraten und von Fehltritten abzuhalten vermögen."[62]

Die Schulkasernen, aus denen die "halbwüchsigen Burschen zu Hunderten in die Versammlungslokale der Sozialdemokraten laufen", gehörten dagegen abgeschafft.[63] Sollte ein größerer Verband oder eine Institution die Aufgaben eines kleineren Verbandes übernehmen müssen, sollte eine konsequente Verknüpfung der Verbände und Institutionen mit den sozialen Lebensformen von unten stattfinden.[64] Der Staat hatte sich als Helfer der kleineren, lokalen, oder

---

[61] F. Hollkamm, Herr v. Massow und die Reform des Landschulwesens, in Zeitschrift 3 (1896), S. 440.
Holkamm schrieb in gleicher Absicht, daß der Familienvater unbedingt wieder in den Stand gesetzt werden müsse, "seine Familie allein mit Ehren zu ernähren, und die Mutter muss Zeit erhalten, neben der Besorgnis des Hauswesens auch ihre Kinder erziehen zu können, ohne sie zur Spielschule schicken zu müssen" (ebd.).
[62] E. Barth, Die Gliederung der ..., S. 262.
[63] E. Barth, Die Gliederung der ..., S. 261.
In der anschließenden Diskussion der Vorstellungen Barths, verwies der Vorsitzende Theodor Vogt darauf, daß Barth den finanziellen Aspekt nicht beachtet habe, denn die Schulkasernen wären wesentlich billiger als viele kleine Häuser (vgl.: Anhang, 8. Barth, Die Gliederung der Grossstädte, in: Jahrbuch 26 (1894), S. 39). Barth entgegnete, daß die Menschen bereit sein müßten, Opfer zu bringen: "Dann müssten aber, wie Rolle bereits dargelegt, die Familien die Schulen errichten und den Hauptteil der Unkosten tragen, die Kirche aber und die Gemeinde und der Staat als Mitinteressenten der Schule einen geringeren Beitrag bezahlen. Dass die Kirche gar nichts zahlen, die Familien aber so gut wie gar nichts zahlen, dieser Zustand müsste aufhören"(ebd., S. 40).
[64] Diesen Ansatz vertrat auch Schulinspektor Trebst in einer Rede auf der Hauptversammlung der Gesellschaft für Verbreitung von Volksbildung in Halle a.S. am 8. und 9. Juni 1897: "1. Zur Beseitigung der sozialen Schäden unserer Zeit ist von

wie Barth sagen würde, der beziehungsreicheren und kontrollierenden Verbände zu verstehen und sich in ihren Dienst zu stellen, um so der geistigen Isolierung in den modernen Großstädten entgegenzuarbeiten, damit dem Menschen wieder eine Hand zur Ausbildung einer charaktervollen Persönlichkeit gereicht werde. Die Verwaltung hatte also eine Reform der Gemeinschaftlichkeit zu unterstützen und für eine dezentrale Einbindung der übergeordneten Institutionen zu sorgen und nicht die überlieferten Sozialformen durch zentrale Institutionen zu ersetzen.[65]

In der Diskussion im Verein für wissenschaftliche Pädagogik begrüßten die Teilnehmer die Ausführungen Barths und dessen Nähe zu Dörpfeld, der - was immer betont wurde - an Herbarts Grundidee der beseelten Gesellschaft anknüpfe. Kernpunkt der Diskussion war die mangelnde pädagogische Versorgung der Jugend vom 14. bis zum 20. Lebensjahr. Gerade diese Altersgruppe schien besonders durch die Sozialformen der Großstadt geprägt oder von den überlieferten Lebensformen verlassen. Trüper verwies nachdrücklich auf die bisher vernachlässigten pädagogischen Fragen der Jugendzeit in der gegenwärtigen Gesellschaft:

"Denn vielfach verkommt die Jugend vom 14. bis zum 20. Lebensjahre, ich meine von der Schule bis zur Kaserne, in moralischer und gesundheitlicher Beziehung. Unverfroren ist ihr Benehmen bei Tag und auf der Strasse, betrunken gehen sie abends nach Hause, ja vielfach ist der Tag der Konfirmation der Anfang dieses Lebenswandels. Die jungen Leute in dieser Lebensperiode gleichen den Sandkörnern am Wege die keinen Halt haben. Kein Wunder, wenn sie dann den Socialdemokraten in die Arme fallen, die sie,

---

grundlegender Bedeutung eine gesunde Volkserziehung von unten auf und von innen heraus, die in der Hauptsache Famlienerziehung und Volksschulerziehung ist. - 2. Haus- und Schulerziehung sind daher auf eine solche Höhe der Leistungsfähigkeit zu erheben, dass sie wirklich imstande sind, in den Kindern einen sicheren Grund zu einem sittlich-religiösen Charakter zu legen. - 3. Zur Zeit aber kranken beide Erziehungsfaktoren an vielen Mängeln; deshalb ist es Pflicht der Berufspädagogen, nach den Aufgaben des Lebens und den Forderungen einer christlichen Pädagogik a) die Volksschulpädagogik zeitgemäß auszugestalten und b) die Grundsätze ihrer Wissenschaft zum Gemeingut der Nationen zu machen, insbesondere die Familie anzuregen und in den Stand zu setzen, ihrer Erziehungsaufgabe auch wirklich gerecht zu werden. 4. Schule und Haus dürfen aber nicht nebeneinander oder gar widereinander an ihren Zöglingen arbeiten, vielmehr ist durch die eine Verständigung beider Einheit in die Schul- und Hauserziehung zu bringen und so eine erziehliche Geamtwirkung auf die Jugend zu sichern" (27. Hauptversammlung der Gesellschaft für Verbreitung von Volksbildung, in Zeitschrift 4 (1897), S. 454).

[65] Als richtungsweisend befand Barth z.B. das Elberfelder Armenpflegersystem, wodurch die Armenpflege in den Großstädten sich sehr verbessert habe. Er lobte insbesondere die Einteilung der Stadt in Bezirke und die Verbindung von ehrenamtlicher und öffentlicher Hilfe.

die moralisch und physisch halb Desorganisierten, organisieren, - wohl wissend, dass in dem Worte Organisation heutzutage ein Zauber liegt."[66]

Just kritisierte, den jungen Menschen nun durch "Jünglingsvereine" einen 'Halt' geben zu wollen, da diese den ganzen Menschen kaum kennen könnten, was in einer Schulgemeinde natürlich anders sei.[67] Und Barth lehnte den Vorschlag ab, Jugendschutzvereine zu organisieren, da diese Aufgabe auch die Erziehungsschulgemeinde zu besorgen hätte. Ebenso begrüßte Stolle den Gedanken der dezentralen Gliederung der Städte und eine Erziehung in diesem Sinn, wobei er hinzufügte, daß dadurch auch Geld gespart werden könnte, da die langen Fahrzeiten und die Begleitung der Kinder durch Dienstmädchen sowie die hohen Ausgaben für Pferdebahn, Kleider und Schuhe nicht mehr notwendig wären. Er wollte unter anderem dem Einfluß der "Mode, die in grösseren Schulbezirken eine grössere Herrschaft führt" entgegenwirken.[68] Insgesamt wurden alle Vorschläge von der klaren Tendenz beherrscht, das soziale Leben von unten im Sinne einer christlich-patriarchalen Lebenslehre ordnen zu wollen. Die Herbartsche Lehre vom erziehenden Unterricht zu einer charaktervollen Persönlichkeit wurde so um eine Lehre von den erziehenden Sozialformen erweitert.

Es blieb bisher noch offen, wodurch sich die Rolle der Frau in der reorganisierten patriarchalen Lebensordnung auszeichnete. Cecilia Bååth-Holmberg griff die Frage in der *Zeitschrift für Philosophie und Pädagogik* auf. Sie berichtete über die Geschichte des Pestalozzi-Fröbelhauses in Berlin seit den frühen siebziger Jahren und über die Leistungen von Henriette Schrader, der Großnichte Friedrich Fröbels, auf dem Gebiet "der ersten Erziehung des kleinen Kindes". Schraders eigentliche Leistung war, so Bååth, daß sie den Anstoß zu einer "vollständige(n) Umgestaltung des Gedankenlebens des erwachsenen Weibes" gab:[69]

"Von Fröbels philosophischen Ideen nahm sie nur das auf, was sich mit ihren eigenen gesunden Ansichten über die Bildung und die Erziehung der Frau vereinigen liess. Denn obgleich ein starker Geist, war sie doch in jeder Fascr Weib und erblickte in der vollständigen Ausbildung aller der Frau ei-

---

[66] Anhang, 8. Barth, ..., S. 41.
[67] Anhang, 8. Barth, ..., S. 40.
[68] Anhang, 8. Barth, ..., S. 43.
Teupser schlug zudem vor, Erziehungsvereine zu gründen, dazu zählte er z.B. die Schrebervereine in Leipzig. In einem Areal mit kleinen Gärtchen könnten neue Gemeinschaften der Familien entstehen und Beziehungen zu Natur und Ästhetik reifen. Die Kinder könnten auf gemeinsamen Spielplätzen betreut werden, um sie so vom "Trottoirleben" und "Strassentumulten" fernzuhalten. Zudem hätte man in Leipzig in einem kleinen Heim die Gelegenheit geschaffen, daß die "reifere Jugend in Gegenwart und unter Mitwirkung der Familien im Gesang sich üben" könnte, denn "durch die Gegenwart der Eltern wird der Gesang ein Schutzmittel für die Jugend" (ebd., S. 41-42).
[69] Cecilia Bååth-Holmberg, Das Pestalozzi-Fröbelhaus, in: Zeitschrift 9 (1902), S. 53.

gentümlichen Anlagen die wahre Befreiung (Emanzipation) ihres Geschlechts. Die Erweckung der in der Frau schlummernden verborgenen Kräfte würde nach ihrer Ansicht nicht nur auf das Familienleben günstig wirken, sondern auch der Frau den ihr zukommenden Platz im neuzeitlichen Kulturleben erobern. Ihr Verfahren war: Erziehung zu einem vorbildlichen Familienleben und Ausbildung von Müttern in des Wortes bestem und weitestgehendem Sinne; dadurch wollte sie die Frauenfrage lösen."[70]

Die Geringschätzung der Frau, "deren Gesichtskreis mit den Wänden des Hauses abschliesst", konnte demnach nur überwunden werden, indem sie sich ihrer kulturellen und sozialen Aufgaben als Frau bewußt wurde.[71] Wurde das Mutterdasein bisher durch die traditionellen Lebensformen von außen konstituiert, so hatte nach diesem Bild die Frau nun zunehmend aus sich heraus die Bedeutung der Mütterlichkeit für die Gesellschaft zu erkennen und als Mutter das komplizierter werdende Familienleben zusammenzuhalten. Darin bestand ihre Bestimmung und Befreiung und ihre Zugangsberechtigung zu einer entsprechenden Bildung, die das Pestalozzi-Fröbelhaus anbot. Schrader trat, so Bååth, dafür ein, die in jeder Frau schlummernde "Mütterlichkeit im Dienste des heranwachsenden Geschlechtes" auszubilden. Wie der Vater nun stärker als Regent oder Gestalter der sozialen Strukturen von außen die pädagogisch notwendige traditionelle Ordnung garantieren sollte, so hatte die Mutter von innen das "Herz des deutschen Volkes", die Familien, zu beleben.[72]

---

[70] C. Bååth-Holmberg, Das Pestalozzi-Fröbelhaus ..., S. 54.
[71] C. Bååth-Holmberg, Das Pestalozzi-Fröbelhaus ..., S. 49.
[72] C. Bååth-Holmberg, Das Pestalozzi-Fröbelhaus ..., S. 50.
Ledige Frauen sollten entsprechend ihren kulturellen Aufgabe als Kindergärtnerinnen oder Diakonissinnen arbeiten und entsprechend der in ihnen 'schlummernden' Mütterlichkeit als "echte Freundin und Pflegerin der Kinder" eine Tätigkeit finden (ebd.). Fragen der Erziehung in der frühen Kindheit wurden darüber hinaus in der analysierten Sozialpädagogikdebatte kaum diskutiert. Auch die Frauenfrage fand ansonsten nur in Nebensätzen Erwähnung. Bemerkenswert ist noch ein Beitrag von Heinrich Pudor zur Frage des Frauenstudiums aus dem Jahr 1903 in der *Zeitschrift für Philosophie und Pädagogik*. Pudor kritisierte scharf die Auflösung des sozialwissenschaftlichen Studentenverein. Die Berliner Universitätsleitung begründete demnach diese Maßnahme "mit der bevorzugten Stellung", welche der Verein "den Frauen einräumte". Pudor bemerkte nur, daß gleichzeitig der norwegische Landtag "den Gesetzvorschlag, dass Frauen Justizämter bekleiden dürfen, annahm" (Heinrich Pudor, Frauenstudium, in Zeitschrift 10 (1903), S. 227).

2.3 Individuallage und die konkrete Persönlichkeit: Staatliche Interventionen und Ersatzinstitutionen

> *"Die soziale Frage ist, vom Gesichtspunkt der Selbsterhaltung der Nation gesehen, gleichbedeutend mit der Frage: Wie ist unter den mehr und mehr sich verändernden Lebensbedingungen des Volkes, der Familie die Fähigkeit zur Erziehung eines tüchtigeren Nachwuchses zu erhalten, und wie ist der unvermeidliche Ausfall durch gesteigerte Thätigkeit des Staates und der Gesellschaft zu ersetzen."* (Friedrich Paulsen)[73]

Die Ansicht, daß eine Reformierung der Erziehung jenseits der Schule nur über den Weg "rückwärts zum christlichen Familienleben" und "nicht vorwärts zur Staatsgewalt auf allen Gebieten" führen könne, wurde zumindest in den Kreisen der Herbart-Schüler tendenziell geteilt. Gleichzeitig verweigerte man sich nicht der Forderung einer vom Staat organisierten 'Ausfallhilfe' für die Kinder und jungen Menschen, bei denen das Familienleben der erzieherischen Aufgabe gar nicht mehr nachkam. Der Herbartianer Thrändorf mahnte die Pädagogen:

> "Der Gebildete ist betroffen von der Roheit, die man oft bei den untern Ständen antrifft, aber dass hier eine schwere Sünde der Gesellschaft vorliegt, daran denkt er nicht; über den Gedanken der Sozialdemokraten, die Kinder in allgemeinen Erziehungshäusern unterzubringen, äussert man seine plichtschuldige Entrüstung, aber dass den Kindern, deren Eltern infolge unserer wirtschaftlichen Verhältnisse von früh bis abend in der Fabrik beschäftigt sind, nun doch irgend ein Ersatz für die fehlende häusliche Erziehung geboten werden sollte, das kommt weniger in den Sinn, und doch liegt hier eine christliche und patriotische Pflicht vor."[74]

Ein Versuch, die Erziehungsverhältnisse in der modernen Gesellschaft zu kontrollieren, war die Idee, kommunale "Erziehungsräte" einzurichten. Eisenhofer besprach in diesem Zusammenhang die Vorstellungen von Arno Fuchs, der davon ausging, daß die "unterrichtlich-erziehliche Thätigkeit" der Schule und der Kirche "einer Ergänzung durch einen ausserschulischen Erziehungsfaktor" bedürfe.[75]

---

[73] zit.n. Max Lobsien, Wandlungen des Bildungsideals in ihrem Zusammenhange mit der sozialen Entwicklung, in: Zeitschrift 6 (1899), S. 389.
[74] Ernst Thrändorf, Die Pflege des Patriotismus in Haus und Schule, in: Jahrbuch 24 (1892), S. 75.
[75] H.J. Eisenhofer, Buchbesprechung, Arno Fuchs, Der Erziehungs-Rat. Praktischer Vorschlag zur Reform der Erziehung unserer sittlich unmündigen Jugend, Leipzig 1895, in: Zeitschrift 6 (1899), S. 427.

"Daher empfiehlt es sich, einen Erziehungsrat zu organisieren. Derselbe ist zusammengesetzt aus den Vorständen der politischen, Kirch- und Schulgemeinde, des Vormundschaftrates, aus Familienvätern, Meistern, Fabrik- und Dienstherrn. Die Thätigkeit des Erziehungsrates bezieht sich sowohl auf die sittlich unmündige Jugend, als auch auf die zuständigen Erzieher derselben. Der Erziehungsrat muss mit dem Schulvorstande die Rechte einer Staatsbehörde erhalten."[76]

Eisenhofer gab nun zu bedenken, ob derartige Erziehungsräte überhaupt in "Industriegegenden" organisiert werden könnten und nicht in eine "permanente Gängelei" ausarten würden, da hier die Männer der alten Ordnungen gar nicht mehr das soziale Leben repräsentierten. Mißtrauisch stimmte diesbezüglich schon der Gedanke, ein "Ortsstatut für sittliches Verhalten" aufzustellen, und andererseits die Befugnisse des Erziehungsrates zur "Anhaltung zum Guten, Nützlichen, Richtigen, und zwar bezw. der Jugend wie der Eltern, Meister etc.".[77] Doch die Idee, Erziehungsräte zur Überwachung des gesamten Erziehungsgeschehens einzurichten, war weit verbreitet. Beetz schrieb den Erziehungsräten z.B. die Aufgabe zu, Kinder aus "moralisch tief" gesunkenen Verhältnissen oder "vergifteten Atmosphären" in "öffentliche Erziehungsanstalten" einzuweisen.[78] Für diese öffentlichen Anstalten sollte freilich die Familie als Vorbild dienen, und wie der Waisenvater Mehl aus Wien ergänzte, könne es wohl als "unumstössliche Wahrheit" angesehen werden, "Erziehungsanstalten jeglicher Art" von "der Atmosphäre einer Stadt, namentlich einer Grossstadt", fernzuhalten.[79]

Eine 'gesteigerte' Tätigkeit des Staates in sozialpädagogischen Fragen insgesamt befürwortete Johannes Tews. Er war zwar keineswegs bereit, die Stätten der Erziehung der Politik hinzugeben, doch gleichsam verwehrte er sich, sie der religiösen Leidenschaft zu überlassen. Er schrieb dem Staat die Verantwortung für das Erziehungs- und Bildungswesen zu, wobei er diesen auf die Erkenntnisse der Wissenschaften verpflichten wollte. Die Familie als pädagogische Instanz habe demnach in der Großstadt nur eine Chance, wenn der Staat als Vertreter der Gesamtheit - sich der Bildungs- und Erziehungsverwaltung bewußt werde. Denn soweit der Staat "die Erfüllung gewisser pädagogischer Aufgaben im Haus" verlange, habe er die Familienerziehung auch zu schützen und vervollkommnen.[80] Tews schlug vor, die Erwerbsarbeit der Frau zu verbieten, "Erziehungsgeld" zu gewähren, die Wohnungsverhältnisse zu

---

[76] H.J. Eisenhofer, Buchbesprechung, Arno Fuchs, ..., S. 427.
[77] H.J. Eisenhofer, Buchbesprechung, Arno Fuchs, ..., S. 427.
[78] K.O. Beetz: Wider den Kindergarten, in: Die Deutsche Schule 3 (1899), S. 614.
[79] Mehl, Pflege und Erziehung der Verwaisten, in: Jahrbuch 26 (1894), S. 198.
  In der anschließenden Diskussion im Verein für wissenschaftliche Pädagogik wurde gefragt, ob "Familien oder ob Anstaltserziehung für Verwaiste das Richtige sei". Die Frage wurde mit einem "Sowohl - als auch" beantwortet. "Beide weisen Schattenseiten auf" (Verein für wissenschaftliche Pädagogik, in: Zeitschrift 1 (1894), S. 393).
[80] Vgl.: Aus der Fachpresse, in: Zeitschrift 7 (1900), S. 256.

verbessern und "säumige Eltern" mit der "Auferlegung fühlbarer Steuern" zu bestrafen.[81]

Schließlich thematisierte Tews auch die Frage der Ersatzinstitutionen für die Familie. Hier betrat man nach seiner Ansicht kein Neuland. Denn auf dem Gebiet der heilpädagogischen Anstalten[82], wo gerade die 'suchende' und 'pflegende' Menschenliebe rein zum Ausdruck komme, feierten der "Pestalozzigedanke und die Pestalozzihingebung" im 19. Jahrhundert ihre "höchsten Triumphe". Soweit bisher das Bildungswesen sich dadurch ausgezeichnet habe, "vollsinnige und moralisch intakte" Kinder zu unterrichten und zum vollen Menschentum zu führen, sie zu Persönlichkeiten zu erziehen, sei mit dem 'Pestalozzigedanken' die Erziehung der "Ärmsten" und "Elendsten", der "viersinnigen" und der "geistig und sittlich abnormen Kinder" zur Aufgabe der Pädagogik geworden.[83] Jene Kinder seien früher allein aus Mitleid versorgt worden, eine Erziehung und Bildung zum vollen Menschentum sei für sie nicht entworfen worden:

> "Wie die Gegenwart den dem Auge sich öffentlich darstellenden Bettel fast gänzlich beseitigt hat, so ist es ihr auch gelungen, die viersinnigen und die geistig nicht normalen Kinder dem öffentlichem Mitleid zu entziehen und ihnen die Möglichkeit zu bieten, durch eigene Kraft und durch die organisierte Nächstenliebe den Kampf ums Dasein zu bestehen."[84]

Die entscheidende Errungenschaft war für Tews, daß die Pädagogik jetzt die konkrete Persönlichkeit in ihrer Individuallage wahrnahm und andererseits - dies schien ihm gerade besonders wichtig - die soziale Verantwortung der Gesamtheit für die Kinder aus den ärmsten Klassen anerkannt wurde, da, was wahrlich niemandem entgehen könne, die "von der Heilpädagogik zu behandelnden Kinder" sich vornehmlich aus diesen Klassen stammten.[85] Tews

---

[81] Johannes Tews, Stimmen zum Schulprogramm des XX. Jahrhunderts, in: Die Deutsche Schule 4 (1900), S. 602.
Weiterhin, betonte Tews, wären Bestrebungen zu unterstützen, wie sie z.B. im "Centraverein zur Fürsorge für die schulentlassene Jugend" ihren Ausdruck fanden (Johannes Tews, Umschau, in: Die Deutsche Schule 4 (1900), S. 375).
[82] In diesem Zusammenhang waren auch Arbeiten der 'Kinderforscher', wie z.B. Ufer, einzuordnen. Ufer hob unter anderem hervor, daß man zu berücksichtigen habe, daß es auch Zöglinge gebe, die mit den pädagogischen Methoden nicht zu erreichen seien. Die "Natur" hindere den "Gärtner", das aus ihnen zu machen, "was aus den andern Bäumen" werde, sie hätten nun einmal einen "inneren Schaden" (C. Ufer, Wie wird das Kind gut?, in: Die Deutsche Schule 3 (1899), S. 164). Bereits 1894 hatte Ufer kritisiert, daß bereits "Hunderte von Schulreformschriften" erschienen seien, doch keine, "welche sich unserer aus neuro- und psychopathischen Ursachen und sozialgefährdeten Jugend ernstlich annimmt" (C. Ufer, Buchbesprechung, Johannes Trüper, Psychopathische Minderwertigkeiten im Kindesalter, in: Zeitschrift 1 (1894), S. 158).
[83] Johannes Tews, Heilpädagogische Anstalten, in: Zeitschrift 7 (1900), S. 25-26.
[84] J. Tews, Heilpädagogischen ..., S. 26.
[85] J. Tews, Heilpädagogischen ..., S. 25.

glaubte beweisen zu können, daß eine soziale Verbesserung der Lebensumstände auch eine Verringerung der heilpädagogisch betreuten Anstaltszöglinge mit sich bringe. Weniger die geistige Isolierung und die Degradierung der traditionellen sittlich-religiösen Lebensformen war für ihn das entscheidende soziale Problem der Pädagogik, sondern die sozialen Bedingungen der Familie im 'Kampf ums Dasein': Denn nach seiner Ansicht litten die Familienmitglieder nicht am fehlenden Glauben, sondern an der mangelnden Unterstützung durch die Sozialpolitik. Der Staat solle dementsprechend nicht zurücktreten, um die Erziehung wieder ganz der 'sittlich höher stehenden Familie' zu überlassen, sondern er solle seine Verantwortung für die sozialen Bedingungen des Aufwachsens in der Familie anerkennen. Es fehle eben den Menschen nicht die moralisch-rettende Hand, sondern die sozialen Bedingungen, damit sie eine "wirkliche Befreiung von innen heraus"[86] selbsttätig leisten könnten. Das bedeutete auch, wo die kleinste Einheit der Gesamtheit, die Familie, aufgrund der sozialen Lage nicht mehr eine Erziehung und Bildung ihrer Kinder garantieren konnte, hatte das organisierte Bildungswesen die Leerstelle zu füllen. Deutlich betonte Tews, daß sich inzwischen die Heilpädagogik ausdifferenziert habe: Unterschiedliche Anstalten für Idioten, Taubstumme und Blinde seien geschaffen, Hilfsklassen in den Schulen seien eingerichtet und die Waisenhäuser seien inzwischen von den evangelischen Rettungsanstalten sowie den von öffentlichen Verbänden unterhaltenen Zwangserziehungsanstalten gesondert worden. Das Zwangserziehungsgesetz vom 13. März 1878 habe, so Tews, für die notwendige Verbreitung des Differenzierungsprozesses gesorgt.[87]

---

[86] Johannes Tews, Umschau, in: Die Deutsche Schule 6 (1902), S. 294.
[87] Tews skizzierte die Entwicklung folgendermaßen: "Die ersten Anstalten für sittlich verwahrloste oder der Gefahr der Verwahrlosung ausgesetzte Kinder sind von den Pietisten im 18. Jahrhundert errichtet worden. Pestalozzi hat diese Arbeit der barmherzigen Nächstenliebe dann fortgesetzt und später sind von Zeller in Beuggen in Baden, von Graf v.d. Recke-Volmerstein in Overdyk und Düsselthal und Johannes Falk in Weimar Rettungsanstalten errichtet worden. Während in früherer Zeit Waisenhäuser und Rettungsanstalten vielfach vereinigt waren, sind dieselben in neuerer Zeit völlig geschieden. (...) Die Gesamtzahl der evangelischen Rettungshauszöglinge geht an 10000. Der Grundbesitz der Anstalten stellt einen Wert von 8-10 Millionen Mark dar. Das gezahlte Kostgeld schwankt zwischen 75 und 600 Mark. Durch das Strafgesetzbuch für das deutsche Reich und das Gesetz vom 13. März 1878, betreffend der Unterbringung verwahrloster Kinder, sind neben den Rettungsanstalten noch besondere von öffentlichen Verbänden unterhaltene Zwangserziehungsanstalten geschaffen worden. Vom 1. Oktober 1878 bis zum 31. März 1892 wurden in Preussen 20080 Kinder den kommunalen Verbänden zur Zwangserziehung überwiesen, und bis zum 31. März 1897 hat sich diese Zahl auf 27645 gesteigert. Die staatlichen Behörden und die Provinzial- etc. Verbände sind der ihnen auferlegten Pflicht teils dadurch nachgekommen, dass sie die zur Zwangserziehung verurteilten Kinder in Familien untergebracht, teils dadurch, dass sie diese den bereits bestehenden Anstalten zugeführt, teils dadurch, dass sie eigne Anstalten errichtet haben. Für die Verpflegung der in Zwangserziehung befindlichen Kinder, deren am 31. März 1897 10542 vorhanden waren, sind vom 1. April 1896 bis zum 31. März 1897 1468591 M

Anläßlich der Diskussionen um das preußische Gesetz über die Fürsorgeerziehung Minderjähriger vom 2. Juli 1900 lobte auch von Rohden, daß jetzt Pestalozzis und Wicherns Vorschläge, "der wachsenden Entsittlichung und Kriminalität des Volkes mit vorbeugenden Massregeln entgegenzuarbeiten", durch die Festlegung von "Erziehungsrechten" und "Geldmitteln" eine größere Wirkung erzielen könnten.[88] Bemerkenswert an dem neuen Gesetz war für Rhoden vor allem Dingen die Einsetzung von Vormundschaftsrichtern an Stelle der Strafrichter und das neue "Kennwort": "Fürsorgeerziehung" statt "Zwangserziehung".[89] Es verweise auf den "pädagogischen Charakter der neuen Massregel". Gleichzeitig mahnte er die Pädagogen, den mit dem Gesetz eingetretenen entscheidenden "Wendepunkt" in der "Entwicklung des Erziehungswesens" nicht zu unterschätzen: Der Staat greife aufgrund der "'Unzulänglichkeit' der häuslichen und Schulerziehung" in die privaten Erziehungsformen ein. Unbestritten würden Lücken gefüllt, doch ebenfalls die Tendenz zur "Verstaatlichung des Erziehungswesens" fortgeschrieben. Rhoden richtete sein Augenmerk auf die Möglichkeiten der Lehrerschaft, der "Gefahr" entgegenzuarbeiten.[90] Das Gesetz kritisiere schließlich auch die Schule und schreibe die Mitarbeit der Lehrerschaft bei der Fürsorgeerziehung vor. Gerade

---

verausgabt worden. 1896 bestanden 140 besondere Schulen in den Rettungshäusern und Zwangerziehungsanstalten" (J. Tews, Heilpädagogischen ..., S. 38-39).
Vgl. dazu auch: Die Wirkung der Fürsorge-Gesetzgebung in Preussen, in: Zeitschrift 12 (1905), S. 531.

[88] Rhoden von, Fürsorgeerziehung und Lehrerschaft, in: Die Deutsche Schule 5 (1901), S. 589; vgl. auch: J. Walter, Pestalozzi über Kriminalgesetzgebung ..., S. 430-434.
Thrändorf betonte 1893 die vorbildlichen Leistungen von Wichern und des Gustav-Adolf-Vereins. Beiden gehe es darum, die Gemeinde für ihre Aufgaben zu erziehen. Thrändorf wollte darum Wicherns Leben und Werk und die Geschichte des Gustav-Adolf-Vereins in den Lehrplan für den Religionsunterricht aufnehmen (vgl.: Ernst Trändorf, Präparationen zur Kirchengeschichte der Neuzeit, in: Jahrbuch 25 (1893), S.27). Doch die Innere Mission war nur selten Gegenstand der Sozialpädagogikdebatte. Einen Grund für diesen Zusammenhang nannte z.B. Schall, der die Ohnmacht der Inneren Mission gegenüber der sozialen Frage beschrieb: "Nicht die innere Mission, sondern die Kirche selbst muss eine Stellung zu den sozialen Fragen nehmen; die innere Mission, so gottgesegnet sie ist, ist doch diesen Fragen gegenüber ohnmächtiger als ein ungeborenes Kindlein" (Besprechungen: Zur evangelisch-sozialen Bewegung, in: Zeitschrift 1 (1894), S. 480).

[89] In einem Bericht über die Verhandlungen im Bayerischen Landtag zu einem Zwangserziehungsgesetz wurde die Frage, ob Zwangserziehung der richtige Begriff sei, wieder aufgegriffen: "Daher missfiel auch allgemein der Name Zwangserziehung. Man wies darauf hin, dass in der Schweiz die Vorstände der 'Rettungshäuser' den Namen Erziehungsanstalt anstreben wegen der mancherlei Nachteile, die sich aus dem Namen für die Zöglings ergäben und schlug Fürsorgeerziehungsgesetz, Fürsorgegesetz, Hilfeerziehungsgesetz, Schutzerziehungsgesetz, Staatserziehungsgesetz vor (Andreae), auch Pflegeerziehungsgesetz (Ehrhardt). Allein schliesslich beliess es die Kammer doch bei dem Namen Zwangserziehungsgesetz, vor allem, weil das Reichsgesetz diesen Namen enthält" (H. Weber, Das Zwangserziehungsgesetz und die Verhandlungen darüber im bayerischen Landtage, in: Zeitschrift 10 (1903), S. 71).

[90] Rhoden v., Fürsorgeerziehung und Lehrerschaft ..., S. 603.

die Lehrer seien nun aufgerufen, mitzuarbeiten, damit aus bürgerlichen und Kirchengemeinden Erziehungsgemeinden würden und der Staat keine Notwendigkeit zur Intervention sehe. Schule und Haus müßten wieder näher zusammenrücken:

> "Eine interessierte Mitwirkung der Lehrerschaft kann und soll in erster Linie dazu beitragen, dass die tiefgreifenden Anregungen des neuen Gesetzes zur Neubelebung des erziehlichen Volksbewusstseins führen, damit die Erziehung wieder zur Volkssache werde." [91]

Neben diesem Strang der gesetzlichen Fürsorgeerziehung und Heilpädagogik waren es besonders zwei weitere "Einzelfragen" auf dem "Gebiet der Sozialpädagogik"[92], welche die Diskussionen um öffentliche Interventionen und Ersatzinstitutionen für traditionelle Erziehungs- und Bildungsformen bestimmten und die Individuallage der Kinder und Jugendlichen in das Blickfeld des Bildungswesens rückten: Einmal die Untersuchungen zur Kinderarbeit und zweitens die Situation der jugendlichen Arbeiter.

Die Kinderarbeit, strich der Berliner Lehrer Agahd 1899 heraus, könne nicht als eine "Privatsache" angesehen werden - angesichts einer Million erwerbstätiger Kinder. Auch wenn die Berufsstatistik nur von 214954 Kindern spreche, so werde hier nicht nur die große Zahl der noch nicht schulpflichtigen "kleinen Sklaven" verschwiegen.[93] Agahd trat für konsequente Polizeiverordnungen und eine Kontrolle und Ausweitung der Arbeiterschutzgesetze ein. Das Verbot der Kinderarbeit in Fabriken reiche nicht aus. Ebenfalls müßten die geduldeten Dienste, z.B. als Kegeljungen, Frühstücks- und Zeitungsträger und in der Landwirtschaft beachtet werden. Gleichzeitig sollten Schulärzte damit betraut werden, die Kinder zu untersuchen, um festzustellen, welche Auswirkungen die Erwerbsarbeit auf die Kinder hatte und welche Hilfe sie benötigten. Agahd rief die Lehrer auf, ihrer pädagogischen Verantwortung

---

[91] Rhoden v., Fürsorgeerziehung und Lehrerschaft ..., S. 603.

[92] In einer Zusammenfassung von Beiträgen aus anderen pädagogischen Zeitschriften hieß es: "Eine ganze Reihe von Arbeiten beschäftigt sich mit Einzelfragen auf diesem (Sozialpädagogik d.Verf.) Gebiet. K. Agahd berichtet über 'Die Entwicklung der Frage der Kinderarbeit' (...). H. Schreiber ergreift das Wort 'Zur zwangsweisen Erziehung Minderjähriger' (...) und charakterisiert die Gesetzesentwürfe als 'juristisches polizeimännisches Elaborat ohne pädagogische Beeinflußung'. Denselben Gegenstand behandelt G. Kusche in seiner Arbeit 'Erziehungsgesetz, Erziehungsrat, Erziehungsverein' (...)" (Aus der Fachpresse, in: Zeitschrift 7 (1900), S. 272).

[93] Konrad Agahd, Die Erwerbsfähigkeit schulpflichtiger Kinder im Deutschen Reich, in: Zeitschrift 6 (1899), S. 61; S. 376; vgl. auch den Beitrag des Reichstagsabgeordneten Konrad Weiss, Gewerbliche Kinderarbeit, in: Die Deutsche Schule 1 (1897), S. 257ff.; 519ff..
Tews forderte in diesem Zusammenhang: "Es ist Aufgabe der Sozialpolitik, dem schwer ringenden Familienvater die Hand zu reichen und ihm die Möglichkeit zu bieten, seinem Kinde das Brot zu verschaffen, ohne dass er es zur Mitarbeit heranziehen muss" (Johannes Tews, Kinderarbeit, in: Zeitschrift 3 (1896), S. 480).

nachzukommen und nicht zu dulden, daß die Kinder durch die Erwerbsarbeit jeglicher Erziehung entzogen würden:

"Man klagt über die zunehmende Autoritätslosigkeit der Jugend. Hier haben wir eine ihrer Ursachen. Der frühzeitige Erwerb macht die Kinder zu selbständig. Sie helfen ja, die Familie ernähren. Sie verfügen über Taschengeld, sie können nicht kontrolliert werden. Wir stöberten s.Z. einen 'Klub' auf, der eine ungemein ausgedehnte Lokalitätenkenntnis hatte. Und wie die 'Kinder' mir das erzählten, fast war`s, als ob das alles ganz selbstverständlich sei. Kommt dann der Mangel jeder planmässigen Einwirkung nach der Schulentlassung hinzu, so ist die Autoritätslosigkeit da."[94]

Die fehlende erzieherische Kontrolle der schulentlassenen Jugend und der jugendlichen Arbeiter zog nun in den pädagogischen Zeitschriften bedeutend mehr Aufmerksamkeit auf sich als die Kinderarbeit. Gerade in diesem Punkt wollten sich nicht alle Herbartianer mit der Reform christlicher Familienerziehung zufrieden geben. So legte Wilhelm Rein für den national-sozialen Verein Friedrich Naumanns 1897 ein Schulprogramm vor, in dem er unter anderem für eine "allgemeine obligatorische Fortbildungsschule vom 14. bis 18. Lebensjahre" eintrat, wie sie nicht nur in sozialpädagogischen Kreisen, sondern ebenfalls von Pädagogen wie Friedrich Paulsen angemahnt wurde. Diese Schule sollte danach eine "öffentliche erzieherische Fürsorge" für die männliche und weibliche Jugend garantieren, was bedeutete, nicht nur intellektuell zu fördern, sondern gleichfalls erzieherisch zu wirken.[95] Rein klagte damit auch für die heranwachsende Jugend eine Erziehungsschule im Sinn der Pädagogik Herbarts ein (vgl.: Die Sozialpädagogik Wilhelm Reins).

Die 'neue' Individuallage der jungen Menschen zwischen Schule und Kaserne zeichnete sich nach Ansicht der meisten Pädagogen in erster Linie dadurch aus, daß sie durch die Entwicklung der "Grossindustrie" von der pädagogischen Kontrolle freigesetzt würden: Lehrlinge, die ehemals in den handwerklichen Kleinbetrieben eine beruflich-erzieherische Ausbildung genossen hätten, würden immer weniger beschäftigt, man ziehe es vor, "jugendliche() Arbeiter" einzustellen.[96] Otto W. Beyer beschrieb 1894 das Problem in einer

---

[94] K. Agahd, Die Erwerbsfähigkeit schulpflichtiger ..., S. 371.
[95] 2. Schulprogramm des national-sozialen Vereins, in: Zeitschrift 5 (1898), S. 129; vgl. u.a. auch: Robert Rissmann, Soziale Pädagogik, in: Die Deutsche Schule 2 (1898), S. 699; M. Lobsien, Wandlungen des Bildungsideals ..., S. 388.
[96] Otto W. Beyer, Die Lehrwerkstätte, in Jahrbuch 28 (1896), S. 227.
Menge schrieb z.B. in diesem Zusammenhang: "Als sich nach Auflösung der Zünfte (1869) die Beziehungen zwischen den Lehrherren und den Lehrlingen gelockert hatten, sah man lange Zeit anscheinend gleichgiltig zu, wie eine grosse Zahl der Lehrlinge, mehr und mehr aus dem Familienverbande ihrer Meister losgelöst und in ihren Freistunden sich selbst überlassen, in ihrer Ratlosigkeit oft auf verkehrte Wege geriet, und auf das Handwerk selbst, gerade als ihm durch das Aufblühen des Fabrikwesens das Dasein erschwert wurde, auch durch die Vernachlässigung des Nachwuchses zurückkam. Während bei den höheren Ständen die Erziehung der Ju-

ausführlichen Besprechung der vielfach zitierten dreibändigen Schrift von Paul Scheven, 'Die Lehrwerkstätte'. Scheven analysierte die neuen Anforderungen des beruflichen Ausbildungswesens und die Notwendigkeit, einen Ersatz für die überkommene Erziehungsform der handwerklichen Lehrlingsausbildung zu schaffen:

> "Der Lehrling habe unter 'väterlicher Zucht' gestanden, und es bekunde gewiss gesündere soziale Verhältnisse, wenn die Jugend vom Manne in eiserner Zucht gehalten und an Entbehrungen gewöhnt werde, als wenn sie sich im vorzeitigen Unabhängigkeitsdünkel von ihm emanzipiere. In der Gegenwart lebe vielfach der Lehrling nicht mehr im Hause seines Arbeitgebers: wo und wie er seine freien Abende und seine Sonntage zubringe, wie er sich nähre, wie es mit seiner Schlafstelle aussehe, sei dem Meister ebenso gleichgültig, wie es den meisten Fabrikanten, die ja auch ausserhalb des Geschäftes in keiner Weise für ihre Arbeiter zu sorgen brauchten, gleichgiltig sei, was diese Arbeiter für ein Leben führten. Aber immerhin stehe dem Lehrherrn auch noch jetzt das Recht der väterlichen Zucht zu; dieses Recht habe der Arbeitgeber aber nicht gegenüber dem 'jugendlichen Arbeiter', wie man diejenigen Leute nennt, die, wenn auch noch im Lehrlingsalter stehend, doch nicht auf Lehrvertrag, sondern auf freien Arbeitsvertrag bei einem Arbeitgeber arbeiten. Es sei nicht zu verwundern, wenn solche junge Leute, für deren moralische Erziehung man niemand verantwortlich gemacht habe, moralisch versumpften."[97]

Tews pauschaler Ausruf, der Staat solle nun für einen "geordneten Arbeitsmarkt() für Jugendliche unter erziehlichem Beirat" sorgen, wurde von Beyer

---

gend bis zum 18. oder 20. Lebensjahre als notwendig erachtet wurde, schien man zu glauben, dass der Sohn des Volkes mit dem 14. Jahre eine ausreichende Erziehung genossen habe. Erst allmählich erwachte in weiteren Kreisen das Gefühl der Verpflichtung, für die sittliche Erziehung der schulfreien Jugend aus dem Gewerbe- und Handelsstand fürsorgend einzutreten. So entwickelten sich die allgemeinen Fortbildungsschulen, welche an die Volksschulen anknüpfen und mancherlei Veranstaltungen trafen, durch die die Jünglinge vor Abwegen bewahrt und zu guten Staatsbürgern erzogen werden sollten" (R. Menge, Die Fortbildungsschule und die staatsbürgerliche Erziehung unserer Jugend, in Zeitschrift 9 (1902), S. 138).

[97] Otto W. Beyer, Die Lehrwerkstätte ..., S. 227-228.
Diese Entwicklung gehe, so Beyer, mit der Entwicklung der modernen Technik und einer weitgehenden Arbeitsteilung und Spezialisierung einher, welche einerseits eine große Anzahl von gelernten Arbeitern erfordere, andererseits das Arbeitsprofil verändere und den Menschen zum bloßen Bediener der Maschine degradiere. Die moderne Technik mache "viele Hände überflüssig" (O.W. Beyer, Die Lehrwerkstätte ..., S. 225). Erst als die moderne Technik dem politischen Liberalismus in den Kulturstaaten zur Hilfe gekommen sei, habe sich die Befreiung des Individuums "von hemmenden Schranken aller Art", aber auch die industrielle Arbeiterfrage in der nun vorherrschenden Form entwickelt. Eine Konsequenz dieser Entwicklung sei notwendigerweise die "Zertrümmerung des alten Handwerks" und der durch die Zünfte geordnete Lehrlings- und Meisterausbildung gewesen (O.W. Beyer, Die Lehrwerkstätte ..., S. 226).

und Scheven differenzierter ausformuliert.[98] Sie fragten zunächst einmal, inwieweit die Lehrlingsausbildung zu reorganisieren sei, da sich trotz der Industrialisierung das Handwerk durchaus resistent und anpassungsfähig zeige, auch wenn die Statistik einen Rückgang vermelde.[99] Der Staat sollte das Handwerk bei der Neuorganisation der Ausbildungs- und Meisterordnungen unterstützen. Doch auch die großen Betriebe müßten angehalten werden, Lehrlingsausbildungsstätten zu schaffen, wie z.B. Carl Zeiss in Jena es vorgemacht habe. Gleichzeitig wurde die Einrichtung von Jugendsparkassen und von Jugendausschüssen aus "Beamten des Geschäfts" vorgeschlagen, die "auch ausserhalb der Arbeitszeit" die Lehrlinge "zu gesittetem Betragen" anhalten sollten.[100] Zudem sollte nicht nur der Handfertigkeitsunterricht als Schulfach wie in Frankreich obligatorisch eingeführt, sondern Fachschulen einzelner Innungen geschaffen werden, da "die Werkstattlehre überhaupt nicht mehr in der Lage sei, die Lehrlinge in den vollen Umfang des Gewerbes einzuführen".[101] Und schließlich betonte Beyer die Notwendigkeit der Einrichtung von Lehrwerkstätten, die sich von den Unternehmen gänzlich selbständig in den Fachschulen befinden sollten, da natürlich nicht alle jungen Menschen im reorganisierten Handwerk eine Lehrlingsstelle finden könnten.[102] Hier zeichnete sich ein ganz ähnliches Bild ab, wie es hinsichtlich der Familien-Erziehung propagiert wurde. Der Versuch, die überkommenen Formen zu reformieren und in die Gesellschaft zu integrieren, stand im Vordergrund, was nicht davon ablenken sollte, daß Ersatz für die Kinder und Jugendlichen zu schaffen sei, die in ihrer Individuallage konkret betroffen waren.

Wurde also von einer national-staatlichen Verantwortung für das Bildungswesen über die bisher bestehenden schulischen Institutionen hinaus gesprochen, so lag dem die Einsicht zugrunde, daß die traditionellen patriarchalen Bil-

---

[98] Aus der pädagogischen Fachpresse, in: Zeitschrift 3 (1896), S. 480.
[99] In Anlehnung an die Bedürfnisse der modernen Technik 'stoße' ein Handwerk mit spezialisierter und vor allem "kunstgewerblicher und präzisionstechnischer" Ausrichtung auf eine große Nachfrage, sodann bleibe die Aufgabe, gelernte Arbeiter für die Großindustrie zu erziehen (O.W. Beyer, Die Lehrwerkstätte ..., S. 229).
[100] O.W. Beyer, Die Lehrwerkstätte ..., S. 239.
[101] O.W. Beyer, Die Lehrwerkstätte ..., S. 230-231.
Zusätzlich wurden 'kaufmännische Hochschulen" gefordert. Dabei gehe es gar nicht darum, betonte Wernicke, "jeden Lehrling für die höchsten Ziele auszubilden, sondern dem Nachwuchse des ganzen Standes die Mittel zu gewähren, welche für die Entwicklung von Kräften ersten Ranges nötig" seien (A. Wernicke, Deutsche Handelshochschulen, in Zeitschrift 5 (1898), S. 291). Zudem wurde bemerkt, daß es Ende 1896 in Österreich 30 Kunstgewerbe-, Gewerbe- und Handwerkerschulen sowie 164 Einzelfachschulen gebe, sich dagegen die Zahl ähnlicher Schulen in Preußen 1896 auf 61 belaufe (vgl.: Preisauschreiben, in Zeitschrift 4 (1897), S. 460).
[102] Natürlich wurde in der Diskussion des Beitrages von Beyer im Verein für wissenschaftliche Pädagogik darüber debattiert, ob die Lehrwerkstätten einer mehr erzieherischen oder fachlichen Bildung dienen sollten. Man strich ohne große Widerrede heraus, daß die Erziehung mit 14 Jahren noch nicht abgeschlossen sei und darum auch hier das Konzept 'Erziehungsschule' zur Anwendung kommen müsse (vgl.: 6. Anhang, Beyer, Die Lehrwerkstätte, in: Jahrbuch 28 (1896), S. 53-54).

dungs- und Erziehungsformen eine große Anzahl von Kindern und jungen Menschen nicht mehr erreichten. Diese jungen Menschen waren z.B. jugendliche Arbeiter, die eine entscheidende traditionelle Ausbildungsphase einbüßten: den Lehrlingsstand. Sie verloren aus dieser Perspektive ihre Jugend, für ihre Individuallage habe der Staat und die Gesellschaft darum die Verantwortung zu übernehmen. Nicht das fehlende geistige Band in der Familie und Werkstatt, sondern die soziale Lage von Familie und Werkstatt rückten die Individuallage und "socialen Bedürfnisse"[103] von Kindern und jungen Menschen in das Blickfeld der Pädagogik.

2.4 Die nationale Kulturarbeit und das Bildungsdefizit: Teilhabe an den Kulturgütern

"Nicht Umsturz der heutigen Gesellschaftsordnung, sondern vielmehr Festigung derselben wird durch eine gesteigerte Volksbildung erreicht. Die Wichtigkeit einer Bildung der oberen Klassen wird nirgends angezweifelt, nur der Bildung des gesamten Volkes, und um diese handelt es sich hier nur, begegnet man oft mit Misstrauen."[104] (Pässler)

"Soziale Gerechtigkeit ist der Kurs, nach dem auch die Bildungsfreunde steuern müssen. In der Kastenschule, die das Kind des armen Mannes von dem Bürgerkinde trennt, kommt die unsoziale Form unseres öffentlichen Bildungswesens zum Ausdruck. Soll das deutsche Volk eine wirkliche Einheit werden, so einige man die Erziehung wenigstens in den unteren Stockwerken."[105]

(Ernst Beyer)

Die Sozialpädagogik an institutionellen und interventionistischen Einzelfragen jenseits der bestehenden Schulerziehung festzumachen, provozierte in der *Deutschen Schule* unter den Volksschullehrern Kritik. Rissmann und Müller nannten es z.B. einen "unglückselige(n) Einfall", alle Vorschläge, die "soziale Hilfe" und "Erziehung" kombinierten[106] oder die mit der Sozialpolitik aber auch mit der Pädagogik in engster Berührung standen, in das Gebiet der Sozialpädagogik zu verweisen. Ohne Einschränkungen unterstützten sie die Sozialreform, doch bemängelten sie, daß bisher der Schwerpunkt der Sozialpädagogik "auf die Erziehung des Volkes ausserhalb der Schule" gelegt wur-

---

[103] Anhang, 6. Beyer ..., S. 54.
[104] Die Bedeutung einer gesteigerten Volksbildung für die wirtschaftliche Entwicklung unseres Volkes (Bereicht über das Referat Pässlers im Lehrerverein zu Berlin), in: Zeitschrift 7 (1900), S. 57.
[105] Johannes Tews, Die deutsche Lehrerversammlung in Köln, in: Zeitschrift 6 (1899), S. 326.
[106] Robert Rissmann, Herr Ries in Frankfurt und die "Deutsche Schule", in: Die Deutsche Schule 2 (1898), S. 309.

de.¹⁰⁷ Rissmann und Möller wollten dagegen die Bildungsfrage insgesamt thematisiert wissen, in deren Mittelpunkt nun einmal die Schule stand. Man könne nicht, so war der Einwand zu verstehen, Ersatzinstitutionen hier und eine soziale Familiengesetzgebung dort schaffen und die Bildungsverhältnisse in der Gesellschaft in den alten Formen belassen. Tews faßte diese Auffassung pointiert zusammen. Als eine rein "humanitäre und charitative" Idee sei die Sozialpädagogik vollkommen ungeeignet zur "Emporentwicklung" des ganzen Geschlechtes. In dieser Form biete sie nur dem Einzelnen für "die augenblickliche Lebenslage praktische() Eigenschaften und Leistungen".¹⁰⁸

"Was unser Geschlecht und speziell unser deutsches Volk dereinst sein wird, hängt nicht von der Fürsorge für Blinde, Taubstumme, Schwachsinnige und Kranke ab, sondern von der Erziehung, die dem Gros der mit normalen Geisteskräften Ausgestatteten zuteil wird." ¹⁰⁹

Das Bildungswesen an sich sahen viele Vertreter der Volksschullehrerschaft durch die soziale Frage herausgefordert. Die These des Nationalökonomen Gustav Schmoller, "dass der letzte Grund aller socialen Gefahr nicht in der Dissonanz der Besitz-, sondern Bildungsgegensätze liege", verlieh der Debatte den notwendigen Zündstoff.¹¹⁰ Das einhellige Urteil lautete: Die deutsche Volksschule hatte "Bildungsgegensätze"¹¹¹ zugelassen. Der Pädagoge als der "Vermittler" der "Schätze (...) der Bildung und Kultur unserer Zeit" hatte also seine Aufgabe nicht dem Zeitlauf angepaßt.¹¹² Es waren nicht die Lehrmethoden oder die Bildungsziele, die kritisiert wurden, sondern die Ungerechtigkeiten in der Verteilung der Bildung. Wegener erkannte eine starke "Unzufriedenheit mit den Bildungsverhältnissen" im deutschen Volk. Bernheim polemisierte gegen die 'Familienschule', indem er daran erinnerte, daß ein "Bauer" vielleicht die "notwendige Menschenkenntnis" noch in der Familie erhalten konnte, allerdings nicht der "Kaufmann" oder "Beamte()".¹¹³ Und Meyer sah den Grund "für die allgemeine Unzufriedenheit mit unseren Schulen" auch darin, daß die "zur Bestimmung der Geschicke Deutschlands berufene Generation sich sehr schlecht erzogen, mit unbrauchbaren Waffen für den Kampf ums Dasein ausgerüstet fühlt". Man hatte demnach zukünftig in der Schule zu berücksichtigen, daß die "Kunst der Erziehung" noch umfassender und "im Vergleich zum Leben" bedeutend mehr Zeit in Anspruch nehmen

---

¹⁰⁷ C. Müller, Individual- und Sozialpädagogik, in: Die Deutsche Schule 4 (1900), S. 356.
Diese Verkürzung der Sozialpädagogik sei auch "Volkspädagogik" genannt worden; "übrigens ein unglückseliger Begriff", wie Müller bemerkte (ebd., S. 356).
¹⁰⁸ Johannes Tews, Umschau, in: Die Deutsche 9 (1905), S. 500.
¹⁰⁹ J. Tews, Umschau, ..., S. 500.
¹¹⁰ Robert Rissmann, Ein Jubiläum, in: Die Deutsche Schule 1 (1897), S. 591; vgl. u.a. auch: K. Weiss, Gewerbliche Kinderarbeit ..., S. 257.
¹¹¹ O. Lehmann, Der Einfluss der Volksbildung ..., S. 681.
¹¹² Theobald Ziegler, Soziale Pädagogik, in: Die Deutsche Schule 1 (1897), S. 10.
¹¹³ Bernheim, Stimmen zum Schulprogramm des XX. Jahrhunderts, in: Die Deutsche Schule 4 (1900), S. 473.

würde, da für "uns Kinder des elektrischen Zeitalters" der Lebensinhalt sich viel mannigfaltiger darstelle, "als es in der guten alten Zeit der Umschlittkerzen" der Fall gewesen sei.[114]

Die Anpassung der Schule an die Ansprüche des technisierten und wirtschaftlichen Zeitalters war aber nicht das vorrangige Thema in der Sozialpädagogikdebatte. In erster Linie stritten die Sozialpädagogen über die nationale und kulturelle Bedeutung der Bildung und über die Bildungsaufgabe, die der "Staat als Kulturstaat" innehatte.[115] Den kulturellen Auftrag der Volksschule formulierte Tews 1896 im Hauptvortrag auf dem Deutschen Lehrertag in Hamburg:

> "Die deutsche Volksschule hat die Aufgabe (...), die ihr anvertrauten Kinder nach Massgabe ihrer Geisteskräfte und der verfügbaren Zeit zu vollwertigen Gliedern der gegenwärtigen nationalen Kulturgemeinschaft zu erziehen. Der Volksschulunterricht ist darum so zu gestalten, dass der Weg zu den Kulturschätzen der Nation, soweit möglich, jedem Kinde geebnet, die praktische Verwendung des Kulturgutes erleichtert, das Verständnis für das Gemeinschaftsleben angebahnt und das lebendige Bewusstsein der sozialen und staatsbürgerlichen Pflichten begründet wird."[116]

Doch gerade der 'Weg zu den Kulturschätzen der Nation' schien nicht allen Gesellschaftsmitgliedern offen. So erkannte Eisenhofer eine wesentliche Beeinträchtigung der "Volksschule als Kulturfaktor". Der Kulturstaat müsse sich darum der Verantwortung bewußt werden und jedem Kind das Recht auf Bildung, "auf den Genuss aller nationalen Kulturerrungenschaften" ermöglichen.[117]

Kategorisch vertraten die Volksschullehrerfunktionäre, daß die privaten Bildungsträger - insbesondere die Kirche und Familie - dieser Aufgabe nicht mehr gewachsen seien und eine staatliche Bildungsoffensive die einzige adäquate Antwort sein könne. Gestärkt wurde dieses Argument durch die Fest-

---

[114] E. Meyer, Das Ziel des Geschichtsunterrichts, in Zeitschrift 1 (1894), S. 294.
[115] R. Hochegger, Über die Aufgabe des akademischen Studiums. Mit besonderer Rücksicht auf die Bedürfnisse und Forderungen der Gegenwart, in: Zeitschrift 1 (1894), S. 441.
[116] Deutscher Lehrertag in Hamburg, in: Zeitschrift 3 (1896), S. 219; vgl. auch: Aus der pädagogischen Fachpresse, in: Zeitschrift 4 (1897), S. 236).
In den Zeitschriften der Herbartianer wurde derartigen Aufgabenbeschreibungen der Volksschule häufig entgegengehalten, daß sie die Erziehung zur Gemeinschaft höher bewerteten als die Ausbildung der Individuen und der Leitsatz "Jedem das Seine" nicht genügend Berücksichtigung finde (P. Sommer, Die Notwendigkeit einer Revision der allgemeinen Bestimmungen für Volks- und Mittelschulen, in: Zeitschrift 9 (1902), S. 508).
[117] Aus der pädagogischen Fachpresse, H.J. Eisenhofer, Die äussere und innere Ausgestaltung der Volksschule, in: Zeitschrift 7 (1900), S. 94.
Die deutsche Tradition verpflichte den Lehrer, so Kobel, "das in einfachster Form zu popularisieren, was die Wissenschaft erforscht" (O. Kobel, Ethnographische Voraussetzungen der Weltpädagogik, in: Zeitschrift 9 (1902), S. 42).

stellung, daß ohnehin die Volksschule zumindest in Preußen "eine Schöpfung des Staates" und die preußische Staatsgeschichte eng mit der Volksschule verbunden sei.[118] Dementsprechend bezeichneten nicht wenige Sozialpädagogen "das Volksschulinteresse" als den "innersten Kern des Staatsinteresses".[119] An diese Tradition galt es anzuknüpfen. Immerhin gab es 8 Millionen Volksschüler, d.h auf 100 Einwohner kamen ca. 16 Volksschüler.[120]

Lehmann stellte fest, daß gerade über Bildung die wirtschaftlichen Diskrepanzen in der Gesellschaft ausgeglichen werden könnten. Bildung konnte ihmzufolge im Gegensatz zu Grundbesitz und Eigentum jedem Menschen zugänglich gemacht werden. Eine gesteigerte "Volksbildung" hätte, folgerte er weiter, eine "Vermehrung des Volkswohlstandes" und eine "Steigerung der Produktionsfähigkeit" zur Folge.[121] Maurenbrecher verwies darauf, daß Adam Smith

---

[118] A. Rausch, Zusammenfassung, Georg Wilhelm Schiele, Staat, Volk und Nation, in: Zeitschrift 10 (1903), S. 157.

[119] Johannes Rehmke, Ein Schaden im Volksschulwesen, in: Zeitschrift 6 (1899), S. 43. Rehmke ergänzte diese Ausführungen mit dem zu dieser Zeit sehr beliebten Ausspruch: "Für den Staat gilt als fürnehmster Spruch: Baue Volksschulen, und du bauest an deiner Zukunft; vermehre die Volksschulen, und du förderst dich selbst!" (ebd.)

[120] Die Gesamtzahl der Volksschüler, in: Zeitschrift 3 (1896), S. 446.
Zudem wurde berichtet, daß andere Staaten wie z.B. England bereits begonnen hätten, ihre Versäumnisse aufzuarbeiten und die Ausgaben für die Volksbildung zwischen 1891 und 1896 um 100 Millionen Mark erhöht hätten (Die Bedeutung einer gesteigerten Volksbildung ..., S. 57). Es schien darum notwendig, mehr über das Unterrichtswesen im Ausland zu erfahren, da die Zeiten der Vergangenheit angehörten, in denen man "an die absolute und unvergleichliche Vortrefflichkeit unseres höheren Schulwesens und an seine unbedingte Überlegenheit dem Auslande gegenüber so felsenfest glaubte" (H. Schiller, Das deutsche Unterrichtswesen und das Ausland, in: Zeitschrift 3 (1896), S. 214). Ernst Schultze stellte z.B. die Gesetze zur Bekämpfung der Kriminalität von Jugendlichen in Frankreich vor, die in erster Linie eine Steigerung der Volksbildung ermöglichen sollten: "Die Kriminalität der Jugendlichen in Frankreich ist ein ernstes Mene Tekel für unsere Nachbarn, wie es die mit Riesenschritten von einem Tausend zum andern eilende Kriminalität unserer Jugend für uns ist. Nur England befindet sich in glücklicherer Lage: die Zahl seiner jugendlichen Verbrecher ist in den letzten Jahrzehnten ausserordentlich stark gesunken (...). Und woher diese günstige Entwicklung? Weil die Bestrebungen für eine Hebung der Volksbildung in England von Regierung und Parlament, von den Stadtverwaltungen und der Presse, kurz von der gesamten Öffentlichkeit in der einsichtigsten Weise gefördert werden. In Frankreich und Deutschland aber ist man leider davon weit entfernt; daher denn auch die Zunahme der jugendlichen Verbrecher" (E. Schultze, Die jugendlichen Verbrecher in Frankreich, in: Die Deutsche Schule 4 (1900), S. 153-154).

[121] Nicht untypisch waren die dann folgenden Aufzählungen von Schultze, was die Volksbildung bewirken könne: neben einer "Erhöhung der Vaterlandsliebe" und einer "Verbesserung der Volksgesundheit", eine "Steigerung der Produktionsfähigkeit" und ein "Herabgehen des Pauperismus und der Kriminalität" (E. Schultze, Volksbildung und Volkswohlstand, in: Die Deutsche Schule 3 (1899), S. 549). Vergleiche der Alphabetisierungs- und Kriminalitätsquote der Rekruten bestätigten diese Aussagen in den Untersuchungen von Schultze (vgl.: E. Schultze, Die jugendlichen Ver-

als erster ganz deutlich die Bedeutung einer gesteigerten Bildung für die "wirtschaftliche Tüchtigkeit" der Personen und damit auch eines Volkes aufgezeigt habe. In Deutschland werde nun in jüngster Zeit von der realistischen, induktiven Schule der Nationalökonomie, vor allem von Brentano und Schultze-Gävernitz, dieselbe These vetreten.[122] Entgegen der Euphorie vieler Sozialpädagogen wollte Maurenbrecher der Strategie aber nicht folgen, er befürchtete eine Zweckentfremdung der Bildung:

> "Um Propaganda für seine idealen Zwecke zu machen, betritt der deutsche Lehrer den Boden einer materialistischen Begründung des Bildungsstrebens, sucht er ihre Berechtigung nicht aus ihr selbst, sondern aus ihren wirtschaftlichen Folgen heraus nachzuweisen. Und hier gerade ist es, wo sich die Frage erhebt, ob die materialistische Begründung der Bildung stichhaltig erscheint."[123]

---

brecher ..., S. 136ff.). Derartige Aufzählungen wurden in ganz unterschiedlichen Ausprägungen vorgetragen. Genannt sei hier noch die Variante von Pässler im Lehrerverein zu Berlin: "Die vom Redner aufgestellten Leitsätze wurden von der Versammlung einstimmig in nachstehender Fassung genehmigt: 1. Gesteigerte Volksbildung erzeugt höhere Leistungsbereitschaft auf allen Gebieten der nationalen Produktion. 2. Die Steigerung der Volksbildung vermindert die unproduktiven Ausgaben der Einzelnen wie der Gesamtheit. 3. Sie bewirkt eine gleichmässigere, gerechte Verteilung der Arbeitserträge. 4. Aus dieser hohen Bedeutung einer gesteigerten Volksbildung für die wirtschaftliche Entwicklung unseres Volkes ergiebt sich als eine der vornehmsten nationalen Aufgaben, allen Volksbildungsanstalten eine vermehrte Pflege zu widmen" (Die Bedeutung einer gesteigerten Volksbildung ..., S. 57). Weiterhin wurde z.B. über den Beitrag von Weissmann auf der Hauptversammlung der Gesellschaft für Verbreitung von Volksbildung berichtet. Weissmann erntete demnach "Beifall!" für den Ausspruch: "Eine Erweiterung der Bildung in den Schichten der arbeitenden Bevölkerung würde sicher eine Entvölkerung der Gefängnisse und Zuchthäuser nach sich ziehen" (27. Hauptversammlung der Gesellschaft für ..., S. 456). Sadler bezog die Diskussionen auch auf die imperialistischen Interessen und die Konkurrenz der Nationen untereinander: "Die führenden Nationen der Welt bemühen sich, Macht auf der See und Einfluß auf ihre Schulen zu gewinnen und zu bewahren. Sie haben eingesehen, daß ein weitgehendes Eintreten für nationale Erziehung einen grossen wirtschaftlichen Wert hat und dass es ein notwendiger Faktor ist, obgleich es nie die alleinige Ursache für den Erfolg in Handel und Industrie sein kann" (Ansprache des Herrn M.E. Sadler bei der Eröffnung der Ferienkurse in Oxford (1901), in: Zeitschrift 8 (1901), S. 506).

[122] Vgl.: M. Maurenbrecher, Die Bedeutung einer gesteigerten Volksbildung für die wirtschaftliche Entwicklung des Volkes, in: Zeitschrift 7 (1900), S. 404.

[123] M. Maurenbrecher, Die Bedeutung einer gesteigerten Volksbildung ..., S. 406.
Auch Maurenbrecher bestritt nicht, daß die Volksbildung den "wirtschaftlichen Fortschritt" ermöglicht habe, aber sie habe ihn nicht herbeigeführt. Zudem müsse zumindest darauf hingewiesen werden, daß auch der bestehenden '"Bildungsfeindschaft" wirtschaftliche Interesse zugrundelägen und gefragt werden, wer denn in Zukunft die "niedrigste Arbeit" verrichte? (ebd., S. 409.) Auch der Arbeiter, den "die niederdrückende Tendenz des modernen Kapitalismus" zu Reaktionen zwang, fordere nicht eine "bessere Lebenshaltung" und "bessere Bildung", um das Wirtschaftsleben zu intensivieren, ergänzte Maurenbrecher. Die Steigerung der

Die Konsequenz war für ihn eindeutig: Lehrer und Arbeiter müßten in der Bildung ein vorrangig anzustrebendes Gut sehen, welches nicht der wirtschaftlichen Legitimation bedürfe. Umgekehrt sollten die Unternehmer den steigenden Bildungsbedürfnissen unter den Arbeitern entgegenkommen. Das Wirtschaftsleben sei so zu gestalten, daß eine umfassende Bildung möglich werde.

Dieser Verweis auf die Selbständigkeit und Unabhängigkeit der Bildungsideale veränderte aber nicht die sozialpädagogische Problemstellung, sondern nahm die Pädagogen erst recht in die Pflicht. Rissmann und Ziegler traten vor diesem Hintergrund für eine konsequente "Sozialisierung des Bildungswesens" ein.[124] Sie wollten damit ausdrücken, daß der Kulturstaat als umfassender Verband nun erst recht die Bildungsverantwortung zu übernehmen und eine gerechtere und einheitliche Organisation der Bildung zu schaffen habe, damit alle Glieder der Gesellschaft über Bildung in die Kulturgemeinschaft integriert würden:

"Darum 'Bahn frei'! Weg mit den veralteten Schranken, insbesondere mit der geistlichen Schulaufsicht, die nicht, wie man so oft angiebt, im Interesse der Religion, sondern lediglich im Interesse der Hierarchie liegt."[125]

Die "Allgemeine Volksschule" müsse fest auf einer wissenschaftlichen und nicht-konfessionellen Grundlage aufgebaut und als staatliche "Einheitsschule" für die gesamte deutsche Jugend neu organisiert werden.[126] Die Volksschule dürfe aber auf jeden Fall nicht mehr als "Armenschule"[127] angesehen werden. "Dem befähigten Schüler aus unbemitteltem Stande" sollte der Zugang zur höheren Bildung möglich werden. Weiterhin wurden "Unterstützungen aus öffentlichen Mitteln an bedürftige Schüler", "Schulgeldfreiheit" sowie die "Gewährung freier Schulbücher" gefordert.[128] Schließlich sollte festgeschrie-

---

Arbeitsproduktivität sei ein "unbeabsichtigter und ungewollter Nebenerfolg" (ebd., S. 408).

[124] Robert Rissmann, Die Volksbildungsfrage im zwanzigsten Jahrhundert, in: Die Deutsche Schule 6 (1902), S. 5; vgl. auch: T. Ziegler, Soziale Pädagogik ..., S. 9.

[125] J. Tews, Die deutsche Lehrerversammlung ..., S. 326.

[126] Vgl.: Von der deutschen Lehrerversammlung in Königsberg, in: Zeitschrift 11 (1904), 516-519.
Umstritten war nur, wie lange die 'deutsche Jugend' gemeinsam die Volksschule besuchen sollte, ob vier oder gar acht Jahre. Zudem versprachen sich die Volksschullehrer durch eine einheitliche Organisation der Schulaufsicht durchsichtigere Qualitätsmaßstäbe und eine bessere Überprüfbarkeit der Volksschule und natürlich auch eine Aufwertung der eigenen Arbeit und dadurch den Zugang zur Universitätsausbildung für Volksschullehrer.

[127] P. Sommer, Die Notwendigkeit einer Revision ..., S. 509.

[128] Robert Rissmann, Skizzen zur Sozialpädagogik, in: Die Deutsche Schule 2 (1898), S. 699.

ben werden, daß in einer Schulklasse höchstens 30 Schulkinder unterrichtet werden und nicht wie bisher 72.[129]

Wurde die staatliche Verantwortung für die Kulturarbeit hinsichtlich der Bildung der nachwachsenden Generationen weitgehend anerkannt, so war die Einschätzung gespalten, welche Institution die Bildungsverantwortung für die erwachsene Bevölkerung inne habe. Wilhelm Rein und Paul Natorp[130] empfahlen, nach England zu blicken, wo man versuchte, durch das "University Extension System" die Universitäten zu "Centralstätten der Bildung des Volkes" zu erheben.[131] Die Bildungsoffensive sollte sich nicht nur auf die Volksschule beziehen, sondern ebenfalls auf die Universität und die Arbeiterbildungsfrage. Auch die Universität sollte an dem Projekt beteiligt werden, alle Mitglieder der Gesellschaft an der Kulturarbeit des Volkes teilhaben zu lassen. Die wissenschaftliche Bildung galt es zu sozialisieren und nicht einigen Privilegierten zu überlassen, sondern allen Gesellschaftsklassen zugänglich zu machen. Dafür sollte der Staat einstehen.

Doch Rein berichtete auch, daß zwar die ersten Anzeichen einer 'University Extension' in Deutschland beobachtet werden konnten, nur ließ man hier nicht wie in England zuerst die Arbeiter in die Universität, sondern man richtete "Fortbildungskurse für Ärzte" ein oder öffnete die Universität teilweise für Apotheker, Landwirte, Volksschullehrer und für Frauen.[132] Die Tendenz, die Universität nicht als Volksbildungsstätte zu begreifen, setzte sich in Deutschland durch. So wurde der als Präzedenzfall eingestufte Antrag der Berliner Hochschullehrer (u.a. Dilthey, Harnack, Paulsen, Schmoller, Sering, Wagner), Volkshochschulkurse an der Universität einzurichten, mit dem Hinweis auf die Aufgabenbestimmung der Berliner Universität vom 31. Oktober 1816 abgelehnt:

"Die allgemeine und besondere wissenschaftliche Bildung gehörig vorbereiteter Jünglinge durch Vorlesungen und andere akademische Übungen fort-

---

[129] Vgl: J. Rehmke, Ein Schaden im ..., S. 41-44.
[130] Mitteilungen, Prof Natorp in Marburg: "Über volkstümliche Universitätskurse", in: Zeitschrift 3 (1896), S. 456-457.
[131] Wilhelm Rein, Das "University Extension System" in Deutschland, in: Zeitschrift 7 (1900), S. 42.
[132] W. Rein, Das "University Extension ..., S. 42-43.
Rein berichtete, daß inzwischen "diese Lücke" erkannt worden sei: "Nach dieser Richtung ist die Universität Wien im Jahre 1896 vorangegangen und zwar unterstützt von der Regierung! Sodann veranstaltete die Universität München "Volkstümliche Hochschulkurse". 1898/99 betrug die Zahl der Hörer, nach drei Klassen geschieden: 1. Arbeiter und Handwerker 479 = 18,36 %, 2. Lehrer, Lehrerinnen, Studenten, Kaufleute: 1735 = 66,64 %, 3. andere Personen 391 = 15 %. Das prozentuale Verhältnis der Teilnehmer aus dem Arbeiterstand war etwas gestiegen, nämlich von 12,5 auf 18,36 % (ebd., S. 44).

zusetzen und sie zum Eintritt in die verschiedenen Zweige des höheren Staats- und Kirchendienstes tüchtig zu machen."[133]

In Sozialpädagogenkreisen fand diese Entscheidung zwar kaum Befürworter, doch man sah durchaus ein, daß eine "Erhöhung und Ausgleichung des Bildungsniveaus des ganzen Volkes" durch "selbst aus dem Volksleben erwachsende Institutionen" gewährleistet werden müsse und nicht durch die Universitäten. Zu diesem Zweck empfahl Hirsch, auf das deutsche Vereinswesen zu bauen.[134] Beispielhaft wurde die Comenius-Gesellschaft zur Pflege der Wissenschaft und der Volkserziehung genannt, die selbst Hochschulkurse anbot und Bücherhallen einrichtete.[135] Pädagogen wie Rissmann plädierten dafür, Institutionen wie die Toynbee-Hall in London oder Ruskin-Hall[136] in Oxford zu schaffen oder die Settlement-Bewegung nachzuahmen. Rissmann wollte dadurch Bildungseinrichtungen für Erwachsene ins Leben rufen, die sich nicht wie die "deutschen Arbeiterschulen (...) zu Hochschulen des Marxismus" ausbildeten.[137]

Die Volksschullehrer plädierten also, daß der Staat als die für die Kulturarbeit der gesamten Nation zuständige Instanz sich der Volksschule anzunehmen habe, da durch die sozialen und wirtschaftlichen Entwicklungen große Teile der nachwachsenden Generation von den Bildungsgütern und von der Teilhabe an der Kulturarbeit ausgegrenzt würden und dadurch die Einheit und kulturelle Entfaltung der Nation in Gefahr schien. Differenzierter und weniger intensiv wurde die Forderung vorgetragen, was die Arbeiterbildung anbelangte.

---

[133] Ernst Schultze, Über den Stand der Volkshochschul-Bewegung in Berlin, in: Zeitschrift 5 (1898), S. 364.
[134] 27. Hauptversammlung der Gesellschaft für ..., S. 456.
[135] Die Comenius Gesellschaft fand besonders in der *Zeitschrift für Philosophie und Pädagogik* große Anerkennung, da sie sich von "verwandten Gesellschaften" dadurch unterscheide, daß "ihre Mitglieder sich in der religiösen Weltanschauung des Mannes, nach dem sie sich nennt, verbunden fühlen und sich mit ihm, wie mit dem Evangelium Jesu, in Grundgedanken eins wissen" (Ludwig Keller, Comenius-Gesellschaft zur Pflege der Wissenschaft und Volkserziehung, in: Zeitschrift 8 (1901), S. 72).
[136] Honke berichtete 1898 über die Bedeutung Ruskins: "In England entstand in Ruskin vor ungefähr 50 Jahren dem Kunstgewerbe ein Mann von seltener Begeisterung und grossem Bethätigungstrieb. Unterstützt von einem grossem Vermögen, zog er von Stadt zu Stadt, gründete Museen und Zeichenschulen, errichtete mitten im Lande Fabriken und eiferte gegen die Vernachlässigung der dekorativen Künste. Sein Erfolg war beispiellos. Durch solche erfreudige Thätigkeit Einzelner und der Gemeinden und des Staates hat sich im Auslande das Kunstgewerbe gehoben" (J. Honke, Über die Förderung des kunstgewerblichen Unterrichts in Elberfeld, in Zeitschrift 5 (1898), S. 216). Weiterhin wurde auf John Ruskins Bedeutung für die Kunsterziehungsbewegung hingewiesen. Er habe bereits 1883 eine Gesellschaft zur Pflege der Kunst in der Schule gegründet (Auschmückung der Schulen, in Zeitschrift 11 (1904), S. 51).
[137] Robert Rissmann, Die Volksbildungsfrage im ..., S. 5.

2.5 Die Lehre von den Bildungsinhalten

> *"Mag bei uns die Centralisation auf diesem Gebiet hie und da zu enge Grenzen gezogen und die freie Bewegung, auf die man jenseits des Kanals so grosse Stücke hält, ungebührlich eingeschränkt haben, die Folge davon war doch eine Verbreitung der Bildung durch alle Volksschichten hindurch, wie sie eben aus einer zweckmässigen einheitlichen Organisation des Schulwesens entspringen kann."*[138] (Wilhelm Rein)

Freilich unterstützten auch die Herbartianer die Forderungen nach Bildungsgerechtigkeit. Gleichzeitig riefen sie eindringlich ihre Grundpositionen in Erinnerung. Zwar gestand Wilhelm Rein ein, daß im Gegensatz zu England, wo ein "Chaos der Privatschulen" herrsche, in Deutschland schon "seit Jahrhunderten" der Staat und die Gemeinden sich um das Bildungswesen verdient gemacht hätten.[139] Doch Rein warnte vor den "Gefahren einer einseitigen Schul-Bureaukratie".[140] Außerdem sollte der "Kampf um die höheren Güter der Bildung und Gesittung" von dem Kampf der Parteien getrennt werden, da ohnehin keine Partei über ein "abgeschlossenes Schulprogramm" verfüge.[141] Rein erinnerte also genaugenommen an die Selbständigkeit des Bildungswesens und der Pädagogik. Zweitens wurde die Bedeutung der Religion und der Kirche für das Bildungswesen hervorgehoben, daß die religiös-sittliche Erziehung im Mittelpunkt des Unterricht zu stehen habe. Soweit sozialreformerische Fragen besprochen wurden, bezogen sich die Autoren in der *Zeitschrift für Philosophie und Pädagogik* und im *Jahrbuch* fast ausnahmslos auf die sozialprotestantische Bewegung, den evangelisch-sozialen Kongreß und den national-sozialen Verein (vgl. Die Sozialpädagogik Wilhelm Reins). Drittens befürchtete man, daß in Zukunft die Eingliederung in die Kulturgemeinschaft zum höchsten Erziehungsziel erhoben und der einzelne zum "Nummermenschen" degradiert und nicht zu einem "Charakter" erzogen werde. Paul Zillig sah in der Individualorientierung das entscheidende Kriterium auch einer Sozialpädagogik:

---

[138] W. Rein, Das "University Extension ..., S. 41-42.
[139] W. Rein, Das "University Extension ..., S. 41.
[140] 2. Schulprogramm des national-sozialen Vereins ..., S. 129.
In einem Vortrag auf dem evangelisch-sozialen Kongreß (1896) konstatierte Rein z.B., daß "gegenüber der bestehenden bureaukratischen Bevormundung (...) die Familie unbestritten das ursprünglichste und natürlichste Recht auf Erziehung der Kinder hat" (Der Evangelisch-soziale Kongreß, in Zeitschrift 3 (1896), S. 222).
[141] Der Evangelisch-soziale Kongreß ..., S. 221.

"Auf den einzelnen kommt es an! Und so ist es. Wenn der einzelne nichts wert ist, ist auch jegliche Gesellschaftsart nichts wert, nicht die Familie, nicht der Berufskreis, nicht der Staat und nicht die Kirche."[142]

Damit war die Frage angesprochen, welche Konsequenzen die bildungspolitischen Forderungen eigentlich direkt für die Erziehungs- und Bildungslehre hatten. Einige der Sozialpädagogen beruhigten die Herbartianer. Auch für sie habe die schulische Bildung in erster Linie "durch eine planmäßige Einwirkung" auf die natürliche Entwicklung des Kindes "einem bestimmten Ideale der Persönlichkeit" zu dienen.[143] Andere Sozialpädagogen betonten, daß der erziehende Unterricht, wie ihn Herbart entworfen habe, von den sozialpädagogischen Forderungen nicht angegriffen würde. Auch der "Boden der Herbartschen Psychologie"[144] solle nicht in Frage gestellt werden und hinsichtlich der Ethik erkenne man an, daß Kants und Herbarts "'sittliche Ideen', als Formalprinzipien aufgefaßt, von absoluter Geltung" seien.

Nur - und dies könnte erst recht nicht bestritten werden - unterlägen auch die sittlichen Ideen "betreffs ihres konkreten Inhalts der geschichtlichen Entwicklung".[145] An dieser Stelle setzten die Sozialpädagogen nun ein. Die bisherige Bildungslehre hatte demnach keine geeignete Theorie von den Bildungsinhalten, da sie die Auswahl bisher allein der Ethik oder einer veralteten Kulturstufentheorie[146] unterwarf und nicht einer den sozialen Entwicklungen entsprechenden Soziallehre. Wer also befürchte, wies ein Sozialpädagoge die Kritik zurück, daß in Anbetracht der sozialpädagogischen Ansätze eine ganz neue Pädagogik entwickelt werde, verwechsle diese "Wissenschaft selber" mit den konkreten "Inhalten der Pädagogik", denn nur diese hätten sich durch die sozialen Entwicklungen verändert, und darum werde die Sozialpädagogik die Erziehungslehre selbst nur um eine Lehre von den Bildungsinhalten ergänzen.[147]

In diesem neuen Arbeitsgebiet sollte eine entwicklungs- und kulturgeschichtlich orientierte Sozialwissenschaft ihren Platz in der Pädagogik finden und die anderen Hilfswissenschaften ergänzen.[148] In Anlehnung an Lorenz v. Steins schlug Otto Willmann vor, den Begriff des Kultur- und Bildungsgutes zu ver-

---

[142] Paul Zillig, Zur Frage der ethischen Wertschätzung und religiösen Anerkennung, in: Zeitschrift 12 (1905), S. 143.
[143] Robert Rissmann, Die "Sozialpädagogik" und die "Deutsche Schule", in: Die Deutsche Schule 3 (1899), S. 768.
[144] Johannes Schmarje, Ein Beitrag zur Sozialpädagogik, in: Die Deutsche Schule 4 (1900), S. 540.
[145] Volksbildung und Volkssittlichkeit, in: Die Deutsche Schule 6 (1902), S. 40-41.
[146] Vgl. dazu Kap. 2.2.3: Die Vorkämpfer der Sozialpädagogik.
[147] Sozialpädagogik, in: Die Deutsche Schule 4 (1900), S. 577.
[148] Germer verlangte für die "Auswahl der Unterrichtsstoffe" nicht nur die Berücksichtigung von soziologischen, sondern auch von biologischen Gesichtspunkten. Er traf mit diesem Vorschlag aber nicht auf eine besonders große Resonanz (Aus der pädagogischen Fachpresse, in: Zeitschrift 10 (1903), S. 523).

wenden. Willmann war der entscheidende Theoretiker für diesen Strang der Sozialpädagogikdebatte (vgl. Die Sozialpädagogik Otto Willmanns). Der sozialen "Lehre vom Bildungsinhalt" lag die Ansicht zugrunde, daß durch die Aneignung der Bildungsinhalte der Mensch 'automatisch' in das Gemeinschaftsleben hineingestellt werde. Die Bildungsinhalte und Kulturgüter seien die "Anschauungen und Wertschätzungen", die "die Glieder unseres Volkes innerlich vereinen".[149] Die Bildungsinhalte wurden so als "Verbindungsglied(er)" zwischen den Generationen und Gemeinschaften definiert, ihnen wurde ein allgemeingültiger, vereinigender, sozialer Charakter zugesprochen:[150] "Alle Gesittung", formulierte Hochegger, "ist an die Überlieferung und Vermittlung der geistigen Güter durch die sich ablösenden Geschlechter geknüpft."[151] Bereits Schleiermacher habe gezeigt, daß die Pädagogen - die Vermittler der Bildungsinhalte - auch "immer schon 'Agenten', Beauftragte der Gesamtheit" waren.[152]

In diesem Sinn stand der Begriff Sozialpädagogik nicht nur für die genannten bildungspolitischen Forderungen, sondern auch für einen Aufgabenbereich der allgemeinen Erziehungslehre: Sollte das Bildungswesen die Bildung aller Klassen des Volkes garantieren, so die Spaltung des Volkes überwinden helfen, die Ausbildung den technischen und kulturellen Entwicklungen anpassen, also insgesamt eine größere soziale und kulturelle Bildungsverantwortung übernehmen und nicht durch wirtschaftliche, konfessionelle oder Partei-Interessen beherrscht werden, dann hatte die Pädagogik eine Lehre von den Bildungsinhalten zu entwerfen, welche die Verteilung und Auswahl der Bildungsinhalte regulierte und pädagogisch begründete. Aufgrund der deutlich werdenden Grenzen der traditionellen Sozialformen und der technischen, wirtschaftlichen und nationalen Entwicklung hatte die Pädagogik neue Regulative und einen "brauchbaren Maßstab für die Bestimmung des Bildungsinhalts" zu finden.[153] Entscheidend war dabei selbstverständlich, die traditionellen Institutionen und Sozialformen zu integrieren, und, wie Tews hervorhob, daß "Vertreter aller Kulturzweige bei der Bestimmung des Lehrstoffes zu Worte kommen".[154]

---

[149] Regener, Soziale Pädagogik, in: Die Deutsche Schule 5 (1901), S. 109.
[150] Wegener, Bildungsbewegungen der Gegenwart, in: Die Deutsche Schule 3 (1899), S. 129-130.
[151] R. Hochegger, Über die Aufgabe des akademischen Studiums mit besonderer Rücksicht auf die Bedürfnisse und Forderungen der Gegenwart, in: Zeitschrift 1 (1894), S. 431.
[152] R. Rissmann, Skizzen zur Sozialpädagogik ..., S. 696.
[153] Heymann, Übel, Zum Geschichtsunterricht, in: Die Deutsche Schule 2 (1898), S. 150.
[154] J. Tews, Stimmen zum Schulprogramm ..., S. 604.
So forderte auch Rissmann einen der "Willkür" entrückten pädagogischen Maßstab, der das "Miteinanderwirken aller an der Erziehung beteiligten gesellschaftlichen Faktoren und Institutionen" regulieren könne (R. Rissmann, Die "Sozialpädagogik" und ..., S. 773).

2.6 Resümee: Sozialisierung des Bildungswesens - Der Wohlfahrtsstaat

"Mit der Dörpfeldschen Forderung, dass auch die Familie bei der Schulverwaltung vertreten sein müsse, fand sich der Vortragende mit der Bemerkung ab, dass der Familie nicht das Recht der Beteiligung an der Schulverwaltung zugesprochen werden könne, da nicht sie, sondern der Staat die Schule gegründet habe. Und das im Jubeljahre Pestalozzis!" [155] *(K. Bodenstein)*

Bodenstein kommentierte mit diesen kurzen Sätzen einen Vortrag von Ries auf der allgemeinen deutschen Lehrerversammlung in Hamburg: Man erwies demnach Pestalozzi keine Ehre, wenn man zu seinem 150. Geburtstag die Rechte der Familie in Erziehungs- und Bildungsangelegenheiten nicht anerkannte. Pestalozzi hätte doch gerade das Familienprinzip begründet. Bodenstein hatte mit seiner Kritik auch Pestalozzianer wie Rissmann im Visier, die eine Sozialisierung des Bildungswesens propagierten, den Staat für die gesamte Kulturarbeit zuständig erklärten und die Familie als die direkteste und kleinste und eben nicht als den umfassenden sozialen Erziehungs- und Bildungsverband ansahen. Bodenstein war hier natürlich ganz anderer Auffassung:

> "Treten wir der Frage von der rechten Bedeutung der Volksschule näher, so erkennen wir dass dieselbe in erster Linie in der religiös-sittlichen Volkserziehung und erst in zweiter Linie in der wissenschaftlichen Ausbildung, in der Verbreitung der Bildung, des Wissens und der Fertigkeiten besteht. Soviel auch die Gegenwart Anforderungen an die Volksschule stellen mag nach den verschiedensten Richtungen hin, besonders in Rücksicht auf die rasche Verwertbarkeit im Leben, nie und nimmer darf die Volksschule vergessen, dass ihre grösste Bedeutung, ihre höchste Wirksamkeit im Dienste der sittlichen Charakterbildung steht und stehen muss. Dieser Gedanke hat sie geschaffen, durch seine Befolgung hat sich die Volksschule ihre Anerkennung erworben."[156]

Im Mittelpunkt dieser religiös-sittlichen Volkserziehung stehe die Erziehung zur "idealen Persönlichkeit" wie sie den Menschen in Christus augenscheinlich geworden sei. Mit einer ganz ähnlichen Argumentationsstrategie lehnte Zillig den von Georg Kerschensteiner vorgelegten Lehrplan der Weltkunde (Geographie, Geschichte, Naturkunde) ab. Kerschensteiner setze an die Stelle des "ewig giltigen Erziehungsgedankens" und eines "ethisch geregelten Systems der Lehrinhalte" den fachwissenschaftlichen Unterricht und einen

---

[155] K. Bodenstein, Die allgemeine deutsche Lehrerversammlung zu Hamburg, in: Zeitschrift 3 (1896), S. 293.
[156] K. Bodenstein, Über die Bedeutung und weitere Ausbildung des Volksschulwesens, in: Zeitschrift 3 (1896), S. 263.

"vergangenen Zeitgedanken", gemeint war die Anpassung der Lehrinhalte an die gegenwärtigen Kultur- und Staatsaufgaben.[157] Die Forderung, daß der Mensch ein "ganzer Mensch" im christlichen Sinn werden solle, sei für ihn lediglich noch der Beachtung durch den "Irrenarzt" wert.[158] Doch auch in Kreisen der Herbartianer wurden derartige Positionen nur selten in dieser Konsequenz vorgetragen, und man betonte, daß zumindest im evangelischen Deutschland der Staat und die Kirche in Harmonie lebten, "so dass der evangelische Preusse den Widerspruch einer religiösen Gemeinschaft gegen den Staat nicht" verstehe.[159] Energisch wurden dagegen Vorschläge zurückgewiesen, die befürworteten, den Eltern die Erziehung der Kinder "vom Anbeginn des Lebens" zu nehmen und "sie der Gesellschaft zu übertragen".[160]

Die Mehrheit der Pädagogen sprach sich dafür aus, daß eine Übernahme der privaten Bildungsverantwortung durch den Staat dann notwendig sei, wenn private Organisationen dieser nicht mehr nachkommen könnten. Die Ansicht implizierte aber immer auch die Aufforderung an den Staat, die ethisch legitimierte traditionelle Ordnung weiterzuentwickeln. "Kirchengemeinden und bürgerliche() Gemeinden" sollten wieder lernen, sich als "Erziehungsgemeinden" zu begreifen.[161] Die soziale Welt erforderte demnach nicht eine neue sozialstrukturelle Grundlage, sondern allein einen Staat, der die traditionelle Gesellschaftsstruktur schützte und weiterentwickelte. Gleichzeitig wurde betont, daß der Staat aufgrund der Wehrpflicht[162] und des Wahlrechtes ein ganz eigenes Interesse an der Bildung und der Volksschule hatte und die Technisierung und der internationale Kampf um die wirtschaftliche Vorherrschaft die Schule über das Blickfeld der Familie und Kirche hinaus forderte:

"Man könnte schliesslich soweit gehen", schrieb Hamdorff, "die Ausübung gewisser politischer Rechte abhängig zu machen von einer volkstümlichen, öffentlichen, politischen Prüfung - die einzige Einschränkung des Wahlrechts, welche mir gerechtfertigt erscheint."[163]

In diesem Gesamtkontext wurde auch die Frage nach einer "gesellschaftlichen Ethik" beantwortet, welche die Eingriffe des Staates rechtfertigte. Beyer und Burk verwiesen auf die "Idee des Verwaltungssystem", als die "gesellschaftliche Idee", die der Verwaltung der materiellen und geistigen

---

[157] Paul Zillig, Zur Theorie des Lehrplans, in: Zeitschrift 7 (1900), S. 484.
[158] Paul Zillig, Zur Theorie des Lehrplans ..., S. 483.
[159] A. Rausch, Zusammenfassung, Georg Wilhelm Schiele, Staat, ..., S. 156.
[160] P. Nerrlich, System der Pädagogik im Umriss, Berlin 1894, in: Zeitschrift 2 (1895), S. 236.
[161] R. Rissmann, Pestalozzi, ..., S. 9.
[162] Vgl. z.B.: M. Lobsien, Wandlungen des Bildungsideals in ihrem ..., S. 388.
[163] G. Hamdorff, Buchbesprechung, E. Reyer, Handbuch des Volksbildungswesens, in: Zeitschrift 4 (1897), S. 315-316.

Güter gewidmet und in Herbarts Ethik zwar noch nicht auf die realen Lebensverhältnisse bezogen, jedoch ihre Grundlegung erfahren habe.[164]

"Diese Idee, der Ausdruck des gesellschaftlichen Wohlwollens, ist nach der Definition von Nahlowsky der Musterbegriff einer Mehrheit von Menschen, die es sich zur Aufgabe gemacht haben, durch eine zweckmässige Bewirtschaftung der vorhandenen Güter die materielle Wohlfahrt der Gesellschaft (Salus publica) zu begründen und zu befördern."[165]

Damit aber die Verwaltung nicht nur auf die materielle Wohlfahrt ausgerichtet werde, habe das Verwaltungssystem eng mit dem Kultursystem zusammenzuarbeiten.[166] Allein auf diesem Weg könne die Sicherung der materiellen und geistigen Wohlfahrt ganz im Dienst einer Vervollkommnung der Gesellschaft überhaupt stehen und "einer Erweiterung des geistigen Gesichtskreises und schließlich einer Vereinigung und harmonischen Durchdringung aller menschenwürdigen Interessen" dienen.[167] In diesem Sinne hatte der Staat als "Wohlfahrtsstaat" ein entsprechendes Verwaltungs- und Kultursystem auszubauen und die Verteilung der materiellen und geistigen Güter zu organisieren und Ersatzinstitutionen einzurichten.[168]

In den folgenden Ausführungen soll nun betrachtet werden, wie die sozialpädagogische Debatte um die Sozialisierung des Bildungswesens und die Bildungsverantwortung des Staates in der Sozialpolitik, d.h. im *Archiv für soziale Gesetzgebung und Statistik* diskutiert wurde.

---

[164] Vgl.: G. Burk, Sozialeudämonismus und sittliche Verpflichtung, in Zeitschrift 11 (1904), S. 198-199.
[165] O.W. Beyer, Die Lehrwerkstätte ..., S. 222.
[166] Theodor Vogt schrieb z.B.: Vom Standpunkt der Verwaltungsgesellschaft "erscheint aber der einzelne nur als Mittel zur Produktion von Gütern, welche für das Wohlsein des Ganzen notwendig sind. Soll der Einzelne nicht bloss als Mittel, sondern auch als Selbstzweck zur Geltung kommen, dann hätte, um den pädagogischen Zusammenhang nicht bloss mit der Zucht, sondern auch mit dem Unterricht herzustellen, an die Kulturgesellschaft angeknüpft werden sollen, für welche Tüchtigkeit und Geisteskraft des Einzelnen ein Gegenstand ganz besonderer Fürsorge ist" (Anhang, 6. Beyer ..., S. 54).
[167] O.W. Beyer, Die Lehrwerkstätte ..., S. 222.
[168] O.W. Beyer, Die Lehrwerkstätte ..., S. 229.

2.7 Kulturelle Teilhabe - Die sozialpolitische Reflektion der Bildungsinstitutionen

> *"Wir wollen in diesem Sinne nicht in erster Linie 'bildend', sondern wir wollen erziehend wirken, und wir waren und sind der Ansicht, daß Veranstaltungen, die lediglich für das 'Volk' im obigen Sinne bestimmt sind, leicht den Charakter von Wohltätigkeitsveranstaltungen annehmen, den wir unbedingt vermeiden mußten, wenn wir unser Hauptziel, nämlich die Weckung der Selbstachtung, der Selbstverantwortung und der Selbsthilfe, d.h. die ersten Grundlagen der Selbsterziehung schaffen und erreichen wollen.'"*[169] *(Ludwig Keller)*

Ludwig Keller stellte 1905 im *Archiv für soziale Gesetzgebung und Statistik* die sozialpädagogischen Ziele und Erfolge der Comenius-Gesellschaft vor. Er berichtete von dem Engagement seiner Gesellschaft für Volkshochschulkurse und für die Volksbildung in den vergangenen zehn Jahren, von der Zusammenarbeit mit Professoren, wie Wilhelm Rein und Paul Bergemann, der sich in Jena um die ersten Anfänge der Volksbildung in Deutschland "sehr verdient" gemacht habe (vgl.: Die Sozialpädagogik Wilhelm Reins und Paul Bergemanns).[170] Keller war es wichtig, herauszuarbeiten, daß nicht nur die Vermittlung von Wissen im Mittelpunkt der Volksbildungsarbeit stehe, sondern ganz im Sinne von Comenius eine "Weltanschauung" gebildet werden solle. Volksbildung war ihm gleichzeitig Charakterbildung aller Gesellschaftsmitglieder und nicht nur der Arbeiter. In der gemeinsamen gemeinnützigen Arbeit und durch die "persönliche Berührung der verschiedenen Gesellschaftsklassen" werde eine "sittlich erhebende Kraft" belebt.[171] Schon an dieser Diktion erkannte man, daß Keller der Herbart-Schule Reins nahestand und sich darum ganz für die erziehende und charakterbildende Volksbildungsschule stark machte. Doch derart eindeutige pädagogische Positionen wurden im *Archiv* weniger vertreten. Die 'Bildungsdebatte' bezog sich ganz allgemein auf die soziale Verteilung der Bildung angesichts der zeitgenössischen Organisation des Bildungswesens. Die Verteilungs-Ungerechtigkeit innerhalb des Bildungssystems wurde angemahnt. Die konkrete Ausgestaltung und Anpassung des Bildungswesens an die Herausforderungen der Zeit wurde den Pädagogen überlassen.

So berichtete Georg Simmel über eine Arbeit Ignatz Jastrows, die den Aristokratismus des preußischen Schulwesens kritisierte: Über die "Gymnasial- und Realschulfrage, die 150000 Schüler angeht" würden die eingehendsten Unter-

---

[169] Ludwig Keller, Die sozialpädagogischen Ziele und Erfolge der Comenius-Gesellschaft, in: Archiv 21 (1905), S. 503.
[170] L. Keller, Die sozialpädagogischen Ziele ..., S. 507.
[171] L. Keller, Die sozialpädagogischen Ziele ..., S. 504.

suchungen durchgeführt, während die preußische Volksschule, die für 5 Millionen Kinder zu sorgen hat, hinter den mässigsten Ansprüchen" zurückbleibe.[172] Begabte Kinder aus der Arbeiterklasse oder besser die Volksschüler im allgemeinen hätten kaum eine Chance auf eine schulische Anschlußmöglichkeit. Jastrow baute, wie übrigens die Mehrheit der Beteiligten in dieser Debatte, seine sozialen Ausgleichshoffnungen im Bildungswesen auf die Verwaltungswissenschaft, wie sie einst Mohl und von Stein formuliert hatten. Diese, als Teil der Politik und damit auch der Sozialpolitik, biete die Grundlage einer zweckmäßigen und gerechteren Verteilung der Bildung, weil die öffentliche Verwaltung aufgrund der ethischen Verpflichtung des Staates dort tätig werde, wo die private Versorgung Ungerechtigkeiten entstehen lasse.

Doch die Beiträge griffen nicht nur die Diskussionen um die Volksschule auf. Die "wichtigste Aufgabe der Gegenwart", schrieb der Amerikaner Caroll D. Wright, sei "der gemeinverständliche Unterricht der Massen in den Elementen der politischen und ökonomischen Wissenschaften".[173] Wilhelm Paszkowski beklagte, daß in Deutschland zwar dem Volksschulwesen von Staat und Gemeinde "anerkennenswerte Fürsorge" entgegengebracht werde, dagegen den "grösseren Massen des Volkes über das schulpflichtige Alter hinaus nicht die gleiche Sorgfalt zugewendet" werde.[174] Er berichtete über die Universitätsausdehnungsbewegung, die in England ihren Ursprung gehabt und in Amerika die größte Ausbreitung erlebt habe. Erst in jüngster Zeit (1900) habe man, angeregt durch die 'Gesellschaft für ethische Kultur', die ersten Lesehallen in Form von zwei Volksbibliotheken in Berlin eingerichtet.[175]

Hinsichtlich des Bildungswesens waren es vor allem die Volksbildungsbestrebungen in den Vereinigten Staaten, die aufgrund ihres demokratischen Charakters als innovativ im Gegensatz zu den deutschen Organisationen bezeich-

---

[172] Georg Simmel, Buchbesprechung, J. Jastrow, Die Aufgaben des Liberalismus, Berlin 1893, in: Archiv 6 (1893), S. 622-623.
Herkner charakterisierte Jastrows Auffassung von Sozialpolitik folgendermaßen: "Der Begriff der Sozialpolitik wird von Jastrow ähnlich wie von Bortkiewicz gefaßt: 'Sozialpolitik ist die Politik, aufgefaßt unter dem sozialen Gesichtspunkte.' Im Gegensatze zu der einseitig juristischen Behandlungsweise, welche der Verwaltung heute in unserem akademischen Betriebe zuteil wird, sucht Jastrow an die Überlieferungen von Mohl's und von Stein's wieder anzuknüpfen. Es bedarf einer Verwaltungswissenschaft, welche lehrt, wie tatsächlich verwaltet wird und wie nach den Gesichtspunkten technischer Zweckmäßigkeit verwaltet werden sollte. Beziehungen zwischen der Verwaltungswissenschaft und der Sozialpolitik ergeben sich insofern, als diese Wissenschaft ja doch nur einen Teil der Politik bildet, der ebenso gut wie andere Teile vom sozialen Standpunkte aus aufgefaßt werden kann" (Heinrich Herkner, Literatur über Arbeitsmarkt und Arbeitsnachweis, in: Archiv 20 (1905), S. 706).
[173] Caroll D. Wright, Die Organisation der Arbeitsstatistischen Ämter in den Vereinigten Staaten, Archiv 1 (1888), S. 387.
[174] Wilhelm Paszkowski, Die Hugo Heimann'sche Bibliothek und Lesehalle in Berlin, in: Archiv 15 (1900), S. 267.
[175] Wilhelm Paszkowski, Die Hugo Heimann ..., S. 268.

net wurden. Umgekehrt verhielt es sich hinsichtlich der Beiträge aus den Vereinigten Staaten: Florence Kelley pries die allgemeine Schulpflicht in Deutschland und die damit gesetzte pädagogische Grundversorgung, der es nachzuahmen galt. Die amerikanische Denkweise skizzierte Kelley pointiert in einem Bericht über die freien Volksbibliotheken des Staates Illinois. Es sei für die Amerikaner ein Zeichen demokratischer Grundhaltung, daß man "mit verschwenderischer Liberalität mittels Steuern alles zu unterstützen" gewillt sei, was der Hebung der Bildung dienlich sein könne.[176] Gleichzeitig wolle man die Freiheit auch den Kindern nicht vorenthalten und verweigere darum die Einführung der Schulpflicht.[177] Polarisiert formuliert: In den Vereinigten Staaten sei der einzelne Arbeiter in seiner liberalistisch-demokratischen Grundhaltung Maßstab der Bildungsangebote, die pädagogischen Institutionen hätten sich nach dieser Maxime zu konstituieren. Beachtung fand im Deutschen Reich vorrangig die zeitgemäße Entwicklung der Institutionen des Bildungs-, Erziehungs- und auf jeden Fall des Berufsausbildungssystemes. So stellte z.B. Sombart 1896 für den Bereich der Berufsausbildung fest:

"Der kapitalistische Grossbetrieb scheint bisher die Erbschaft des Handwerks, den gewerblichen Nachwuchs sachgemäss auszubilden, noch nicht, oder überhaupt nicht in vollem Umfange antreten zu wollen. Wodurch der Gedanke nahegelegt wird, diese erziehliche Funktion ganz oder teilweise der Sphäre der Erwerbsunternehmung zu entziehen und selbständigen, reinen Lehranstalten zu überweisen."[178]

Als sozialer Hintergrund für die Reform des Bildungswesens wurde - wie in den pädagogischen Zeitschriften - die in der industrialisierten Welt veränderte Rolle der Bildungs- und Erziehungsträger, Familie und Meisterbetrieb beschrieben. Ein Beispiel: Ludo M. Hartmann besprach im *Archiv* die Thesen Brückners, die er in dem Buch, 'Erziehung und Unterricht vom Standpunkt der Sozialpolitik', formuliert hatte. Bildung sollte demnach in Zukunft nicht

---

[176] Florence Kelley, Das Gesetz über freie Volksbibliotheken des Staates Illinois, in: Archiv 13 (1899), S. 211-212.
[177] Florence Kelley griff die Debatten um die Schulpflicht in den USA auch im Kontext eines Beitrages zur gesetzlichen Regelung der Kinderarbeit im Staate Illinois auf. "Unglücklicherweise wurde im Jahre 1893 die Frage der allgemeinen Schulpflicht zum Gegenstand des politischen Streites gemacht. Die Folge war, dass das Schulpflichtgesetz, dass seit 1889 in Kraft gewesen war, aufgehoben wurde. Der Kampf wurde mit solcher Erbitterung und mit so heftiger Feindseligkeit gegen das Prinzip der Zwangserziehung geführt, dass die Freunde der Kinderarbeitsgesetzgebung seitdem jede Verquickung ihrer Forderungen mit Unterrichtsmassregeln vermieden haben. So ist denn selbst eine so bescheidene Forderung wie die, dass die unter 16 Jahre alten Kinder nur dann im Handel und Gewerbe beschäftigt werden sollten, wenn sie einfache englische Sätze lesen und schreiben können, nie zum Gesetz erhoben worden" (Florence Kelley, Die gesetzliche Regelung der Kinderarbeit im Staate Illinois, in: Archiv 12 (1898), S. 546).
[178] Werner Sombart, Zur neueren Litteratur über das Handwerk, in: Archiv 9 (1896), S. 627.

mehr nur als ein "'Mittel zum Lebensunterhalt'", sondern "'als eine Lebensbedingung'" angesehen werden.[179] Brückner wollte den Staat in die Pflicht nehmen, soweit die Eltern sich aufgrund ihrer beruflichen Tätigkeit und familiären Lage nicht um ihre Kinder kümmern konnten. Ein Kindergarten und eine umfassende Versorgung in der Schule sollten geboten werden. Brückner forderte zudem eine Ausweitung der Schulpflicht bis zum 16. Lebensjahr, damit könne gleichzeitig die Arbeit Jugendlicher eingeschränkt und die Phase zwischen 14 und 16 pädagogisch genutzt werden.

Außerdem veröffentlichte auch der Lehrer Konrad Agahd im *Archiv* 1898 eine Anklageschrift gegen die Kinderarbeit. Seine Ergebnisse und Untersuchungen wurden damit auch in sozialpolitischen Kreisen aufgenommen. Das Urteil war eindeutig, die Erwerbstätigkeit verhindere die Bildung und eine entsprechende Entwicklung der Kinder:

"O! es ist schmerzlich, zu sehen, wie eine grosse Zahl von Kindern unter den schädlichsten Einflüssen aufwachsen muss, wie es der Natur oder dem Zufall überlassen bleibt, ob sie verkommen oder ob es der Schule noch gelingt, die üblen Einflüsse unschädlich zu machen."[180]

---

[179] Ludo M. Hartmann, Buchbesprechung, N. Brückner, Erziehung und Unterricht vom Standpunkt der Sozialpolitik, Worms 1895; J. Russell, Die Volkshochschulen in England und Amerika, Leipzig 1895; Ed Reyer, Handbuch des Volksbildungswesens, Stuttgart 1896, in : Archiv 8 (1895), S. 722.
[180] Konrad Agahd, Die Erwerbsthätigkeit schulpflichtiger Kinder im Deutschen Reich, in: Archiv 12 (1898), S. 404.
Eine Untersuchung an einer Schule in Rixdorf, einem Vorort von Berlin, wo Agahd selbst Lehrer war, ergab, daß noch wesentlich mehr Kinder beschäftigt waren, als angenommen. So verdienten von 3267 Schülern ca. 600 durch regelmässige Arbeit Geld. Durch Veröffentlichungen der Ergebnisse in der pädagogischen Presse hätten sich mehr Lehrer für das Problem interessiert, darum liege jetzt ein breiteres Zahlenmaterial vor. "Ziemlich feststehend scheint für die Großstädte zu sein ein Satz von 10-13 Prozent erwerbsthätiger Knaben und 6-8 Prozent erwerbsthätiger Mädchen" (ebd., S. 390).
Dabei sei nicht immer nur die Not der Motor der Kinderarbeit: Stiefmütter und Pflegeeltern schienen ihre Kinder stärker zur Arbeit heranzuziehen. Kinder alleinerziehender Frauen müßten zumindest in Charlottenburg weniger arbeiten als Kinder, die mit beiden Elternteilen zusammenleben. "Es wäre eine dankbare Aufgabe, festzustellen, in wie vielen Fällen neben der miterwerbsthätigen verheirateten Frau auch das Kind dem wirklichen Ernährer, dem Manne, die Familie erhalten hilft" (ebd., S. 405). Zudem sei die Kinderarbeit in der Landwirtschaft kaum betrachtet worden. Auch wenn dagegen eingewendet worden sei, daß die strenge Regelung der Schulpflicht die Kinder von der Landwirtschaft entfremde und die Dienstboten 'überbildet' seien.
Agahd betonte die präventive Wirkung der Vermeidung von Kinderarbeit. Eine Verminderung des Aufwandes für Arbeitshäuser und Gefängnisse sowie der Unterstützungsbedürftigen könne so erreicht werden. Er zeichnete die Geschichte der staatlichen Regelung der Kinderarbeit nach, die Gesetze von 1827, 1839 und 1853. Letzteres habe aufgrund "der Lauheit der geistlichen Schulaufsichtsbehörden (...) nur auf dem Papier" gestanden (ebd., S. 418). Erst 1887/88 wurde der Kinderschutz

Darüber hinaus wurden pädagogische Fragen im Bereich der Fürsorgegesetzgebung aufgenommen, besonders im Kontext der Gesundheitsfürsorge[181] und Verbrechensbekämpfung. Man versprach sich von pädagogischen Ansätzen eine Vermittlung zwischen gesetzlichen Vorschriften, den damit vorgegebenen Verhaltensmaßregeln und den Lebensformen und Lebensgewohnheiten. Gleichzeitig wurde die Bedeutung der pädagogischen Maßnahmen aber relativiert. Mischler schrieb z.B. 1889, daß hinsichtlich der Verbrechensbekämpfung von einer Verbreiterung der allgemeinen Bildung kaum mehr Erfolge zu erwarten seien. Sie habe einen "Sättigungspunkt" erreicht[182] und Ohlendorff fragte hinsichtlich der Bekämpfung der Säuglingssterblichkeit, welche Wirksamkeit die Bekämpfung von Vorurteilen in der Ernährung und Pflege der Säuglinge und die Hebung der allgemeinen Bildung hätten oder ob die Bekämpfung der Säuglingssterblichkeit nicht viel mehr mit den Aufgaben zusammenfalle, die die "die Hebung allgemeiner Wohlfahrt und Gesittung bezwecken".[183]

---

mit den Bestimmungen über Frauenarbeit - nach einigen gescheiterten Anträgen in den Jahren zuvor - erweitert. Die Gewerbeordnung von 1901 erweiterte die Bestimmungen noch einmal. Am 1. Januar 1897 seien dann auch die Übergangsbestimmungen des Gesetzes hinfällig geworden. Die deutsche Lehrerschaft habe hinsichtlich der Einschränkung der Kinderarbeit Großes geleistet. Zudem sei auf den "Verein zur gesundheitsmässigen Erziehung der Kinder" in Berlin zu verweisen (ebd., S. 421).

[181] Später auch in Fragen Wohnungsfürsorge: V. Mangoldt, Geschäftsführer des "Vereins Reichs-Wohnungsgesetz", der zu dem Zweck gegründet worden sei, ein umfassendes Reformprogramm zur Wohnungs- und Ansiedlungsfrage aufzustellen, berichtete 1903 über einzelne Punkte des Programms. Unter anderem führte er unter Punkt 7 an. "Erziehung der Bevölkerung zur richtigen Wertschätzung einer guten Wohnung und zur richtigen sorgsamen Pflege und Behandlung der Wohnungen und Grundstücke" (Ein Reformprogramm für die Wohnungsfrage, in: Archiv 18 (1903), S. 126).

[182] E. Mischler, Zur Beurteilung der Kiminalität des Deutschen Reiches, in: Archiv 2 (1889), S. 200.

[183] A. Oldendorff, Die Säuglingssterblichkeit in ihrer sozialen Bedeutung, in: Archiv 1 (1888), S. 97.

Max Gruber verwies zwar 1888 in einer Debatte zur Frage der Bekämpfung der Trunkenheit in Österreich auf die Besitzlosigkeit der Arbeiter, aber er unterstrich andererseits auch die Notwendigkeit pädagogischer Interventionen. Er war skeptisch, ob unter anderen sozialen Bedingungen Erfolge zu erwarten seien. Es bleibe fraglich, "ob eine Bevölkerung, deren Erziehung zum Denken und zu sittlicher Selbsttätigkeit, also zur Freiheit, kaum begonnen hat, bereits jenes Mass von Ernst und Ausdauer besitzt, das zu einer dauernden Enthaltsamkeit erforderlich ist" (Max Gruber, Der neue österreichische Gesetzesentwurf zur Hintanhaltung der Trunksucht, in: Archiv 18 (1903), S. 191).

3. Vertiefung I: Demokratisierung von Bildung - Die Sozialpädagogik Wilhelm Reins

Biographische Skizze: 1847 wurde Wilhelm Rein in Eisenach geboren. Er studierte Philosophie, Theologie und Pädagogik in Jena, Heidelberg und Leipzig. 1871 begann er seinen beruflichen Werdegang als Lehrer am Realgymnasium in Wuppertal, wo auch Dörpfeld als Leiter der Volksschule arbeitete. Rein schrieb später über die Begegnungen mit Dörpfeld: "Mit den Schriften Herbarts und Zillers vertraut, fanden wir uns bald zusammen, und was der viel ältere dem jungen Lehrer auf den Spaziergängen an den freien Sonnabendnachmittagen aus den Schätzen seiner pädagogischen Weisheit darbot, fiel auf einen bereiten Boden. Seine Hauptarbeit hat er in einer Schulverfassungstheorie geleistet, die aus den niederrheinischen Verhältnissen mit ihrem freien, selbständigen Gemeinden erwachsen war und zur Reife gebracht werden konnte."[1] Bereits nach einem Jahr in Wuppertal wurde Rein nach Weimar an das Lehrerseminar berufen und schon vier Jahre später zum Seminardirektor in seiner Heimatstadt Eisenach ernannt. Hier wirkte er 10 Jahre. 1886 übernahm er den Lehrstuhl der Pädagogik an der Universität Jena. Rein erinnerte sich: "1885 war K.V. Stoy, der von Heidelberg nach Jena zurückgekehrt war, gestorben. Der verwaiste Lehrstuhl der Pädagogik wurde im Einvernehmen zwischen Regierung und Universität mir angeboten. Daß ich zugreifen mußte, war klar, da die Freiheit der Lehre und ihre Anwendung in der Praxis eine zu starke Anziehungskraft ausübt. Zudem war der Boden durch die langjährige Tätigkeit Stoys ausgezeichnet vorbereitet. An sie konnte ich um so leichter anknüpfen, da gleiche erzieherische Grundanschauungen, die aus Herbarts Werken leuchteten, uns verbanden, wenn die Wege auch in Einzelheiten auseinandergingen."[2] Unter Rein erhielt - so Will Lütgert - die Übungsschule in Jena "zum ersten Mal eine weltweite Berühmtheit".[3] Schüler u.a. aus Osteuropa, Großbritannien und Amerika kamen in das pädagogische Seminar

---

[1] Wilhelm Rein, Wilhelm Rein, in: Erich Hahn (Hg.), Die Pädagogik der Gegenwart in Selbstdarstellungen, Leipzig 1926, S. 190.
[2] Wilhelm Rein, Wilhelm Rein ..., S. 194.
[3] Will Lütgert, Braucht die Schulreform Reformschulen?, in: Winfried Marotzki/Meinert A. Meyer/Hartmut Wenzel, Erziehungswissenschaft für Gymnasiallehrer, Weinheim 1996, S.156; vgl. auch: Reinhard Buchwald, Miterlebte Geschichte. Lebenserinnerungen 1884-1930, Köln, Weimar, Wien 1992, S. 306-313.

und zu den Ferienkursen.[4] *Bemerkenswert ist Reins sozial- und bildungspolitisch motivierte Vortragstätigkeit. Sein protestantischer Glaube bestimmte die Grundfesten seiner sozialpolitischen Haltung. Zudem wußte er imperialistische und nationalistische Politik durchaus zu rechtfertigen. Er war ein national-sozialer Traditionalist. Rein lehrte und forschte bis zu seiner Emeritierung 1923 in Jena. Er starb 1929.*

Rein wurde häufig als letzter Epigone Herbarts bezeichnet und sein Lebenswerk auf ein Lobbyistendasein für eine vergangene Idee reduziert - gewürdigt wird nicht selten nur Reins Enzyklopädisches Handbuch der Pädagogik. "Es liegt ein Hauch von Tragik über seinem Andenken in der Geschichte der Pädagogik", resümierte Ulrich Hermann. "Eigentlich hat man ihn vergessen, wo doch die Universitätspädagogik und die Reformpädagogik ihm so viel zu verdanken haben; denn von ihm sind ganz wesentliche Impulse zur Modernisierung der Pädagogik und der Schule ausgegangen. Rein thematisierte nämlich pädagogische Probleme und Fragestellungen als die Suche nach Antworten auf den sozialen Wandel der Lebensformen und den Wandel der das Leben leitenden Wertvorstellungen, nicht anders als die anderen einflußreichen Zeitgenossen auf pädagogischem Gebiet: Wilhelm Dilthey, Friedrich Paulsen und vor allem John Dewey."[5] *Erst in den letzten Jahren hat die historische Pädagogik Rein wiederentdeckt, und es setzte eine langsame systematische Analyse seines Lebenswerkes und seiner Bedeutung für Schulreform und die Professionalisierung pädagogischer Berufe sowie für die Reformpädagogik ein.*[6] *Die Sozialpädagogik Wilhelm Reins ist bisher kaum beleuchtet worden, obwohl er sozialpädagogische Aufgaben, die sich - wie er sagen würde - mit der heute "so viel gepriesenen modernen Zivilisation" ergeben, schon sehr früh in die Erziehungs- und Bildungslehre integrierte.*[7] *In der sozialpädagogischen Geschichtsschreibung wurde allein erwähnt, daß Rein der Mentor be-*

---

[4] Vgl. z.B.: Onisifor Ghibu, Auf den Barrikaden des Lebens. Meine Lehrjahre, Cluj-Napoca 1988; S. 207ff; Jenaer Festschrift zum 50. Semester des Päd. Universitäts-Seminars unter Prof. D. Dr. W. Rein, Langensalza 1911.

[5] Ulrich Hermann, Die Gründer der Volkshochschule Thüringen und der Volkshochschule Jena. Wilhelm Rein, Heinrich Weinel, Herman Nohl, Reinhard Buchwald, in: Volkshochschule der Stadt Jena (Hg.), 75 Jahre Volkshochschule Jena, Jena 1994, S. 57.

[6] Vgl. vor allem: Rotraud Coriand, Michael Winkler (Hg.), Der Herbartianismus - die vergessene Wissenschaftsgeschichte, Weinheim 1998; Ralf Koerrenz, Übungsschule - Erziehungsschule - Alternativschule, Rekonstruktionen eines pädagogischen Reformweges, in: Pädagogische Rundschau 48 (1994), S. 391-402; Ralf Koerrenz, Wilhelm Rein als Reformpädagoge, in: Jahrbuch für Historische Bildungsforschung Bd. 1, Weinheim 1993, S. 133-152; Peter Metz, Herbartianismus als Paradigma für Professionalisierung und Schulreform, Bern 1992; Reformpädagogik in Jena. Peter Petersens Werk und andere reformpädagogische Bestrebungen damals und heute, Universitätsverlag Jena 1991.

[7] Wilhelm Rein, Grundriss der Ethik, Osterwieck 1902, S. 105.

kannter Sozialpädagogen wie Hermann Lietz, Johannes Trüper oder Karl Wilker war und entschieden die Volkshochschulbewegung gefördert hat.[8]

3.1 Herbarts Ethik und die sozialen Probleme der modernen Zivilisation

> *Mit Lessings Thesen über die Erziehung des Menschengeschlechts, mit Schillers Briefen über ästhetische Erziehung, mit Goethes großen didaktischen Romanen, mit Fichtes Reden an die deutsche Nation, mit Herbarts Allgemeiner Pädagogik wurde eine neue Epoche in der pädagogischen Wissenschaft eingeleitet, in deren Ausbau die Gegenwart begriffen ist, nicht im Sinne einer toten Gelehrsamkeit, die sich an der Aufspeicherung bedruckter Bogen erfreut, sondern in der Richtung einer in das Volksleben eindringenden Macht, die ihren Einfluß auf die Gestaltung der heranwachsenden Generation geltend machen soll und will.*[9] *(Wilhelm Rein)*

Rein sah, wie in seiner Epoche ein neues "pädagogisches Zeitalter" anbrach.[10] Nicht nur der Kaiser betonte die soziale Aufgabe und Gestaltungskraft der Pädagogik in der modernen Welt, sondern auch die "Gesellschafts-Wissenschaft", die die "Gedankenwelt der Gebildeten" zunehmend beherrschte.[11] Reins pädagogisches Engagement war den Fragen der modernen Gesellschaft gegenüber offen. Er befürwortete, daß nunmehr die Theorien und Entwürfe der 'großen' Pädagogen zu einer ins 'Volksleben eindringenden Macht' werden sollten. Aufmerksam beobachtete er die internationale pädagogische Entwicklung, das Volkshochschulwesen in den nordischen Ländern, die Jugendfürsorge in Amerika oder die Schulversuche in England. Er versuchte ganz im Sinn der Tradition Herbarts auch in der gegenwärtigen Gesellschaft, der Pädagogik über die Ethik eine "sichere Grundlegung" zu geben.[12] Päd-

---

[8] Die sozialpolitischen Elemente der Pädagogik Reins analysiert Peter Marxen in seiner ideologie-kritischen Studie, Erziehungswissenschaft und Arbeiterbewegung. Marxen geht aber nicht auf die Sozialpädagogik Reins ein (vgl.: Peter Marxen, Erziehungswissenschaft und Arbeiterbewegung, Frankfurt a.M. u.a. 1984).
[9] Wilhelm Rein, Alte und neue Pädagogik (1895), in: Wilhelm Rein, Kunst, Politik, Pädagogik. Gesammelte Aufsätze, 3. Bd. Pädagogik 1. Teil, Langensalza 1914, S. 133.
[10] Wilhelm Rein, Schulbildung und Volkserziehung, in: Wilhelm Rein, Kunst, Politik, Pädagogik. Gesammelte Aufsätze, 3. Bd. Pädagogik 1. Teil, Langensalza 1914, S. 168.
[11] Wilhelm Rein, Zur Schulrede des Kaisers (1890), in: Wilhelm Rein, Kunst, Politik, Pädagogik. Gesammelte Aufsätze, 3. Bd. Pädagogik 1. Teil, Langensalza 1914, S. 48.
Ein Indiz für das Vordringen der Gesellschafts-Wissenschaft sah Rein darin, daß "die empfindsamen Wetterkundigen des Geisteslebens - Frauen und Dichter (...) unter die Sozialreformer gegangen" seien (ebd.).
[12] W. Rein, Wilhelm Rein ..., S. 196.

agogik war für ihn "angewandte Ethik"[13] und entsprechend hatte die Erziehungslehre die Frage zu beantworten, wie den Menschen in der modernen Gesellschaft noch gelehrt werden könne, was sie hier auf Erden sollen?

Im Jahr 1902 veröffentlichte er einen 'Grundriss der Ethik', in dem er, ausgehend von einer Aufgabenbestimmung der Ethik, die Möglichkeiten und Grenzen von Pädagogik und Politik angesichts der gesellschaftlichen Umbrüche auslotete.[14] Das Buch entstand, als der Begriff 'Sozialpädagogik' gerade zu einer Kampfformel gegen die Lehre Herbarts und der Herbartianer geworden war (vgl. Der 'Kampf um Herbart').[15] Darum ist es nicht überraschend, daß Rein den Begriff 'Sozialpädagogik' im Gegensatz zu früheren und späteren Schriften vermied, gleichwohl ausführlich und systematisch sozialpädagogische Themen in sein Denken einbezog. Er sammelte im 'Grundriss' seine sozialpädagogischen Beiträge und zeigte, daß sozialpädagogische Themen nicht im Gegensatz zur Erziehungslehre der Herbartianer stehen mußten. Denn schließlich wurde, so Rein, "die soziale Betrachtungsweise, die dem Ende des 19. Jahrhunderts so geläufig ist, (...) von Herbart bereits am Anfang des Jahrhunderts in die Ethik eingeführt, unverständlich für die Zeitgenossen, die noch ganz im Banne individualistischer Betrachtungsweise standen".[16]

Rein näherte sich den Fragen der Ethik in der modernen Gesellschaft, wie es ihn Herbart gelehrt hatte: Um darzulegen, "worin das Sittliche besteht" und "woran wir es erkennen",[17] reichte demnach die Begründung einer Pflichtenlehre über "den kategorischen Imperativ und mit Hilfe der transcendentalen Freiheit", wie Kant sie vorschlug, nicht aus. Denn "der Inhalt des Sittlichen, das Was, war von Kant unbestimmt gelassen". Herbart, so Rein, habe Kants Ethik weiterentwickelt, denn er habe erkannt, daß "ein Werturteil über den Willen die Entscheidung fällt". "Ausgehend von der Thatsache, dass es Werturteile giebt, die wir zu fällen genötigt sind", habe Herbart darum die Willensverhältnisse aufgesucht, "bei deren Betrachtung das Werturteil hervorspringt".[18] Er sei so zu einer Lehre - individueller und gesellschaftlicher - sittlicher Ideen gelangt. Rein stellte die Ethik Herbarts in der Geschichte des

---

[13] W. Rein, Grundriss der Ethik ..., S. 5.
[14] Der 'Grundriss der Ethik' war das Ergebnis einer Vortragsreihe, die er am Anfang des Jahrhunderts in Gotha angeboten hat. Der Grundriss wurde in der Sammlung 'Bücherschatz des Lehrers' veröffentlicht und erlebte bis 1926 allein 6 Auflagen (vgl.: W. Rein, Wilhelm Rein ..., S. 196).
[15] Daß der 'Grundriss der Ethik' als ein sozialpädagogisches Buch im 'Kampf um Herbart' wahrgenommen wurde, zeigte auch die Besprechung durch den Sozialpädagogen Albert Görland in der Deutschen Schule. Görland bezeichnete Reins 'Grundriss' als "eine populäre angewandte Ethik allerweitesten Umfangs", die allein feuilletonistischen Charakter beanspruchen könne (Albert Görland, Buchbesprechung, Philosophie, in: Die Deutsche Schule 8 (1903), S. 62).
[16] W. Rein, Grundriss der Ethik ..., S. 32.
[17] W. Rein, Grundriss der Ethik ..., S. 1.
[18] W. Rein, Grundriss der Ethik ..., S. 32.

Geisteslebens als fortschrittlichste Ausprägung des Moralismus dar.[19] Der Moralismus war für ihn der ethische Ausdruck der deutschen Kulturidee, die eine höhere Entwicklungsstufe repräsentiere als z.B. der französische Zivilisationsgedanke, der auch einen Weg "über Leichen" akzeptiere, um das Ziel des "Übermenschentum(s)" zu erreichen.[20]

Rein thematisierte die zeitgenössischen Wertvorstellungen im Verhältnis zu den gegenwärtigen sozialen Verhältnissen und Erziehungsformen: Inwieweit hatten sich mit den modernen Entwicklungen die Werturteile gewandelt und waren soziale und pädagogische Antworten notwendig geworden? Er plädierte für eine vorsichtige Gegenwartsanalyse. Denn auf der einen Seite war das sittliche Fundament in seinen Augen noch nicht derart erschüttert, wie einige Zeitgenossen zu glauben schienen, und andererseits das ethische Interesse "gerade in unserer Zeit" neu "belebt".[21] Er hielt vorerst fest, daß "dem modernen Menschen mehr und mehr zum Bewusstsein gekommen" sei, "dass das Wesen der Kultur in einem ins Unbestimmte fortgehenden Prozess besteht".[22] Doch das war für einen Herbartianer nichts Neues.

Das Fundament oder der Ursprung des Sittlichen war für ihn die Gemeinschaft in Familie, Gemeinde, Kirche und Staat, wobei die Familie eine eigene Qualität von Gemeinschaft verkörpere. Gemeinde, Kirche und Staat könnten mit dem Namen "Gesellschaft" zusammengefaßt werden, die Familie nicht, da sie als "natürlicher Verband" auf "gemeinschaftlicher Abstammung" beruhe und nicht wie die Gesellschaft die "Freiwilligkeit der Zugehörigkeit" voraussetze. Auf jeden Fall verwehrte er sich gegen die Ansicht, die Familie "zu den organisatorischen Schöpfungen der Vergangenheit" zu zählen.

"Man betrachtet den Verfall der Familien, ohne ihn gut zu heißen, als unabwendbares Verhängnis, als eine unausbleibliche Folge der wirtschaftli-

---

[19] Nach Rein konnte in der Geschichte der Philosophie eine Entwicklung vom Eudämonismus über den Evolutionismus zum Moralismus ausgemacht werden. Diesen Dreischritt übertrug er auf gesellschaftliche und pädagogische Prozesse. Ein Beispiel: "Wie in der Entwicklung des Volkes zuerst eine mythische, dann eine historische und zuletzt eine philosophische Anschauungsweise hervortritt, so besitzt der Einzelne zuerst eine phantasiemäßige, dann eine tatsächliche und zuletzt eine reflektierende Denkweise. Dies in theoretischer Hinsicht. In praktischer machen sich ebenfalls drei große Entwicklungsstufen geltend, insofern in der Gesamtheit ein Aufsteigen vom patriarchalisch geordneten zum gesetzlich geordneten und von da zu dem zweckmäßig organisierten Zustande der Gesellschaft stattfindet, während in der Entwicklung des Einzelnen zunächst Gebundenheit an eine fremde Autorität vorherrscht, dann freie Bewegung unter der Autorität des Gesetzes, endlich die Selbstautorität oder die Herrschaft sittlicher Ideen eintritt" (Wilhelm Rein, Der Streit um den Geschichtsunterricht (1891), in: Wilhelm Rein, Kunst, Politik, Pädagogik. Gesammelte Aufsätze, 3. Bd. Pädagogik 1. Teil, Langensalza 1914, 91).
[20] Wilhelm Rein, Vortrag gehalten im Festsaal des Abgeordnetenhauses zu Berlin am 3. Januar 1904 in der Frauengruppe für Bodenreform, Halle a.S. 1904, S. 17-18.
[21] W. Rein, Grundriss der Ethik ..., S. 8.
[22] W. Rein, Grundriss der Ethik ..., S. 252.

chen Umwälzung vom Kleinbetrieb zum Großbetrieb, von der Handarbeit zum Maschinenbetrieb, vom Nahverkehr zum Fernverkehr. Diese Ansicht hat etwas überaus Trostloses. Aber sie ist auch nicht gerechtfertigt. Sie trifft nur auf einzelne Teile des Volkes zu, wo alle Mitglieder der Familie, Mann, Frau und Kinder, in harter Tagesarbeit sich abmühen müssen, um den nötigen Lebensunterhalt zu gewinnen und wo sie auf die unzulänglichsten Wohnungsverhältnisse angewiesen sind. Auf dem flachen Land, in den kleineren und den mittleren Städten, im Beamtentum und in den besitzenden Kreisen hat die Familie noch kräftiges Leben in sich, ja auch unter den Fabrikarbeitern ist der Familiensinn nicht ausgestorben, wenn er auch gegen frühere Zeiten gehalten an innerem Zusammenhalt und an patriarchalischer Innigkeit verloren haben sollte. Der größte Teil des Volkes erfreut sich noch seines Familienlebens und will dies Kleinod nicht aufgeben, ja ist bemüht, es zurück zu erobern auch für den Teil des Volkes, der durch den Kampf ums Dasein dieses edle Gut verloren hat, einmal um der Familie selbst, das andere Mal um unseres Volkes willen. Die Überzeugung, daß die Struktur der Gemeinschaft von der Familie ausgehen muß, wenn das Ganze gesund bleiben soll, ist lebendig genug, um die Rückeroberung mit der Zeit herbeizuführen. (...) Der Familiengeist ist vor allem auch der Geist der Unabhängigkeit und Freiheit."[23]

Rein war der Auffassung, daß die sozialstrukturelle Verankerung des sittlichen Lebens gerade in den Großstädten gefährdet, aber die ethische Grundorientierung nicht erschüttert sei, denn der moderne Mensch thematisiere entschieden ethische Probleme. Über 'Ethik' würde nicht mehr nur in der Philosophie und Theologie gesprochen, sondern sie sei zu einem zentralen und festen Bestandteil der Fragen in modernen Gesellschaften und der modernen Menschen geworden: Biologische Theorien hinterfragten so die Bedeutung des Sittlichen in der Entwicklung des Menschengeschlechtes. Die soziale Frage und die Ausbeutung im 'wirtschaftlichen Kampf' provoziere eine sittliche Antwort auf den 'Kampf ums Dasein'. Und schließlich forderten nach Rein "gewisse Schäden, die in der modernen Gesellschaft hervortreten (...) ethische Betrachtungen heraus".[24] So nahmen seine Mitmenschen ihmzufolge zunehmend eine "Schablonisierung" und "Uniformisierung" wahr, die die Ausbildung "ausgeprägter Individualitäten" verdränge, wie das "fachmännische Spezialistentum" die "Allgemeinbildung" veraltert erscheinen lasse. Die Schlußfolgerung laute dann nicht selten, daß sittliche Charakterlosigkeit salon- und vor allem geschäftsfähig geworden sei. Die Menschen setzten, resümierte Rein, die gegenwärtige Lage zunehmend in Kontrast zu den alten, auf religiösen Überzeugungen ruhenden Zuständen. Insgesamt werde ein Nachlassen der

---

[23] W. Rein, Pädagogik in systematischer Darstellung. Band 1, Die Lehre vom Bildungswesen, Langensalza 1902, S. 119-120.
Ganz Satzteile dieses Zitates sind direkt aus Natorps Sozialpädagogik übernommen (vgl. Paul Natorp, Sozialpädagogik (1899), Paderborn ⁷1974, S. 195-196).
[24] W. Rein, Grundriss der Ethik ..., S. 8.

"sittlichen Spannkräfte im Volke" konstatiert und im gleichen Schritt eine Zunahme der Verbrecher sowohl unter der Jugend als auch den Erwachsenen als Fanal der modernen Gesellschaft begriffen.[25] Doch für Rein war damit eben nur eine Seite der kulturellen Entwicklung benannt, denn "neue Ziele" schwebten gleichzeitig dem "Volke bereits vor":

> "Auf dem religiösen Gebiet eine Neugestaltung des Gemeindelebens in Verbindung mit einer Umgestaltung der Glaubenslehre auf Grund der Idee des allgemeinen Priestertums und uneingeschränkter Gewissensfreiheit. Auf dem sozialen Gebiet das Ziel einer Neuordnung, in der die Vergewaltigung des Schwachen durch den Starken aufgehoben und das Prinzip der ausgleichenden Gerechtigkeit für die verschiedenen Schichten der Gesellschaft durchgeführt erscheint. Auf dem politischen die Anteilnahme des deutschen Volkes an den Kulturaufgaben, die den Völkern gestellt sind, wobei das schwierige Problem des Verhältnisses zwischen Ethik und Politik die tiefgehendsten Untersuchungen fordert."[26]

Rein stellte die "Nachtseite des modernen Lebens" in Verhältnis zu den sozialen und kulturellen Lebensformen, den vorherrschenden Wertvorstellungen und den sich darin ausdrückenden sittlichen Ideen.[27] Er fand die sozialen Grundmauern des sittlichen Lebens in der Familie und der charakterfesten Persönlichkeit. Er fand ein noch durchaus intaktes ethisches Fundament.

3.2 Die sittliche Ertüchtigung von Mensch und Gesellschaft

"Das möge der Wille des deutschen Volkes sein! Die Sittlichkeit soll mit den Zwecken der salus publica versöhnt werden. Das ist Kultur: freie, sittliche Selbstbestimmung des Menschen, bezogen auf den einzelnen und die Gemeinschaft. Wollen wir in der Zivilisation stecken bleiben, oder wollen wir uns zu der ethischen Größe eines Kulturvolkes erheben? Zivilisation ist Sache der Betriebsamkeit, Kultur Sache der sittlichen Nötigung. Wird letztere stark genug bei uns werden können, um die Richtung unseres Volkes andauernd zu bestimmen?"[28] (Wilhelm Rein)

In der modernen Betriebsamkeit erkannte Rein eine sittliche Gefährdung. Der Drang nach schnellem Erfolg in Wirtschaft und Technik lenke von den wesentlichen Fragen im Leben ab, der Mensch verliere das sittliche Gleichge-

---

[25] W. Rein, Grundriss der Ethik ..., S. 9-10.
  Rein verwies weiterhin auf die Auffassung, daß das deutsche Volk nach dem Krieg von 1870/71 durch die Milliarden der Franzosen zu schnell zu Wohlstand gelangt sei und ihm nach der politischen Einigung das ideale Ziel fehle.
[26] W. Rein, Grundriss der Ethik ..., S. 10-11.
[27] W. Rein, Grundriss der Ethik ..., S. 99.
[28] Wilhelm Rein, Vortrag gehalten im Festsaal ..., S. 33.

wicht, da nicht das Streben nach Sinn, sondern nach schnellem Geld in ihm ausgebildet werde. Der Kultur-Mensch empfinde seine Freiheit erst, wenn die sittlichen Ideen ihn ganz durchdrungen hätten, ihn ganz zur Sittlichkeit 'nötigten'. Das langsame Heranreifen einer charakterfesten Persönlichkeit bedürfe einer Soziokultur, in der die leitenden Wertvorstellungen des deutschen Kulturvolkes noch lebten.

Rein entdeckte nun die sozialen und politischen Bestrebungen, welche den Kampf des Kulturvolkes gegen die Oberflächlichkeit der modernen Zivilisation auszeichneten, welche bewiesen, daß die sittlichen Ideen Herbarts in der zeitgenössischen Gesellschaft weiterhin die ethischen Fragen beantworten konnten und sollten. Anhand der sittlichen Ideen ordnete er die Betrachtung der "sittlichen Verfassung der Gesellschaft" und des "sittlichen Zustand(es) des einzelnen".[29]

"Die sittlichen Ideen werden von Herbart in folgender Weise benannt: 1) Die Idee der inneren Freiheit, der Vollkommenheit, des Wohlwollens, des Rechts und der Billigkeit. 2) Auf die Gesellschaft angewandt, erscheinen sie in veränderter Reihenfolge als Rechtsgesellschaft, Lohnsystem, Verwaltungssystem, Kultursystem und Idee der beseelten Gesellschaft. Im Mittelpunkt der sittlichen Ideen steht die Idee des Wohlwollens. Man erkennt dies daran, dass diese Idee ihm in Gott realisiert erscheint. Es ist immer zuerst die Güte, in der wir den Höchsten väterlich sorgend für uns verehren."[30]

Vor diesem Hintergrund waren, so ist Rein zu verstehen, die sozialpädagogischen Bestrebungen notwendige Maßnahmen eines Kulturvolkes gegen die Schattenseiten der modernen Welt. Er griff die einzelnen sozialpädagogischen Themen auf und diskutierte sie im Rahmen der sittlichen Ideen Herbarts. In dieser Form entstand eine Einordnung sozialpädagogischer Aufgaben einmal in die Sozialpolitik und insgesamt in die Ethik als Grundlagenwissenschaft von Sozialpolitik und Pädagogik. Rein begründete damit die Notwendigkeit der sozialpädagogischen Maßnahmen und legitimierte sie im Rahmen der Ethik Herbarts. Er zeigte, daß die Ethik und Pädagogik Herbarts den einzig richtigen Maßstab für die weitere Vergesellschaftung der Erziehung und Bildung biete und erst eine umfassend pädagogisch orientierte Sozialreform dem Anspruch einer Kultur-Gesellschaft genüge.

An sozialpädagogischen Einzelfragen soll dies beispielhaft verdeutlicht werden:

1. Die Behandlung jugendlicher Verbrecher - das Rechts-System und die Rechts-Idee.

2. 'Die Familie stärken' - das Verwaltungs-System und die Idee des Wohlwollens.

---

[29] W. Rein, Grundriss der Ethik ..., S. 68.
[30] W. Rein, Grundriss der Ethik ..., S. 32-33.

3. Die Bildungsfrage als kulturelle Aufgabe und als soziale Frage - das Kultur-System und die Idee des sittlichen Fortschritts.

Die Behandlung jugendlicher Verbrecher - das Rechts-System und die Rechts-Idee

Rein unterstützte die Ansicht, daß man jugendliche Verbrecher nicht wie Erwachsene verurteilen könne. Durch die Strafe würde der "junge Übelthäter zum Verbrecher gestempelt", was einer Besserung nicht zuträglich sei. Obendrein müsste das Gefängnis als "Schule des Verbrechertums" gesehen werden und schließlich bestehe die Gefahr, daß die aus dem Gefängnis entlassenen die "Unberührten" beeinflußten.[31] Rein verwies auf die "Thatsache der allgemeinen Bildsamkeit der Menschennatur" und "die Möglichkeit, in der Zeit der Jugend auch verbrecherischen Anlagen methodisch entgegen arbeiten zu können".[32] Die Gesellschaft und der Staat hatten demnach eine pädagogische Verantwortung für die jugendlichen Verbrecher, sie sollten den jungen Menschen nicht bestrafen, wo ihm erzieherische Führung fehlte.

"Jetzt überlässt es die Gesellschaft mehr oder weniger dem Zufall, wie die jungen Leute ihre Freizeit verbringen. Nur die Kirche versucht es, in Jünglingsvereinen und ähnlichen Veranstaltungen der Verwilderung der Jugend entgegen zu arbeiten. Aber es ist eben doch nur ein Versuch; Tausende von jungen Burschen und Mädchen sind überhaupt von der Kirche nicht mehr zu erreichen, da sie die Kirche fliehen, die sie als eine Verdummungsanstalt bespötteln. Und so bleibt es dabei: Ein grosser Teil der jugendlichen Verbrecher besitzt kein Heim, oder nur ein elendes; hat keine Eltern oder nur sehr schlechte; lebt in ungünstigen materiellen Verhältnissen. Diese abnormen Zustände führen zum abnormen Leben - zum Verbrechen."[33]

Er nahm die schulpflichtigen Kinder von der Anklagebank und prangerte stattdessen die soziale Struktur der Großstadt an: Im Grunde müsse eine weitere "Verdichtung" der Bevölkerung und ein Wachstum der Großstädte und der Industriezentren verhindert werden. Doch eine derartige Initiative, durch die die freie Beweglichkeit der Bevölkerung eingeschränkt werde, schien ihm nicht erstrebenswert. Aus diesem Grund knüpfte er an 'bewährte' und von der Bevölkerung 'gewollte' Sozial- und Erziehungsformen - wie die Schule und Familie - an. Doch Rein war Realist genug, um einschätzen zu können, daß die Familie und die Schule in der modernen Großstadt kaum unterbinden konnten, daß "eine Reihe von Fällen übrig" blieben, die einer besonderen Behandlung" bedurften.

---

[31] W. Rein, Grundriss der Ethik ..., S. 108.
[32] W. Rein, Grundriss der Ethik ..., S. 103.
[33] W. Rein, Grundriss der Ethik ..., S. 107.

Diese jungen Menschen wollte er "geeigneten Familien" oder "privaten Rettungshäusern" übergeben.[34] Der Protestant Rein dachte natürlich vorrangig an Erziehungsanstalten der Inneren Mission, doch gleichzeitig war er bemüht, Anregungen aus dem Ausland zu integrieren, wie z.B. die Idee der 'Juvenile Courts' in Amerika. Er verwies auf die Erfolge der Rettungsanstalten anhand von Statistiken, die belegten, daß Zwangszöglinge keine 'Unverbesserlichen' waren:

> "Es haben von den zuständigen Stellen 81,04 v.H. der ehemaligen Zwangszöglinge das Leumundszeugnis 'gut' oder 'befriedigend', 6,05 v.H. das Zeugnis 'mittelmäßig' und 12,69 v.H. das Zeugnis 'schlecht' erhalten. Was die wirtschaftliche Selbständigkeit der einst verwahrlost Gewesenen betrifft, so hat sich bei 92,16 v.H. ergeben, daß ihr Erwerb auskömmlich ist. Nur bei 7,83 v.H. ist er unauskömmlich. (...) Rund 80 v.H. dieser Kinder sind dank der Erziehungsarbeit der Rettungshäuser nützliche und wohlbeleumundete Glieder der menschlichen Gesellschaft geworden."[35]

Innerhalb der Lehre vom Bildungswesen ordnete er der Erziehungsfürsorge und den Rettungsanstalten keinem eigenständigen Bereich zu. Sie zählten neben den Idioten- und Taubstummen-Anstalten sowie den Krüppelheimen u.a. zu den Heilpädagogischen Anstalten. Rein bearbeitete die Jugendfrage in erster Linie nicht aus dem Blickwinkel der generativen Erneuerung von Gesellschaft, sondern der sozialethischen Verpflichtung der Kultur-Gesellschaft. Die Bestrebungen zur pädagogischen Behandlung der jugendlichen Verbrecher bewiesen, daß man in Deutschland auch im Rechts-System nicht bei einer einfachen Ordnungspolitik stehen blieb, sondern die Rechts-Idee und damit die ethische Grundorientierung umzusetzen gedachte. Nicht die äußere Strafe, sondern die ethische Einsicht verbürge eine wirklich sittliche Ordnung, argumentierte Rein.

'Die Familie stärken' - Das Verwaltungs-System und die Idee des Wohlwollens

Das Verwaltungssystem einer Kultur-Gesellschaft hatte aus sozialpädagogischer Perspektive die zentrale Aufgabe, die Familie zu stärken. Rein knüpfte

---

[34] W. Rein, Grundriss der Ethik ..., S. 111.
Rein berichtete über das neue Fürsorge-Erziehungs-Gesetz in Preußen (1.4.1901), welches die Zwangserziehung für Jugendliche anordne, bei denen die "elterliche Fürsorge" nicht ausreiche. Er wies in diesem Zusammenhang noch darauf hin, daß die Ausführungsbestimmungen die Reichweite des Gesetzes einschränken würden, da erst die "Fürsorge der Armenämter und der privaten Vereine" und "alle anderen Mittel erschöpft sein müssen", bevor die Zwangserziehung angeordnet werde und die kommunalen Behörden und der Staat die Kosten übernähmen (ebd.).
[35] W. Rein, Pädagogik in systematischer Darstellung ... 1902, S. 667.
Hier zitierte Rein eine Untersuchung von Roth, der die Erfolge von 25 schlesischen Anstalten zwischen 1883 und 1892 zusammenfaßte.

an die deutsche Schule der Verwaltungswissenschaft an und lobte Lorenz von Stein, da dieser nicht nur deskriptiv verfuhr, sondern von einem normativen Standpunkt aus, die Grenzlinien zwischen Staat, Kirche, Gemeinde und Familie zog.[36] Rein war ein Verfechter des Staatssozialismus, den er durch einen christlichen Sozialismus gestützt wissen wollte. Zum Ausgleich der Ungerechtigkeiten in der Gesellschaft schlugen die Staatssozialisten demnach drei Gestaltungsmaximen vor: "Vermehrung und Ausbreitung der Gemeinwirtschaft", "soziale Arbeitergesetzgebung" und "Heranziehung der steuerpflichtigen Bürger zur Erhaltung des Staatswesens unter Schonung der schwachen Schultern".[37] Dem Staatssozialismus lag demzufolge die Frage zugrunde: "Ist die Verteilung der Güter und die damit zusammenhängende Gliederung der Gesellschaft gerecht und den sittlichen Forderungen entsprechend?" Die staatssozialistischen Entwürfe waren ihm ein Beweis, daß eine staatliche Sozialreform nicht unbedingt dem Familienprinzip widersprechen mußte, daß auch eine staatliche Sozialpolitik die Familie stärken konnte, soweit sie ethisch argumentierte und sich nicht einfach der technischen Beherrschung des sozialen Lebens hingab. Grundlage des Staatssozialismus war demnach ein Verwaltungssystem, das auf der Idee des Wohlwollens basierte.

"Die Idee des Wohlwollens verlangt nun, dass in diesem Schaffen und Ringen die Möglichkeit gegeben werde, allen Gesellschaftsmitgliedern eine Existenz zu sichern, die nicht nur materiell ausreichend ist, sondern auch die freie Ausbildung und Bethätigung der körperlichen und geistigen Anlagen gewährleistet. Das darf jedes Glied der Gemeinschaft fordern unter der Voraussetzung, dass seine Arbeit wenn auch in bescheidenster Form einen Beitrag zur Förderung der Kulturarbeit bedeutet. Damit hören die Organisationsfragen der Volkswirtschaft auf, blosse Fragen der Technik zu sein und als sittlich gleichgültig betrachtet zu werden. Sie verwandeln sich in Fragen der ethischen Lebensordnung."[38]

Er vertrat den Standpunkt, daß dort wo Kapital und Maschinen "zerstörend" auf die menschliche Gesellschaft wirkten, der Christ sich nicht mit "Gebet,

---

[36] Vgl. z.B. Wilhelm Rein, Schulverfassung, in: Encyklopädisches Handbuch der Pädagogik, 6. Band, Langensalza 1899, S. 525.
Rein lobte L. von Stein, da er unterstrich, daß die Bildung und das Bildungswesen nicht als ein Erzeugnis des Staates anzusehen seien. Für von Stein war damit das deutsche Prinzip der Verwaltung formuliert, daß nicht durch Einseitigkeiten, wie den staatlichen Zentralismus in Frankreich oder den privatistischen Liberalismus in England geprägt sei (vgl.: Lorenz von Stein, Die innere Verwaltungswesen. Das Bildungswesen, Stuttgart 1868). Von Stein erkannte aber, so Rein, eine Bildungsverantwortung des Staates, da der "geistige Reichtum der Bildung (...) zum wirtschaftlichen Reichtum des Besitzes" geworden war (W. Rein, Pädagogik in systematischer Darstellung ... 1902, S. 41).
[37] W. Rein, Grundriss der Ethik ..., S. 176.
[38] W. Rein, Grundriss der Ethik ..., S. 122.

Predigt und Gesang begnügen" könne.[39] Eine Ordnung, die Unterdrückung, "Unsicherheit der Existenz" und "Auflösung aller festen Grundlagen des Leben(s) zur Folge" habe, fordere demnach eine eindringliche Kritik und eine "Neu-Ordnung" aus ethischer Perspektive:[40] Männer wie J.H. Wichern, A. Huber und R. Todt stellten sich, so Rein, dieser Aufgabe und wurden so zu Begründern der christlich-sozialen Bewegung. Rein selbst erarbeitete bildungspolitische Beschlußvorlagen und Beiträge für den evangelisch-sozialen Kongreß, dem Sammlungsversuch aller evangelisch-sozialen Strömungen und beriet liberale Politiker wie Friedrich Naumann.[41] Zudem engagierte er sich in der Bodenreformbewegung Adolf Damaschkes u.a. gegen den sog. 'Bodenwucher'.[42] Die Wohnungsverhältnisse der Familien in den Großstädten konnte er nur als eine "vom Kapitalismus zusammengewürgte Karikatur eines Wohnungstypus" beschreiben.[43]

Rein plädierte für einen Staatssozialismus, der den Schutz der Familie wie den der überlieferten sozialen Lebensformen zum Ziel erhob. Auch hier zeigte sich, daß Bestrebungen existierten, die für die ethische Grundorientierung des Verwaltungssystems eintraten und die Idee des Wohlwollens und nicht die materialistische Bedürfnisbefriedigung als Grundlage des sozialen Ausgleichs betrachteten. Entscheidend war, daß staatliche Sozialpolitik nicht unbedingt eine zentralistische Beherrschung der sozialen Lebensgestaltung mit sich bringen mußte.

Die Bildungsfrage als kulturelle Aufgabe und soziale Frage - das Kultur-System und die Idee des sittlichen Fortschritts

Zielte das Verwaltungssystem darauf ab, die Menschen zu versöhnen, so sollte das Kultursystem und die Idee des sittlichen Fortschritts der Entwicklung 'Stärke' und 'Kraft' verleihen. Das Verwaltungssystem garantierte durch die Sicherung der Familien und die Arbeiterschutzgesetzgebung erst die Grundlage, daß eine Teilhabe auch der unteren Schichten an den "höhern Gütern des Menschenlebens" möglich wurde:[44] Das Kultursystem habe nun dafür Sorge zu tragen, daß die "Arbeit in offenen, ehrlichen Bahnen sich bewege".[45] Gerade das Kultursystem einer Gesellschaft zeige den ethischen und pädagogischen Anspruch.

---

[39] Wilhelm Rein, Soziales Christentum (1897), in: Wilhelm Rein, Kunst, Politik, Pädagogik. Gesammelte Aufsätze, 2. Bd. Politik, Langensalza 1911, S. 122.
[40] W. Rein, Grundriss der Ethik ..., S. 154.
[41] Rein strich besonders die Zusammenarbeit der christlich-sozialen Partei Adolf Stökkers mit dem Staatssozialisten und Nationalökonomen Adolf Wagner heraus.
[42] Vgl.: W. Rein, Vortrag gehalten im Festsaal ....
[43] Wilhelm Rein, Das bürgerliche Wohnhaus (1891), in: Wilhelm Rein, Kunst, Politik, Pädagogik. Gesammelte Aufsätze, 1. Bd. Kunst, Langensalza 1910, S. 39.
[44] W. Rein, Grundriss der Ethik ..., S. 211.
[45] W. Rein, Grundriss der Ethik ..., S. 219.

In Reins Augen standen nun die Positionen der Herbartianer im Streit um die Sozialpädagogik dafür ein, daß das Kultur-System nicht der Schnellebigkeit der modernen Zivilisation ausgeliefert, sondern stattdessen die Idee des sittlichen Fortschritts gefestigt werde. Auch Rein erinnerte an das bekannte Zitat von Gustav Schmoller, wonach die soziale Gefahr weniger auf die Differenz der Besitz-, denn der Bildungsgegensätze zurückzuführen war. Doch der einfache Ausgleich der Bildungsverhältnisse war ihmzufolge leer oder ohne Wirkung, wenn das Kultur-System nicht der 'neuen' Pädagogik - gemeint war natürlich der Erziehungsschulgedanke der Herbartianer - zum Durchbruch verhelfe. Es könne nicht sein, daß die Sozialpädagogik mit einer 'alten' Pädagogik, die Fachbildung und die Anhäufung von Wissensmassen in den Mittelpunkt stelle, die Bildung von charakterfesten Persönlichkeiten verdränge: Denn "den herrschenden Nöten gegenüber erweist sich eine bloße Vermehrung des Wissens als machtlos, ja geradezu als schädlich".[46] So erschienen die pädagogischen Ideen der Herbartianer als die zentralen Stützen der gesellschaftlichen sittlichen Erneuerung.

Entsprechend setzte er hinsichtlich der Schulverfassungstheorie bei Dörpfeld an und unterstützte die auf dem Familienprinzip gegründete Schulgemeindeidee.[47] Auch Rein sprach von vier Interessenten am Schulwesen: die Familie,

---

[46] Wilhelm Rein, Alte und neue Pädagogik (1895) ..., S. 129.
[47] Die Schulgemeindeidee beschrieb Rein folgendermaßen:
"1. Die ursprünglichsten und natürlichsten Rechte wie Pflichten der Jugenderziehung gegenüber hat die Familie. 2. Die Schule kann nur betrachtet werden als eine Veranstaltung der Familien zu einer gemeinsamen Erziehung der Jugend. Eine Genossenschaft von Familien, die eine gemeinsame Schule besitzen, bildet eine Schulgemeinde. 3. Als unmündige Glieder der Familie gehören die Kinder nur mit der Familie einer ethisch-religiösen, einer bürgerlichen und einer politischen Gemeinschaft an. Die Anrechte der Kirche, der bürgerlichen Gemeinde und des Staates können darum nur indirekte sein, so groß und bedeutungsvoll sie auch an sich sein mögen. 4. Die gemeinsame Erziehung bedingt, daß die betreffenden Familien und die berufsmäßigen Erzieher in den wichtigsten Erziehungsgrundsätzen übereinstimmen, also gewissenseinig sind. 5. Die Gewissenseinigkeit oder die gemeinsame Lebensanschauung der Schulgemeindemitglieder hat historisch wie rechtlich innerhalb der staatlich anerkannten Religionsgesellschaften einen bekenntnismäßigen, wenn auch vielfach sehr reformbedürftigen Ausdruck gefunden. Naturgemäß haben die Schulgemeinden nach der Innenseite hin auf dem Boden dieser Religionsgesellschaften sich zu gründen. Die Schulen, die auf diesem Boden stehen, gelten als öffentliche. 6. Verständigen sich Familien verschiedener Konfession oder Dissidenten zur Gründung einer gemeinsamen Schule, so darf auch dieser Simultan- beziehentlich paritätischen Schule die staatliche Anerkennung als öffentliche Schule nicht versagt werden. 7. Daneben muß auch einzelnen Personen, Familien und Familiengenossenschaften, so weit sie sich über ihre Erziehungsgrundsätze genügend ausweisen können, die Errichtung von Privatschulen gestattet werden unter gewissen vom Staat zu bestimmenden Eischränkungen. 8. Die sämtlichen freien Schulgemeinden eines Landes bilden ein gemeinsames Landesschulwesen, das sich aufsteigender Weise folgendermaßen gliedert: a) Lokale Schulgemeinde, b) Kreis- (Stadt)- Schulgemeinde, c) Bezirks-Schulgemeinde, d) Provinzial-Schulgemeinde. 9. Sämtliche öffentlich anerkannten Schulgemeinden erhalten korporative Rechte, insbeson-

die bürgerliche Gemeinde, die Kirche und der Staat, wobei die Schulverfassungstheorie die Zusammenarbeit zu regulieren habe. Der "Vollinteressent" bei der Erziehung und Bildung war für ihn ebenfalls nicht der Staat, sondern die Familie - Gemeinde, Kirche und Staat erschienen nur als "Teilinteressenten".[48] Die Innenseite der Schule sollte dementsprechend auf dem Boden der Familie und der religiösen Gemeinschaften gebaut werden, die Außenseite auf dem des Staates und der bürgerlichen Gemeinde. Diese hatten die Verwaltung und die äußeren Schulangelegenheiten, wie den Schulbau und die Besoldungsverhältnisse sowie die Schulaufsicht zu übernehmen. "So ist der Staat seit der Reformation Verwalter der Kulturgüter. Er teilt sich mit den Familien und der Kirche in der Pflege des religiösen und sittlichen Geistes."[49] Rein beharrte auf eine fachlich fundierte und eben nicht kirchliche Schulaufsicht.[50] Damit wollte er aber nicht einer Entchristlichung der Schule das Wort reden, nur weil er eine Entkirchlichung der Schule einklagte. Der Glaube, schrieb Rein ganz im Sinn Dörpfelds, könne nicht durch ein Festhalten an alten Ansprüchen wieder zu einem bestimmenden Moment im Leben der Menschen werden. Dazu bedürfe es einer Belebung des christlichen Gemeindelebens.[51]

---

dere das Recht der Selbstverwaltung. Die Verfassung erhält demnach einen synodalen Charakter, und zwar so, daß die Einzelschulgemeinde einen Schulvorstand erhält; die Kreis- und Bezirksgemeinde eine Kreis- und Bezirksvertretung; die Provinzialgemeinde eine Provinzialsynode; das Landesschulwesen eine Landesschulsynode. 10. Damit das Selbstverwaltungsrecht auch nicht auf dem Papier nur bleibe, sondern ein tatsächliches werde, von dem Lokalschulvorstand bis zur Landesschulsynode hinauf, sind die Familienvertretungen mit den nötigen Befugnissen in aufsteigender Reihe auszustatten auf Grund der Wahrheit, daß nur diejenige korporative Vertretung Leben entfalten kann, die auch etwas zu bestimmen hat. Nur bei solcher Dezentralisation kann das Schulwesen wahrhaft gedeihen, da es von der Arbeit des ganzen Volkes getragen wird. Der Staat aber, dem das Oberaufsichtsrecht verbleibt, wird dabei nur gewinnen, ebenso wie die Kirche, deren Einfluß in den Schulvertretungen wirklich zur Geltung gebracht werden kann, ohne daß sie sich mit dem Odium eines direkten Eingriffes in das Bildungswesen zu belasten braucht. Staat, Kirche und Schule sollten eine Gesamtpersönlichkeit bilden, in der die verschiedenen Wirkungskreise bei aller Selbständigkeit sich durchdringen, tragen, stützen" (Wilhelm Rein, Zur Schulgesetzgebung (1892), in: Wilhelm Rein, Kunst, Politik, Pädagogik. Gesammelte Aufsätze, 2. Bd. Politik, Langensalza 1911, S. 65-67).

[48] W. Rein, Schulverfassung ..., S. 351.
[49] W. Rein, Pädagogik in systematischer Darstellung ... 1902, S. 26.
[50] "Wie im Forstwesen Forstmeister die Aufsicht führen, die aus der Mitte der Förster herausgewachsen die gründlichste Kenntnis der Forstkultur mit der Einsicht in die persönlichen Lebensbedingungen der Forstbeamten verbinden, so sollen im Schulwesen Schulmeister die Aufsicht führen. Wie auf allen anderen Gebieten der unumstössliche Grundsatz gilt, dass die Aufsicht eines bestimmten Faches nur von Fachleuten und von Fachkennern geführt werden kann, so sollte es auch auf dem Gebiet des Erziehungswesens nur eine Fachaufsicht geben" (Wilhelm Rein, Zur Schulaufsichtsfrage, Vortrag gehalten in den Kaisersälen zu Halle a./S. am 19. Mai 1894, Langensalza 1894, S. 10).
[51] W. Rein, Zur Schulaufsichtsfrage ..., S. 16.

Das Bildungswesen an sich sollte wie ein 'Hallenbau' gestaltet werden, in dem nicht abgetrennte, übereinanderliegende Stockwerke das Bild prägten, sondern "in dessen Mitte die vaterländischen Bildungselemente für Alle zugänglich" seien; "von da aus führen Nebengänge in besondere Räume, die nur einzelnen geöffnet werden können, und von hier die Treppen in die höheren Stockwerke".[52] Rein setzte sich gegen die Standesschulen ein, die die Kinder voneinander abschottete. Er forderte die 'allgemeine Volksschule' zwischen dem sechsten und zehnten Lebensjahr und "gut eingerichtete" Volkskindergärten und "Kinderhorte".[53] Die folgende Grafik stellt den Schulaufbau dar.

Bildungsstufen	A. Untere Berufs-Schicht Handarbeit, Tagelöhner, Fabrik-arbeiter, Handwerker, Klein-bauer, Niederer Verwaltungsdienst	B. Mittlere Berufs-Schicht Gewerbestand, Kleinhandel, Mittlerer Verwaltungs-Dienst	C. Höhere Berufs-Schicht Grosskaufmannschaft, Grossindustrie, Höheres Beamtentum, Militär, Gelehrtentum
1. Vor der Schule	Volks-Kindergarten		
2. Gemeinsamer Elem.-Unt.	Allgemeine Volksschule 1.-4. Schuljahr		
3. Trennung in drei Schulgruppen	Oberstufe der Volksschule 5.-8- Schuljahr (Coeducation)	Realschule, Mädchen-Mittelschule 5.-10. Schuljahr (Coeducation)	Höhere Schulen 5.-12. Schuljahr 1 Ober-Realsch. 2. Real-Gymnasium 3. Gymnasium Höhere Mäd.schule, Mädchen-Gymasium (Coeducation)
4. Fach- oder Berufs-Schulen (Vielfache Teilung)	1. Allgem. Fortbildungsschule 9.-11. Schuljahr. 2. Niederes Fachschulwesen Handwerkerschulen, Ackerbauschulen etc. etc.	2. Mittleres Fachschulwesen 11.-14. Schuljahr. Technikum, Handelsschule, Kunstgewerbeschule, Kunstschule, Forstschule, Bergbauschule etc.	3. Höheres Fachschulwesen 13.-16. Schuljahr. a) Lehrer-u. Lehrerinnenseminar b) Akademie (Kunst-Akademie, Forst-Akademie, Berg-Akademie etc.) c) Polytechnikum d) Universität
	Eintritt in den Heeresdienst. (Für Mädchen: Einjähriger Dienst in Krankenpflege, Kindergarten, Schule etc.)		

Wenn der Glaube und der "christliche Geist erstorben" sei, so könne, schrieb Rein, dafür sicherlich nicht die Begrenzung des Herrschaftsbereiches der Kirchen der Grund sein, denn ihr "Herrschaftsbereich" sei "in Wahrheit (...) unbegrenzbar. Der Einfluss der Geistlichen auf die Seelen der Gemeindemitglieder, damit auch auf Familie und Schule ist ein unbeschränkter" (Wilhelm Rein, Volksbildung und Universität (1904), in: Wilhelm Rein, Kunst, Politik, Pädagogik. Gesammelte Aufsätze, 3. Bd. Pädagogik 1. Teil, Langensalza 1914, S. 224).
[52] W. Rein, Grundriss der Ethik ..., S. 231.
[53] Wilhelm Rein, Stimmen zum Schulprogramm des XX. Jahrhunderts, in: Die Deutsche Schule 4 (1900), S. 133.

Rein legte besonderen Wert darauf, daß sich die Gestaltung der Fachschulen "der Arbeitsteilung unserer Kulturwelt" 'anschmiegte'.[54]

Doch nicht nur die Gestaltung der Schulbildung gehörte für Rein zu den Aufgaben des Kultursystems. Gerade in der modernen Gesellschaft habe die Volksbildung und die Fortbildung der Erwachsenen an Bedeutung gewonnen, behauptete Rein. Das Kultursystem habe danach ebenfalls dem gesteigerten Bildungsbedürfnis der "unteren und mittleren Schichten" gerecht zu werden:[55]

"Die Jugend lässt sich wohl auf die eine Bahn der in sich geschlossenen Schulanstalt beschränken, aber die Welt der Erwachsenen ist mannigfaltig, so reich wie das Leben selbst, und duldet keinen Zwang. Hier ist alles auf Freiwilligkeit gegründet. Und wie vielerlei Mittel und Wege bieten sich da an, um Einfluss auf Gedanken und Gesinnung der Volksgenossen zu gewinnen! Vor allem müssen die Universitäten hier eintreten! Von ihnen aus soll ein freier und grosser Ausblick gewonnen werden auf das, was dem Volke not thut, und wie ihm geholfen werden kann."[56]

Entscheidend für seine sozialpädagogische Stellungnahme war, daß die Bildungsaufgaben nicht kurzerhand in die Bildungsinstitutionen verlagert, sondern die Bildungsinstitutionen in das Programm der Bewahrung und Erneuerung traditioneller sozialer Erziehungsformen integriert wurden. Rein suchte nach Wegen, wie ein erzieherischer 'Einfluss auf die Gedanken und Gesinnung der Volksgenossen' gewonnen werden könne und wie das Leben erzieherisch zu gestalten war. Über sein Eintreten für die allgemeine Volksschule, die Fortbildungsbildungschule und die university-extension-Bewegung hinaus beschäftigte ihn darum auch der moderne Städtebau und die Frauenfrage.

"Gegen die Großstadt" überschrieb er 1899 nach einer London-Reise einen Bericht, in dem er die kunstpädagogischen Bemühungen z.B. der Toynbee-Hall als einen "Tropfen im Meer" bezeichnete, da der "Schmutz" und das "Elend" zu massenhaft seien und das "Leben" und die "Kontrolle" in diesen heimatlosen Städten immer schwieriger würden.[57] Der moderne Städtebau sollte sich dagegen an der mittelalterlichen Bauweise der malerischen Holz- und Fachwerkbauten ein Vorbild nehmen. "Unser Schulhaus soll ein gutes,

---

[54] Wilhelm Rein, Stimmen zum Schulprogramm ..., S. 132.
[55] Wilhelm Rein, Zur Frage der Lehrerbildung ..., S. 5.
Rein berichtete über den guten Besuch in öffentlichen Volksbüchereien, bei Votragskursen und in den Volkshochschulkursen. Er veröffentlichte - wie berichtet - Beiträge zum Volkshochschulwesen in den nordischen Ländern und trat für die 'university extension' Bewegung ein (vgl.: Wilhem Rein, Volkshochschule, in: Wilhelm Rein (Hg.), Encyklopädisches Handbuch der Pädagogik, Bd. 7, Langensalza 1899, S. 445-455; Wilhelm Rein, Die dänische Volkshochschule, in: Zeitschrift 11 (1904), S. 23; Wilhelm Rein, Fortbildungskurse an der Universität (University extension), in: Encyklopädisches Handbuch der Pädagogik, Bd. 7, Langensalza ²1904, S. 931-936).
[56] W. Rein, Grundriss der Ethik ..., S. 237.
[57] Wilhelm Rein, Gegen die Grossstadt (1899), in: Wilhelm Rein, Kunst, Politik, Pädagogik. Gesammelte Aufsätze, 1. Bd. Kunst, Langensalza 1910, S. 72-73.

deutsches Haus sein."⁵⁸ Die Kunst hatte folglich die Aufgabe, das "Einfache, Wahre, Echte und Natürliche" herauszustreichen, die Verbindung zur Heimat zu schaffen, Kontinuität und eine sittliche Ordnung zu repräsentieren, wie sie in den Mittelstädten und Mittelschichten lebte - gegen das Überzogene und den "modischen Flitterkram". Einige Vertreter der Kunsterziehungsbewegung wurden von Rein gewürdigt, weil sie erkannt hätten, daß der Platz der "vaterländischen Kunst" von der "Nachahmung fremder Vorbilder" im modernen Leben zurückerobert werden müsse.⁵⁹ Das Handwerk, die "bäuerliche Architektur"⁶⁰ und die solide Arbeit an der Kulturgeschichte sollten zu Stützen der gesunden Lebensformen werden.⁶¹

"Am schlimmsten ist er (der junge Deutsche; d. Verf.) freilich dran, wenn er unsre modernen Strassen durchwandert. So malerisch eine altertümliche Stadt mit ihren krummen Gassen, ihren hohen Giebeln, ihren Erkern, ihren zerstreuten Türen und Fenstern wirkt, so grauenhaft verkündet eine moderne Strasse den blöden Herdensinn, den läppischen Jahrmarktsgeschmack, das gleichgültige Gehenlassen wie das protzige Spiessertum seiner Bewohner."⁶²

Der Wohlstand in der modernen Gesellschaft gab in seinen Augen den Menschen die Zeit und Muße, sich nun der Kunst widmen zu können und sich wieder über die Kunst der eigenen Wurzeln zu erinnern.

In ähnlicher Manier und ebenfalls als Teil des Kultur-Systems thematisierte Rein die Frauenfrage. Die Erziehung der weiblichen Jugend sei nicht nur für den Fortbestand der Gesellschaft entscheidend, sondern auch zur Förderung der idealen Güter. Im Kern sei die Frau für die "Urzelle der menschlichen Gesellschaft", die Familie, verantwortlich.⁶³ "Als Gattin, Mutter und Hausfrau" finde sie "in der Familie ihr höchstes Glück und ihren höchsten Beruf", jede, so Rein, andere Tätigkeit könne nur ein "Ersatz für die Ehe" und damit für die Aufgabe in der Familie sein.⁶⁴ Entsprechend empfahl er für die unverheirateten und beschäftigungslosen Mädchen, soweit sie aus materieller Not eine

---

⁵⁸ Wilhelm Rein, Bildende Kunst und Schule, Langensalza 1905, S. 25.
⁵⁹ W. Rein, Bildende Kunst und Schule ..., S. 14.
⁶⁰ W. Rein, Das bürgerliche Wohnhaus ..., S. 42-43; vgl. auch: Wilhelm Rein, Unterricht im Freien (1904), in: Wilhelm Rein, Kunst, Politik, Pädagogik. Gesammelte Aufsätze, 3. Bd. Pädagogik 1. Teil, Langensalza 1914, S. 208-218.
⁶¹ Vgl. auch: Heimat und Kunst in der Schule (1904), in: Wilhelm Rein, Kunst, Politik, Pädagogik. Gesammelte Aufsätze, 1. Bd. Kunst, Langensalza 1910, S. 90-100.
Der Lehrplan für die künstlerische Jugendbildung habe eine kunstgeschichtliche Heimatkunde zu bieten, so Rein, und daran anschließend in die nationale Kunstentwicklung einzuführen (vgl.: Künstlerische Jugenderziehung (1901), in: Wilhelm Rein, Kunst, Politik, Pädagogik. Gesammelte Aufsätze, 1. Bd. Kunst, Langensalza 1910, S. 87).
⁶² Wilhelm Rein, Das bürgerliche Wohnhaus ..., S. 37-38.
⁶³ W. Rein, Grundriss der Ethik ..., S. 245.
⁶⁴ W. Rein, Grundriss der Ethik ..., S. 246.

selbständigen Beruf ergreifen müßten, pflegerische und erzieherische Tätigkeiten gemäß der Aufgabe als Mutter.

Die Antworten der Herbartianer auf die sozialpädagogischen Fragen der Zeit hielten - aus Reins Warte - an der Idee des sittlichen Fortschritts fest. Nur wenn im Kultur-System der Erziehungsgedanke lebendig gehalten und die Notwendigkeit der 'sittlichen Nötigung' gegenüber materialistischen Bildungsentwürfen und die Bildung charakterfester Persönlichkeiten gegenüber einer überzogenen Fachbildungsorientierung betont werde, könne der Mensch zur Mitarbeit an der Kulturentwicklung ertüchtigt werden.

Die moderne Gesellschaft und die modernen Menschen hatten aus Reins Perspektive den Weg zu einem 'Reich ethischer Persönlichkeiten' noch nicht verlassen, doch sie waren gemahnt, die notwendigen Lebens- und Erziehungsformen zu bewahren und fortzuentwickeln. Man kann Reins Sozialphilosophie als Lehre vom ethischen 'Haus' oder von der "ethischen Kollektiv-Persönlichkeit"[65] bezeichnen. Das Rechts-System und das Verwaltungssystem hält die Bewohner in Frieden und sorgt für die 'natürlichen' Grundlagen des Zusammenlebens. Die Familie wird zum Fundament der Gesellschaft erklärt und der junge Verbrecher nicht aus dem Haus gestoßen. Das Kultursystem 'bewohnt' das Haus, hier werden die Menschen gebildet, und es wird gemeinsam am Fortschritt gearbeitet, die erziehende Bildung erscheint als die eigentliche sittliche Produktivkraft der Gesellschaft. Umfassend soll das Haus einer 'beseelten Gesellschaft' Heimat sein.

Wenn nun die sittlichen Ideen nicht nur einzelne Persönlichkeiten, sondern die Gesellschaft ganz "durchdringen und vergeistigen, dann erhält auch der soziale Organismus gleichsam eine Seele, so dass wir ihn als beseelt uns vorstellen können". Der gesellschaftliche Körper "nimmt dann die Form der beseelten Gesellschaft an".[66]

> "Jeder kleine und kleinste Kreis kann eine beseelte Gesellschaft bilden: die Familie, die Gemeinde, eine Korporation, ein Stand, ein Erziehungsschulkreis - jede Verbindung, jeder Verein, jede Genossenschaft kann sich in eine beseelte Gesellschaft verwandeln. (...) Von solchen kleinen Gesellungen wird die Beseelung ausgehen müssen, um dann immer weitere Kreise zu durchdringen."[67]

Die "oberste" der sittlichen Ideen war für Rein die Idee der inneren Freiheit.[68] Der innerlich freie Mensch tut, was das Gewissen von ihm verlangt. Im Gewissen, so Rein, sind die Ideen des sittlichen Fortschrittes, des Wohlwollens und des Rechts zusammengefaßt. Damit ist die Frage beantwortet, was die Menschen auch in der zeitgenössischen Gesellschaft auf der Erde 'sollen' und

---

[65] W. Rein, Grundriss der Ethik ..., S. 65.
[66] W. Rein, Grundriss der Ethik ..., S. 279.
[67] W. Rein, Grundriss der Ethik ..., S. 282-283.
[68] W. Rein, Grundriss der Ethik ..., S. 277.

der Weg über die Erziehung der Menschen zum "Urbilde des beseelten ethischen Organismus" gewiesen. Die Neu-Belebung des christlichen Gemeindelebens sollte der erste Schritt sein.

3.3 Sozialpädagogische Quintessenz - Demokratisierung von Bildung

> *"Heute hat der dritte Stand die Rolle des Erziehers übernommen; er erzieht den vierten, der in diesem Jahrhundert sich in die Höhe ringt; er muss ihn erziehen, er kann nicht anders. Die Weltgeschichte schreitet durch Opfer fort. Das ist das Tragische an diesem Prozess: der herrschende Stand ist genötigt, durch Emporheben der unter ihm Stehenden sich selbst der Alleinherrschaft zu entkleiden. Ein halbes Jahrtausend hat das Aufsteigen des dritten Standes gedauert, jetzt ist die Erziehung des vierten begonnen worden. Wird sie ebensolange dauern? Das ist nicht anzunehmen, denn durch die Einführung des allgemeinen Wahlrechts ist das Tempo beschleunigt worden."[69] (Wilhelm Rein)*

Rein war fest überzeugt, daß die "Verschmelzung des Kultur- und Bildungsprozesses" nicht mehr aufgehalten werden könne. Mit der Volksschule, der Wehrpflicht und dem Wahlrecht seien Institutionen geschaffen worden, die das Gemeinwohl und die Kulturentwicklung von der Beteiligung aller an der Bildung abhängig machten. Darum war für ihn grundlegend, daß der einzelne als Glied der Gesellschaft begriffen und die Gesellschaft auf "ein organisches Zusammenleben der einzelnen" begründet werde.[70] Denn nur in der Wechselwirkung von Individuum und Gesellschaft könne der Ansatzpunkt, aber auch die Spannkraft sozialer, kultureller und schließlich ethischer Entwicklung gefunden werden. Die sittlichen Ideen sollten den sozialen Körper durchdringen und umgekehrt die Menschen durch die Bildungsinstitutionen und sozialen Verhältnisse zur Teilnahme an den Gemeinschaftsaufgaben erzogen werden.

Er setzte sich mit kommunistischen und sozialistischen Ansätzen auseinander, von denen er die Position des christlichen Sozialismus abgrenzte. Die Vertreter des christlichen Sozialismus unterstützten nach seiner Ansicht die ökonomisch-sozialistischen Ansichten durchaus, doch unterschieden sie sich in ihrer politisch-konservativen Grundhaltung von der politisch-revolutionären Auffassung der Sozialdemokratie.[71] Rein plädierte für eine ökonomisch-

---

[69] W. Rein, Grundriss der Ethik ..., S. 236; vgl. auch: Wilhelm Rein, Schulbildung und Volkserziehung (1897), in: Wilhelm Rein, Kunst, Politik, Pädagogik. Gesammelte Aufsätze, 3. Bd. Pädagogik 1. Teil, Langensalza 1914, S. 178.

[70] W. Rein, Grundriss der Ethik ..., S. 61.

[71] Wilhelm Rein, Sozialismus und Sozialdemokratie (1894), in: Wilhelm Rein, Kunst, Politik, Pädagogik. Gesammelte Aufsätze, 2. Bd. Politik, Langensalza 1911, S. 94.

sozialistische Verteilungspolitik aus ethischer Entscheidung, denn nur so könnten die sozialen Lebensformen des Mittelstandes bewahrt werden, die den gesunden Kern der Gesellschaft verkörperten. Die Gesellschaft und Politik solle nicht nur die Familie als neutralen Boden ansehen, sondern den neutralen Raum Familie schützen und als eine Urzelle der Gesundung von Gesellschaft ausbauen. Darum gehörte er zu den Herbartianern, die Trüper in seinen sozialpädagogischen Bestrebungen unterstützten. 1892 schrieb er das Vorwort für Trüpers Buch, 'Die Familienrechte an der öffentlichen Erziehung': Trüper habe mit seinem Werk "einen Anstoß zu weiteren Untersuchungen auf dem Gebiete der Sozialpädagogik" gegeben und unweigerlich in der Aussage recht, daß mit dem "Familienprinzip ein neutrales Gebiet" genannt sei, um "einer gerechten und gesunden Schulverfassung" vorzuarbeiten.[72]

Pädagogik		
Individual-Betrachtung	Verbindung	Sozial-Betrachtung
Christentum (Weltflucht) Aufklärung Rousseau Neu-Humanismus	Comenius A.H. Francke Philanthropisten Pestalozzi Schleiermacher Herbart	Altertum: Staat Mittelalter: Kirche (Jesuiten-Pädagogik) Fichte

Die Sozialpädagogik war für Rein immer ein Teil der Pädagogik überhaupt. Es gab aus seiner Perspektive keine eigenständige Individualpädagogik oder Sozialpädagogik. Die Sozialpädagogik stellte eine notwendige Betrachtungsperspektive in der Pädagogik dar.[73]

Als Vertreter des Familienprinzips und energischer Kritiker einer einseitigen Schulbürokratie, die zentralistisch das Bildungswesen beherrsche, plädierte Rein nicht für eine Sozialisierung des Bildungswesens, die er als Verstaatlichung des Bildungswesens übersetzte, denn er befürchtete, daß dadurch gerade den gesunden Lebensformen der Gesellschaft, den Familien und dem bürgerli-

---

Vgl. auch: Wilhelm Rein, Sozialismus und Erziehung, in: Wilhelm Rein, Kunst, Politik, Pädagogik. Gesammelte Aufsätze, 3. Bd. Pädagogik 1. Teil, Langensalza 1914, S. 34-48.

[72] Wilhelm Rein, Vorwort, in: Johannes Trüper, Die Familienrechte an der öffentlichen Erziehung, Langensalza 1892, S. VII.

[73] W. Rein, Pädagogik in systematischer Darstellung ... 1902, S. 80.

chen Mittelstand die Bildungsverantwortung genommen würde.[74] Rein sprach sich darum für eine weitere "Demokratisierung der Bildung" aus, wie der Staat sie durch die Volksschule, die allgemeine Wehrpflicht und das Wahlrecht begonnen habe und die eine direkte Konsequenz seines protestantischen Glaubens darstelle.[75]

"Das verlangt der Geist der Reformation. Sie leitet die Demokratisierung der Bildung ein, die allmählich in steigendem Maße immer tiefer in das Volk eindringt, um es auf höhere Stufen der Bildung und Gesittung emporzuheben."[76]

Die gesunde Struktur und den Geist der Mittelstädte in die Großstädte zu transferieren, den Arbeiter nicht einfach politisch zum freien Bürger zu erklären, sondern ihn durch erziehende Sozialformen und Erziehungsschulen zur charakterfesten Persönlichkeit werden zu lassen, waren die Grundideen seiner umfassenden pädagogisch-motivierten Sozialreform.

"Dass jeder als freie Person behandelt werden soll, ist eine sittliche Forderung, die in dieser Form nicht zum äusseren Gesetz wird. Aber die Freiheit ist keine angeborene, sondern sie muss vielmehr erworben werden. Erklärt man den Menschen zu rasch für frei, so wird man ihn hindern, es zu werden. Sobald der Rausch der Begeisterung über die sogenannten angeborenen Menschenrechte vorbei war, sah man auch ein, dass es wenig nützt, dem Menschen den Rang eines freien Wesens einzuräumen, wenn man ihm nicht dazu hilft, dass er es werde."[77]

Pointiert brachte Rein sein soziales Bildungsprogramm auf die Formel: "Erst Bildung, dann Freiheit".[78]

---

[74] Rein betonte in fast jedem Beitrag zu diesem Themenkomplex: Der Staat "ist in keinem Fall befugt, die Grundlagen der Familienrechte anzutasten. In seinem eigenen Interesse darf er eine Verstaatlichung der Schule nicht wünschen, da eine solche Zentralisation auf diesem Gebiet alle freie Bewegung und damit alles wahrhafte Leben unterdrückt" (Wilhelm Rein, Leitsätze (1886), in: Wilhelm Rein, Kunst, Politik, Pädagogik. Gesammelte Aufsätze, 3. Bd. Pädagogik 1. Teil, Langensalza 1914, S. 20; vgl. auch: W. Rein, Grundriss der Ethik ..., S. 217).

[75] Wilhlem Rein, Volksbildung und Universität (1904), in: Wilhelm Rein, Kunst, Politik, Pädagogik. Gesammelte Aufsätze, 3. Bd. Pädagogik 1. Teil, Langensalza 1914, S. 226.

[76] W. Rein, Pädagogik in systematischer Darstellung ... 1902, S. 299.

[77] W. Rein, Grundriss der Ethik ..., S. 287-188.

[78] W. Rein, Schulbildung und Volkserziehung (1897) ..., S. 174.

4. Vertiefung II: Die Heimat des Menschen im 'christlichen Lebensganzen' - Die Sozialpädagogik Otto Willmanns

Biographische Skizze: Otto Willmann wurde 1839 in Lissa in Posen geboren. Als Zwölfjähriger, bis dahin hatte seine Mutter für die Bildung gesorgt, kam er in die dritte Klasse des Comeniusgymnasiums, "eben jener Schule Lissas, der ihr berühmter Rektor Johann Amos Comenius (1592-1670) nicht bloß den Namen, sondern auch seine 'didaktischen' Erkenntnisse in seinen Büchern, die er dort schrieb, gegeben hatte."[1] Willmann nahm sein Studium 1857 an der Universität Breslau auf und wechselte 1859 an die Universität in Berlin, wo er bis 1863 blieb. "Erstaunlich die Zahl der Disziplinen, denen er sich in diesen sechs Jahren widmete: Psychologie, Logik, Astronomie, Mathematik und Physik in Breslau, in Berlin sodann Sprachstudien: Sanskrit, Persisch, Altslavisch, dazu ausgedehnte Philosophiestudien. In der Philosophie war Trendelenburg sein akademischer Lehrer, in der Sprachwissenschaft Heymann Steinthal."[2] 1863 zog es ihn nach Leipzig, wo der Herbartianer Tuiskon Ziller lehrte. Er war zunächst als 'Praktikant' und dann als 'Instruktor' in Zillers pädagogischem Seminar mit Übungsschule und der von Ernst Barth geleiteten Privatschule tätig. Fünf Jahre später 1868 wurde er "zum Ordinarius und Muster- beziehungsweise Oberlehrer" an das Wiener Pädagogium berufen:[3] "Trotz der Mitunterzeichnung der antikonfessionellen Stellungnahme in der Schrift 'Der neue Entwurf eines Volksschulgesetzes' 1869 hat sich Willmann in Wien nichts weniger als zu einem Kulturkämpfer entwickelt. Er fühlte sich abgestoßen von dem freigeistigen Treiben der siebziger Jahre, spürte zum erstenmal seit seiner Knabenzeit eine im Wesen katholische Umwelt und Tradition, löste sich mehr von dem Individualismus der deutschen Philosophie los und begann die formenden Kräfte der Geschichte, des Volkstums und vor allem der Weltkirche zu würdigen".[4] Gleichzeitig wurden die Jahre in Wien dem Katholiken Willmann durch die Auseinandersetzungen mit dem 'fortschrittlichen' Direktor des Pädagogiums und Ziller-Kritiker Friedrich Dittes verleidet, der eine "Abschattung des Bismarckschen Kulturkampfes" zu inszenieren ver-

---

[1] Franz Xaver Eggersdorfer, Otto Willmann. Leben und Werk, Freiburg i.Br. 1957, S. 4.
[2] Erich E. Geissler, Sylvia Huber, Otto Willmann, in: H. Glöckel (Hg.), Bedeutende Schulpädagogen, Bad Heilbrunn 1993, S. 73.
[3] E. E. Geissler/S. Huber, Otto Willmann ..., S. 75.
[4] F. X. Eggersdorfer, Otto Willmann ..., S. 14.

*stand.*⁵ *So war es auch eine Erleichterung, als ihm 1872 eine außerordentliche Professur für Philosophie und Pädagogik an der Universität Prag angeboten wurde. Hier lehrte er bis zu seiner Emeritierung im Jahr 1903. In Prag schrieb er seine Hauptwerke, die zweiteilige 'Didaktik als Bildungslehre' (1882/1888) und die dreibändige 'Geschichte des Idealismus' (1894/ 1896/1897). Zwischen 1903 und 1910 lebte Willmann in Salzburg und engagierte sich dort für die Einrichtung einer katholischen Universität. Willmann starb 1920 in Leitmeritz an der Elbe, hier hatte er die letzten zehn Jahre seines Lebens verbracht.*

*"Otto Willmann teilt mit dem nur um weniges jüngeren, ansonsten fast zeitgleich mit ihm lebenden Wilhelm Rein das Schicksal, daß der letzte Teil der akademischen Wirksamkeit in die beginnende Reformpädagogik fällt."*⁶ *Doch im Gegensatz zu Reins Erziehungslehre fehlt Willmanns Bildungslehre in kaum einer ideen- oder theoriegeschichtlichen pädagogischen Arbeit. Mit Willmann, so Dietrich Benner, erreichte "die traditionelle Pädagogik" hinsichtlich "der Breite ihrer Themenhorizonte einen Höhepunkt" - er nahm "Überlegungen der späteren geisteswissenschaftlichen Pädagogik" vorweg.*⁷ *Besondere Beachtung findet sein Werk bei Vertretern einer katholischen Pädagogik und in der Theoriegeschichte der Didaktik.*⁸ *Willmanns 'Didaktik als Bildungslehre' kennzeichnet gleichzeitig seine historische Position in der Pädagogik. Er stellte die Bildungslehre auf eine geschichts- und sozialwissenschaftliche Grundlage und verwies auf die wenig ausgeprägte soziale Seite der Pädagogik Herbarts. Willmann richtete "die Sinnbestimmung der Erziehung an den Aufgaben der sozialen Eingliederung der heranwachsenden Generation in die geschichtlich gewordene Lebenswelt der Erwachsenen" aus.*⁹ *Neu an Willmanns Entwurf waren, wie Wolfgang Klafki hervorhob, die Ausführungen zum Begriff des 'Bildungsgehaltes': "Der Bildungsgehalt existiert (...) und ist faßbar nur in der Weise des Erlebtwerdens." Nach Willmann bezeichnet demnach der Bildungsgehalt "die Urerfahrung des Gebildetwerdens überhaupt. Er ist Bildungsgehalt nur, insofern er bildend erfahren wird; er wird aber nur als bildend erfahren, weil und sofern er Bildungsgehalt, d.h. welterschließende und weltaufbauende Grundeinsicht, Strukturerkenntnis, Werterfahrung ist."*¹⁰ *An diesem Punkt setzte auch das sozialpädagogische Interesse an der Bildungslehre Willmanns ein, denn er untersuchte die soziale Dimension und*

---

⁵ F. X. Eggersdorfer, Otto Willmann ..., S. 13.
⁶ E. E. Geissler/S. Huber, Otto Willmann ..., S. 73.
⁷ Dietrich Benner, Hauptströmungen der Erziehungswissenschaft, Weinheim ³1991, S. 81-84.
⁸ Vgl. z.B.: Klaus Schaller/Georg Wodraschke, Information und Kommunikation, Hamburg 1968; Ingbert Knecht-von Martial, Geschichte der Didaktik, Zur Geschichte des Begriffs und der didaktischen Paradigmen, Frankfurt a.M. 1985; Hubert Henz, Bildungstheorie, Frankfurt a.M. 1991.
⁹ Benner, Hauptströmungen der Erziehungswissenschaft ..., S. 82.
¹⁰ Wolfgang Klafki, Das pädagogische Problem des Elementaren und die Theorie der kategorialen Bildung, Weinheim ³1963, S. 182-183.

Wirkung der Bildung, damit sie der Aufgabe gerecht werde, für die "Breite des Lebens" 'Werterfahrungen' und 'aufbauende Erkenntnisse' zu vermitteln.[11] Willmann hat, wie Michael Winkler bemerkte, von den Pädagogen der Jahrhundertwende neben Natorp wohl die grundlegendsten Beiträge zur begrifflichen und theoretischen Fundierung der Sozialpädagogik geliefert.[12] In den untersuchten Zeitschriften schrieb Willmann nur vereinzelt, doch er fehlt in keiner zeitgenössischen Aufzählung oder Thematisierung der sozialpädagogischen Theorieentwürfe. Der Katholik Willmann paßte nicht in die Reihe der protestantischen Herbart-Nachfolger und war auf keinen Fall ein Anhänger der Volksschullehrerpositionen in der Deutschen Schule.

4.1 Auf der Suche nach einer 'inneren Heimat' in der modernen Welt

"Das Ideale (...) ist doch wirklich das Tau, welches das Schifflein des menschlichen Lebens an seine Anker bindet"[13] *(Otto Willmann)*

Willmann war durch seinen Glauben an den Anker der katholische Kirche gebunden. Hier fand er auf dem Weg durch den Kulturkampf und in die moderne Welt seine 'innere Heimat'. Mit Wilhelm Rein verband ihn die entschiedene Kritik an einer Sozialpädagogik als "verbrämte Staatspädagogik"[14] und die gemeinsame Nähe zur Schule Herbarts, obzwar er - was Rein nicht behagte - mit Blick auf die geschichts- und sozialwissenschaftlichen Grundlagen der Bildungslehre durch "die Aufnahme antiker und philosophischer Anschauungen" über den "Herbartschen Gesichtskreis" hinausschritt.[15] Während Rein die

---

[11] Otto Willmann, Didaktik als Bildungslehre (1882/1888), Freiburg/Wien ^{6}1957, S. 618.

[12] Vgl.: M. Winkler, Eine Theorie der ..., S. 46ff; vgl. zur zeitgenössischen Rezeption Willmanns z.B.: Joseph Beck, Ueber Sozialpädagogik, Donauwörth 1911.

[13] Otto Willmann, Die soziale Aufgabe der höheren Schule (1891), in: O. Willmann, Aus Hörsaal und Schulstube. Gesammelte kleinere Schriften zur Erziehungs- und Unterrichtslehre, Freiburg i.Br. 1904, S. 289.

[14] Otto Willmann, Über W. Reins Theorie der Schulgemeinde. Anzeige des Buches von Prof. Dr. Wilhelm Rein, Pädagogik in systematischer Darstellung, (1903), in: O. Willmann, Aus Hörsaal und Schulstube. Gesammelte kleinere Schriften zur Erziehungs- und Unterrichtslehre, Freiburg i.Br. 1904, S. 273.

[15] O. Willmann, Über W. Reins Theorie ..., S. 277.
Das Verhältnis von Willmann zu Herbart wurde häufig debattiert, dabei hatte Willmann sein Verhältnis zu Herbart eigentlich offen und klar ausgearbeitet, so z.B. bereits 1873-75 in den Vorbemerkungen und der Einleitung von Herbarts Pädagogischen Schriften (vgl.: Ausgabe von Johann Friedrich Herbarts Pädagogischen Schriften - Einleitung und Vorbemerkungen (1873/75), in: O. Willmann, Sämtliche Werke. Band 3, 1873-1875, Aalen 1971, S. 1-204). Seine Kritik an Herbart richtete sich einmal gegen Herbarts Begriffsdefinitionen von Unterricht, Erziehung und

Pädagogik an ein Persönlichkeitsideal der Reformation und Aufklärung gebunden sah, waren für Willmann der Protestantismus sowie Kant, Smith und Rousseau die geistigen Väter "moderner Stillosigkeit".[16] Sie warfen "ein grelles Schlaglicht auf die Ursachen der sozialen Dekomposition des protestantischen Deutschlands".[17] So habe Rousseau, der Verfasser des 'contract social', den Plan einer "Gesellschaft ohne Wurzeln" entworfen:

> Rousseau "vervielfältigt nur das autonome Subjekt, indem er ihm sozusagen einen Koeffizienten beisetzt; seine Gesellschaft besteht aus lauter Jean Jacques; Männern, denen ihr Wille Gesetz ist. (...) Rousseaus Gesellschaft ist eine Rotte entwurzelter Menschen, wie er selbst ein solcher war. (...) In Rousseaus Gesellschaft ist jeder Rest eines bindenden, über die Individuen übergreifenden Ethos ausgetilgt."[18]

Im dritten Band der Geschichte des Idealismus - 1897 - rechnete Willmann mit der Philosophie der Neuzeit ab. Dem Protestantismus kreidete er an, die Entwurzelung der traditionellen Begriffe Vorbild und Gesetz geleistet[19] und

---

Zucht, denn Willmann erkannte den "Gegensatz" zwischen Vielseitigkeit des Interesses und sittliche Bildung nicht an: "Ein Gegensatz besteht nur zwischen Vielseitigkeit des Interesses und Charakterstärke der Sittlichkeit; er entspricht dem Gegensatz von Unterricht und Zucht, während jener falsche dem von Unterricht und Erziehung entspräche" (Otto Willmann, Über die Dunkelheit der "Allgemeinen Pädagogik" Herbarts (1873), in: O. Willmann, Sämtliche Werke. Band 3, 1873-1875, Aalen 1971, S. 1-204). Andererseits verteidigte er Herbart zwar gegen die Vorwürfe, Herbart würde in der Didaktik "Psychologisieren", doch bemängelte er die "ungenügend vertretene soziale Seite der Erziehung". Herbarts Ablehnung der Güterlehre und seine mangelnde Thematisierung der Sprachlehre und des Sprachunterrichtes standen im Mittelpunkt seiner Kritik. Insgesamt führte er Herbarts Defizite auf seine Befangenheit in den philosophischen Problemen seiner Zeit und der mangelnden Kenntnis des Aristoteles zurück. Er bedauerte "daß Herbart nicht in Aristoteles eingedrungen ist, der wie kein anderer Denker es verstanden, die Erfahrung in Begriffe zu fassen, die ebenso scharf als elastisch sind. Hätte er Aristoteles' Satz gekannt und beherzigt: 'Dreierlei ist in der Seele maßgebend für das Handeln und die Wahrheitserkenntnis: Wahrnehmung, Verstand und Strebung', so hätte seine Lehre vom Gedankenkreise und den Formalstufen eine befriedigende Gestalt gewonnen. Eine andere aristotelische Reihe: Betrachten, Gestalten und Handeln hätte ihn an die Zusammengehörigkeit von Kenntnissen, Fertigkeiten und Gesinnungen erinnern können; Aristoteles' Unterscheidung vom Wissen und dem ihm vorausgehenden Wissensinhalte, hätte ihn auf das objektive Moment des Lehrens und Lernens und damit auf die Logik als Hilfswissenschaft der Didaktik hingewiesen; die Lehren des großen alten Denkers vom Zwecke, von der Verbindung der Vernunft mit dem Streben im Wollen, von der organischen Natur des Geistes und alles Geistigen, von der Hinordnung des Menschen auf die Gesellschaft hätten Wegweiser abgegeben, um all die gerügten Einseitigkeiten zu vermeiden" (Otto Willmann, Stärke und Schwäche der herbartschen Didaktik, Düsseldorf 1905, S. 7-8).

[16] O. Willmann, Didaktik als Bildungslehre ..., S. 430.
[17] Vgl.: Otto Willmann, Geschichte des Idealismus. Band 3. Der Idealismus der Neuzeit (1897), in: O. Willmann, Sämtliche Werke. Band 10, Aalen 1973, S. 371.
[18] Vgl. O. Willmann, Geschichte des Idealismus. Band 3. ..., S. 272-273.
[19] Vgl. O. Willmann, Geschichte des Idealismus. Band 3. ..., S. 168.

einer Subjektivierung des Ideenbegriffes vorgearbeitet zu haben. Mit Kant trat nach seiner Auffassung die "völlige Entartung des Idealismus" ein.[20] Adam Smiths Gedanke, daß mit dem Streben der einzelnen nach Wohlstand ein geordneter Wohlstand der Gesamtheit folgen werde, entgegnete Willmann mit der nüchternen sozialen Analyse: "Hinter der Gesellschaft von pflichtgemäß sich für das Gemeinwohl bereichernden Egoisten erhob sich das Gorgonenhaupt der sozialen Frage."[21] Der Kampf ums Dasein, ergänzte Willmann, könne nicht "Selbstlosigkeit und Hingebung"[22] lehren. Die modernen Philosophen verstanden aus seiner Perspektive Freiheit als Ungebundenheit, was zum Verhängnis für den modernen Menschen werden sollte, denn sie stellten ihn damit auf eine "Nadelspitze", so daß er bereit werde, ihm "unwürdige Gebundenheit(en)" anzuerkennen.[23] Ohne Frage lehnte Willmann auch die Philosophie Friedrich Nietzsches ab; jenen Prediger des Anarchismus, der mit dem Satz - "Alles ist erlaubt" - die Autorität untergrub, sowie die durch die Tradition angesammelten Erkenntnisgehalte gleichzeitig durch ein - "Nichts ist wahr" - wegzufegen gedachte[24] und eine "moralfreie Ethik" verkündete.[25] Andererseits lobte Willmann Nietzsche, daß er "in die Abgründe der menschlichen Natur eingeblickt"[26] und "für die Irrtümer anderer oft einen scharfen Blick" gehabt habe.[27] Er fand Gefallen an Nietzsches wortgewaltiger Kritik der zeitgenössischen Philosophie. Nietzsche sagte nicht zu viel, schrieb Willmann, soweit er der modernen Wissenschaft "keinen Glauben an sich", die "Unruhe der Ideallosigkeit selbst" und das "Ungenügen an einer unfreiwilligen Genügsamkeit" bescheinigte.[28]

Im Resultat der Willmannschen Betrachtungen stand eine ideallose und "von Skepsis und Vernunftkritik ausgemergelte Wissenschaft" den "großen Fragen des Lebens fraglos gegenüber".[29] Die vorherrschenden, von der Philosophie

---

[20] O. Willmann, Geschichte des Idealismus. Band 3. ..., S. 209.
[21] O. Willmann, Geschichte des Idealismus. Band 3. ..., S. 252.
[22] O. Willmann, Didaktik als Bildungslehre ..., S. 659.
[23] O. Willmann, Geschichte des Idealismus. Band 3. ..., S. 685.
[24] O. Willmann, Didaktik als Bildungslehre ..., S. 610.
[25] O. Willmann, Geschichte des Idealismus. Band 3. ..., S. 704.
[26] O. Willmann, Geschichte des Idealismus. Band 3. ..., S. 214.
[27] O. Willmann, Geschichte des Idealismus. Band 3. ..., S. 218.
  Nietzsche entlarvte, so Willmann, auch die Subjektorientierung der modernen Philosophie: "'Autonom' und 'sittlich' schließt sich aus - lehrt Friedrich Nietzsche. Bei ihm legt das souveräne Individuum jenes wunderliche Kostüm ab" (ebd., S. 363).
[28] O. Willmann, Geschichte des Idealismus. Band 3. ..., S. 703.
  Er bediente sich auch der Worte Nietzsches, um die sozialistische Weltansicht mit den nötigen abschätzigen Vokabeln zu versehen: "'Aufkläricht, Hegelei, Materialismus und Atheismus, welche man 'als volksfreundliche Freiheit, Gleichheit und Fortschritt verwirklichend hinstellt', während in Wahrheit 'diese Ingredienzien zur entgegensetzten Lebensgestaltung führen'". Willmann vergaß auch nicht, indem er sich mit dem Kantianismus Langes und dem 'sozialistischen' Neukantianismus auseinandersetzte, auf den "materialistischen Zug" in der kantischen Weltansicht hinzuweisen (ebd., S. 400).
[29] O. Willmann, Geschichte des Idealismus. Band 3. ..., S. 707.

abgetrennten Erfahrungswissenschaften suchten nach Willmanns Beschreibung nun in der modernen Perspektive der Arbeitsteilung ihr Heil und spezialisierten ihre neuen Prinzipien jeweils nach dem, was Mode und Zeitgeist zu bieten hatten. Willmann warf der Philosophie der Neuzeit ihren unmißverständlichen Bruch mit der Geschichte vor und beschrieb das 19. Jahrhundert als das Jahrhundert der "Entfremdung von der Religion"[30], wobei er auf die sozialen und historischen Konsequenzen verwies; denn gerade die durch das Christentum geschaffenen sozialen Gebilde seien geprägt durch das "plastische Gesetz" vom "Lebensganzen" - welches in der modernen Welt zu verschwinden drohe.[31]

> "Das erhitzte Kulturstreben ist ein Raubbau; die friedlose Arbeit verschlingt das Leben, die Wogen der Geschäftigkeit unterwaschen die Stützen des sittlichen Daseins; bei der Kapitalisierung wird das Stammkapital des Volkslebens aufgebraucht; die materiell-produzierenden Kräfte legen die sozialplastischen lahm. Im Drängen nach Fortschritt wird vergessen, daß es dazu eines Rückhalts bedarf, bei dem Pochen auf Fortentwicklung wird verkannt, daß ein Kern da sein muß, der sich entwickelt, und ohne dessen keimkräftige Struktur und zweckstrebige Kraft der ganze Prozeß in Frage steht."[32]

Für Willmann stand die sozialhistorische Grundansicht zur Disposition, die sich in einer organischen Weltanschauung ausdrückte und die die Gegenwart des menschlichen Lebens und die Freiheit der Menschen in der Kontinuität der 'sozialplastischen' Kräfte einer überzeitlichen Lebenslehre eingebunden sah. Er hielt den Vergleich der menschlichen Gesellschaft mit dem lebenden Körper für eine der "sinnvollsten und fruchtbarsten Analogien",[33] verwehrte sich aber um so energischer gegen jede direkte Übertragung z.B. biologischer Ansätze in die Gesellschaftslehre, die den erklärenden Status einer Analogie übersprangen. Durch den Vergleich der Gesellschaft mit einem Organismus wurde die gegliederte Bindung der einzelnen Gesellschaftsteile untereinander und das notwendige kontinuierliche Wachstum einer gesunden Entwicklung herausgestrichen. Er stellte nicht wie die meisten Sozialpädagogen der Herbart-Schule die Persönlichkeit in den Mittelpunkt. Auf der Suche nach dem, was dem Leben Wert und Haltung gebe, empfahl Willmann, "zuerst die Gesellschaft ins Auge zu fassen und dann den Einzelmenschen".[34] Er begriff die

---

[30] Otto Willmann, Pro aris et focis (1903), in: O. Willmann, Aus Hörsaal und Schulstube. Gesammelte kleinere Schriften zur Erziehungs- und Unterrichtslehre. Freiburg i.Br. 1904. S. 322.
[31] Otto Willmann, Geschichte des Idealismus. Band 2. Der Idealismus der Kirchenväter und der Realismus der Scholastiker (1896), in: O. Willmann, Sämtliche Werke. Band 9, Aalen 1975, S. 59.
[32] O. Willmann, Geschichte des Idealismus. Band 3. ..., S. 716.
[33] O. Willmann, Didaktik als Bildungslehre ..., S. 1.
[34] Otto Willmann, Wesen und Aufgabe der Sozialpädagogik (1900), in: O. Willmann, Gesammelte Werke. Band 7, Aalen 1982, S. 498.

Persönlichkeitswerdung zwar auch als zentrales Problem der Pädagogik, doch war aus seiner Perspektive eine umfassende "Erkenntnis des Individuums" nur dann zu erreichen, wenn man es in die sozial-historischen Verbindungen zurückversetze. Die "Biographie", die "Rolle, Stellung, Würde", die dem einzelnen zukomme, könne man nur entschlüsseln, soweit man die große Schrift der Gesellschaft lese.[35] Gerechtigkeit könne nur gefunden werden, so man begreife, daß die individuellen Verhältnisse nur eine Verdichtung der sozial-historischen Verhältnisse seien, "wie ein und derselbe Text, den wir in kleiner Schrift vor uns haben, aber zugleich als mächtige Inschrift in großen Buchstaben angeschrieben finden".[36]

In Anlehnung an Protagoras berühmten Ausspruch, der Mensch ist das Maß aller Dinge, formulierte Willmann, daß nicht die menschlichen Gedanken das Maß der Dinge seien, sondern "das in den Ideen liegende Wesen der Dinge das Maß der menschlichen Gedanken".[37] Entsprechend trug er den Wissenschaften die Aufgabe zu, den überzeitlichen Idealgehalt im "Leben, Forschen und Gestalten der Menschen"[38] zu suchen, um zu einer Lehre vom christlichen Lebensganzen zu gelangen, in der Erfahrungswissenschaft und Philosophie wieder verbunden wären. Entsprechend umfassend war sein Anspruch an die Sozial- und Geschichtswissenschaften:

"Der Name: Gesellschaftswissenschaft oder Sozialwissenschaft, oder, wie die Franzosen sagen, Soziologie ist zu eng, da er nur Recht und Staat, Sitte und Arbeit in sich faßt; spricht man von Kulturwissenschaften, so wird das ganze Gebiet dem der Naturwissenschaften zweckdienlich nebengeordnet und die alte Disjunktion von Ethik und Physik in gewissem Betracht erneuert, aber Kultur besagt zu wenig, da sie nicht das ganze Menschentum umfaßt, zumal die Gesittung, die Zivilisation, das soziale Gebiet nur gezwungen unter die Kultur gefaßt werden können. Der Name: Historische Wissenschaften, läßt die Beziehung zur Ethik fallen, und das in ihm gewählte Merkmal müßte als ethisch-historisch bezeichnet werden. Noch weniger sagt der Name: Geisteswissenschaften, der nur Berechtigung hat, wenn der Begriff des objektiven Geistes als eines intelligiblen Organismus anerkannt wird; wird dagegen der Geist nur als Objekt der Psychologie verstanden, so ist der realistische Standpunkt aufgegeben und sinken die idealen Güter zu Bewußtseinserscheinungen herab. Ebenfalls nominalistisch ist die Bezeichnung: Völkerpsychologie, welche zudem den Kreis zu eng zieht, da die über die Völker übergreifende Einheit der Menschheit nicht aus dem Gesichts-

---

[35] Otto Willmann, Die Zusammengehörigkeit des individualen und sozialen Faktors der Erziehung (1901), in: O. Willmann, Gesammelte Werke. Band 7, Aalen 1982, S. 604.
[36] O. Willmann, Wesen und Aufgabe der Sozialpädagogik ..., S. 498.
[37] Otto Willmann, Geschichte des Idealismus. Band 1. Vorgeschichte und Geschichte des antiken Idealismus (1894), in: O. Willmann, Sämtliche Werke. Band 8, Aalen 1973, S. 275.
[38] O. Willmann, Geschichte des Idealismus. Band 3. ..., S. 532.

felde schwinden darf. (...) Es gilt, das Gegebene, die Erscheinungen, das Historisch-Empirische zu erkennen, sodann es auf seinen Gehalt, sein Wesen, sein Gesetz zu begreifen. Es ist dieselbe Stufenfolge: vom Erkunden zum Ergründen, von diesem zur Überschau aus dem Zentrum, die Stufenfolge, welche der scholastische Satz ausdrückt: Sensibilia intellecta manuducunt in intelligibilia divinorum."[39]

Willmanns Kritik an der Philosophie der Neuzeit mündete somit in dem Versuch, an die Kontinuität wiederanzuknüpfen, welche die Geschichte des Idealismus bis zum späten Mittelalter durchzog und ihmzufolge in der Lehre des Thomas von Aquin als dem "Reinertrag der mittelalterlichen Scholastik" ihren Höhepunkt fand.[40] Es war der "durch die Ideen und zuhöchst durch den Glauben orientierte() Realismus" des Thomas von Aquin, an den es folgerichtig anzuknüpfen galt, um die Verbindung von Wissenschaft und Leben wiederherzustellen.[41] Es lag dem die Grundeinsicht zugrunde, daß einerseits angesichts der Verschiedenheit der Gattungen nicht "alles" aus einem "übergreifenden Prinzip" abgeleitet werden könne,[42] andererseits die Realität der idealen Prinzipien anzuerkennen sei. Willmann forderte in diesem Sinn schließlich die Rückbesinnung auf eine Philosophia perennis - also auf eine gemeinsame Grundlage aller Philosophie und damit der Lebensordnung. Ihmzufolge hatte Augustinus Steuchus Eugubius 1450 in seinem Hautpwerk 'De perenni philosophia' nicht nur eine Geschichte der Philosophie, sondern auch eine Philosophie der Geschichte geboten, indem er das "Innerste im Leben der Völker" und den "Nerv der geschichtlichen Entwicklung" in dem auf "Weisheit" und "Gottseligkeit" gerichteten Streben erkannte.[43]

Gerade seine 'eigene' Epoche der "modernsten Kurzsichtigkeit"[44] zeigte ihm, wie notwendig es geworden war, den Bruch der Wissenschaft mit der Lehre vom christlichen Lebensganzen und die Neuzeit mit dem Mittelalter zu überwinden. Das Mittelalter sollte als das "Jugendalter der europäischen Völker" anerkannt werden. Schon der Begriff 'Jugendalter' verdeutlichte, daß es ihm dabei nicht um eine einfache Übersetzung der Philosophie des Mittelalters in die Neuzeit, sondern um einen Zugang zum Mittelalter und um die Kontinuität der organischen Weltanschauung ging. Er verwies auf zeitgenössische Ansätze, die diese Auffassung unterstützen und die sozialplastische Kraft der mittelalterlichen Einrichtungen wiederentdeckten. Angesichts der industriellen Entwicklung lernten, so Willmann, z.B. "neuere Forscher" die Bedeutung "der sozialen Gestaltung des Handwerks" für "alle folgende Zeit" würdigen.[45]

---

[39] O. Willmann, Geschichte des Idealismus. Band 3. ..., S. 532.
[40] O. Willmann, Geschichte des Idealismus. Band 3. ..., S. 114.
[41] O. Willmann, Geschichte des Idealismus. Band 2. ..., S. 239.
[42] O. Willmann, Geschichte des Idealismus. Band 2. ..., S. 300.
[43] O. Willmann, Geschichte des Idealismus. Band 3. ..., S. 132.
[44] O. Willmann, Didaktik als Bildungslehre ..., S. 369.
[45] O. Willmann, Geschichte des Idealismus. Band 3. ..., S. 642.

Gustav Schmoller spreche gar mit Blick auf den "Kunst- und Gewerbefleiß des 15. Jahrhunderts" von "einem verlorenen Paradies".[46]

4.2 Von der sozial-historischen Gesinnung zur sozialhistorischen Bildung

"Die soziale Bildungsarbeit funktioniert richtig, wenn sie auf die Totalität der Güter angelegt ist und vorerst den pflichtmäßigen, dann den würdigen, schließlich den nützlichen Gliedern ihre Stelle gibt; wenn sie ferner nach Maßgabe dieser Wertstufen die sozialen Verbände als ihre Stützen sucht und in organischem Anschlusse an deren Erhaltung und zugleich, unter Fernhaltung aller Verstiegenheit, an deren Vervollkommnung mitarbeitet; endlich wenn sie eingedenk ihrer inneren Verwandtschaft und ihrer Verwurzelung in der Autorität Zusammenhang sucht mit der Ordnung, welche diese beiden erhaltenden und einigenden Mächten ihre Weihe gibt."[47]

(Otto Willmann)

Mit dieser Auffassung von der sozialen Bildungsarbeit hatte nach Willmann die neuere Pädagogik gebrochen. Im Gegensatz zu seiner organischen Weltansicht hätten "die geistigen Bewegungen" der neueren deutschen Pädagogik "etwas Heftiges und Jähes, ja Exentrisches". In der Pädagogik, schrieb Willmann, stießen "von allen Seiten her die entgegensetzten Prinzipien aufeinander. Es fochten Philantropinismus und Humanismus, rationalistische Aufklärung und historischer Glaube, kosmopolitische Weltansicht und patriotische Begeisterung, das Prinzip der Staatspädagogik und das der individualisierenden Erziehung ihre Kämpfe aus."[48] Willmann eröffnete im Jahr 1875 mit diesen Sätzen einen Beitrag über Schleiermachers Erziehungslehre. Er wollte den "Lärm des Streites"[49] skizzieren, den Schleiermacher vernahm, als er begann, sich der Pädagogik zu widmen. Aus diesem Blickwinkel ließ sich einerseits Schleiermachers Leistung würdigen, der es verstanden habe, Besonnenheit in die Debatte zu bringen und die bei der Jugendbildung "streitenden Kulturelemente()" auszugleichen und in "seine Weltanschauung organisch" aufzunehmen.[50] Andererseits wollte Willmann die streitenden 'Geister' der Gegenwart darauf verweisen, daß ihren Positionen schon eine weiterführende Antwort gegenüberstehe, an die es anzuknüpfen gelte, ohne den 'Lärm' der Geburtsstun-

---

[46] O. Willmann, Geschichte des Idealismus. Band 3. ..., S. 643.
[47] O. Willmann, Didaktik als Bildungslehre ..., S. 664.
[48] Otto Willmann, Über Schleiermachers Erziehungslehre (1875), in: O. Willmann, Sämtliche Werke. Band 3, 1873-1875, Aalen 1971, S. 629. Vgl. auch: Otto Willmann, Herbart und Schleiermacher; aus der Vorlesung "Geschichte der Pädagogik des 19. Jahrhunderts" (1874/1875), in: O. Willmann, Sämtliche Werke. Band 3, 1873-1875, Aalen 1971, S. 512-542.
[49] O. Willmann, Über Schleiermachers Erziehungslehre ..., S. 630.
[50] O. Willmann, Über Schleiermachers Erziehungslehre ..., S. 631.

den der neuen deutschen Pädagogik zu wiederholen. Schleiermacher habe von den Historikern der Philosophie am bestimmtesten die Kontinuität zwischen dem Mittelalter und der Neuzeit dargelegt. Folgerichtig habe er die Umgestaltungen im Leben, welche die Erkenntnisse der Neuzeit mit sich brachten, in seiner Philosophie und Pädagogik berücksichtigt, ohne daß er der Bildung das "historische Fundament" genommen habe. Auf dieser Grundlage konnte Schleiermacher gefestigt, so Willmanns Bild, an der "Wiedergeburt des Volkstums" sowie an der "Neubelebung des Gemeinsinns und (des) politischen Geistes" mitarbeiten.[51]

Auf die Frage nach den "Leitsterne(n)" der Gegenwart und der Vernunft im "heutigen Tun" sollte, nach Willmann, bei der Antwort kein "Sprung" oder "Wechsel" zwischen der historischen und der ethisch praktischen Reflexion entstehen.[52] Schleiermacher hatte in seinen Augen diesen Anspruch erfüllt: Er beantwortete demnach die Frage, was die Erziehung bewirke, auf dem Boden der Erfahrung und machte anstatt des Zweckes den Erfolg und anstatt der Aufgabe die Leistung der erziehenden Tätigkeit zum Ausgangspunkt seiner Erziehungslehre. Nach seiner Ansicht beginne Erziehung damit, daß der Mensch hineingestellt werde "in den mannigfaltigen Komplex menschlicher Verhältnisse, wie er sich bei einem bestimmten Volke, zu bestimmter Zeit gebildet" habe. Schleiermacher erkannte demnach die Einseitigkeit einer Erziehungstheorie, die vor allem das Individuelle fördern will, damit die nachwachsende Generation das Bestehende verbessere, anstatt auch die Bedeutung der bestehenden Lebensgemeinschaften zu begreifen. Willmann faßte Schleiermachers Lehre entsprechend zusammen:

> "Die Erziehung kann nur verstanden werden, wenn sie angesehen wird als die Vereinigung der auf die Gemeinschaft und der auf die Individualität gerichteten Tätigkeit; sie ist zugleich Hereinbildung der Jugend in das gemeinsame Leben und Herausbildung der eigenen Natur der Individuen; durch Erziehung soll das nachwachsende Geschlecht befähigt werden, einzutreten in das, was es vorfindet, aber auch instand gesetzt werden, in die sich darbietenden Verbesserungen mit Kraft einzugehen."[53]

Schleiermacher hatte, so kann Willmanns Interpretation resümiert werden, die "historische Gesinnung"[54] des Mittelalters, durch die die nachwachsende Generation ganz selbstverständlich in die "sittlichen Gemeinschaften"[55] integriert wurde, zu einer historischen Bildung der Lebenserneuerung fortentwickelt. Er wußte um die ungeschichtliche Betrachtungsweise der neuen Pädagogik, erkannte deren Originalität, aber auch die Notwendigkeit einer sozial-

---

[51] O. Willmann, Über Schleiermachers Erziehungslehre ..., S. 632.
[52] O. Willmann, Didaktik als Bildungslehre ..., S. 46.
[53] O. Willmann, Über Schleiermachers Erziehungslehre ..., S. 635.
[54] O. Willmann, Geschichte des Idealismus. Band 3. ..., S. 15.
[55] O. Willmann, Über Schleiermachers Erziehungslehre ..., S. 633.

historischen Einbindung.[56] Willmann glaubte, daß es an der Zeit sei, erneut, angesichts der sozialen Umbrüche und der deutlichen Tendenz zur Subjektivierung, "die Solidarität der Generationen" zu thematisieren, "vermöge deren die Schöpfungen und Errungenschaften der Menschheit sich erhalten bei dem steten Wechsel ihrer Träger". Denn auch in der Zukunft solle der "Verjüngungsprozeß des Sozialkörpers" ohne Sprünge erfolgen und die nachwachsenden Generationen auf ihren "eigenen" Bahnen und bei der Gestaltung ihrer "Organe" die Lebensfunktionen des Sozialkörpers aufnehmen und die Kulturarbeit der voraufgegangenen Geschlechter fortführen.[57] Der "Januskopf" der Erziehung blickt nach Willmann in die Vergangenheit und Zukunft - sie fördert das neue Geschlecht, indem sie eine Pflicht gegenüber der Vergangenheit erfüllt.[58] In diesem Sinn sprach Willmann von der Assimilation der Nachwuchses[59] und von der Bedeutung der Geschichte für die Bildung:

> "Die auf die geistige und sittliche Angleichung der Jugend gerichtete Tätigkeit arbeitet an der Geschichte und mittels der Geschichte; an der Geschichte, indem sie ihres Orts die Brücke von der Gegenwart zur Zukunft schlägt, der Kette der Generationen neue Glieder anfügt; mittels der Geschichte, indem die Mittel, mit denen sie wirkt, die Güter, die sie überträgt, die Verbände, welche sie erneuert, der vorausgegangene Entwicklung entstammen."[60]

Schon an der Begriffswahl wird deutlich, worauf Willmanns Sorge gerichtet war, die 'Ketten der Generationen' nicht abreißen zu lassen und 'Verbindungen' und 'Brücken' zu schaffen. Er sah vor allem das Zersetzende und die Schnellebigkeit der modernen Kultur. Die Bildungsinhalte hätten ihren Wert

---

[56] O. Willmann, Geschichte des Idealismus. Band 3. ..., S. 10.
[57] O. Willmann, Didaktik als Bildungslehre ..., S. 19.
[58] Otto Willmann, Enzyklopädie der Erziehungswissenschaft (1874), in: O. Willmann, Sämtliche Werke. Band 3, 1873-1875, Aalen 1971, S. 470.
[59] Vgl. nur die bereits im Sommersemester 1873 an der Universität Prag gehaltene Vorlesung: Die Erziehung als Assimilation des Nachwuchses. Willmann definierte hier Erziehung. Er stellte das Erziehen als die "bewußte, absichtliche Tätigkeit" dar, "durch welche das gereifte Geschlecht das nachwachsende sich assimiliert". Er unterschied dabei die unbewußte Assimiliation von der Ausbildung (Otto Willmann, Die Erziehung als Assimilation des Nachwuchses (1873), in: O. Willmann, Sämtliche Werke. Band 3, 1873-1875, Aalen 1971, S. 249).
Rein grenzte dagegen den Begriff der Erziehung von dem der Assimilation ab: "Denn wenn einerseits eine planvolle Erziehung auf dem Verhältnis zwischen Erzieher und Zögling beruht, so macht sich anderseits als ebenso grundlegend und einflußreich das Verhältnis von Geschlecht zu Geschlecht geltend. Nur daß hier von einer planvollen Tätigkeit nicht die Rede sein kann. Hier findet Assimilation, dort Erziehung statt. Welches ist die stärkere Macht? Bald scheint das eine, bald das andere das Übergewicht zu haben. Die Erziehung sollte die stärkere Macht sein; sie sollte alles das in sich vereinigen, was an guten Einflüssen in der Gesellschaft wirksam ist; sie sollte alles in sich auflösen, was an schlechten Wirkungen von dem ältern Geschlecht ausgeht" (W. Rein, Sozialismus und Erziehung, ..., S. 37).
[60] O. Willmann, Didaktik als Bildungslehre ..., S. 46.

verloren oder - wie er sagte - ohne jede Richtung auf das Lebensganze nur noch subjektiven "Heizwert".[61] An diesem Punkt setzte auch die Kritik des Katholiken Willmann an der Theorie des Protestanten Schleiermacher an. Bei Schleiermacher schien ihmzufolge die Distanz zum "modernste(n) Kulturbegriff" verschwunden. Ein derartiger Kulturbegriff, der die Kultur "zur Totalität aller menschlichen Betätigung aufbläht"[62], war aus Willmanns Perspektive ungeeignet, eine Aussage über den Bildungsgehalt der kulturellen Erscheinungen machen zu können. Soweit jede menschliche Betätigung als Kulturerscheinung angesehen werde, sei der Kulturarbeit und der 'Hereinbildung der Jugend' in das gemeinsame Leben jedes Kriterium genommen. Analog bezeichnete Willmann 1874 den Begriff der Generation als "zu weit", denn nicht "alle zugleich lebenden, gereiften Menschen bilden den Körper, welcher die Jugend assimiliert". In Anbetracht seiner Zeitdiagnose war es konsequent, für die Assimilation des Nachwuchses vorauszusetzen, daß die Menschen "eine Gemeinschaft bilden" und "einen gemeinsamen Lebensinhalt besitzen", ihre Lehre auf das Lebensganze ausgerichtet sei.[63]

Willmanns Forderung, die große Schrift der sozial-historischen Zusammenhänge zu lesen, war schließlich nicht nur eine Metapher, sondern auch wörtlich zu nehmen. Der entscheidende Zugang, um die Bedeutung des "kollektiven Lebenslaufes" für die Pädagogik zu erschließen, führte in Willmanns Philosophie und Bildungslehre über eine soziale Sprachlehre.[64] In dem "Schatze einer Sprache an Wörtern, Formen, Bildungsweisen und Fügungen" liegen, so Willmann, die "Anfänge einer Welt- und Lebensanschuung beschlossen, die mit der Sprache übertragen werden".[65] Sprachkunde war für ihn "Volkskunde, das Studium von Grammatik und Wörterbuch" nannte er "Kulturstudium".[66] In den Sprachen liege demnach ein gesammeltes Denken vor, sie seien "Verkörperungen von Gedanken und Zwecken", welche "durch das Suchen und Finden des Verständnisses frei werden".[67] Vergleichbar z.B. der antiken Mnemonik könne die Pädagogik auch als eine Gedankenbildung durch Begriffskombinationen beschrieben werden. Willmann suchte somit die mit der Sprache vermittelte Weltanschauung einer Gemeinschaft oder eines sozialen Verbandes und verwies auf die durch die Sprache vermittelte Verbindung von individueller und sozialer Lebensgestaltung:

"Wer sprechen, reden, dichten will, muß etwas zu sagen haben, alle Sprachkunst ist nichtig, welche nicht von einem Gedanken- oder Gefühlsinhalte, der im Worte Gestaltung sucht, ausgeht. Aber um die Gestaltung zu finden, muß sich dieser Inhalt auseinandersetzen mit der Gestaltung,

---

[61] O. Willmann, Didaktik als Bildungslehre ..., S. 662.
[62] O. Willmann, Didaktik als Bildungslehre ..., S. 662.
[63] O. Willmann, Enzyklopädie der Erziehungswissenschaft ..., S. 506.
[64] O. Willmann, Didaktik als Bildungslehre ..., S. 31.
[65] O. Willmann, Didaktik als Bildungslehre ..., S. 7.
[66] O. Willmann, Didaktik als Bildungslehre ..., S. 354.
[67] O. Willmann, Didaktik als Bildungslehre ..., S. 7.

welche die Sprache den Vorstellungen, Begriffen, Empfindungen, Gefühlen bereits gegeben hat, mit dem gebundenen Denken und Fühlen, wie es Generationen in den Schatzkammern der Sprache niedergelegt haben."[68]

So ergibt sich der Auftrag für die Pädagogik, das Sprechen nicht als eine selbstlaufende Tätigkeit zu begreifen und nicht nur eine Sprache zu vermitteln, sondern ein reflektiertes Sprachbewußtsein auszubilden. Hilfreich stehe der Pädagogik die Sprachkunde zur Seite, die für Willmann die "naturgemäße Propädeutik der auf den Sinn der Dinge ausgehenden Forschung" war.[69]

Indem die Pädagogik ihren Ausgangspunkt bei der Sprache nehme, werde sie drei zeitgenössischen Problembereichen der Bildungslehre gerecht, die Willmann als zentral betrachtete: Erstens könne über die Sprache als Ausdrucksform des Lebens und Gestaltens der Menschen, die Vorrangstellung der Politik und des Staates in pädagogischen Fragen zurechtgerückt und die sozialen Verbände - wie die Familie und der Handwerksbetrieb - in denen die Sprache lebe und mit ihr gearbeitet werde, ins zentrale Blickfeld gesetzt werden. Willmann knüpfte - wie Wilhelm Rein - an die Verwaltungswissenschaft Lorenz von Steins an.[70] Diese habe den Fehler vermieden, die "Lebenserneuerung" als Aufgabe und das Bildungswesen allein als ein Erzeugnis des Staates zu betrachten. Das Bildungswesen wollte Willmann als organisches Element des Gesamtlebens begriffen wissen, "welches durch eigene Kraft Dasein und Geltung gewinnt und das der Staat zunächst vorfindet und nicht zu schaffen braucht". Der Staat, folgerte Willmann, war darum nicht der Bildner des Volkes, sondern bestenfalls der "Verwalter des Bildungskapitals".[71]

Zweitens könne die Sprache als ein verbindender Organismus beschrieben werden, dem eine vereinende Sinnstruktur zugrundeliege und durch welche die einzelnen sozialen Interessen auf das Lebensganze ausgerichtet seien. Drittens eröffne der Sprachansatz die Möglichkeit, Individual- und Sozialbildung miteinander zu vereinen, die 'kleine und große Schrift' zu lesen und sich gegenseitig entwickeln zu lassen.

Willmann griff vor diesem Hintergrund den Güterbegriff Lorenz von Steins[72] auf und ordnete die Sprachlehre in eine Bildungslehre von den geistigen Gütern ein. Bei Plato sei das Individuum Teilhaber an dem von der Gesellschaft

---

[68] O. Willmann, Didaktik als Bildungslehre ..., S. 358.
[69] O. Willmann, Geschichte des Idealismus. Band 2. ..., S. 242.
[70] W. Donath hat in einer Dissertation 1910 das Verhältnis von Willmann zu Lorenz von Stein untersucht und darauf verwiesen, daß neben der Pädagogik Herbarts und Schleiermachers von Steins Theorie Willmanns dritter Ansatzpunkt in der Pädagogik der Neuzeit gewesen sei (vgl.: W. Donath, Otto Willmann in seinem Verhältnis zu Lorenz von Stein. Versuch einer Würdigung und Kritik. Langensalza 1910).
[71] O. Willmann, Didaktik als Bildungslehre ..., S. 263.
[72] Von Stein definiere den Begriff 'geistiges Gut', so Willmann, als "die Kenntnis und Fertigkeit als Produkt geistiger Arbeit und wirtschaftlicher Verwendung" (Otto Willmann, Didaktik als Bildungslehre ..., S. 22).

vertretenen Gut. - Aristoteles definiere das Gut nicht nur als ein Gemeinschaft konstituierendes Moment, sondern erkenne gleichzeitig die ideale Gestaltungsmacht der geistigen Güter. "Das Gut", so Willmann, sei in diesem Sinn "ein das Streben regelnder geistiger Inhalt, der selbst sich gleichbleibend, eine psychische Bewegung hervorruft."[73] Er unterschied zwischen materiellen, intellektuellen und spirituellen Gütern:

> "Den materiellen Gütern stehen die geistigen als immaterielle gegenüber, aber ein Teil derselben hat mit jenen den Charakter der Zeitlichkeit und Natürlichkeit gemeinsam, ein anderer ist ausserzeitlichen und übernatürlichen Ursprungs. Von erster Art sind die intellektuellen, von letzterer die spirituellen Güter; zu den ersteren gehören die Sprache, die Sprachkunst, die Literatur, die Wissenschaft, die Kunst, die Industrie, von letzterer Art dagegen sind die Güter, welche die Religion in sich begreift. Die Sprache, das elementarste unter ihnen, ist durch das Bedürfnis, das Innere auszudrücken, erzeugt und ihre Verwendung ist so mannigfaltig wie die menschliche Betätigung selbst."[74]

Mit der Übertragung der geistigen Güter auf die Nachkommenschaft vollziehe sich, so Willmann, die Erneuerung des Sozialkörpers. In der Bildungsarbeit müsse darum die "geistige Güterbewegung" ausgerichtet und reguliert werden. Sie unterscheide sich dadurch von der regellosen und unbestimmten Güterbewegung.[75]

Willmann bestimmte die Funktionen der geistigen Güter im Leben. Demnach sollten durch das Bildungswesen geistige Güter verteilt und vermittelt werden, (1) "deren Erhalt und Besitz eine soziale Pflicht darstellt", (2) "welche eine würdige Erfüllung des Lebens gewähren und endlich (3) solche, die ihren Beziehungspunkt in dem Nutzen haben, den sie spenden".[76] Zugleich betonte er die enge Bindung der geistigen Güterbewegung an die sozialen Verbände, die er die Stätten, Träger und Beziehungspunkte der geistigen Güterbewegung nannte. Jeder soziale Verband konstituiere sich über gemeinsame Güter und eine gemeinsame Sprache. Haus und Staat haben in diesem Bild die zivilisatorischen Aufgaben der inneren Konformierung an die äußere "Lebensordnung". Dazwischen stehe das Gemeinleben, es schaffe sich in der Sprache sein Organ. Es sei das Mittelgebiet, aus ihm erwachse die "Lebenserfüllung" und damit die kulturelle Belebung.[77] Die Kirche war in Willmanns Glauben die "societas perfecta", sie bringe das Wesen der Gesellschaft am vollkommensten zum Ausdruck, hier erhalte das Leben seine Weihe.[78]

---

[73] O. Willmann, Geschichte des Idealismus. Band 1. ..., S. 398.
[74] O. Willmann, Didaktik als Bildungslehre ..., S. 605-606.
[75] O. Willmann, Didaktik als Bildungslehre ..., S. 607-608.
[76] O. Willmann, Didaktik als Bildungslehre ..., S. 608.
[77] O. Willmann, Didaktik als Bildungslehre ..., S. 611.
[78] O. Willmann, Didaktik als Bildungslehre ..., S. 613.

"Die Familie ist der ursprünglichste der sozialen Verbände und zugleich das Vorbild der übrigen. Innerhalb der Familie vollzieht sich die Erneuerung des Sozialkörpers, deren Stufen das Zeugen, das Ziehen und das Erziehen darstellen. Mit dem Einleben in die Familie hebt die Assimilation des Nachwuchses und dessen Hineinbilden in die sozialen Verbände an. Familie oder Haus bilden das erste Glied von drei Reihen, welche den Aufbau der Gesellschaft bezeichnen, der Reihe: Familie, Stamm, Nation, der Reihe: Haus, Heimat, Vaterland und endlich der Reihe: Familie, Gemeinde, Kirche."[79]

Die sozialen Verbände wurden nach Willmann durch die "Unterordnung des Willens unter eine Autorität" und die "Ansammlung der geistigen Arbeit durch die Tradition" zusammengehalten. Gerade dadurch zeichneten sich ihmzufolge menschliche Gemeinschaften aus, daß der Mensch frei sei, die "Bestimmungen der Autorität in den Willen aufzunehmen" und " selbsttätig in die geistige Arbeit einzutreten".[80]

Die Bildungsarbeit hatte sich selbstverständlich auf das "Ganze der menschlichen Lebensaufgaben" auszurichten.[81] Willmann warnte vor dem Trugschluß, daß man in der Bildungslehre allein von der 'großen Schrift' ausgehe und nicht begreife, daß die 'große' und 'kleine Schrift' nur zusammengelesen werden könnten, "der soziale Kosmos und das Individuum einander gegenseitig deuten" müßten.[82] So nannte er z.B. in einer Tagebuchnotiz, die Veredelung der Triebe ein "echt modernes Thema", "für welches es bei den Pädagogen keine rechte Stellen gibt". Für Kant und Herbart sei das Triebleben nicht Gegenstand zur Veredlung, sondern der Unterwerfung, und Schleiermacher lasse für diese Frage das notwendige psychologische Interesse vermissen. Willmann resümierte: "Von dem rohen Geschlechtstrieb bis herauf zu der erotischen Dichtung aller Zeiten oder bis zur stillen, glücklichen Ehe ist immer der Trieb die dunkle Wurzel."[83]

Gleichermaßen, wie Willmann die Brücke zwischen dem Lebensganzen und der Wissenschaft herausstrich, legte er bei der Bildungsarbeit besonderen Wert auf die wechselseitige Durchdringung von Bildungsinhalt und den individuellen Lebensbereichen. Der Gebildete zeichnete sich nach seinem Persönlich-

---

[79] O. Willmann, Didaktik als Bildungslehre ..., S. 611.
[80] O. Willmann, Didaktik als Bildungslehre ..., S. 610.
[81] O. Willmann, Didaktik als Bildungslehre ..., S. 656.
Willmann versuchte die Fehler des didaktischen Materialismus und Formalismus in seiner Bildungslehre zu vermeiden. Vertreter des didaktischen Materialismus verlören folglich aus dem Blickwinkel, wie Dörpfeld treffend gezeigt habe, daß nicht nur der Gegenstand angeeignet, sondern auch das Verständnis für die geistige Form beachtet werden müsse. Pädagogen, die einem didaktischen Formalismus befürworteten, vergäßen zu leicht, daß gelernt werde, um zu wissen.
[82] O. Willmann, Didaktik als Bildungslehre ..., S. 28.
[83] Otto Willmann, Tagebuchnotizen 1874-1875, in: O. Willmann, Sämtliche Werke. Band 3, 1873-1875, Aalen 1971, S. 425.

keitsideal durch ein "Lebendiges Wissen", "durchgeistigtes Können" und "geläutertes Wollen" aus.[84] Das Aufnehmen der Bildungsgüter dürfe nicht nur ein Hinnehmen sein, sondern es solle "innere Kräfte" entbinden, den Geist stärken und insgesamt selbsttätig geschehen.[85] Willmann fand bei Aristoteles die Grundlage für eine angemessene Erkenntnislehre, denn Aristoteles verbinde die "Aktuierung" der in den Gütern liegenden Potenz mit dem "Herausführen" des im Menschen "Angelegten".[86] Die Scholastiker hätten die Lehre aufgenommen und ausgebildet:

> "Diese Theorie wahrt dem Subjekte die spontane Mitwirkung an dem Erkenntnisakte: Das Subjekt gibt dem Eindrucke von außen durch Abscheidung des Materiellen und Abhebung der Form seinen Stempel, und es bringt damit zum Vollzuge, was in ihm angelegt ist. Aber den Antrieb zu diesem Vollzuge und jener Stempelung gibt ihm das Objekt, das als species in jenes eintritt und damit die partielle Aktuierung des Erkenntnisvermögens vornimmt, welches von sich aus jede Potenz nicht zur Aktualität vorschreiten könnte; es ist somit ein Schöpfen der Erkenntnis aus dem Innern und eine Verflüchtigung des Objektes ebenso ausgeschlossen wie ein passives Hinnehmen des Erkenntnisinhaltes durch das Subjekt. Die Voraussetzung dieser Theorie aber ist die idealistische Grundanschauung: die Annahme, daß das Wirkliche zwei Daseinselemente, Form und Stoff in sich bindet, welche das Erkennen zu lösen vermag, und die andere, daß das Wirkliche diesen Namen mit Recht führt, weil es ein Ausgewirktes ist, welches vorangelegt war, Annahmen, die beide von der Setzung eines Idealwirklichen, Übersinnlichen ausgehen."[87]

In diesem Sinn sollte der Mensch gebildet werden, die in den Bildungsinhalten liegenden (sozial-)plastischen Gesetze ganz aufgenommen werden, damit der Mensch davor bewahrt werde, ein "Spielball des Tages, 'ein Narr der Zeit'" zu werden.[88] Soweit von der Herausbildung der eigenen Natur der Individuen oder von dem im Menschen Angelegten gesprochen wurde, sah Willmann die Notwendigkeit, darauf zu verweisen, daß dem Menschen ebenfalls die "Richtung auf die Gemeinschaften angeboren" sei.[89] Die Gesellschaft solle nicht den weltlichen, individualistischen Tendenzen geopfert werden und sich nicht von den Verbänden entfremden, die den wahren Humanismus und die idealistische Potenz der menschlichen Kultur bewahrten - gemäß Augustinus: "Ich würde dem Evangelium nicht glauben, wenn nicht die Autorität der katholischen Kirche mich dazu bewegte (commoveret)".[90]

---

[84] O. Willmann, Didaktik als Bildungslehre ..., S. 320.
[85] O. Willmann, Didaktik als Bildungslehre ..., S. 325.
[86] O. Willmann, Geschichte des Idealismus. Band 1. ..., S. 345.
[87] O. Willmann, Geschichte des Idealismus. Band 2. ..., S. 286.
[88] O. Willmann, Didaktik als Bildungslehre ..., S. 317.
[89] O. Willmann, Über Schleiermachers Erziehungslehre ..., S. 636.
[90] O. Willmann, Geschichte des Idealismus. Band 2. ..., S. 13.

4.3 Sozialpädagogik und die Farben der modernen 'Decadence'

"Eine Sozialpädagogik tritt einerseits der Individualpädagogik, andererseits aber der Staatspädagogik gegenüber, und wenn dies mit Absicht geschieht, beide zu ergänzen, so hat der Ausdruck einen wertvollen Erkenntnisgehalt, andernfalls ist er nur Anlaß zu überflüssigem Herumreden und lenkt von dringenden Aufgaben ab. (...) Wohl aber ist es geboten, die Sozialpädagogik als Abwehr gegen die Meinungen festzulegen, in welchem der Irrtum Hegels bald ausgesprochen sozialistisch gefärbt, bald in den Farben der modernen Decadence schillernd, nachwirkt."[91] *(Otto Willmann)*

Um die Jahrhundertwende mischte sich Willmann intensiv in die Sozialpädagogikdebatte ein. Bis zu diesem Zeitpunkt hatte er den Begriff 'Sozialpädagogik' so gut wie gar nicht gebraucht und auch nicht auf seine Lehre bezogen. Jetzt, als immer mehr Herbartianer und Volksschullehrer ihn als Sozialpädagogen lasen[92] und die 'Farben der modernen Decadence' in der Pädagogik immer kräftiger wurden, die Menschen aus der Perspektive der Sozialpädagogen ihre soziale und geistige "Heimat" verloren,[93] versuchte er den Begriff zu definieren:

"Die Sozialpädagogik ist (...) nicht eine besondere Gestalt der Pädagogik, sondern ein Teil derselben mit dem ihr zugehörigen Teile der Individualpädagogik eng verwachsen. Danach wäre streng genommen die Wortbildung unstatthaft; man könnte sowenig von einer Sozialpädagogik sprechen,

---

[91] Otto Willmann, Über Sozialpädagogik und Pädagogische Soziologie (1904), in: O. Willmann, Aus Hörsaal und Schulstube. Gesammelte kleinere Schriften zur Erziehungs- und Unterrichtslehre. Freiburg i.Br. 1904. S. 247-249.
[92] Willmann war für Johannes Trüper in seinem Beitrag 'Erziehung und Gesellschaft' z.B. die zweite wichtige Stütze, damit er die Erweiterung der Pädagogik zur sozialen Seite legitimieren konnte. Willmanns Theorie war ihm ein Beweis, daß man die Herhartsche Pädagogik nicht zwingend zu verwerfen habe, wenn man ihr eine Sozialpädagogik zur Seite stellte (vgl.: J. Trüper, Erziehung und Gesellschaft ..., S. 210 ff.).
[93] Otto Willmann, Die soziale Aufgabe der höheren Schulen (1891), in: O. Willmann, Aus Hörsaal und Schulstube. Gesammelte kleinere Schriften zur Erziehungs- und Unterrichtslehre, Freiburg i.Br. 1904., S. 283.
Willmann widmete sich weniger sozialpädagogischen Einzelfragen, doch er verwies bereits in seiner Didaktik auf die Einrichtung obligatorischer Fortbildungsschulen, die durch Gesellenvereine 'getragen' werden sollten.
In der Frage der Konfessionalität der Volksschule bezog er eine eindeutige Position: "Die Konfessionalität der Volksschule beruht auf historischen und auf inneren Gründen; auf historischen, insofern die Volksschule sich aus der Pfarrschule entwickelt hat und dieser den idealen Kern verdankt, welche sie über die bloße Fertigkeitsschule hinausgeschoben hat; innere Gründe (...) da die Religionsgemeinschaften also die Pflicht der religiösen Unterweisung der Unmündigen haben" (O. Willmann, Didaktik als Bildungslehre ..., S. 628).

wie man von einer syntaktischen Sprachlehre sprechen kann, weil die Syntax, d.i. Zusammenordnung der Wörter, ein Teil der Sprachlehre ist; die Sozialpädagogik ist eine pädagogische Syntax, untrennbar mit der individuellen Bildungslehre verbunden und nicht berechtigt zu dem Anspruche, das ganze Gebiet in sich zu fassen."[94]

Mit dieser Begriffsklärung wandte er sich deutlich gegen die Sozialpädagogik Paul Natorps (vgl.: Die Sozialpädagogik Paul Natorps),[95] der das ganze Gebiet der Pädagogik mit dem Begriff 'Sozialpädagogik' fassen wollte und schließlich nach Ansicht Willmanns nur eine überkommene Staatspädagogik vertrete.[96] Willmann lobte entsprechend Wilhelm Rein, dessen Schulgemeindetheorie in Anschluß an Dörpfeld eher Sozialpädagogik genannt werden könne als andere zeitgenössische Darstellungen, welche den Begriff exponierter verwandten.[97] Willmann wollte Gesellschaft und Staat sozial und politisch "scharf" voneinander unterschieden wissen.[98] Die zu seiner Zeit vorherrschenden Staats- und Gesellschaftstheorien huldigten ihmzufolge einer "staatlichen Panarchie" oder dem "Staatszentralismus". Sie seien darum, fügte er an, auch gänzlich ungeeignet, auf ihrer Grundlage eine Perspektive gegen die sozialdemokratische Weltanschauung zu entwickeln, "weil beide aus demselben Holze gewachsen sind".[99] Entscheidend für eine Sozialpädagogik seien demnach nicht die "politisch-sozialen Einrichtungen", sondern der "politisch-soziale Gesichtskreis der erziehenden Generation". Von der erziehenden Generation erwartete

---

[94] Otto Willmann, Zur Berechtigung des Schlagwortes 'Sozialpädagogik' (1900), in: O. Willmann, Aus Hörsaal und Schulstube. Gesammelte kleinere Schriften zur Erziehungs- und Unterrichtslehre. Freiburg i.Br. 1904. S. 241-242.

[95] Vor dem Hintergrund seiner Einschätzung der Philosophie der Neuzeit, verwundert es nicht, daß Willmann gerade über die neukantianischen Elemente der Lehre Natorps spottete: "Kant fortbilden wollen, heißt jenem Indianer gleichen, der Schießpulver in Furchen säte, weil er es für Samen hielt" (O. Willmann, Geschichte des Idealismus. Band 3. ..., S. 673.) Vgl. auch: Otto Willmann, Der Neukantianismus gegen Herbarts Pädagogik, in: Otto Willmann, Gesammelte Werke. Band 7, Aalen 1982, S. 447-451).

[96] Willmann beschrieb seine Vorstellung vom Staat z.B. in der Geschichte des Idealismus: "Der Gedanke, daß die Gesellschaft nur zu verstehen ist, wenn sie auf ein Jenseitiges bezogen wird, und der andere, daß Staat und Recht nicht von den Menschen gemacht, sondern auf Grund der Hinordnung ihrer Natur auf Gesellung und Ordnung ausgewirkt werden, sind Gemeingut der scholatischen Staatslehre. Die Frage nach dem besten Staate, wie ihn die Alten suchten, stellten sie sich nicht, sondern heißen verschiedene Verfassungen gut, wenn sie nur auf das Wohl und Heil der Bürger angelegt sind und den lokalen und zeitlichen Umständen entsprechen; auch hier zeigt sich jener das Wirkliche und Individuelle voll bewertende, der farblosen Allgemeinheit abholde Realismus der Scholastik" (O. Willmann, Geschichte des Idealismus. Band 2. ..., S. 325).

[97] Vgl.: Otto Willmann, Über W. Reins Theorie der Schulgemeinde....

[98] O. Willmann, Über Sozialpädagogik und pädagogische Soziologie ..., S. 249.

[99] O. Willmann, Über Sozialpädagogik und pädagogische Soziologie ..., S. 255.

er, daß sie aus ihren Lebensformen heraus die nachwachsende Generation bilde und die Erziehung nicht dem "Polizeistaat" überlasse.[100]

Willmann forderte bereits 1873, daß die Pädagogik sich mit der Sozialwissenschaft auseinanderzusetzen habe. Die Sozialwissenschaft sei "durch Statistik instandgesetzt und gewöhnt" die menschlichen Handlungen und auch die Erziehung aus der größeren Perspektive zu betrachten.[101] Doch andererseits fand Willmann in seiner Sorge um das Lebensganze kaum Unterstützung in der Sozialwissenschaft, so daß er zu dem Urteil kommen mußte, daß der "moderne Wissensbetrieb" wohl nicht mehr als "empirisches Material" für eine entsprechende Gesellschaftslehre beisteuern könne.[102]

Die Sozialpädagogik hatte sich aus Willmanns Perspektive gegen die Tendenz zur sozialen Dekomposition zu stellen und sich dagegen zu wehren, daß die Menschen zu einem "Haufen von Sandkörnern" verkämen, die dann "in der Gluthitze der Staatsomnipotenz aneinanderschmelzen" könnten.[103] Daß die zeitgenössische Gesellschaft von dieser Entwicklung nicht mehr weit entfernt sei, zeigte in seinen Augen das Rechtssystem, denn in einer "gesunden" Gesellschaft würde die Rechtsordnung vom allgemeinen Rechtsbewußtsein getragen, in der gegenwärtigen Zeit werde aber versucht, "das öffentliche und das private Recht ängstlich-eifersüchtig gegeneinander abzugrenzen".[104] Willmann hielt den Sozialpädagogen, die sich an "spröden Individuen" oder dem "Staatsleviathan" orientierten, eine Gesellschaftspädagogik entgegen, die von der Grundannahme ausging, daß nur die sozialen Mittelglieder, die sozialen Verbände und das Gemeinleben den Menschen über die Vermittlung von Kulturgütern in Verbindung zu den "großen Kollektiverscheinungen" setzen könnten. Eine Sozialisierung von Bildung war aus dieser Warte ganz in den Dienst der alten Einheit von privaten und öffentlichen Lebensräumen zu stellen, ansonsten würden die Lebensläufe der Menschen zerrissen. Eine 'reine' Verstaatlichung des Bildungswesens war gleichbedeutend mit einer Entfremdung der Bildung vom menschlichen Lebensganzen.

Die Sozialpädagogik hatte innerhalb der Pädagogik mit Blick auf das Lebensganze die Vermittlung der unterschiedlichen Assimilationslogiken der sozialen Verbände und Lebensbereiche zu untersuchen. Sie unterscheide sich von der pädagogischen Soziologie, welche die Gesellschaftslehre als Bildungsmittel, z.B. im gesellschaftskundlichen Unterricht, thematisiere. Die Sozialpädagogik solle dagegen als theoretisches Teilgebiet eine Lücke in der Bildungslehre schließen, die angesichts der sozialen Lage der modernen Gesellschaft an Brisanz gewonnen habe. Sie habe den sozial-historischen Bildungsgehalt der Bildungsinhalte zu erforschen, damit der Mensch durch Bildung

---

[100] O. Willmann, Enzyklopädie der Erziehungswissenschaft ..., S. 493.
[101] O. Willmann, Die Erziehung als Assimilation des Nachwuchses ..., S. 260.
[102] O. Willmann, Über Sozialpädagogik und pädagogische Soziologie ..., S. 255.
[103] O. Willmann, Über Sozialpädagogik und pädagogische Soziologie ..., S. 250-251.
[104] O. Willmann, Didaktik als Bildungslehre ..., S. 614.

Zugang zu den übergreifenden Werten und Sinnzusammenhängen der Lebensbereiche erlangen könne. Denn durch die Bildung soll sich dem Menschen das soziale Leben in seiner Ganzheit und historischen Verwurzelung erschließen, um die Kontinuität der selbstwachsenden Gesamtentwicklung zu sichern. Willmann schloß seine Geschichte des Idealismus mit dem Verweis, daß schon vermehrt die Gegenwart (1897) mit dem Untergang der "ausgehenden antiken Welt verglichen" worden sei. Er hielt es nicht für ausgeschlossen, daß analog die Kirche "noch einmal die Arche wird".[105]

---

[105] O. Willmann, Geschichte des Idealismus. Band 3. ..., S. 731.

5. Der 'Kampf um Herbart' - Sozialismus der Bildung - 'Als ob man blinden Augen die Sehkraft einsetze'

Bei einer so einzigartigen Stellung liegt die Gefahr sehr nahe, in eine gewisse Einseitigkeit zu verfallen, und man wird thatsächlich der modernen Herbartischen Pädagogik nicht ganz diesen Vorwurf ersparen können. (...) Mit anderen Worten: sie hat keinen ebenbürtigen Gegner sich gegenüber, im Kampfe mit welchem allein sie die ihr innewohnende Kraft darthun kann, sei es, dass sie mit ihm paktieren müsse - von Gewinn wäre sicherlich solch ein Kampf für sie. Eine durchgreifende Revision ihrer gesamten Grundlagen würde sich als unabweisbares Bedürfnis gewiss dabei herausstellen. Vielleicht ist der Tag einer solchen Entscheidung nicht mehr fern."[1] *(Paul Bergemann)*

Noch 1894 sah Bergemann keinen Gegner der Herbartianer, der eine 'Revision' der 'gesamten Grundlagen' der Pädagogen einleiten und die Vorherrschaft der Herbartianer gefährden konnte. Erst um die Jahrhundertwende zum 20. Jahrhundert versuchte ein Dreierbund den Umsturz. Zusammen mit der experimentellen Pädagogik und Psychologie sowie der Persönlichkeitspädagogik zogen Sozialpädagogen wie Paul Natorp, Paul Bergemann und Robert Rissmann in den 'Kampf um Herbart'.[2] Besonders auf dem Gebiet der

---

[1] Paul Bergemann, 'Ein neues System der Pädagogik', in: Jahrbuch 26 (1894), S. 273-274.
Bergemann setzte sich in diesem Aufsatz mit einer Schrift von Döring, System der Pädagogik im Umriss, auseinander, in der er aber nicht einen großen Gegenvorschlag zu Herbarts System zu erkennen vermochte (Vgl. auch: P. Nerrlich, System der Pädagogik im Umriss ..., S. 232-237).

[2] Rissmann stellte die *Deutsche Schule* als Bühne zur Verfügung, auf der die Kontroverse inszeniert werden sollte. Die Herbartianer antworteten in ihren Zeitschriften und zeigten sich selbstbewußt: "Über die Angriffe, die die Herbartsche Pädagogik in letzter Zeit wieder erfahren habe, sollte man froh sein, denn im Kampfe bestehe das Leben", hieß es in einem Bericht zur Generalversammlung des Vereins für wissenschaftliche Pädagogik (K. Hemprich, Bericht über die 36. Generalversammlung des Vereins für wissenschaftliche Pädagogik, in Zeitschrift 11 (1904), S. 520). Auch der Rückgang der Mitgliederzahlen im Verein würde dadurch wettgemacht, daß "die Herbartsche Pädagogik immer tiefer umgestaltend in die Praxis der Schulen eingreife" (A. Reukauf, XXXI. Versammlung des Vereins für wissenschaftliche Pädagogik in Leipzig, in: Zeitschrift 6 (1899), S. 379). Rissmann berichtete dagegen in der *Deutschen Schule*, daß die Versammlungen der Herbart-Schüler die "innere() Zersetzung" dokumentierten, "die sich im Herbartianismus seit Jahren bemerkbar" mache (Robert Rissmann, Verein für wissen-

Psychologie verlor die Herbartsche Fundierung der Pädagogik an wissenschaftlicher Reputation. Die Vertreter der experimentellen Psychologie und Pädagogik warfen Herbart und seinen Schülern vor, die Psychologie lediglich metaphysisch zu begründen, anstatt die Notwendigkeit einer experimentell abgesicherten Lernpsychologie einzusehen. Ferner kritisierte Ernst Linde in seinen Entwürfen einer Persönlichkeitspädagogik, die "Methodengläubigkeit" der Herbartianer: Nicht die Methode habe den Unterricht zu beherrschen, sondern die Persönlichkeit des Lehrers![3]

Natorps 1899 erschienene Streitschrift, 'Herbart, Pestalozzi und die heutigen Aufgaben der Erziehungslehre', und die gleichzeitig veröffentlichte Grundlegung der Pädagogik - die 'Sozialpädagogik' - ließen ihn zum federführenden Sozialpädagogen im 'Kampf um Herbart' werden. Gramzow zitierte den Kernpunkt der Kritik: Natorp strich demnach als Hauptfehler Herbarts "die mangelnde Würdigung der selbständigen und centralen Stellung des Willens" im Bildungsprozeß heraus.[4] Aus der Perspektive des Neukantianers Natorp verkam die Selbsttätigkeit in Herbarts Theorie zu einem "'Getriebenwerden und nur dadurch Treiben'".

"Es ist ein Bilden von aussen hinein, statt von innen heraus unter einer Pflege gleich der des Gärtners und Arztes, der nicht das normale Wachstum im Organismus 'hervorbringt', sondern bloss die äussern Bedingungen herstellt, unter denen es sich selber hervorbringt."[5]

---

schaftliche Pädagogik, in: Die Deutsche Schule 5 (1901), S. 433). Rissmann ergänzte seinen Bericht mit einem Kommentar zur Entstehung des Vereins: Als der Herbartianismus "Ende der Siebzigerjahre, getragen vom Enthusiasmus einer gläubigen Jüngerschar, zuerst in weiteren Kreisen bekannt wurde, da war es nur zu natürlich, dass ihm die Aussenstehenden als eine Art Geheimlehre von mystischer Heilkraft für unser Erziehungswesen anstaunten, während die Jünger ihn als Evangelium betrachteten, an dem zu rütteln, Frevel und Thorheit sei. Hunger nach der Theorie kam ihm entgegen; (...) ja, dass schließlich der Herbartianismus mit der Populärpädagogik geradezu eine Waffenbrüderschaft einging" (ebd.).
Einstimmigkeit herrschte, was die Leistungen Herbarts betraf, lediglich noch in den Zugeständnissen, daß Herbart und die Herbartianer die Pädagogen gelehrt hätten, "das pädagogische Gebiet wissenschaftlich zu bearbeiten" und daß das "Schlagwort" vom "erziehenden Unterricht", wie Prall es nannte, auf den Schultern von viel ehrlicher und kräftiger Begeisterung entstanden war (R. Rissmann, Ein Jubiläum ..., S. 597; vgl. auch den Bericht über Rissmanns Aufsatz, Reformatorische Strömungen in der Pädagogik der Gegenwart in der *Zeitschrift für Philosophie und Pädagogik*: Aus der Fachpresse, in: Zeitschrift 2 (1895), S. 323; E. Prall, Läßt sich die Religion durch Unterricht fortpflanzen, in: Die Deutsche Schule 6 (1902), S. 539.)

[3] Ernst Linde, Persönlichkeits-pädagogik. Eine Selbstanzeige, in: Die Deutsche Schule 1 (1897), S. 608.
[4] O. Gramzow, Kritische Streifzüge ..., S. 96.
[5] Paul Natorp, Kant oder Herbart, in: Die Deutsche Schule 3 (1899), S. 508.

Zweifellos war es zwangsläufig, daß Otto Willmann sich von diesem Ansatz abwenden mußte.[6] Willmann machte seine Frontstellung daran fest, daß Natorps Pädagogik sich an der Philosophie Kants orientierte, obwohl von einer Pädagogik Kants nicht gesprochen werden könne:

> "Eine Pädagogik Kants läßt sich ja der Herbarts schon darum nicht entgegenstellen, weil es keine solche gibt und geben kann. Die moralische Bildung beruht auf der Verinnerlichung des dem Zögling von außen kommenden Gesetzes, und eine solche ist bei Kant ausgeschlossen, da das Gesetz nur von Innen kommen darf."[7]

Mit dieser Aussage hatte auch Willmann den Kern der Auseinandersetzung getroffen. Natorp hielt Willmanns Vorwürfen entgegen, daß eine Auffassung von Pädagogik, die eine Verinnerlichung eines von außen kommenden Gesetzes zum Ziel erhebe, pädagogisches Handeln darstelle, um mit Plato zu sprechen: "Als ob man blinden Augen die Sehkraft einsetze".[8] Und der Sozialpädagoge Paul Bergemann antwortete den Herbartianern in ähnlicher Manier, indem er ihnen vorwarf, an der altertümlichen Lehre festzuhalten, "dass die Tugend lehrbar sei".[9] Natorp und Bergemann wollten aufzeigen, daß nicht die moralische und sittliche Verworfenheit der Menschen, die 'Blindheit' der Arbeiter, die zeitgenössische Spaltung der Gesellschaft hervorgerufen habe, sondern die Tatsache, daß die sozialen Umstände und Ungerechtigkeiten den Menschen nicht die Möglichkeiten ließen, sich gemäß ihrer menschlichen Bestimmung zu bilden. Hemprich verteidigte die Auffassung der Herbartianer:

---

[6] In der *Zeitschrift für Philosophie und Pädagogik* wurde Willmann aufgrund seiner ablehnenden Haltung zur Sozialpädagogik, wie sie in der Deutschen Schule vertreten wurde, gelobt: "Ich möchte daher auch noch ausdrücklich hervorheben, daß sich Herr Professor Willmann mit vollem Rechte und mit wohlangebrachter Schärfe gegen das ausgesprochen hat, was man heutzutage unter dem Namen 'Sozialpädagogik' in den Vordergrund des pädagogischen Interesses zu schieben sucht. Er ist zwar selbst ein Vertreter sozialpädagogischer Gedanken, aber er wendet sich gegen diejenigen Männer, die, wie er in einem treffenden Bilde sagte, die Pädagogik für einen Guckkasten zu halten scheinen, in dem immer wieder neue Bilder auftauchen müssen, gegen die Männer, die da glauben ihre Pädagogik derjenigen Herbarts so gegenüberstellen zu müssen, daß nun Herbart und seine Schüler gar nichts mehr gelten und an ihre Stelle etwa Natorp und Rißmann treten sollen" (C. Ufer, Bemerkungen zum Vortrag Willmanns in Elberfeld, in: Zeitschrift 11 (1904), S. 428-429). Rissmann nutzte 1903 die Gelegenheit, als Willmann - "obwohl erst 64 Jahre alt" - in den Ruhestand trat, ihn daran zu erinnern, daß seine "Didaktik" die wissenschaftliche Debatte um die Sozialpädagogik mit ins Leben gerufen habe (Robert Rissmann, Personalien, in: Die Deutsche Schule 7 (1903), S. 385).

[7] Otto Willmann, Der Neukantianismus gegen Herbarts Pädagogik, in: Zeitschrift 6 (1899), S. 105.

[8] Paul Natorp, Offener Brief an Wilhelm Rein, in: Die Deutsche Schule 3 (1899), S. 232.

[9] Paul Bergemann, Über erziehenden Unterricht, in: Die Deutsche Schule 1 (1897), S. 292.

"Den sozialen Problemen der Gegenwart wird Herbarts Ethik in vollem Maße gerecht. Je mehr der einzelne Mensch durch die Erziehung zum sittlichen Charakter geführt wird, desto mehr ist er befähigt, an der Vervollkommnung der Gesellschaft mitzuarbeiten."[10]

Aus der Sicht der Kritiker war die Herbartsche Pädagogik geprägt von einem Individualismus, Moralismus und Intellektualismus. Besonders Rissmann versuchte, mit diesen Schlagworten ein einheitliches Vokabular für die Kritik zu finden.[11] Er verbreitete die Ansicht, daß die Herbart-Schüler - allein an einer religiös-sittlichen Haltung orientiert - die Probleme der Gegenwart betrachteten, ohne Verständnis für die sozialen Bedürfnisse, für die Individuallage und für die sozialen Bedingungen zu haben. Die implizite Soziallehre der Herbart-Schüler wurde angegriffen. Auch für den Bildungsprozeß sei, faßte Müller die sozialpädagogische Kritik zusammen, "das centrale Problem (...) das Verhältnis der Menschen untereinander, nicht so sehr das Verhältnis des Menschen zu Gott".[12] Gerade bei jugendlichen Verbrechern, ergänzte Schultze, liege der Grund "dieses sozialen Übels allermeistens ganz wo anders als in der moralischen Minderwertigkeit des Einzelnen", sondern die Gesellschaft trage eine Mitschuld.[13]

Natorp mahnte, den pädagogischen Blick ebenfalls auf die Arbeiterbewegung zu richten, wo ein Wille zur Gemeinschaft nicht zu übersehen sei: Die Arbeiterbewegung stehe für eine gesellschaftliche Form, die einerseits die 'Sehkraft' und den sozialen Erneuerungswillen der Arbeiterschaft, andererseits die Abhängigkeit der selbsttätigen Bildung von einer sozialen Gemeinschaft belege. Die Arbeiter stellten ihre Gemeinschaften demnach nur im Gegensatz zum Staat, weil dieser ihren Willen zur Gemeinschaft nicht akzeptiere und keine integrierenden Bedingungen schaffe. Das Beispiel der Arbeiterbewegung zeigte Natorp, daß neue Erziehungs- und Bildungsgemeinschaften geschaffen werden könnten, aber diese nicht unabhängig vom Willen der Menschen durch den Staat oder die Kirche gesetzt, sondern unter den jeweiligen sozialen Bedingungen gewollt werden müßten: Die Menschen könnten eben nicht von außen zur Gemeinschaft 'getrieben' werden.

Natorp sah in der zeitgenössischen 'Krise des Gemeinschaftslebens' ein Chance zur Aufklärung der Menschen: Ein weiterer Schritt auf dem Weg zu einem sozialen Leben sollte getan werden, das dem vernunftbegabten Menschen ermögliche, sich selbst in einem gemeinschaftlichen Leben zu bilden. Natorp trat für einen Sozialismus der Bildung ein, "da gerade die Selbsttätigkeit in der Gemeinschaft erstarkt und die Gemeinschaft in der Selbsttä-

---

[10] K. Hemprich, Bericht über die 36. Generalversammlung des ..., S. 521; Vgl. auch: A. Huther, Ethik im Unterricht, in: Zeitschrift 2 (1895), S. 115-131.
[11] Vgl.: Robert Rissmann, Warum ich die Herbartsche Pädagogik ablehne, in: Die Deutsche Schule 7 (1903), S. 47ff.
[12] C Müller, Individual- und ..., S. 336.
[13] Ernst Schultze, Die Jugendlichen Verbrecher ..., S. 154.

tigkeit".[14] Die sozialen Bedingungen beschnitten ihmzufolge das Recht des Menschen auf selbsttätige Gestaltung und damit auch die Bildungsbedingungen des sozialen Lebens. Natorp wollte die Forderung, z.B. Erziehungsheime für Jugendliche einzurichten oder weitere Kindergärten zu schaffen, durch eine soziale Theorie der Bildung legitimiert wissen, die die Bedeutung der Bildung für das soziale Leben und die Anforderungen an die sozialen Bedingungen der Bildung begründet. Aus seiner Perspektive war die soziale Aufgabe der Bildung nicht auf die Vermittlung von Kulturgütern und die Bewahrung der überlieferten Sozialformen beschränkt, es gelte vielmehr, Bildungsgemeinschaften zu schaffen, die von einem Willen zur Gemeinschaft getragen seien. Natorp entwarf die Sozialpädagogik als eine pädagogisch begründete kritische Gestaltungstheorie von Gesellschaft (vgl.: Die Sozialpädagogik Paul Natorps).

Im 'Kampf um Herbart' stand der Bildungsbegriff der Sozialpädagogen im Vordergrund: Inwieweit war der Gedanke der Selbsttätigkeit in dieser Konsequenz bildungstheoretisch haltbar, und worin lag eigentlich der konkrete Gegensatz zur Theorie Herbarts und der Herbartianer? In einem ersten Schritt werden im folgenden die Ideen der Mitstreiter und das Verhältnis der Sozialpädagogik zu den Partnern im 'Kampf um Herbart' thematisiert. In einem zweiten Schritt sollen die sozialpädagogischen Kritiker Rissmann, Bergemann und v. Sallwürk vorgestellt werden. Ein weiterer Abschnitt ist dem Hauptverteidiger der Herbart-Schule - Otto Flügel - gewidmet. Endlich wird die Auseinandersetzung zwischen Natorp und den führenden Herbartianern diskutiert und abschließend die Debatte um die zukünftige Gestalt der systematischen Erziehungslehre thematisiert: Auf welchen Säulen sollte eine Erziehungslehre jenseits der Herbartschen Systematik gründen und konnte - wie Natorp es vorschlug - die Sozialpädagogik für das Ganze der Pädagogik stehen?

---

[14] P. Natorp, Kant oder Herbart, ..., S. 509.

5.1 Die Mitstreiter I: Experimentelle Pädagogik

"Die Erzieher sind sich heute bewusst, dass das Erziehungssystem bei weitem nicht vollkommen ist, und sie suchen überall nach Besserungsmitteln. In diesem kritischem Moment hört man die Spatzen von den Dächern pfeifen, dass die alte Psychologie mit ihrer trägen Selbstbeobachtung für Geistliches und Philosophen gut genug sei, und dass die wahre Psychologie, auf deren festen Fundament der stattliche Bau einer besseren und erhabeneren Erziehung errichtet werden solle, die der Experimente und der mathematischen Exaktheit ist. Und wie in den alten Zeiten, wo man den Stein der Weisen und den Jungbrunnen suchte, so laufen heutzutage Lehrer in Mengen nach dieser neuen Heilstatt. Es ist nicht überraschend, aber bedauernswert."[15] *(G. Karr)*

"Die kompliziertere Maschine braucht Menschen mit komplizierten Gehirnwindungen."[16]

(Friedrich Naumann)

In Fragen der Psychologie waren die Herbart-Schüler zwar nicht nachgiebig, doch sie wußten, daß ein starres Beharren allein auf die Psychologie Herbarts angesichts der wissenschaftlichen Entwicklungen nicht angebracht war. Selbst Felsch, der die Rolle des obersten Anwaltes der Herbartschen Psychologie einnahm, gestand ein, daß Herbarts ablehnende Haltung dem Experiment in der Psychologie gegenüber nur historisch zu erklären sei, da zu seiner Zeit die experimentelle Methode "noch nicht die gegenwärtige Vollkommenheit erreicht" habe.[17] Doch die experimentellen Psychologen und Pädagogen wollten ihre Vorgehensweise nicht nur als eine weitere Methode in der psychologischen Forschung anerkannt wissen. Gegen eine derartig bescheidene Haltung sprachen - aus ihrer Perspektive - schon die zeitgenössischen Erfolge der experimentellen Naturwissenschaften.

Den Ansatzpunkt in der Pädagogik fand man in der Lerntheorie, konkret in der fehlenden Erforschung der Aufnahme- und Leistungsfähigkeit des Zöglings. Die experimentellen Pädagogen und Psychologen monierten, daß die individuelle Verarbeitung und Kapazität des Schülers bisher ein Gebiet der Spekulation geblieben sei, obwohl man in einer technisierten Welt lebe, in der die Naturwissenschaften in fast alle Lebensbereiche eingriffen und dem Zögling immer neue Bildungsinhalte und -stoffe begegneten. Ernst Meumann, der führende experimentelle Pädagoge, beanstandete besonders das Übermaß an Lehrmethoden in den didaktischen Handbüchern im Gegensatz zu den gänzlich fehlenden Lernmethoden, wobei er erinnerte, daß die Gren-

---

[15] G. Karr, Psychologie und Pädagogik, in: Zeitschrift 6 (1899), S. 132.
[16] Ernst Linde, Friedrich Naumann, Volksschule und industrielle Entwicklung, in: Die Deutsche Schule 7 1903, S. 253.
[17] Felsch, Die Psychologie bei Herbart und Wundt, in: Zeitschrift 7 (1900), S. 204.

ze der Bildung die individuelle Leistungsfähigkeit sei. Nicht die Thematisierung des Lehrens, sondern des Lernens sollte in Zukunft die Pädagogik prägen, da die treibenden Kräfte der menschlichen Entwicklung im Menschen selbst und nicht außerhalb lägen.

Ganz in Einklang mit den Erfordernissen der technischen und sozialen Entwicklungen sollte in der Volksschule der Zukunft das "Lernenwollen" zum "Ideal" erhoben werden.[18] Passend dazu versprachen die experimentellen Pädagogen den Lehrern wissenschaftlich abgesicherte Ergebnisse, um die Effektivität des Lernens und der geistigen Arbeit zu erhöhen und die psychohygienische und psychoökonomische Entwicklung des Zöglings zu fördern.[19] Der jeweilige "Zweck" sollte "mit dem geringsten Zeit- und Kraftaufwande und der psychologisch richtigen Bildung der beim Lernen gestifteten Assoziationen" erreicht,[20] und der Lernvorgang mittels "Mnemotechnik" oder durch das Wissen um "die rechte Art, geistig zu arbeiten" unterstützt werden.[21] Meumann glaubte, aufzeigen zu können, daß durch jahrelang

---

[18] E. Linde, Friedrich Naumann, Volksschule ..., S. 255.

[19] Die Lehrer forderten in diesem Zusammenhang wissenschaftlich abgesicherte Maßstäbe, mit denen eine "Trennung der Schüler nach ihrer Leistungsfähigkeit" erleichtert werde (Ernst Meumann, Entstehung und Ziele der experimentellen Pädagogik, in: Die Deutsche Schule 5 (1901), S. 152).

[20] Ernst Meumann, Über Ökonomie und Technik des Lernens, in: Die Deutsche Schule 7 (1903), S. 284.

[21] E. Meumann, Über Ökonomie und ..., S. 155.

Die experimentellen Pädagogen kritisierten, daß die Lerntheorien Pestalozzis, Herbarts und Zillers sich auf die historisch-genetischen Entwicklung beriefen, "dem intellektualistischen Vorurteil ihrer Zeit" verhaftet blieben oder wie Ziller sich nur auf Beobachtungen stützten. Sie fänden ihre Basis aber nie im Experiment und in psychologischer Tatsachenforschung (Professor Theobald Ziegler über die Herbartsche Pädagogik, in: Die Deutsche Schule 7 (1903), S. 318). Die experimentellen Pädagogen widersprachen den herkömmlichen Lerntheoretikern, daß sich im Zögling von Unterrichtseinheit zu Unterrichtseinheit die 'Bildung' ausbreite, bis hin zu einem abgeschlossenen System angewachsen sei - eine Stufe der Begriffsbildung gehe in dem Bildungsprozeß zwingend der anderen voraus. Die Annahme, es könnte darum nur eine richtige Lehrmethode geben, da nur eine Methode der Naturgesetzlichkeit des Lernens entspreche, wurde verworfen. Unterrichtsmethoden erschienen in der Theorie der experimentellen Pädagogik als künstliche Verfahren. Es gab in den Augen der experimentellen Pädagogen kein geistiges Naturgesetz des Lernens, nach dem der Unterricht zu gestalten sei, sondern lediglich Kunstgesetze, durch die die menschliche Geistesentwicklung gefördert werden könnten. Es werde übersehen, daß erstens ein systematischer Aufbau der Bildung, wie man sich ihn früher vorgestellt habe, gar nicht zu konstruieren sei, da der Mensch schon mit vielen Eindrücken beladen in die Schule komme und tagtäglich auch außerhalb der Schule lerne. Meumann erklärte, daß die Abstraktionsfähigkeit des Individuums sich aufgrund der individuellen geistigen Entwicklung verändere, eine zwingende Reihenfolge von Begriffsbildungen aber nicht notwendig sei, denn gerade die Verbindung der Bewußtseinsinhalte sei eine psychische Leistung des Individuums, die wiederum durch die Abstraktionsfähigkeit bestimmt werde. Aus der Perspektive der experimentellen Pädagogen konnten weiterführende Abstraktionsschritte einzelner Unterrichtseinheiten nicht aufein-

fortgesetzte Übung die Leistungsunterschiede der "Zöglinge" nivelliert werden könnten.

Doch anstatt auch in der Pädagogik die Fortschritte zu berücksichtigen, die durch "die Anwendung experimenteller und psychologisch-statistischer Methoden auf die Thatsachen des geistigen Lebens gemacht" wurden, stütze man sich, so Ziegler, "auf eine recht unfruchtbare und unhaltbare Metaphysik".[22] Meumann vermißte die Namen Fechner und Wundt in der pädagogischen Literatur. Die Psychologie der Pädagogen orientierte sich demnach weiterhin an dem "philosophischen System Herbarts" oder der "nachherbartischen Psychologie der inneren Wahrnehmung".[23] Es galt einzusehen, daß die "physiologisch-experimentelle Psychologie (...) das Herbartsche System weit überholt" hatte: "Ich-Prinzipien", "fabelhafte() Selbsterhaltungen" und Systembildungen gehörten in die Metaphysik und könnten in der modernen Psychologie, wie die experimentelle Psychologie nicht selten genannt wurde, keinen Raum mehr beanspruchen.[24]

Bezeichnend für den Anspruch und die wissenschaftliche Haltung der Herbart-Schüler war, daß sie sich weniger mit den experimentellen Pädagogen wie Meumann auseinandersetzten, sondern Herbarts Theorie gegenüber den 'großen Vätern' der neuen Forschungsrichtungen und ihren Grundlagen verteidigten. So veröffentlichte Felsch zwischen 1900 und 1902 eine 16-teilige Aufsatzserie in der *Zeitschrift für Philosophie und Pädagogik* zum Vergleich der Psychologie bei Herbart und Wundt mit Berücksichtigung der von Ziehen gegen die Herbartsche Psychologie gemachten Einwendungen. Felsch kam zu folgendem Resümee:

"Erstens Wundt hat durch seine physiologischen Untersuchungen viel dazu beigetragen, die Kenntnis der physiologischen Bedingungen des psychischen Geschehens zu erweitern. Damit ist er über die Herbartsche Psychologie weit hinausgekommen. Aber bei der psychologischen Verarbeitung der physiologischen Ergebnisse ist es ihm nicht in dem Masse gelungen, das Nebensächliche von der Hauptsache, das Zufällige vom Wesentlichen zu trennen, d.h. die psychologischen Prozesse so rein aufzufassen, wie dies Herbart gelungen ist. Zweitens ist es Wundt nicht gelungen, die Begriffe der psychologischen Vorgänge und Zustände so klar und deutlich zu bestimmen, wie Herbart sie bestimmt hat. Drittens ist es Wundt nicht gelungen, die Ursachen und den Kausalzusammenhang der

---

ander aufbauen, da der Grad der Abstraktionsfähigkeit während einer Unterrichtseinheit nicht merklich verändert werde. Der Schüler sei nämlich zu Beginn einer Unterrichtseinheit formal dasselbe zu leisten imstande wie am Ende derselben. Erst die Übung könne den Vorgang des Lernens erleichtern und verkürzen. Die Abstraktionsfähigkeit sei darum foglich allein ein Übungsphänomen.

[22] Professor Theobald Ziegler ..., S. 318.
[23] E. Meumann, Entstehung und Ziele ..., S. 65.
[24] Verhältnis der Herbartschen zur physiologisch-experimentellen Psychologie, in: Die Deutsche Schule 4 (1900), S.516.

psychischen Ereignisse untereinander, sowie mit den physiologisch-physikalischen Vorgängen und Zuständen der Logik und Erfahrung so entsprechend darzulegen, wie Herbart dies gethan hat. Endlich ist es Wundt nicht gelungen, nachzuweisen, dass die physiologischen Hypothesen, welche er der Erklärung psychischer Erscheinungen zu Grunde legt, richtiger oder giltiger sind als die Hypothesen des metaphysischen Realismus Herbarts; im Gegenteil hat sich gezeigt, dass Wundts Hypothesen mit erheblichen Mängeln behaftet sind. Demnach stehen die Wundtschen psychologischen Untersuchungen hinter der Herbartschen Psychologie weit zurück."[25]

Die Vertreter der experimentellen Psychologie und Pädagogik lieferten aus dieser Perspektive keine neuen psychologischen Grundlagen, sondern erforschten allein die physiologischen Bedingungen der Psychologie.[26] Metaphysischen Begründungen könne auch die experimentelle Psychologie nicht entgehen, selbst wenn sie sich als empirische Wissenschaft begreife.[27] Zudem gaben einige Herbartianer immer wieder zu bedenken, daß eine "Psychologie ohne Seele (...) zum Materialismus" führe.[28] Verärgert zeigte

---

[25] Felsch, Die Psychologie bei Herbart und Wundt mit Berücksichtigung der von Ziehen gegen die Herbartsche Psychologie gemachten Einwendungen, in Zeitschrift 9 (1902), S. 494.

[26] Lobsien schrieb zum Verhältnis der Physiologie zur Psychologie bei den experimentellen Psychologen und Pädagogen: "Da die Anwendung der experimentellen Methode in der Psychologie, namentlich der Psychologie der Sinnesorgane und des Nervensystems, aus geübten Verfahrensweisen in der Physiologie hervorgegangen ist, so pflegt man die experimentelle auch wohl als die physiologische Psychologie zu bezeichnen, und den Darstellungen werden dann in der Regel auch noch diejenigen Hilfskenntnisse aus der Physiologie des Nervensystems und der Sinnesorgane zugewiesen, die zwar an sich nur der Physiologie angehören, dabei aber doch eine Behandlung wünschenswert machen, die dem psychologischen Interesse besonders Rechnung trägt" (Max Lobsien, Experimentelle Studien zur Individualpsychologie auch der Additionsmethode, in: Zeitschrift 10 (1903), S. 182). Die Herbartianer verwiesen darauf, daß der Herbartianer Strümpell mit seiner pathologischen Pädagogik schon früh begonnen habe, die physiologischen Bedingungen der Pädagogik zu erforschen. Alfred Schmidt bemerkte aber auch, daß Strümpell sich über die Fragen der Psychologie mit Herbart verstritten habe (vgl: Alfred Schmidt, Die Lehre von der psychischen Kausalität, in Zeitschrift 11 (1904), S. 104-105). Otto Flügel wies diese Behauptung zurück, denn "Strümpells Abweichungen von Herbart sind weniger sachlicher als methodischer Art" (Otto Flügel, Herbart und Strümpell, in: Zeitschrift 11 (1904), S. 347).

[27] Vgl: Max Lobsien, Über den Ursprung der Sprache, in Zeitschrift 6 (1899), S. 194.

[28] Buchbesprechung, C. Gutberlet, Der Kampf um die Seele. Vorträge über die brennenden Fragen der modernen Psychologie, in: Zeitschrift 8 (1901), S. 527.
Schwertfeger lehnte die physiologisch-experimentelle Psychologie ab, weil, "die Gefahr besteht, dass auf ihr als Grundlage leicht eine mehr oder weniger naturalistisch gefärbte Erziehungslehre entstehen könnte. Und weil Herbarts Psychologie vor einer solchen sicher bewahrt, halten wir für die Begründung des pädagogischen Hauses sicher an ihr fest und benutzen die moderne nur, um die Konstrukti-

man sich darüber, in welchem Maße "dieselben Missverständnisse und falschen Auffassungen der Herbartschen Psychologie" reproduziert wurden.[29]

Schließlich wurde auf die eingeschränkte Bedeutung experimenteller und statistischer Ergebnisse für die konkrete Unterrichtssituation verwiesen. Diese boten in den Augen der Herbart-Schüler nur einen Rahmen vor dessen Hintergrund die Wichtigkeit von Beobachtung und Selbstbeobachtung erst deutlich werde. Die Herbartianer einigten sich, daß zwar neue Hilfsmittel und Hilfsmethoden zur Verfügung gestellt worden seien, aber keine neue Psychologie. Auf den angestrebten Perspektivenwechsel vom Lehrer zum Lerner gingen die Herbart-Schüler kaum ein. Nur Karr wies ganz im Herbartianischen Duktus darauf hin, daß die "Kinder-Psychologie" nur einen Wert hätte, wenn "sie die Entwickelung der Seele von einfachen zu komplexeren Zuständen" zeige. Doch "Beobachtungen zu diesem Zwecke" würden "am besten mit einzelnen Kindern angestellt".[30] Zu Annäherungen zwischen Herbart-Schülern und den experimentellen Pädagogen kam es erst nach dem eigentlichen 'Kampf um Herbart' - vor allem auf den Versammlungen des Vereins für Kinderforschung.[31] Trüper, inzwischen Anstaltsdirektor in Jena, lobte z.B. die kinderpsychologischen Arbeiten der Leipziger Professoren Ziller, Strümpell und Wundt und stellte die Herbartianer Ziller und Strümpell damit in eine Reihe mit Wundt.[32]

---

on und Einrichtung desselben etwas zu vervollkommnen" (E. Schwertfeger, Ziehen über Herbarts Psychologie, in: Jahrbuch 33 (1901), S. 254).

[29] K. Hemprich, Buchbesprechung, G. Maier, Pädagogische Psychologie für Schule und Haus auf Grund der Erfahrung und neueren Forschung dargestellt, Gotha 1894, in: Zeitschrift 2 (1895), S. 237.

[30] G. Karr, Psychologie und Pädagogik ..., S. 134.

[31] Damit soll nicht gesagt werden, daß aus Kreisen der Herbart-Schüler die 'moderne Kinderforschung' nicht auch weiterhin heftig kritisiert wurde. Hemprich resümierte z.B. in einem Jahrbuch-Aufsatz: "1. Die gegenwärtige Kinderforschung hat das Verdienst, dass sie uns auf die physiologische Erziehung des Kindes mit Nachdruck hinweist und uns die Pflege und Erhaltung eines gesunden Nervensystems ans Herz legt. 2. Sie verwandelt die Psychologie in Physiologie, verwischt so die Grenze zwischen beiden Wissenschaften; in den Begriffsbestimmungen von geistigen Akten ist die moderne Kinderphysiologie nicht klar. 3. Es ist besonders verfehlt, den Entwicklungsgedanken, der selbst in der Biologie so problematisch ist, auf die Psychologie zu übertragen. 4. Die Kinderphysiologie hat bis jetzt noch nicht den Beweis gebracht, in pädagogisch-didaktischer Beziehung von Bedeutung zu sein, im Gegenteil bedeuten ihre einseitigen pädagogischen Forderungen einen Rückschritt gegenüber den didaktischen Belehrungen, die die 'gemeine Psychologie, Kinderpsychologie' bisher gab. 5. Herbart hat Recht behalten, die Ausbeute solcher (physiologischen) Betrachtungen sind für die Pädagogik nur gering. Es ist Zeit, "eine minder fruchtbare Nachforschung zu beschränken und für bedeutendere den Raum offen zu halten" (Karl. Hemprich, Zur modernen Kinderforschung, in: Jahrbuch 37 (1905), S. 56-82).

[32] Vgl. z.B.: C. Geisel, Verein für Kinderforschung, in: Zeitschrift 12 (1905), S. 246ff.

Die Sozialpädagogen griffen kaum in die Auseinandersetzung zwischen den Herbartianern und den Vertretern der experimentellen Psychologie und Pädagogik ein. Allein Bergemann setzte die Erkenntnisse der experimentellen Psychologie systematisch in Verhältnis zur Sozialpädagogik (vgl.: Die Sozialpädagogik Paul Bergemanns). Ziegler, der zwar für eine empirische Psychologie und die Sozialpädagogik eintrat, entwickelte in diesem Rahmen keinen eigenen systematischen sozialpädagogischen Ansatz. Für Rissmann bewies die Debatte nur einmal mehr, wie unhaltbar die Herbartsche Pädagogik geworden und den modernen Herausforderungen nicht mehr gewachsen war. Eine Brücke zwischen der Sozialpädagogik und der experimentellen Pädagogik schlug er nicht. Ihm genügte die Zurückweisung der Ansicht Herbarts, "daß das Willensleben wesentlich (...) von der Gestaltung des Gedankenkreises" abhängig sei.

5.2 Die Mitstreiter II: Persönlichkeitspädagogik

"Es ist wie eine Ironie des Schicksals, dass eine pädagogische Richtung, welche als Erzieher ganze Männer haben will, welche gegen alles Halbe und Lahme eifert, welche die sogenannten Mietlinge, die für Nebenämter mehr Zeit und Lust haben als für den eigentlichen Beruf, als einen Krebsschaden der öffentlichen Erziehung geisselt, welche immer und immer wieder für eine allseitige Hebung des Lehrerstandes kämpft, welche ausserdem alles, was möglich ist, für den Zögling thut, von ihm ausgeht, die ganze Achse des Unterrichts um ihn drehen lässt und wieder zu seiner Individualität zurückkehrt etc., dass eine solche Richtung auf einmal beschuldigt wird, sie lege zu wenig Gewicht auf die Persönlichkeit des Erziehers und befasse sich zu wenig mit dem Hauptzweck des Unterrichts, mit der werdenden Schülerpersönlichkeit." [33] *(H. Schreiber)*

Schreiber hatte die 'Persönlichkeits-Pädagogik' von Ernst Linde eigentlich gar nicht besprechen wollen, doch da ihr so viel Gehör verschafft worden war, befand er eine ausführliche Replik für notwendig. Der Grund für das Aufsehen lag auf der Hand: "Wieder ein Herbartfeind mehr."[34] Tatsächlich erzeugte Lindes 'Persönlichkeits-Pädagogik' aber nur wenig Aufregung. Linde kämpfte für die Bewahrung eines traditionellen Persönlichkeitsideals. Er wollte verhindern, "daß die Menschen nicht auch den Menschen notwendig zur Maschine" herabsetzten.[35] Erkenne man die Bedeutung der Persönlichkeit im Bildungsprozeß an, so war Linde zu verstehen, dann könne

---

Neben den Fragen der Schulerziehung standen hier die Jugendfürsorge und Anstaltserziehung im Mittelpunkt der Debatten, so sprach z.B. 1905 Wilhelm Polligkeit über Strafrechtsreform und Jugendfürsorge.

[33] H. Schreiber, "Persönlichkeits-Pädagogik", in: Zeitschrift 8 (1901), S. 501-502.
[34] H. Schreiber, "Persönlichkeits-Pädagogik" ..., S. 323.
[35] E. Linde, Friedrich Naumann, Volksschule ..., S. 255.

die Bildungsvermittlung nicht das Problem einer falschen oder richtigen Methode sein. Die Gefahr, daß eine mechanische Haltung die Pädagogik bestimme, sah er zwar auch bei den 'Empirikern' und 'Experimentellen', doch erst recht in der Pädagogik der 'Wissenschaftlichen', also der Herbart-Schüler angelegt.

"Sie überschätzen das Mechanische, das, was sich äusserlich machen lässt, und unterschätzen das Persönliche, das freilich frei wachsen will und sich daher auch nicht so in die Hand nehmen und nach Belieben rechts oder links biegen lässt. Und zwar haben die wissenschaftlichen vor den 'Empirikern', bei aller gegenseitigen Befehdung, nichts voraus, wie diese nicht vor jenen (...). Bei den 'Wissenschaftlichen' kommt nun hierzu noch das Gewicht, das sie auf die Anordnung des Lehrstoffes, auf seine allseitige Verknüpfung und auf seine Durcharbeitung legen."[36]

Nach Georg Heynder beruhte der fortschrittliche Beitrag Lindes - in Umkehrung eines bekannten Kant-Satzes - auf der Erkenntnis, daß "Begriffe ohne Anschauungen leer" seien.[37] Linde verstand unter 'Anschauung' den individualen und ursprünglichen Bestandteil des Bildungsprozesses, durch den der von außen kommende 'Begriff' erst seine Dignität erlange. Jenseits dieser Verbindung von 'Begriff' und 'Anschauung' habe der 'Begriff' keinen Anspruch auf eigenständige Geltung. Den Herbartianern warf Linde vor, dem Begriff einen prinzipiellen Vorrang einzuräumen. Nun sei dies, führte Linde weiter aus, in einer "Zeit der Sehnsucht und der Träume" vielleicht akzeptiert worden, konnte aber in einer Gegenwart nicht weitergeführt werden, in der Gegenwartsmenschen gebildet werden müßten, die ihren Platz in der Gesellschaft tatkräftig erkennen könnten.[38] Gegenwartsaufgaben könnten dem Zögling folglich nur nahe gebracht werden, wenn er im Unterricht mit Bildungsstoffen konfrontiert werde, die ihn nicht kalt und gleichgültig ließen. Insgesamt übernahm Linde die ältere Kritik Hildebrands, den er zum großen pädagogischen Meister stilisierte. Danach fehlte in Herbarts Theorie die Verbindung zwischen dem in der Schule vermittelten Gedankenkreis und dem 'wirklichen' Gedanken- und Gemütsleben der Menschen, das sich von unten 'nähre'.[39]

Die Schule der Zukunft sei auf einen Lehrer angewiesen, so Linde, der frei und ungebunden mit Gefühl und Gemüt auf die persönlichen Empfindungen und Unwägbarkeiten des Zöglings eingehe und die von ihm zu vermittelnden Bildungsstoffe in seiner Persönlichkeit trage und repräsentiere: Der Zögling könne allein eine Persönlichkeit werden, wenn der Lehrer den

---

[36] H. Schreiber, "Persönlichkeits-Pädagogik" ..., S. 334.
[37] G. Heydner, Buchbesprechung, E. Linde, Persönlichkeits-Pädagogik, in: Die Deutsche 2 (1898), S. 529.
[38] E. Linde, Persönlichkeits-pädagogik. Eine Selbstanzeige ..., S. 603.
[39] Vgl. auch: Ernst Linde, Persönlichkeitspädagogik, Leipzig 1896.

"Geist als organisches Wesen betrachte".[40] In Lindes Pädagogik hatte die Persönlichkeit des Lehrers für den Zögling nicht nur Vorbildcharakter; sie war darüber hinaus ein Medium, durch das und mit dem die persönliche Entwicklung des Schülers in Beziehung zur Gesellschaft gestellt werden sollte. Pädagogische Konzepte, so könnte man die Kritik Lindes resümieren, die den methodischen und den begrifflichen Anteil des Bildungsprozesses gesondert von der Persönlichkeit des Lehrers thematisierten, trennten künstlich, was eigentlich als eine Einheit zu fassen sei. Die Bewahrung dieser ursprünglichen Einheit von "unmittelbaren" und "mittelbaren", "unbewußten" und "bewußten", "unfaßbaren" und "faßbaren" Persönlichkeitselementen sei folglich die Voraussetzung für jeden Bildungsprozeß.[41] Da die Herbartianer, nach Linde, das Verhältnis von Begriff und individueller Gefühlslage nicht ausreichend berücksichtigten, verkam ihre Pädagogik zu einer "Therapie der Schablone".[42]

Die Herbart-Schüler waren empört: Lindes spiritus rector Hildebrand war freilich ein "charaktervoller deutscher Mann",[43] doch kein Pädagoge, und nur dem "blinden Eiferer" könne entgehen, welchen hohen Stellenwert die Lehrerpersönlichkeit in der Herbart-Zillerschen Pädagogik habe. Nur für sich genommen, widerlege schon die Pädagogik Dörpfelds oder die Pädagogik der Landerziehungsheime, die in jüngster Zeit von dem Herbartianer Lietz ins Leben gerufen worden seien, dieses Urteil. Aber natürlich müsse auch "die allgemein-wissenschaftliche und pädagogische Ausstattung des Erziehers" angesprochen werden, denn lediglich die Persönlichkeit des Lehrers könne nicht eine wissenschaftlichen Ansprüchen genügende Pädagogik verbürgen.[44]

---

[40] E. Linde, Persönlichkeits-pädagogik. Eine Selbstanzeige ..., S. 608.
[41] Ernst Linde, Von der Wichtigkeit des Anschauens gegenüber dem Denken, in: Die Deutsche Schule 3 (1899), S. 24-25.
[42] E. Linde, Von der Wichtigkeit des Anschauens ..., S. 24.
[43] H. Schreiber, "Persönlichkeits-Pädagogik" ..., S. 414.
[44] H. Schreiber, "Persönlichkeits-Pädagogik" ..., S. 411.
Daß die Herbartianer, die Bedeutung der Lehrerpersönlichkeit im Unterricht diskutierten, zeigte z.B. ein *Jahrbuch*aufsatz von Johannes Tews aus dem Jahr 1889, also Jahre bevor Linde mit seiner Persönlichkeitspädagogik gegen die Herbartianer antrat. Tews legte dar, "dass unser jetziges Klassensystem mit seinen jährlichen bzw. halbjährlichen Versetzungen der Schüler von einem Lehrer zum andern zu schweren pädagogischen Bedenken Veranlassung giebt. Weit bildsamer sind die, welche lange Zeit nur von einer Person (am besten der Mutter) geleitet werden und von ihr sich nicht zu verstecken gewohnt sind. Es kommt dann aber darauf an, die fernere Erziehung an das Vorgefundene genau anzuknüpfen und keine Sprünge zu verlängern" (Johannes Tews, Die Durchführung der Schulklassen, Zur Reform der Schul- und Klassenorganisation, in: Jahrbuch 21 (1889), S. 180-181).
Die Herbartianer stritten zudem ebenfalls über die Bedeutung des Gefühls- und Gemütslebens im Verhältnis von Lehrer und Schüler. Der Herbartianer Grosskopf kritisierte z.B. Lüttge, der wie die "nicht selten geschmähten" Persönlichkeitspäd-

Unter den Sozialpädagogen würdigte Rissmann die Persönlichkeitspädagogik, da er als Pestalozzianer nicht nur die Bedeutung der Anschauung gelobt fand, sondern gleichzeitig die Ansicht, daß im Menschen selbst der Ursprung der Entwicklung und der Bildung liege, jede Bildung also am konkreten Leben der Individuen anzusetzen habe. Doch das Verhältnis der Sozialpädagogik zur Persönlichkeitspädagogik blieb insgesamt unbestimmt und die Persönlichkeitspädagogik verschwand nach den ersten 'lauten' Gefechten im 'Kampf um Herbart' wieder aus der Zeitschriftenlandschaft.

5.3 Die Vorkämpfer der Sozialpädagogik: Kritik des erziehenden Unterrichts

"Die soziale Frage vor allem wird auch vor der Schule nicht stehen bleiben. Zwar trägt alle Erziehung einen sozialen Gedanken in sich; denn sie überträgt das Kulturgut eines Geschlechtes auf das andere und dient so der ganzen menschlichen Gesellschaft. Aber der Sozialismus des ausgehenden neunzehnten Jahrhunderts hat sich eine andere Aufgabe gestellt: er will den sozialen Körper an allen seinen Gliedern stärken und gesund machen. Die Bildung erweckt Ansprüche auf geistigen Genuss und eine würdige Stellung in der Gesellschaft; die Bildung muss an ihrem Teile mit diesen Ansprüchen sich auseinanderzusetzen suchen."[45]

(Eduard v. Sallwürk)

Freilich distanzierte sich die Mehrheit der Sozialpädagogen von den Sozialisten, doch der sozialistische Anspruch, eine 'gesunde' Gesellschaft zu schaffen, in der jeder Mensch eine 'würdige' Stellung innehaben könne, war der sozialpädagogischen Aufgabenstellung sehr nahe und Anlaß genug, den Auftrag der Bildung für den notwendigen sozialen Erneuerungsprozeß neu zu bestimmen. Diese in den Augen einiger Sozialpädagogen nationale und kulturelle Aufgabe besaß die 'Kraft', alte Ressentiments und Bedenken gegen

---

agogen, die Religion vorrangig als eine Frage des Gemüts begreife (A. Grosskopf, Buchbesprechung, Ernst Lüttge, Die Bildungsideale der Gegenwart in ihrer Bedeutung für Erziehung und Unterricht. Ein Beitrag zur Würdigung sozialpädagogischer Reformbestrebungen, Leipzig 1900, in: Zeitschrift 9 (1902), S. 362). Pfarrer Planck erklärte die Bedeutung "der inneren, sachlichen und sittlichen Überlegenheit" des Erziehers für den erziehenden Unterricht, denn das "Bestimmende im Menschen" sei "nicht der Geist, sondern das Unmittelbare, das Seelenleben, das Herz". Der Eindruck des Erziehers, stellte Pfarrer Planck diese Idee in seine Dienste, müsse so stark sein, daß der Zögling sich dessen geistige Gefühls- und Willenskraft instinktiv einflößen lasse (Planck, Gibt es einen erziehenden Unterricht, in: Die Deutsche Schule 8 (1904), S. 774; Vgl. auch: Fr. Rausch, Die Suggestion im Dienste der Schule, in Zeitschrift 8 (1901), S. 317-323; S. 397-405).

[45] Eduard v. Sallwürk, Die pädagogische Geschichte des neunzehnten Jahrhunderts in Deutschland, in: Die Deutsche Schule 4 (1900), S. 280.

die Herbartsche Vorstellung vom erziehenden Unterricht neu zu bündeln und in einen Zusammenhang zu stellen. Schließlich kämpfte man nicht allein, sondern wußte um die Angriffe aus dem Lager der experimentellen Pädagogik und Psychologie sowie der Persönlichkeitspädagogik.[46] Am Beispiel einzelner Autoren sollen darum nun die Kritikpunkte der Sozialpädagogen an der Theorie des erziehenden Unterrichtes der Herbartianer verdeutlicht werden. Sie bezogen sich auf den angeblichen Moralismus (v. Sallwürk), Individualismus (Bergemann) und Intellektualismus (Rissmann) der Herbartschen Pädagogik.

Eduard v. Sallwürk kritisierte, daß bei Herbart allein die Ethik die Zielsetzung des Unterrichts bestimme: Bei Herbart sei die "Tugend das Ganze des pädagogischen Zwecks". Herbart glaube folglich, das Geheimnis einer Erziehung gefunden zu haben, die, während Vorstellungen gebildet würden, dem Charakter eine bleibende und feste Richtung zum Guten geben könne. Herbarts enge Zwecksetzung der Erziehungslehre habe die Bildungsinhalte lediglich als ein "mittelbares Gut" zur tugendhaften Bildung der Zöglinge begreifen lassen. Er mache sich so einer "Geringschätzung des Inhalts der Wissenschaften" schuldig, weil er den Inhalten keinen eigenständigen Platz in der Pädagogik zugestehe.[47] Gehe man aber davon aus, so Sallwürk, daß nicht nur die Ausbildung moralischer Wertmaßstäbe sondern auch das "richtige" Denken ein Ergebnis der Entwicklung des Individuums sein müsse, so sei die Logik zwangsläufig in die Didaktik einzubeziehen. Die Pädagogik habe also nicht nur die Bildungsinhalte für die individuelle Charakterbildung zu nutzen, sondern den Menschen in den Prozeß der gemeinsamen und 'richtigen' Bildung der Kulturinhalte zu integrieren. Der Moralismus Herbarts, so v. Sallwürks Urteil, verdecke diese Aufgabe. Herbart und besonders die Herbartianer, resümierte ein Zeitgenosse, behandeln "jeden Lehrstoff" lediglich wie eine "Moralcitrone" und "den Unterricht als Mittel, (...) diese solange zu quetschen und zu pressen, bis sich als Resultat und Beweis seiner 'erziehlichen' Richtung ein mehr oder minder dünnes Moralstrählchen ergiesst."[48] Dabei sei "Unsitte" nicht nur ein Phänomen der Ungebildeten.[49]

Paul Bergemann spitzte die Argumentation zu: Die "Charakterbildung" gehöre vorzugsweise zu den "Aufgaben des Hauses" und nicht in die Schule,

---

[46] Rissmann weitete die Kritik der experimentellen Psychologen und Pädagogen z.B. folgendermaßen aus:
"Übrigens betrifft der Streit um Herbarts Psychologie durchaus nicht nur die auf Empirie beruhenden Teile derselben"; viele der Herbartianer würden leider verkennen, daß die ganze Lehre vom "erziehenden Unterricht" nicht auf einem abgesicherten Fundamente ruhe, sondern das Ergebnis einer "Hypothese" sei (Robert Rissmann, Notizen, in: Die Deutsche Schule 8 (1904), S. 115).
[47] Eduard v. Sallwürk, T. Ziller als Interpret ..., S. 282.
[48] Moralismus, in: Die Deutsche Schule 6 (1902), S. 301.
[49] Volksbildung und Volkssittlichkeit, in: Die Deutsche Schule 6 (1902), S. 40-41.

denn dort habe schon seit jeher allein die intellektuelle Bildung ihren Platz gefunden.[50] Die Schule, fuhr er fort, solle "durch die Belehrung allein den Intellekt des Zöglings bilden", darin bestehe ihre kulturelle und soziale Aufgabe.[51] Nach Bergemann bestimmten die Bildungsinhalte nicht nur die Zugehörigkeit eines Individuums zu einer Kultur, sondern auch den Grad der geistigen Fähigkeiten der zu bildenden Zöglinge in dieser Kultur. Bergemann stimmte mit der experimentellen Pädagogik überein, daß das Abstraktionsniveau durch Übung und Steigerung der Abstraktionsgrade geschult werden könne. Die Herbartianer sahen die formale Bildung an allgemeingültige psychologische Gesetze und ethische Ideen gebunden, Bergemann löste auch diese Theorie entwicklungssoziologisch auf. Sowohl die ethischen Ideen als auch die Psychologie wurden nach seinem Ansatz ganz durch die sozialen, kulturellen und biologischen Bedingungen und Entwicklungen geprägt.

In Auseinandersetzung mit der Herbartschen und der 'modernen' Psychologie stellte er fest, daß das 'Ich' nichts anderes als eine Vorstellung unter anderen Vorstellungen sei. Vorstellungen beschrieb Bergemann als Produkte des Gesamtgeistes, vermittelt und entwickelt durch das "sozialpsychologische Phänomen" der Sprache. "Ich denke", könne der Mensch nur darum sagen, weil die Gesamtheit ein entsprechendes Kulturniveau erreicht habe.[52] Die individualistische Gegenwartsgesellschaft kranke deshalb, weil allein betont werde, "dass grosse individuelle Unterschiede" bestehen und man denke, daß die "noch immer vorhandene Gemeinsamkeit des Fühlens, Wollens und Denkens (...) auf zufälliger Übereinstimmung" beruhe.[53] In der Schule müsse darum der Mensch in erster Linie wieder sozialisiert, für die gemeinsame Kulturarbeit vorbereitet, und nicht wie die Herbartsche Pädagogik es anstrebe, von außen zu einem individualistischen Charakterideal geführt werden (vgl.: Die Sozialpädagogik Paul Bergemanns).

Rissmann sah nun die Gelegenheit, Pestalozzi aus Herbarts Schatten zu heben. Er erinnerte an die Pädagogik der Pestalozzianer, "die man bis zur Invasion des Herbartianismus als 'die deutsche Pädagogik'" bezeichnet habe, gemeint waren die Theorien Kehrs, Dittes und besonders Diesterwegs.[54] Die Theorien dieser Pädagogen wollte er um die soziale Seite Pestalozzis ergänzen, die besonders Dittes und Diesterweg aufgrund des Zeitgeistes von 1848 übersehen hätten. Rissmann griff auf das Problem der Selbsttätigkeit in der Pädagogik zurück. Eine soziale Pädagogik, die der Pädagogik Pestalozzis folge, habe den Menschen ein 'würdiges' Leben zu ermöglichen. Die Menschen müßten in der jeweiligen Individuallage die "sich entwickelnden gei-

---

[50] P. Bergemann, Über erziehenden Unterricht ..., S. 292.
[51] P. Bergemann, Über erziehenden Unterricht ..., S. 289.
[52] P. Bergemann, Buchbesprechung, J. Rehmke ..., S. 637.
[53] P. Bergemann, Soziale Pädagogik ..., S. 514.
[54] Robert Rissmann, August Lübben, in: Die Deutsche Schule 8 (1904), S. 44.

stigen Kräfte" entfalten und den "eigenen Gesetzen" unterstellen können.[55] Er bemühte - wie auch Natorp - Pestalozzis Analogie von der Erziehung als der Kunst des Gärtners:

"'Unter dessen Sorge tausend Bäume blühen und wachsen: siehe, er thut nichts zum Wesen ihres Wachstums und ihres Blühens; das Wesen ihres Wachstums und ihres Blühens liegt in ihnen selber.'"[56]

Pestalozzi, folgerte Rissmann, lasse den Menschen noch wahrhaft "das Werk seiner selbst" werden.[57] Doch Herbarts intellektualistischer Ansatz habe diese Ansicht verzerrt. Bei Herbart werde die Selbsttätigkeit zu einem Unterrichtsproblem.

Rissmann analysierte Herbarts Begriff des 'Interesses'.[58] Das Interesse beschreibe demnach in dessen Theorie die "Verfassung" des durch den Unterricht vermittelten "Gedankenkreises", aus der das "Wollen" unmittelbar hervorgehe.[59] Er würdigte zwar, daß in Herbarts Didaktik das Interesse als Ausdruck der Selbsttätigkeit im Mittelpunkt stehe, doch er warf ihm vor, es als Wirkung und nicht als Ausgangspunkt der Vorstellungen zu begreifen.[60] Denn das Interesse beruhe bei Herbart auf der "unwillkürlichen Aufmerksamkeit" und damit "auf der Kraft einer Vorstellung (oder Vorstellungsmasse) gegen die andern".[61] Die "Bedingungen des Interesses" seien aber, so Rissmann, nicht in der Vorstellungsstärke begründet, sondern in dem Gefühlswert der Vorstellungen.

"Das Anziehende oder Abstoßende, das eine Sache (...) für uns besitzt, kann in nichts anderm begründet sein als in Gefühlen, die mit dem Inhalte des Interesses, eben jenen Vorstellungen, auf engste verbunden sind."[62]

Für Herbart sei das Gefühl allein "eine begleitende Erscheinung des Vorstellens". Rissmann fand darum auch den Intellektualismus-Vorwurf berechtigt, denn das Gefühl werde nicht als "eine Grundtatsache des psychischen Lebens" anerkannt und dem Vorstellen auch nicht neben- sondern untergeordnet.[63] Dabei schrecke man heute auch wissenschaftlich nicht mehr davor zu-

---

[55] R. Rissmann, Ein Jubiläum ..., S. 281.
[56] R. Rissmann, Pestalozzi ..., S. 3.
[57] R. Rissmann, Pestalozzi ..., S. 2.
[58] Rissmann stützte sich in diesen Ausführungen auf Ostermanns Monographie, Das Interesse, in der jener mittels der Psychologie Lotzes, v.Hartmanns, Paulsens und Wundts die These ausführlicher bestätigte.
[59] R. Rissmann, Warum ich die Herbartsche ..., S. 180.
[60] R. Rissmann, Warum ich die Herbartsche ..., S. 48.
[61] R. Rissmann, Warum ich die Herbartsche ..., S. 181.
Dem zugrunde lag nach Rissmann die These, "daß jeder Vorstellung das Streben eigen" sei, "sich auf ihrer ursprünglichen Klarheitsstufe zu erhalten" (ebd., S. 180).
[62] R. Rissmann, Warum ich die Herbartsche ..., S. 181.
[63] R. Rissmann, Warum ich die Herbartsche ..., S. 49.

rück, fügte Schulze hinzu, "das Gefühl als die seelische Grundlage für die Bewußtseinsvorgänge zu erfassen".[64] Eine Pädagogik, welche die "Selbständigkeit der breiten Volksmassen" und eine "innere Teilnahme" der Menschen an den Aufgaben des Staates befördern wolle, habe demnach den Menschen nicht über den Intellekt, sondern über die Gefühle als Wurzeln der Selbsttätigkeit anzusprechen.[65]

Die Antworten der Herbart-Schüler auf die Kritikpunkte folgten. Sie konzentrierten sich besonders auf Rissmann, der in seiner Aufsatzserie, 'Warum ich die Herbartsche Pädagogik ablehne', die Kampfbegriffe - Intellektualismus, Moralismus und Individualismus - geprägt hatte. Ihm wurde erst einmal lapidar vorgeworfen, daß die "erkenntnismässigen Gründe für seine Handlungsweise dünn" seien und daß er wohl mehr von persönlichen oder theoriepolitischen Motiven bestimmt sei.[66] Hemprich faßte dann die im Verein für wissenschaftliche Pädagogik diskutierte Entgegnung zusammen:

"Rißmann ist falsch unterrichtet über die Herbartsche Pädagogik. Das Gefühl hat auch in dieser Pädagogik eine große Bedeutung. (...) Die Herbartsche Psychologie hält fest an den drei qualitativ verschiedenen Tätigkeiten des Vorstellens, Fühlens und Wollens, diese Vorgänge sind Tätigkeiten einer einheitlichen Seele.

Die Herbartsche Pädagogik trifft auch nicht der Vorwurf des Moralisierens. (...) Gesellschaftliche Vorurteile hindern oft an richtigen ethischen Urteilen. Die Herbart-Zillersche Pädagogik will aber nicht bloß durch den Unterricht die Schüler zur Erkenntnis des Guten, Schönen und Wahren bringen, sondern auch durch den Umgang, durch die Schulzucht, durch das Schulleben auf den Willen direkt einwirken. (...)

Es ist ferner ganz unberechtigt, der Herbartschen Pädagogik vorzuwerfen, sie hätte kein Verständnis für soziale Pädagogik: Ziller sammelte in Leipzig verwahrloste Kinder in seinem Seminar, es war ihm ernst mit der Verbesserung der Gesellschaft durch Ausbildung des einzelnen zum sittlichen Charakter. Die moderne Sozialpädagogik will aber den Menschen nicht heraufbilden, sondern ihn in die Gesellschaft hineinstellen, sie will keine Erziehung, sondern Dressur."[67]

---

[64] O. Schulze, Gefühlswerte im Menschenleben, in: Die Deutsche Schule 6 (1902), S. 351.
[65] Jakob Beyhl, Lehrerbewegung und Kulturfortschritt, in: Die Deutsche Schule 7 (1903), S. 38.
[66] Zu dem Kampfe gegen die Herbartsche Pädagogik, in: Zeitschrift 10 (1903), S. 495. Vgl. auch: Zur Herbartischen Pädagogik, in: Zeitschrift 10 (1903), S. 327-329; Zu dem Kampfe gegen die Herbartsche Pädagogik, in: Zeitschrift 11 (1904), S. 228-233.
[67] K. Hemprich, Bericht über die 36. Generalversammlung ..., S. 522-523. Vgl auch: Friedrich Franke: Zu Herbarts Lehre vom Gefühl und zu Rissmanns Ablehnung, in: Jahrbuch 36 (1904), S. 257-302.

Auch wenn die Entgegnung in zahlreichen Einzelrepliken noch differenziert wurde, war die Tendenz erfaßt. Die Herbart-Schüler waren nicht gewillt, die grundlegende Kritik am erziehenden Unterricht, abgesehen von Einzelfragen, für eine wissenschaftliche Pädagogik als angemessen zu betrachten. Die individuelle Charakterbildung war für sie der Weg zu einer sittlichen Ertüchtigung und zu einer 'würdigen' Stellung des Menschen in der Gesellschaft, eingeschlossen natürlich der sozialen Reform im Sinn z.B. Dörpfelds.

Gleichzeitig nahmen aber einige Herbart-Schüler durchaus Ansätze der Kritiker auf und traten für eine diesbezügliche Weiterentwicklung der Herbartschen Pädagogik ein. Sogleich forderte Rissmann die Herbartianer auf, die "babylonische Verwirrung" in den eigenen Reihen wahrzunehmen. Es wäre doch an der Zeit, spottete er, daß die "Orthodoxie der Partei" die "Revisionisten" zur Räson rufe.[68] Auf jeden Fall schien nicht mehr klar zu sein, welche Ausrichtung die bestimmende in der Schule war, dazu kam noch die alte Frage, ob nicht Herbartianer wie Ziller bereits die ursprüngliche Lehre verfälscht hatten.[69]

---

[68] Zu dem Kampfe gegen die Herbartsche ..., S. 229. Vgl. auch: Wilhelm Rein, Geschichte der Pädagogik, in: Zeitschrift 11 (1904), S. 319.
[69] So stimmten viele Herbartianer v. Sallwürk zu, der die zunehmend in die Kritik gekommene Pädagogik Zillers als "eine vollständige Fälschung der Herbartischen Didaktik" darstellte. Ziller interpretierte demnach in seiner Formalstufentheorie Herbarts Stufen der Klarheit, Assoziation, des Systems und der Methode falsch, "indem er alles, was Herbart für die Führung des Unterrichts durch einen ganzen Erziehungsgang hindurch festgesetzt hatte, zu einer Anweisung für die formelle Gestaltung der einzelnen Lektionen zusammenzog" (Eduard v. Sallwürk, T. Ziller als Interpret der Herbartischen Pädagogik, in: Die Deutsche Schule 7 (1903), S. 405-6). Vgl. zu dieser Frage auch: M. Fack, Lays experimentelle Didaktik, in: Jahrbuch 37 (1905), S. 139; J. Capesius, Gesamtentwicklung und Einzelentwicklung, in: Jahrbuch 21 (1889), S. 117-179.

5.4 Der Hauptverteidiger: Otto Flügel - Die Notwendigkeit sittlicher Charakterbildung

"Ebensowenig passend ist es (...) zu sagen: Erziehung ist die geistige Fortpflanzung eines Volkes. Wohl überträgt oder vererbt durch tausend Kanäle jedes Geschlecht seine Bildung auf das kommende. Unsere ganze geistige Existenz, sagt Herbart, ist gänzlich von gesellschaftlicher Art, auf jeden Einzelnen wird davon mehr oder weniger übertragen. Allein nicht jede Übertragung ist Erziehung. Nur diejenige Vererbung oder Übertragung des Bildungsgutes nennt man Erziehung, welche absichtlich und planmässig geschieht und wobei nicht alles ohne Unterschied, sondern nur das Wertvolle übertragen wird. Erziehung im eigentlichen ist nur ein ganz besonderer Fall der geistigen Vererbung. Man könnte also höchstens sagen: Erziehung ist eine (nicht die) geistige Fortpflanzung."[70] (Otto Flügel)

Für Otto Flügel war es nicht die vorrangige Aufgabe der Pädagogik über den ohnehin in der Erziehung und Bildung angelegten sozialen Gedanken hinaus, die Aufgabe der Bildung für den sozialen Erneuerungsprozeß zu bestimmen, sondern sein Ziel war es, der Pädagogik in der Gesellschaft eine gefestigte Position zu geben. Natürlich sei Erziehung immer auch ein sozialer Prozeß, doch darum nicht jede soziale Einwirkung gleich Erziehung. Flügel kannte nur eine Antwort auf die Angriffe gegen den erziehenden Unterricht und die religiös-sittliche Orientierung der Pädagogik: Herbart lesen. Flügel, der den Kurs der *Zeitschrift für Philosophie und Pädagogik* im 'Kampf um Herbart' zu steuern versuchte, schrieb die erste Abhandlung in nahezu jedem Heft selbst. Hier griff er die gegenwärtig diskutierten philosophischen, sozialen, kulturellen und psychologischen Fragen auf und bot in den folgendermaßen überschriebenen Fortsetzungsserien einen ausgiebig kommentierten Literaturbericht:

- Neuere Arbeiten über die sittlichen Gefühle (1894-96);

- Der substantielle und der aktuelle Seelenbegriff und die Einheit des Bewußtseins (1896-97);

- Idealismus und Materialismus der Geschichte (1897-99);

- Die Bedeutung der Metaphysik Herbarts für die Gegenwart (1900-1902).

Das Ergebnis war immer identisch. Die Diskussion war an einem Punkt angekommen, an dem die Widersprüche und offenen Fragen nur durch ein Neuansetzen bei Herbart gelöst werden konnten. Man stand demnach theoretisch vor ganz ähnlichen Fragen, wie Herbart sie in seiner Zeit zu beant-

---

[70] Otto Flügel, Idealismus und Materialismus der Geschichte, in: Zeitschrift 5 (1898), S. 11.

worten wußte. Flügel verstand entsprechend nicht, daß Philosophen wie Natorp dem Ruf 'Zurück zu Kant' folgten, anstatt Kants Leistung darin zu sehen, die Kritik seiner Nachfolger - in vordersten Linie natürlich Herbart - herausgefordert zu haben.[71] Analog faßte Flügel beispielsweise den Ausgangspunkt, um die Bedeutung der Metaphysik in der Gegenwart zu klären.

"Der Kantianismus gebärdete sich damals genau wie heutzutage in der Verwerfung aller Metaphysik. Herbart schildert seine Zeit genau so, wie wir die unsre als metaphysikfeindlich schildern. 'Das Zeitalter schleppte sich mit dem Nihilismus (d.h. Antimetaphysik, Leugnung der Dinge - an - sich), es ertrug ihn, schmückte ihn aus, strengte sich an, ihn poetisch zu überflügeln, weil es die Hoffnung verloren hatte, mit spekulativer Wahrheit ihn zu überwältigen, warf ihn weg, schwächte das ganze Wissen, worin er wohnt oder zu wohnen schien, rief den Glauben wieder zu Hilfe - und behielt ihn dennoch, weil das Wissen nicht weicht, sondern wächst und gedeiht, so weit Erfahrung und Rechnung ihr Gebiet erstrecken.'"[72]

Flügel nahm in seinen Aufsätzen nicht direkt auf die pädagogischen Positionen im 'Kampf um Herbart' Bezug, sondern ordnete die Sozialpädagogik, experimentelle Pädagogik und Persönlichkeitspädagogik in umfassendere Geistesströmungen oder Theorietraditionen ein. Denn die Theorie Herbarts hatte sich aus seiner Perspektive nicht gegen einzelne pädagogische Kritiker zu behaupten, sondern ihren Wert angesichts der grundlegenden philosophischen und pädagogischen Fragen und Probleme zu beweisen. Natorp galt darum vorrangig als Kantianer und Sozialphilosoph und weniger als Sozialpädagoge. Und Bergemann wurde zusammen mit den Vertretern einer evolutionistischen Ethik abgehandelt. Auch in diesem Punkt warnte Flügel vor der Gefahr eines Relativismus und Nihilismus. Denn Bergemann verwechselte aus seiner Perspektive Moral und Moralität, indem er auch die ethischen Ideen der Entwicklung unterwarf. Flügel berichtigte, daß nicht die Moral durch die Entwicklung festgelegt werde, sondern nur die jeweilige Form, die "wissenschaftliche Fassung", die Moralität.[73]

Flügel war ähnlich wie Rein überzeugt, daß die Menschen zu einer "besseren Fürsorge für andere" nur durch das "Wohlwollen in der Form der christlichen Religion" bewegt werden könnten und allein die Durchsetzung dieses - auch bei Herbart begründeten - Ideals im sozialen Leben zu "immer

---

[71] Otto Flügel, Die Bedeutung der Metaphysik Herbarts für die Gegenwart, in: Zeitschrift 7 (1900), S. 259.
Vgl. zur Einschätzung der neukantianischen Ansätze auch: Otto Flügel, Kant und der Protestantismus, in Zeitschrift 6 (1899), S. 433-469; Otto Flügel, Windelband über Herbart, in: Zeitschrift 12 (1905), S. 194ff; Otto Flügel, Zwei Urteile Windelbands über Herbart, in: Zeitschrift 12 (1905), S. 472.

[72] O. Flügel, Die Bedeutung der Metaphysik Herbarts ... 7 (1900), S. 100.

[73] Otto Flügel, Neuere Arbeiten übder die sittlichen Gefühle, in: Zeitschrift 2 (1895), S. 344.

mehr Gleichheit und zuletzt voller Demokratie" führen werde.[74] Die Pädagogik solle sich hüten, nicht einem "thörichten Übermut" zu verfallen und die Bedeutung der Religion und der sittlichen Charakterbildung zu übersehen, denn nur so könne sie auch einen Beitrag zur sittlichen Ertüchtigung der Menschen in der Gesellschaft leisten.

Doch "man darf nie vergessen, dass Staat und Volk nur irdische, vorübergehende Erscheinungen, dass aber die Individuen für die Ewigkeit geschaffen sind, dass sie erst da das Ziel erreichen können und sollen, zu dem sie geschaffen sind".[75]

Herbart diente ihm auch in diesem Punkt als Leitfigur.[76] Schließlich wies Flügel besonders darauf hin, daß das Wohlwollen nicht nur als abstrakte Idee seine Wirkung entfalten könne, sondern durch die sozialen Verhältnisse bedingt sei und in der Familie seinen Ursprung finde, "in dem gegenseitigen Abhängigkeitsverhältnis der Familienmitglieder".[77] Wer nun aber behaupte, "die Dampfmaschine löse das Familienleben der Proletarier" auf und damit die Grundlage der sittlichen Bildung, verschreibe sich einer monokausalen Herangehensweise und verdecke den Einfluß der mittelbaren Faktoren und damit der sittlichen Charakterbildung auf die Gestaltung des Familienlebens.[78]

5.5 Kant oder Herbart

"Professor Natorp will in seiner Sozialpädagogik den positiven Teil seiner Untersuchungen geben. Sie sind gerichtet auf die sittliche Erneuerung menschlicher Gemeinschaft. In diesem Ziel sind wir einig. Wir würden nur für Erneuerung Ertüchtigung sagen, weil - soviel Schattenseiten wir auch im Leben der Gesellschaft heutzutage bemerken mögen - doch der sittliche Fortschritt des scheidenden Jahrhunderts in grossen und guten Unternehmungen sowohl wie in sittlich hochstehenden Personen zu uns spricht."[79] *(Wilhelm Rein)*

Rein verband natürlich mit dem Vorschlag, nicht von sittlicher 'Erneuerung', sondern 'Ertüchtigung' zu sprechen, auch eine entsprechende Kritik der Natorpschen Sozialpädagogik. Natorp plädierte dafür, die Gesellschaft

---

[74] O. Flügel, Idealismus und Materialismus ... 5 (1898), S. 29.
Flügel bezog sich hier auf Kidds Buch, 'Soziale Evolution' (vgl: Kap. 3.3.2: Die soziokulturelle Dimension: Die Entkleidung moderner Religionen).
[75] Otto Flügel, Idealimus und Materialismus ... 5 (1898), S. 265.
[76] O. Flügel, Die Bedeutung der Metaphysik Herbarts ..., 9 (1902), S. 128.
[77] O. Flügel, Idealismus und Materialismus ... 5 (1898), S. 192.
[78] O. Flügel, Idealismus und Materialismus ... 5 (1898), S. 187.
[79] Otto Flügel, Karl Just, Wilhelm Rein, Herbart, Pestalozzi und Herr Professor Paul Natorp, in Zeitschrift 6 (1899), S. 311.

von innen heraus zu erneuern, d.h. die Pädagogik an selbsttätigen Bildungsbestrebungen zu orientieren, wie sie z.B. in der Arbeiterbewegung wirksam waren, die soziale Gemeinschaften gebildet hätten, um aus sich selbst heraus die Gemeinschaft aller Menschen zu erneuern. Rein trat freilich nicht für eine moralische Disziplinierung von außen ein, wie die Sozialpädagogen es den Herbartianer nicht selten nachsagten, sondern er wollte differenziert wissen, daß zwar einerseits nur die einzelnen Menschen selbst die Urheber jeder Sittlichkeit sein könnten, andererseits aber der Inhalt unabhängig vom einzelnen Bildungsprozeß durch Überlieferung und Gesamtheit bestimmt werde; "ihn vermag die Persönlichkeit nicht schöpferisch hervorzurufen".[80] Nach Rein bedrohten die "materialistisch-egoistischen" Strömungen den sozialstrukturellen Unterbau des geleisteten sittlichen Fortschritts, notfalls müsse die Pädagogik darum ersatzweise die Menschen ertüchtigen, damit sie selbsttätig an diesem Prozeß teilhaben könnten.[81] Die Pädagogik habe dafür zu sorgen, schrieb er, daß "jeder selbstthätig seine Sittlichkeit schafft, aber in Verbindung mit der Gemeinschaft".[82] Natorp stellte dem entgegen, daß jede Tätigkeit des Geistes doch die Bestimmung eines Inhalts bedeute und jeder Bewußtseinsinhalt nur eine Ausformung des Geistes, eine eigene Gestaltung desselben sein könne und eben nicht ein von außen kommendes Element. Eine Ertüchtigung zur Teilhabe war nach Natorp nicht notwendig, denn die Menschen könnten aus sich heraus zur Teilnahme an der Kultur- und Gemeinschaftsentwicklung streben, soweit die sozialen Bedingungen die Selbsttätigkeit erwecken. Flügel hielt dieser Ansicht prompt entgegen: "So ist es bekanntlich bei dem Willen nicht. Er muss nicht bloss ausgelöst werden, dass er wirkt, sondern er muss auch bestimmt werden, wie er wirkt."[83]

Natorp berief sich auf die pädagogische "Grundidee Platos und Pestalozzis".[84] Im Gegensatz zu Herbart habe Pestalozzi den Gedanken der Selbsttätigkeit als Voraussetzung jeder möglichen Erkenntnisbildung des Zöglings in seine Pädagogik integriert.[85] Bei Plato fand er den Gedanken der

---

[80] O. Flügel, K. Just, W. Rein, Herbart, Pestalozzi und Herr ..., S. 313.
[81] O. Flügel, K. Just, W. Rein, Herbart, Pestalozzi und Herr ..., S. 311.
[82] O. Flügel, K. Just, W. Rein, Herbart, Pestalozzi und Herr ..., S. 312.
[83] O. Flügel, K. Just, W. Rein, Herbart, Pestalozzi und Herr ..., S. 274.
[84] P. Natorp, F.W. Dörpfelds ..., S. 83.
[85] Pestalozzis Leistung war es, so Natorp, daß er den Gedanken der Selbsttätigkeit in seiner Lehr- und Lernmethodik auf der Grundlage des Kantianischen Idealismus thematisierte. Einschränkend wußte Natorp hinzuzufügen, daß dieses wohl mehr intuitiv als bewußt geschehen sei. Natorp hatte nicht die Absicht, Pestalozzi als reinen Kantianer zu klassifizieren, vielmehr wollte er die von Rissmann mithervorgerufene Pestalozzirenaissance auf philosophische Beine stellen. Pestalozzi habe ein 'Apriori', eine Entwicklung der formalen Elemente der Bildung aus der Urform des anschauenden und verstehenden Geistes gelehrt. Natorp glaubte in der Debatte über Lehr- und Lernmethoden ein Bildungsapriori rechtfertigen zu können, das in den Gesetzen der Logik seine Form finden werde (Paul Natorp, Über den Idealismus als Grundlage der Methode Pestalozzis, in: Die Deutsche Schule 6

Selbsttätigkeit philosophisch begründet. Natorp war gewillt, die philosophische Grundlegung der Pädagogik, die Herbart "ernstlicher als einer zuvor, ausser Plato" erstrebt habe, unbedingt hochzuhalten.[86] Mit Plato habe Natorp gezeigt, bemerkte ein Sozialpädagoge, daß jedes rechte Lernen ein "Aufwecken des Schülers zur Selbsttätigkeit" sei. Lernen habe Plato als "Wiedererinnern" begriffen, da er erkannte, daß Wissen nur "aus der Tiefe des eigenen Bewußtseins" entspringen könne.[87] Die Selbsttätigkeit des Bewußtseins galt Natorp als Voraussetzung jeder möglichen Erkenntnis des Zöglings (vgl.: Die Sozialpädagogik Paul Natorps).

Die Grundlage der Kritik drückte er in dem Vorwurf aus, daß Herbart die Erkenntnisbildung des Zöglings getrennt von den philosophischen Grundlagen der Pädagogik thematisiert habe. 'Kant oder Herbart' nannte Natorp den Beitrag, mit dem er die Kritik der Herbartianer an seiner 'Sozialpädagogik' und Überprüfung der Theorie Herbarts zurückwies.[88] Im Mittelpunkt der Abhandlung stand der Nachweis, daß Herbart und die Herbartianer die Grundlage der Kantschen Erkenntniskritik in einigen Punkten verlassen hätten. Herbarts Pädagogik, so die These, sei deshalb in die Schußlinie der Kritik geraten, weil sie nicht in der Lage gewesen sei, die philosophische Fundierung der Pädagogik konsequent zu betreiben. Natorp warf Herbart vor, die Psychologie überbewertet zu haben. Er versuche, die Gesetzmäßigkeiten der Erkenntnisbildung des Zöglings psychologisch zu fundieren. Da-

---

(1902), S. 282). In der *Deutschen Schule* trat besonders Walsemann der Pestalozziinterpretation Natorps entgegen. Er warf Natorp vor, Kants Philosophie in Pestalozzis Pädagogik hineingedeutet zu haben. In der Auseinandersetzung mit Walsemann begründete Natorp seine Auffassung der idealistischen Methode. Die Einsicht, so Natorp, "dass überhaupt nichts für uns bestimmt ist, das nicht durch uns, durch die Begriffe unserer Erkenntnis ist bestimmt worden", bilde die Grundlage des Idealismus. Der Gegenstand der Erfahrung müsse als Resultat "der eigenen Verfahrensweise unserer Erkenntnis" begriffen werden (ebd., S.282). Erkenntnisse waren für Natorp nicht als angeeignete "Data", sondern als "Funktionen" zu begreifen, die geschaffene Verknüpfungen ausdrückten (ebd., S. 354). Alle Bestimmtheiten, wie "Zahl, Gestalt, Qualität, Zeit und Raumbeziehung, Dinglichkeit, Ursachlichkeit" können also nicht durch Wahrnehmung gegeben werden, sondern seien von jedem Menschen "ursprünglich" zu erzeugen. Die Gültigkeit der geschaffenen Verknüpfung sei durch ihre Beziehung zum "letzten Centrum" - zur Idee - gegeben (ebd., S. 356). Walsemann erkannte dagegen den "Höhepunkt des Pestalozzischen Forschens" in seiner (Pestalozzis) "eigenen experimentell-psychologischen Versuchsarbeit": Und es sei wohl "keine Phrase" gewesen, als Pestalozzi die Psychologisierung des Unterrichts forderte. Natorps Interpretation sei letztlich eine Fälschung, da er versuche, "aus dem "psychologischen Gesetz" bei Pestalozzi ein "logisches" zu machen (H. Walsemann, Zur philosophischen Grundlegung der Elementarpädagogik, in: Die Deutsche Schule 6 (1902), S. 556).

[86] P. Natorp, Kant oder Herbart ..., S. 510.
[87] Notizen: Universitätsstudium der Volksschullehrer, in: Die Deutsche Schule 9 (1905), S. 322.
[88] P. Natorp, Kant oder Herbart ..., S. 424.

bei verfalle er in eine rein spekulative oder konstruktive Vorgehensweise. Ziel (Aufgabe der Ethik) und Weg (Psychologie) der Bildung sehe Herbart als zwei voneinander trennbare Forschungsbereiche an, obwohl sie in direkter Korrelation zueinander ständen. Herbarts Psychologie lehre, daß die Entstehung des Wollens in mechanischen Bewegungen der Vorstellungen ihren Ursprung finde. Das Wollen sei bei Herbart eben nicht schon durch den Faktor der Selbsttätigkeit als Bedingung von Bildung überhaupt in der Pädagogik vertreten. Herbart begreife das Wollen hauptsächlich als ein Ergebnis der Bildung des Gedankenkreises.[89]

Herbarts Pädagogik, begründete Natorp seinen Vorwurf weiter, liege eine Fehlinterpretation der Ethik Kants zugrunde. Herbarts Auslegung der 'Autonomie des Willens' gehe von der Voraussetzung aus, daß das Wollen auf dem Verhältnis eines material bestimmten Wollens zu einem anderen beruhe. Auf dieser Grundlage suche Herbart den Kantschen Satz, daß "der Wille selbst das Gesetz für den Willen enthalte", in seiner Pädagogik zu nutzen.[90] Zwar sei richtig, so Natorp, daß der Wille selbst das Gesetz für den Willen enthalte, doch wolle Kant damit das "reine Formgesetz des Willens" als Richter "für alle materiale Bestimmung" begriffen haben.[91] Natorp beanstandete nun, daß bei Herbart das Ziel der Bildung - 'die Autonomie des Willens' - von einer vorgängigen materialen Bestimmung des Wollens abhängig sei. Natorp erläuterte die Beziehung der 'Autonomie des Willens' zum Denken.[92] Nicht ein Wille könne über den anderen richten, sondern allein der Verstand, das Denken könne über sich selbst richten, "nämlich die reinen Formgesetze des Denkens, welche die Logik entwickelt, über jedes material bestimmte Denken".[93] Nach Natorp waren das praktische Bewußtsein - das Wollen - und das theoretische Bewußtsein - das Denken - in einer "wurzelhaften Einheit" verknüpft. Wollen (Streben) könne nämlich nur stattfinden, wo es ein Denken (Vorstellen) gebe und umgekehrt. Er folgerte daraus, daß, wenn das Ziel der Bildung die 'Autonomie des Willens' sei, wie auch Herbart es angestrebt habe, und dies über die Schulung des Denkens zu geschehen habe, dann sei die Bildung von Anbeginn auf das Wollen angewiesen. Natorp faßte den Faktor des Willens oder Strebens im Bildungspro-

---

[89] Auch Natorp thematisierte nun den Begriff des Interesses bei Herbart. Dieser stelle den Begriff der Selbsttätigkeit quasi mit dem des "Interesses" auf eine Stufe. Doch "das 'Interesse' disponiert nicht über seinen Gegenstand, sondern hängt an ihm", zitierte Natorp Herbart (P. Natorp, Kant oder Herbart ..., S. 508). Selbsttätigkeit bedeute dagegen, so Natorp, daß das Bewußtsein selbst über den Gegenstand verfügen könne, darum gebe Herbarts Begriff des Interesses die eigentümliche Bedeutung der Selbsttätigkeit im Bildungsprozeß preis. Herbarts Begriff des 'Interesses' könne aber nur weiterhin Geltung beanspruchen, wenn das 'Interesse' selbst durch das Wollen bestimmt sei und nicht umgekehrt.
[90] P. Natorp, Kant oder Herbart ..., S. 498.
[91] P. Natorp, Kant oder Herbart ..., S. 498.
[92] P. Natorp, Kant oder Herbart ..., S. 499.
[93] P. Natorp, Kant oder Herbart ..., S. 498.

zeß mit dem bereits erwähnten Begriff der Selbsttätigkeit und dem der 'Spontaneität'. Die Erkenntnisbildung des Zöglings, wußte sich Natorp mit Plato einig, sei mit der eines "ausgebildeten Bewußtseins" - idealiter des Forschers - gleichzusetzen. Dementsprechend bezeichnete Natorp es als Fehler, die Pädagogik lediglich auf zwei herausgegriffene Disziplinen der Philosophie, die Ethik und die Psychologie, zu gründen, "als ob nicht die Logik ganz die gleiche Bedeutung habe für die Bildung des logischen, die Ästhetik für die des ästhetischen Bewußtseins, wie die Ethik für die des ethischen".[94]

Die Herbartianer stimmten diesen Ausführungen natürlich nicht zu: "Natorp verwechselt", schrieb Flügel, "Bewusstsein mit Selbstbewusstsein, ja, er sagt ausdrücklich: 'Alles Bewusstsein ist Sich-Bewusstsein.' Das ist bekanntlich nicht der Fall."[95] Natorp gehe auf dem Weg Fichtes, zumindest kläre er nicht die offenen Fragen, die sich aus seiner idealistischen Position ergeben, nämlich ob er das Ich als einziges Reale, als einzige Ursache aller Vorstellungen ansehe:

"Es gehört vielfach zum Kritizismus, hierauf keine unzweideutige Antwort zu geben, das war bereits bei Kant so (...). Er sah die Empfindung an sich als Wirkung der Dinge-an-sich, leugnete aber zugleich, dass diese Ursache sind. So sind auch bei Natorp Äusserungen genug, die auf einen rein idealistischen, rein phänomenalistischen Standpunkt hindeuten."[96]

Soweit er in diesem Punkt keine Eindeutigkeit schaffe, argumentierte Flügel weiter, bleibe auch die Beziehung zu den "Realitäten ausser uns" und die Frage, "ob letzte Ursachen vorhanden" seien, unentschieden.[97] Schließlich formuliere Natorp nur sehr unklar, woher der Wille die Form erhalten solle. Hier komme bei Natorp wieder der soziale Gedanke und ein Eudämonismus zum Tragen, denn der Mensch solle "nur das wollen, was das Zusammenleben mehrerer Menschen möglich" mache.[98]

---

[94] P. Natorp, Kant oder Herbart ..., S. 497.
[95] O. Flügel, K. Just, W. Rein, Herbart, Pestalozzi und Herr ..., S. 277.
[96] O. Flügel, Die Bedeutung der Metaphysik Herbarts ... 8 (1901), S. 7.
[97] O. Flügel, Die Bedeutung der Metaphysik Herbarts ... 8 (1901), S. 17.
[98] O. Flügel, K. Just, W. Rein, Herbart, Pestalozzi und Herr ..., S. 266.
Doch die Auseinandersetzungen wurden nicht nur auf einer abstrakten Ebene geführt. Flügel schrieb z.B.: "Entsprechen nun wohl diese Auseinandersetzungen wirklich den Beobachtungen an Kindern. Auch wenn man noch von den genaueren Beobachtungen absieht, für die uns erst die neuere Kinderpsychologie den Blick geschärft hat, weiss doch jeder, der mit Kindern umgeht und sie zum Aufstellen ihrer Bauklötzchen angeleitet hat, wie dumm und ungeschickt das Kind sich anstellt, wie es hundertmal vergeblich ein Klötzchen zu stellen versucht oder gar aufeinanderzustellen und zu legen. Nicht eine Spur von a priorischer Ahnung für Gleichgewicht oder gar Symmetrie! Natorp fährt fort: "Der Blick, die Führung der Hand, fast jede Bewegung der Glieder folgt dem Gesetze des kürzesten Weges. Auch kann man nicht sagen, dass diese Gesetzmässigkeit dem Kinde unbewusst

Karl Just warf Natorp vor, "drei gleichstehende, gleich wertvolle Ziele der Erziehung" (ein ästhetisches, logisches und ethisches Ziel) zu postulieren: [99]

"Die Erziehung kennt nur ein absolutes wertvolles, nur ein notwendiges Ziel, die übrigen sind ihr nur relativ wertvoll, sie haben für sie Wert nur als Mittel zu jenem einen Zweck: der Erziehung zur Sittlichkeit oder Tugend." [100]

Natorp erwiderte, daß über die Gültigkeit von logischen und ästhetischen Zusammenhängen nicht die Ethik urteilen könne. Seit Plato sei bekannt, daß eine "wirklich begründete Unterrichtslehre, (...) ohne Logik, ohne Wissenschaftslehre nicht denkbar" sei.[101] Trotzdem wolle er nicht bezweifeln, daß der Ethik die Aufgabe der Letztbegründung der pädagogischen Zielsetzung zufalle.

Wilhelm Rein setzte sich zwar insgesamt differenzierter mit Natorps Pädagogik auseinander, doch er polemisierte auch gegen die erkenntnistheoretischen Grundlagen. Natorp neige dazu, "die Errungenschaften der bisherigen pädagogischen Entwicklung" den "Mysterien irgend einer Erkenntniskritik" zu opfern.[102] Rein verteidigte die Herbartsche Pädagogik zusammen mit Flügel und Just gegen die Vorwürfe. Er sah zudem die Gefahr, daß die soziale Perspektive in der Pädagogik die unabhängige und eigene Stellung der Individualität verschlinge. Vor aller sozialen Bedingtheit und jedem erkenntnistheoretischen Bildungsapriori hatten die Pädagogen nach Rein, die in der "Individualität ruhende und durch seine Eigenart bestimmte Ausbildung" zum Ziel zu setzen. Die Individualpsychologie biete die notwendigen Erkenntnisse für diese Aufgabe. Auch wenn einzugestehen sei, daß die Aufklärungszeit die soziale Seite vergessen habe, wolle er nun nicht den umgekehr-

---

bliebe, aber etwas ganz anderes ist es, das Gesetz als solches abzusondern und ein eigenes darauf gerichtetes Bewusstsein festzuhalten." Ganz das Gegenteil ist der Fall. Man beobachte einmal ein Kind, welches anfängt, mit einer Schere zu schneiden, wie hier nicht nur die Finger, sondern die ganze Hand, oft beide Hände, die Lippen, die Augen, die Zunge, die Füsse die helfen möchten, alles mucht die auf- und zusammengehende Thätigkeit der Schere mit. Davon ist keine Rede, dass Blick und Hand und Fuss von selbst den kürzesten Weg fänden, oder nach dem Mass der geringsten Kraftanstrengung verführen. Sich und seine Kräfte zu schonen, keine anderen Muskeln in Bewegung zu setzen, als eben zur Erreichung eines Zweckes nötig sind, das muss erst sehr allmählich gelernt werden; ist oft erst die Vollendung der Kunst. Viel eher könnte die Erfahrung an den Tieren benutzt werden, um darzuthun, dass die jungen Tiere vor aller Erfahrung schon im Raum orientiert sind und ihre Bewegungen so einrichten, als wären sie bereits mit den räumlichen Verhältnissen bekannt" (O. Flügel, Die Bedeutung der Metaphysik Herbarts ... 8 (1901), S. 11- 12).

[99] O. Flügel, K. Just, W. Rein, Herbart, Pestalozzi und Herr ..., S. 277.
[100] O. Flügel, K. Just, W. Rein, Herbart, Pestalozzi und Herr ..., S. 277.
[101] P. Natorp, Kant oder Herbart ..., S. 498.
[102] O. Flügel, K. Just, W. Rein, Herbart, Pestalozzi und Herr ..., S. 308.

ten Fehler begehen und die individualen Rechte in der "soziale(n) Massenmühle" zermahlen.

Natorp begründe dagegen die Möglichkeit der Bildung eines autonomen Willens allein philosophisch und sehe die notwendigen Voraussetzungen umfassend im menschlichen Dasein gegeben. Die Pädagogik bezeichne er darum als 'konkrete Philosophie' und löse sie in einer sozialen Erweckungslehre und Verhältnisbestimmung von Bildung und Gemeinschaft auf. Reformation und Aufklärung verpflichteten, so Rein, die Pädagogik zu einer differenzierteren Betrachtung der Beziehung von Individuum und Gesamtheit und zu einer Bildung von charakterfesten Persönlichkeiten.[103] Eine Pädagogik, die die Selbsttätigkeit allein in den Mittelpunkt stelle, übersehe, daß aus sich heraus der Mensch zu dem Grundsatz gelangen könne, "alle anderen Geschöpfe nur als Mittel für seine Zwecke gelten zu lassen".[104]

5.6 Resümee: Der 'Kampf um Herbart' - Sozialismus der Bildung und ein neues System der Pädagogik?

"Am wenigsten befriedigt Natorp, wenn er jede Pädagogik in die soziale aufgehen lässt. Natorp versteht unter Sozialpädagogik 'nicht einen abtrennbaren Teil der Erziehungslehre etwa neben der individuellen, sondern die konkrete Fassung der Aufgabe der Pädagogik überhaupt und besonders der Pädagogik des Willens. Die bloss individuale Betrachtung der Erziehung ist eine Abstraktion, die ihren begrenzten Wert hat, aber schliesslich überwunden werden muss.' Demgegenüber möchten wir bemerken, dass die Sozialpädagogik ebensowenig die individuelle verdrängen kann, wie die Sozialpsychologie die individuelle Psychologie."[105] (John Edelheim)

1901 trat John Edelheim an, um die Sozialpädagogik systematisch zu ordnen. Da die Pädagogik sich nun ebenfalls euphorisch der "Sozialisierungstendenz" geöffnete habe, sei es an der Zeit, zu scheiden, was in das Gebiet der Sozialpädagogik gehöre und welche Aufgaben die Sozialpädagogik innerhalb der Pädagogik habe. Natorp war auch für Edelheim der "bedeutendste Theoretiker" unter den Sozialpädagogen.[106] Doch Edelheim trennte streng zwischen einer 'Soziologie der Pädagogik' und der 'Sozialpädagogik' und sah im Kern der Erziehungslehre weiterhin die Individualpädagogik.

---

[103] O. Flügel, K. Just, W. Rein, Herbart, Pestalozzi und Herr ..., S. 310.
[104] O. Flügel, K. Just, W. Rein, Herbart, Pestalozzi und Herr ..., S. 313.
[105] John Edelheim, Über den Begriff "Sozialpädagogik", in: Die Deutsche Schule 5 (1901), S. 527-528.
[106] J. Edelheim, Über den Begriff "Sozialpädagogik" ..., S. 526.

Natorp verkenne nicht nur den Unterschied einer "bewussten Einwirkung der Gesellschaft durch Schulunterricht und planmässige Erziehung" und einer "unbewussten, suggestiven Einwirkung des gesellschaftlichen Milieus",[107] sondern verfremde auch den Blick der Pädagogik, da er das "Wesen der individuellen Pädagogik" verkenne. Natorps "Sozialismus der Bildung" ziehe, resümierte Edelheim, Pädagogik, Sozialethik und Soziologie zusammen: Die betroffenen Einzelwissenschaften verlören bei Natorp unter der Herrschaft der konkreten Sozialphilosophie ihr eigenständiges Profil und vor allem die differenzierte Aufgabenwahrnehmung, denn die Soziologie begreife gesellschaftliche Probleme und Beziehungen nicht aus pädagogischer Perspektive, und die Pädagogik habe der Bildung einer Persönlichkeit verpflichtet zu bleiben, die sich nicht allein in der Mitgliedschaft zu einer Gesamtheit erschöpfe. Die Aufgabe der Sozialpädagogik bestand für Edelheim darin, den Bürger im Menschen auszubilden. Ohne Frage sei damit ein "gedanklich" von der individuellen Pädagogik eigenständiges Gebiet der Erziehungslehre angesprochen.[108] Die "junge() Wissenschaft" Sozialpädagogik hatte dementsprechend die folgenden Probleme zu thematisieren:

"1. die Bedeutung der Erziehung, sowohl der individuellen, wie der sozialen, für den Bestand und Fortschritt der gesamten Gesellschaft;

2. die Beziehung der Gesellschaft zu dem Problem der individuellen Erziehung, und zwar:

a) im Hinblick auf die Grenzen der Wirksamkeit des Staates und der Gesellschaft auf diesem Gebiete und

b) im Hinblick auf die quantitative Verbreitung der Erziehung auf die Massen;

3. das Problem des unbewussten erziehlichen Einflusses des gesellschaftlichen Milieus auf die Erwachsenen;

4. die Beziehungen der Gesellschaft zu dem Problem der sozialen Erziehung, d.h. der Erziehung für eine bestimmte Gesellschaftsordnung, und zwar:

a) im Hinblick auf die Grenzen der Wirksamkeit des Staates und der Gesellschaft auf diesem Gebiete, und

b) im Hinblick auf die Extensität und Intensität der zu erteilenden sozialen Erziehung."[109]

Gleichzeitig sprach Edelheim der Sozialpädagogik ihre historische Originalität ab und verwies auf die Vorläufer im Zeitalter der Französischen Re-

---

[107] J. Edelheim, Über den Begriff "Sozialpädagogik" ..., S. 532.
[108] J. Edelheim, Über den Begriff "Sozialpädagogik" ..., S. 529.
[109] J. Edelheim, Über den Begriff "Sozialpädagogik" ..., S. 535-536.

volution. Edelheim versuchte, die Sozialpädagogik in die Traditionen der bürgerlich-aufklärerischen Pädagogik einzulagern und sie auf die Traditionen der Individualpädagogik zu verpflichten.

Natorp hielt dagegen, daß gerade angesichts der zeitgenössischen sozialen Entwicklungen eine umfassende Sozialpädagogikkonzeption notwendig und möglich werde. In diesem Zusammenhang wies Natorp noch einmal auf die Bedeutung Pestalozzis hin, der die Aufklärung zu einem Problem der sozialen Gemeinschaften, der täglichen Selbsthilfe und der konkreten Individuallage der Menschen gemacht habe. Genau in diesem Punkt sei auch Kant zu ergänzen, denn nicht über Erziehung, sondern nur durch die menschliche Gemeinschaft werde der Mensch zum Menschen. Es gelte nicht nur zu fragen, wie der von traditionellen Sozialformen und bürgerlichen Rechten ausgegrenzte Mensch wieder in die traditionelle Welt zurückgeführt und zu einer Teilhabe an den Bürgerrechten ertüchtigt werde könne, sondern welche Vorstellung von Gemeinschaft der zeitgenössischen Soziallehre und ihrer Pädagogik zugrundeliege. Eine pädagogisch legitimierte Reform der überkommenen Gemeinschaften reiche folglich nicht aus, sondern es müsse eine grundlegende Suche beginnen, wie Gemeinschaft und Bildung idealerweise sich vereinen könnten, damit dem Menschen das Recht auf Menschwerdung und eben nicht nur auf Erziehung zugestanden werde. Darin bestehe die historische Aufgabe (vgl. Die Sozialpädagogik Paul Natorps).

In diesem Sinn kann als Gegenperspektive zu Edelheims Kritik der Beitrag des Sozialdemokraten Heinrich Schulz 'Goethe und die Sozialpädagogik' gelesen werden. Schulz fand in 'Wilhelm Meisters Lehr- und Wanderjahre' die "Darstellung einer geistreichen Utopie".[110] Goethe führe uns hier unter anderem in die 'pädagogische Provinz', wohin Wilhelm seinen Sohn Felix bringe, um ihn während seiner eigenen geheimnisvollen und gefahrvollen Wanderfahrten in sicherer Obhut zu wissen.

> Doch, so betonte Schulz, "man würde sich enttäuscht fühlen, wenn man hinter der unbestimmten Bezeichnung 'pädagogische Provinz' ein nach allen Regeln der pädagogischen Kunst eingerichtetes Normal- oder Idealerziehungsinstitut suchte. (...) Denn es ist nichts anderes als ein Zukunftsgemälde, als eine pädagogische Utopie, was Goethe uns bietet; aber hart streift er hier und da mit seinen Vorschlägen die Forderungen, die einige Jahrzehnte später 1865 in Genf von der 'Internationalen Arbeiterassoziation' aufgestellt wurden und die im Jahre danach auch Marx in seinem Hauptwerk andeutete: dass zu der körperlichen und geistigen Erziehung der Kinder von klein auf eine sogenannte polytechnische und technologische Erziehung gehöre, durch die die Kinder, vom Spiel ausgehend und allmählich zur zielbewussten Arbeit übergeleitet, in den Produktionsmechanismus der Gesellschaft eingeführt werden sollen. Da-

---

[110] Heinrich Schulz, Goethe und die Sozialpädagogik, in: Die Deutsche Schule 3 (1899). S. 462.

durch soll die Arbeit aus ihrer heutigen dienenden Stellung erhoben werden zum vorzüglichsten Mittel zur Schaffung einer sozialen Gemeinschaft."[111]

Schulz verwies auf die Nähe zu Natorps Sozialpädagogik, der, ausgehend von Pestalozzi, gerade die soziale Gestaltung der Individuallage durch gemeinschaftliche Arbeit als eine Bedingung für eine Hilfe zur Selbsthilfe aufgezeigt habe. Die 'pädagogische Provinz' stehe für eine harmonische Gestaltung der sozialen Wirklichkeit, in der die Menschen durch das soziale Leben in ihrer selbsttätigen Bildung befördert würden. Sie verkörpere die ausgestaltete Einheit einer sozialen, pädagogischen und ethischen Welt. Schulz erhob die pädagogische Provinz zur sozialpädagogischen Utopie, sie solle die regulative Idee der Sozialpädagogik sein. Die Pädagogik habe demnach, und darin drückte sich der Kontrast zu Edelheim aus, eine sozialpädagogische Gesellschaftsperspektive zu entwickeln und nicht nur die soziale Frage in Beziehung zur überlieferten pädagogischen Lehre zu setzen.

Ohnehin war die Sozialpädagogikdebatte im 'Kampf um Herbart' mehr als nur ein Streit um die pädagogischen Antworten auf die soziale Frage. Entschied man sich für ein Konzept, das letztlich auf die Forderung eines 'Sozialismus der Bildung' hinauslief, präferierte man z.B. den Begriff der Gemeinschaft vor dem der Erziehung und ließ auch die Zielbestimmung der Pädagogik in einem "idealen und ethischen Sozialismus"[112] aufgehen, dann blieb unklar, wo denn in Zukunft die 'einheimischen Begriffe' der Pädagogik ihren Ort haben sollten. Anstatt wie andere Einzelwissenschaften an Kontur zu gewinnen, schien die Pädagogik in den Augen der Herbart-Schüler die Systematik auf dem Tablett der Sozialpolitik und der Erfahrungswissenschaften zu opfern. Edelheims Einwände drückten darum ebenfalls die Sorge aus, der Erziehungslehre werde mit der Individualpädagogik der selbständige Platz in der Wissenschaftslandschaft geraubt. Natorps Worte, daß er mit dem Begriff 'Sozialpädagogik' nur eine neue Einheit von Sozial- und Individualpädagogik ausdrücken wolle, beruhigten die Gemüter kaum. Der Herbartianer Schmarje beschwerte sich z.B., daß der 'Kampf um Herbart' zu einem "Interregnum" geführt und nur "Verwüstungen" in die Pädagogik getragen habe.[113] Er trauerte mit Kahut um die Zeit, in der die Pädagogik noch als eine durch das Sittengesetz geforderte, absichtliche und planmäßige Einwirkung auf die psychische Entwicklung der Jugend definiert gewesen sei.[114] Sallwürk erinnerte, daß die Pädagogik in früheren Zeiten ihren eigenen Zwecken gefolgt sei. Die Hilfswissenschaften habe sie zur Lösung ihrer Probleme allenfalls hinzugezogen. 'Heute' aber - und nur da liege das Pro-

---

[111] H. Schulz, Goethe und die Sozialpädagogik ..., S. 461.
[112] Aus der Fachpresse, in: Zeitschrift 8 (1901), S. 271.
[113] Johannes Schmarje, Was uns die obligatorische Fortbildungsschule lehrt, in: Die Deutsche Schule 6 (1902), S. 469.
[114] Kahut, Freie Vereinigung für philosophische Pädagogik, in: Die Deutsche Schule 7 (1903), S. 780.

blem - solle die Pädagogik nur von außen kommenden gesellschaftlichen und staatlichen Interessen dienen.[115]

Rissmann griff die Interregnum-Metapher auf und polemisierte: Auch wenn Schiller die Zeit des Interregnums als "'die schreckliche Zeit' für Deutschland" beschrieben habe, sei sie so schlimm doch wohl nicht gewesen. Schließlich habe das Interregnum eine Epoche "kleinlicher Haus- und Beutepolitik" abgelöst.[116] Herbarts Systematik wurde von Rissmann als ein Versuch dargestellt, die pädagogische Fragestellung und Forschung quasi von außen durch eine formale Ethik zusammenzuhalten.[117]

---

[115] Eduard v. Sallwürk, Volkserziehung und Lehrerschaft, in: Die Deutsche Schule 4 (1900), S. 575.

[116] Robert Rissmann, Interregnum, in: Die Deutsche Schule 2 (1898), S. 1.

[117] Beyer bezeichnete es z.B. als ein grundlegendes Problem, daß die Pädagogik sich nicht von den überkommenen Systematisierungen lösen könne, da weiterhin die Auffassung vorherrsche, eine wissenschaftliche Pädagogik sei nur durch "die Aufstellung eines klaren, absoluten, gültigen Erziehungszieles" möglich. Dabei habe die Pädagogik, auch ohne ein umfassendes Erziehungsziel benennen zu können, keinen Grund, sich hinter anderen Wissenschaften zurückzustellen. Drei Säulen könnten, nach Beyer, das Gerüst einer neuen Pädagogik bilden, einmal das umfangreiche nur ihr zugehörige Forschungsgebiet, dann die wissenschaftlichen Methoden, die bereits sichere Resultate zutage gefördert hätten und "die pädagogische Praxis, das ist die auf der wissenschaftlichen pädagogischen Theorie ruhende Kunst" (Ernst Beyer, Das Grundproblem der Pädagogik, in: Die Deutsche Schule 7 (1903), S. 533). Beyers Vorstellungen fanden durchaus Widerhall in der "Deutschen Schule". In ähnlich ambitionierter Haltung wie Beyer führte Boy aus, daß man sich auch in der Pädagogik - wie in der Philosophie - endlich von "subjektiven Spekulationsgebäuden" zu verabschieden habe. Wissenschaft bedeute nun einmal, die Ursächlichkeit des Gegebenen und der Tatsachen zu ergründen (L. Boy, Zur Frage des Universitätsstudiums der Volksschullehrer, in: Die Deutsche Schule 7 (1903), S. 566). Wie problematisch dieses Konzept für die Pädagogik war, wurde erst bei genauerer Betrachtung deutlich. Einst reichten Psychologie und Ethik als Hilfswissenschaften der Pädagogik aus. Nun konnte Boy bei seinem Versuch, die Hilfswissenschaften der Pädagogik - "im engeren Sinne" - zu benennen, gleich neun Disziplinen aufzählen. "Anatomie, Physiologie und Psychologie, Logik, Ethik und Ästhetik, Biologie, Soziologie und Philosophie" hätten für die pädagogische Wissenschaft Bedeutung. Einschränkend gab er zu bedenken, daß es für den Lehrer nicht darauf ankomme, "möglichst viel Wissen einzusammeln, sondern darauf, in den Geist der Wissenschaft und ihre Forschungsmethoden einzudringen" (ebd., S. 568). Der Pädagogik schrieb Boy die Aufgabe zu, eine "systematische Begründung", eine die Vielfalt ihrer Grundlagen berücksichtigende "theoretische und praktische Formgebung", zu schaffen (ebd., S. 501).
In der *Zeitschrift für Philosophie und Pädagogik* übersetzte Rheinen einen Beitrag von J.H. Gunning aus den Niederlanden. Die Pädagogik, hieß es, sei der Theologie, Ethik und Philosophie verwandt, übertreffe diese aber in ihrer praktischen Bedeutung. Die Pädagogik könne, "ohne den Charakter der Selbständigkeit zu verlieren, (...) die Anthropologie, die Psychologie, die Biologie, die Soziologie, die Staatshaushaltungskunde und die Hygiene als Hilfswissenschaften aufnehmen. (...) Daneben werden in der Gegenwart immer neue Fragen aufgeworfen und neue Gebiete erschlossen, ich erinnere nur an die 'Sozialpädagogik', an die 'Pathologi-

Das Dilemma war mit dieser Frage aber noch nicht vollständig erfaßt. Denn aus der Perspektive der experimentellen Pädagogen gefährdete ausgerechnet Herbarts Lehre den wissenschaftlichen Charakter der Pädagogik. Die Pädagogik werde von ihren Grenzwissenschaften überholt, warnte Meumann, wenn sie nicht von dem "geistlosen Schematismus Herbartscher Schlagworte" lasse.[118] Sie könne nicht am "Fortschritt der Wissenschaften", der "zum grossen Teil in ihren Methoden" liege, vorübergehen.[119] Der pädagogischen Forschung attestierte er eine einzigartige Abhängigkeit von ihren Nachbarwissenschaften. Selbst wenn gegenwärtig ein akuter Mangel an systematischen Arbeiten auszumachen sei, bleibe eine Rückkehr zu Herbarts Lehre ausgeschlossen.

Der Pestalozzianer Andreae faßte in der *Deutschen Schule* die Diskussionen zusammen. Leitende Pädagogen hätten unbewußt bereits "eine 'Aufteilung' des pädagogischen Besitzes in die einzelnen Wissenschaften vollzogen".[120] Er berichtete, daß Dilthey 1888 die Pädagogik als eine "Anomalie in der gegenwärtigen Wissenschaft" bezeichnet und ihr den Anspruch abgesprochen habe, überhaupt eine Wissenschaft "im modernen Verstande" zu sein.[121] Die Pädagogik stelle man sich heute als einen "bequeme(n) Rock" vor, "der aus den Fetzen der übrigen Wissenschaften zurecht geschneidert" sei.[122] "Irren wir nicht", schloß Andreae in seinem Beitrag zur systematischen Pädagogik, "so befindet sich die Pädagogik zur Zeit in einer ähnlichen Lage wie vor einem Menschenalter die Philosophie".[123] Durch den Aufruf "Zurück zu Kant!" habe die Philosophie ihre Krise überwunden. Sollte die Pädagogik eine ähnliche Chance bekommen, indem sie "die viel gehörte Mahnung, bei Pestalozzi Einkehr zu halten", in die Tat umsetze? Ein Antrieb zur erneuten "Inangriffnahme der pädagogischen Probleme" und der sozialen Fragen könne durch dieses Vorbild geschaffen werden.[124] Doch damit war nicht das systematische Problem der Erziehungslehre, der impliziten Soziallehre und

---

sche Pädagogik' und die neueste Richtung, die die Pädagogik auf experimentell-naturkundlicher Grundlage aufrichten und an die Stelle des Nachdenkens, Theoretisierens und der regellosen persönlichen Erfahrungen Messinstrumente und graphische Tabellen stellen will." Gunning plädierte angesichts der Bedeutung und Breite der pädagogischen Aufgaben für einen "Ehrenplatz unter den akademischen Lehrfächern" (J. H. Gunning, Die Pädagogik an den Universitäten, in: Zeitschrift 9 (1902), S. 62-63). Schließlich blieb es in fast allen Darstellungen bei der Aufzählung der Hilfswissenschaften und der Forderung nach einer Systematik, die aber nicht geboten wurde.

[118] E. Meumann, Entstehung und Ziele ..., S. 285.
[119] E. Meumann, Entstehung und Ziele ..., S. 287.
[120] C. Andreae, Stimmen zum Schulprogramm des XX. Jahrhunderts, in: Die Deutsche Schule 8 (1904), S. 23.
[121] C. Andreae, "Systematische Pädagogik", in: Die Deutsche Schule 4 (1900), S. 731.
[122] C. Andreae, "Systematische Pädagogik" ..., S. 23.
[123] C. Andreae, "Systematische Pädagogik" ..., S. 22.
[124] C. Andreae, "Systematische Pädagogik" ..., S. 22.

der Forschungsmethoden und -perspektiven sowie der pädagogischen Methodik gelöst, sondern allein der Verweis ausgesprochen, bei den alltäglichen pädagogischen Problemen anzusetzen.

6. Vertiefung III: Die Vermenschlichung des Staates - Sozialismus der unendlichen Aufgabe - Die Sozialpädagogik Paul Natorps

Biographische Skizze: 1854 wurde Paul Natorp in Düsseldorf geboren. Natorp kam, wie viele Gelehrte des 19. Jahrhunderts, aus einem protestantischen Pfarrhaus. Zudem hatte sich sein Urgroßvater Bernhard Christoph Ludwig Natorp (1774-1846) als "Schulinspektor und (zuletzt) vortragender Rat im preußischen Kultusministerium" bereits unter anderem für die "die Befruchtung der Schulgesetzgebung durch Pestalozzis Grundsätze" eingesetzt und sich in die pädagogischen Annalen eingetragen.[1] Der "musikalisch hochbegabte"[2] Paul Natorp besuchte in Düsseldorf das Gymnasium und studierte in Berlin, Bonn und Straßburg, Geschichte und alte Sprachen sowie Philosophie, Mathematik und Naturwissenschaften. In Straßburg lernte er den österreichischen Sozialisten Heinrich Braun kennen. Braun wurde später sozialdemokratischer Reichstagsabgeordneter und war der erste Herausgeber des Archivs für soziale Gesetzgebung und Statistik. Mit Braun verband Natorp eine lebenslange Freundschaft wie auch mit Franz Staudinger, den er 1879 in Worms traf und der "zu einem über die Grenzen Deutschlands hinaus gewürdigten Theoretiker und Praktiker sozialistischer Sozialpolitik und Bodenreform" aufsteigen sollte.[3] Natorp war seit den siebziger Jahren ein "entschiedener Sozialist".[4] 1921 schrieb er rückblickend: "Die schlimme Wendung, die das deutsche Geistesleben im neuen Reich genommen hatte, die den Keim des jetzigen Zusammenbruchs bereits kaum verkennbar in sich trug, erzog die damals Jungen, soweit sie erziehbar waren, zu strenger politischer und sozialer Kritik."[5] Nach seinem Studium arbeitete Natorp nur kurz als Hauslehrer, denn er trat bereits 1881 eine Privatdozentur für Philosophie in Marburg an. Marburg hatte ihn angezogen, da hier Friedrich Albert Lange und Hermann Cohen,

---

[1] Wolfgang Fischer, Jörg Ruhloff, Das pädagogische Werk und das Leben Paul Natorps, in: Paul Natorp, Pädagogik und Philosophie. Drei pädagogische Abhandlungen, Paderborn 1964, S. 233.
[2] Vgl.: W. Fischer, J. Ruhloff, Das pädagogische Werk ..., S. 240. Vgl. zur Person Natorps auch: Paul Natorp, Selbstdarstellung, in: R. Schmidt (Hg.), Die Philosophie der Gegenwart, Leipzig 1921.
[3] Norbert Jegelka, Paul Natorp. Philosophie, Pädagogik, Politik, Würzburg 1992, S. 16.
[4] N. Jegelka, Paul Natorp. ..., S. 266.
[5] P. Natorp, Selbstdarstellung ..., S. 153.

anknüpfend an Kant, eine Philosophie vertraten, die, was zumindest Lange betraf, ihn schon beim ersten Leseerlebnis tief beeindruckte.[6] *1885 wurde Natorp außerordentlicher Professor für Philosophie und 1893 ordentlicher Professor für Philosophie und Pädagogik in Marburg. Er wurde neben Cohen zum bedeutendsten Vertreter des Marburger Neukantianismus. "Seit Anfang der neunziger Jahre trat Paul Natorp öffentlich als scharfer Kritiker der 'Klassenpädagogik' und der 'Klassenvorrechte' im Bildungswesen auf, als Protagonist der Trennung von Kirche und Schule/Staat, der demokratischen Schulreform und der 'Einheitsschule'. Natorp votierte öffentlich gegen Umsturzvorlage und Dreiklassenwahlrecht, vehement griff er die preußische Schulbürokratie an. Daß ihm mehrfach Berufungen an andere Universitäten von den zuständigen Regierungen abgeschlagen wurden, führte er auf politische Gründe zurück."*[7] *Natorp äußerte sich zeit seines Lebens zu politischen und gesellschaftlichen Fragen, seine bildungspolitischen Schriften wurden von sozialdemokratischen Politikern aufgenommen. Obwohl er zur "kritischpazifistischen Linken" gezählt werden kann, hielt er es im 1. Weltkrieg "für seine Pflicht, treu zum Staate zu stehen. (...) Natorp verstand den Krieg als Verteidigungskrieg, seine pflichtgemäße Unterstützung sollte der Beihilfe zur Verteidigung dienen, nicht Expansion und Annexion."*[8] *In der jungen Weimarer Republik formulierte Natorp seine pazifistischen und sozialidealistischen Positionen noch nachdrücklicher. Natorp starb 1924 in Marburg.*

Kaum ein Titel charakterisiert die Natorp-Rezeption in der gegenwärtigen Pädagogik besser als der des 'vergessenen Pädagogen'.[9] *Der Titel legitimiert die Erinnerung, ohne Natorp wirklich aus dem Schwebezustand des Vergessenen zu befreien - unter 'den vergessenen Pädagogen' ist er wohl der bekannteste. Dies liegt nicht zuletzt an Natorps Werk selbst, es entzieht sich einer einfachen Einordnung. Natorp war z.B. ein entscheidender Mitbegründer des Neukantianismus, gleichwohl wird man, wie Niemeyer gezeigt hat, seiner Sozialpädagogik nicht gerecht, wenn man sie so diskutiert, "als sei sie der neukantianischen Systematik zu unterwerfen".*[10] *Insgesamt können in der Pädagogik fünf Phasen der Natorp Rezeption unterschieden werden.*[11] *In der Weimarer Republik (1) gehörte Natorp zu den wohl am häufigsten zitierten*

---

[6] N. Jegelka, Paul Natorp. ..., S. 16.
[7] N. Jegelka, Paul Natorp. ..., S. 266.
[8] N. Jegelka, Paul Natorp. ..., S. 113.
[9] Der Titel stammt von Leonhard Froese. Vgl. dazu: Leonhard Froese, Paul Natorp - ein vergessener Pädagoge? In: Pädagogische Rundschau 16 (1962), S. 245-253.
[10] Christian Niemeyer, Zur Systematik und Aktualität der Sozialpädagogik Natorps vor dem Hintergrund ihrer ideengeschichtlichen Einlagerung, in: J. Oelkers, W. Schulz, H.-E. Tenorth (Hg.), Neukantianismus, Weinheim 1989, S. 241.
[11] Bisher wurden Einteilungen in drei Phasen vorgeschlagen, die letzten zwei Phasen, die hinzugefügt wurden, beziehen sich auf die 30 Jahre, die seither vergangen sind. Vgl.: Jörg Ruhloff, Paul Natorps Grundlegung der Pädagogik, Freiburg i.Br. 1966; Richard Pippert, Idealistische Sozialkritik und "Deutscher Weltberuf", Weinheim, Basel 1969, S. 12.

und diskutierten Pädagogen. Zwischen 1933 und 1945 (2) wurde an Natorps Pädagogik nicht systematisch angeknüpft.[12] *Nach vereinzelten Verweisen in den fünfziger Jahren in Pädagogik und Sozialpädagogik erinnerte man sich in den sechziger Jahren (3) wieder der Pädagogik Natorps. Der Neukantianimus Natorps stand im Mittelpunkt der Betrachtungen. Ausgewählte pädagogische Abhandlungen Natorps wurden 1964 neu herausgegeben.*[13] *In den siebziger und dann Anfang der achtziger Jahre (4) wurde Natorps Sozialpädagogik Gegenstand ideologiekritischer*[14] *und sozialgeschichtlicher Analysen. Richard Pippert begründete die erneute Herausgabe der Sozialpädagogik Natorps 1974, da sie "auf einer hohen Abstraktionsebene (...) den gesellschaftlich vermittelten Prozeß der Reflexion geschichtlicher Bedingungen in einer Erziehungstheorie" darstelle.*[15] *Entsprechend forderte er 1983, wenn man die Relevanz der Natorpschen Theorie für die Gegenwart prüfen wolle, müsse man "Natorps deduktive sozialpädagogische Chiffren in sozialgeschichtlichen Klartext" übersetzen.*[16] *Im Kontext der Selbstvergewisserungsdebatten in Pädagogik und Sozialpädagogik sind seit Anfang der neunziger Jahre (5) Bemühungen erkennbar, Natorps Sozialpädagogik in der sozialhistorischen, ideengeschichtlichen und politischen Verwobenheit und Breite aufzuzeigen, um so eine vorschnelle Einkategorisierung zu vermeiden und Anknüpfungsversuchen aktueller Theorieentwürfe eine historisch-mehrschichtige Reflexionsgrundlage zu bieten*[17] *Hervorzuheben ist die Arbeit von Norbert Jegelka, der ausgehend*

---

[12] Bisher existiert aber noch keine ausreichende historische Untersuchung über die Natorp-Rezeption zwischen 1933-1945. Zum Präfaschismus-Vorwurf gegen Natorp, schreibt Jegelka, der sich bisher am ausführlichsten mit den Quellen auseinandergesetzt hat: "Der Präfaschismus-Vorwurf gegen Paul Natorp, der auch in der DDR erhoben und dort bezeichnenderweise mit der Kritik an Idealismus und Klassenversöhnung unmittelbar verknüpft wurde, steht mit jenen Suggestionen auf einer Stufe, welche Hermann Hellers Theorie des Verhältnisses von Staat, Nation und Sozialismus als 'Staatssozialismus' brandmarken und den Hofgeismarer Jungsozialisten vorhalten, einen 'reichlich nebulösen, romantisch verklärten 'National-Sozialismus'' vertreten zu haben. Solche Suggestion rechnet nicht auf das nüchterne Urteil, sondern auf die Assoziation, wie August Rathmann treffend befand, sie lebt vom Anschein und emotionalem Zuschuß, sie vernebelt, statt aufzuklären. Im Falle von Paul Natorp ist solche Suggestion durch keinen Beweis zu retten, wohl aber ist ihr Gegenteil gesichert zu begründen" (N. Jegelka, Paul Natorp. ..., S. 211).
[13] Vgl.: Herwig Blankertz, Der Begriff der Pädagogik im Neukantianismus, Weinheim 1959; J. Ruhloff, Paul Natorps ....; Paul Natorp, Pädagogik und Philosophie. Drei pädagogische Abhandlungen, Paderborn 1964.
[14] Vgl. z.B.: P. Marxen, Erziehungswissenschaft und ....; Helga Marburger, Entwicklung und Konzepte der Sozialpädagogik, München 1979.
[15] Richard Pippert, Paul Natorps Sozialpädagogik, in: Paul Natorp, Sozialpädagogik, Paderborn 1974, S. 354.
[16] Richard Pippert, Paul Natorps Sozialpädagogik, in: Horst Wollenweber (Hg.), Modelle sozialpädagogischer Theoriebildung, Paderborn 1983, S. 31.
[17] Vgl. z.B.: Die Beiträge zu Natorp in J. Oelkers, W. Schulz, H.-E. Tenorth (Hg.), Neukantianismus, Weinheim 1989, S. 241; E. Hufnagel, Der Wissenschaftscharakter der Pädagogik. Studien zur pädagogischen Grundlehre von Kant, Natorp und Hönigswald, Würzburg 1990; Christian Niemeyer, Einfache Sozialpädagogik, reflexive

von der politischen Haltung Natorps die bisher gängigen Systematisierungen hinterfragte und die Dissertation von Joachim Henseler, der Natorps Sozialpädagogik in den Kontext der sozialpädagogischen Disziplinentwicklung einordnete.[18] *In der sozialpädagogischen Forschung konzentrieren sich die Arbeiten bisher auf eine Interpretation der wichtigsten sozialpädagogischen Schriften Natorps. Sein Wirken in der jungen Weimarer Republik ist bisher kaum untersucht worden, wie z.B. die von ihm herausgegebene 'Zeitschrift für soziale Pädagogik' (1919/20) oder die Mitwirkung an praktischen Projekten, wie der 'Sozialen Arbeitsgemeinschaft Berlin-Ost' von Friedrich Siegmund-Schultze.*

6.1 Auf der Suche nach einem Leben "von dem das goldene Wort gilt: Die Seelen taglöhnen nicht."[19]

"Auf fast allen Gebieten ja sehen wir die Grundfragen des menschlichen, öffentlichen wie privaten Lebens neu gestellt, deswegen, weil die Bedingungen, denen gemäß sie zu beantworten sind, in vieler Hinsicht neue geworden sind."[20] *(Paul Natorp)*

Der Philosoph Natorp empfand es als seine Aufgabe, sich den 'Grundfragen des menschlichen Lebens' zu stellen, wie sie sich unter den neuen Bedingungen darstellten. Die Sozialpädagogik war seine Antwort, denn gerade der Philosoph hatte ihmzufolge in seiner Zeit dafür Sorge zu tragen, daß die Menschen in Bedingungen lebten, die es ihnen möglich machten, selbsttätig auf die Grundfragen des menschlichen Lebens zu antworten. Er nannte darum die Pädagogik 'konkrete Philosophie', und seine sozialpädagogischen Schriften

---

Sozialpädagogik - Sozialpädagogik in den neuen Bundesländern? In: Pädagogik und Schule in Ost und West 40 (1992), S. 437-453; Joachim Henseler, Natorps philosophischer Pestalozzi, in: C. Niemeyer, W. Schröer, L. Böhnisch, Grundlinien historischer Sozialpädagogik, Weinheim 1997, S. 129-142.

[18] Vgl.: N. Jegelka, Paul Natorp. ....; J. Henseler, Disziplingeschichtliche Analyse ....

[19] Paul Natorp, Pestalozzi unser Führer (1905), in: Gesammelte Abhandlungen zur Sozialpädagogik, Stuttgart ²1922, S. 94.
Das vollständige Zitat sei hier genannt, da es für die Pestalozziinterpretation entscheidend ist: "Er sieht klar vor Augen, wie geholfen werden könnte; und wie, wer einen Ertrinkenden retten will, nicht Zeit haben darf zum Besinnen und Berechnen, so ohne Besinnen und Berechnen geht er sogleich ans Werk, sammelt, selbst fast ein armer Armer, in sein Haus die Kinder der Armen, um ihnen die einzige Wohltat zu erweisen, die ihnen wahrhaft helfen kann, die Wohltat der Erziehung; Erziehung zur Arbeit, zu aller Mühsal des Händewerks um kargen Taglohn, zum Leben in reiner häuslicher Liebe, zu einem Leben, von dem das goldene Wort gilt die Seelen taglöhnen nicht."

[20] Paul Natorp, Pestalozzi und die Frauenbildung (1905), in: Paul Natorp, Gesammelte Abhandlungen zur Sozialpädagogik, Stuttgart ²1922, S. 132.

zielten darauf ab, die Aufgabe der Pädagogik angesichts der neuen sozialen Bedingungen zu verdeutlichen.

In seiner Streitschrift: 'Herbart, Pestalozzi und die heutigen Aufgaben der Erziehungslehre' überprüfte Natorp 1899, welche Grundlegung der Pädagogik in der Gegenwart noch ein gesichertes Fundament geben konnte. Das Urteil ist eindeutig und überschwenglich: "Pestalozzi unser Führer": "Er fragte nicht nach dem Menschen bloß so im allgemeinen, sondern ihn kümmerten ernstlich die Menschen in der ganzen Individualität ihrer Person und Lage."[21] Ausgangspunkt der konkreten Philosophie sollte nicht ein überkommener Persönlichkeitsbegriff, sondern sollten die neuen Bedingungen sein, so wie sie sich in der Individuallage der Menschen ausdrückten. Auch die Jugend der Jahrhundertwende würde, prophezeite Natorp, sich "mit froher Begeisterung" dem 'Führer' Pestalozzi anvertrauen, denn er habe es vermocht, "nicht alt zu werden". In ihm stecke eine "unverwüstliche Jugend". Herbart und in erster Linie seine Jünger erschienen als Vertreter vergangener Zeiten, die "die Jugend so rasch wie möglich um ihre Jugend (..) bringen" und zu "so alten Menschen (...) machen, wie sie selbst" es sind, ohne Verständnis für die Fragen der neuen Zeit.

Pestalozzi war für Natorp das Genie der Pädagogik.[22] Er war für ihn nicht der große Praktiker und der schwache Theoretiker, Natorp lobte schon eher Herbart hinsichtlich seiner praktischen Fähigkeiten. Pestalozzi hatte dagegen in seiner Zeit geschaffen, was Natorp in der Gegenwart anstrebte, eine idealistische Pädagogik mit einer kritischen Gesellschaftstheorie zu verknüpfen. Natorp fand bei Pestalozzi die Konkretisierung seiner Philosophie und damit seine Sozialpädagogik. Ganz in den Worten Pestalozzis beschrieb Natorp die soziale Lage:

> "'So viel sah ich bald', sagt er, 'die Umstände machen den Menschen; aber ich sah ebenso bald, der Mensch macht die Umstände; er hat eine Kraft in sich selbst, selbige vielfältig nach seinem Willen zu lenken. Sowie er dieses tut, nimmt er selbst Anteil an der Bildung seiner selbst und an dem Einfluß der Umstände, die auf ihn wirken'. Also aufs eigne Wollen des Menschen kommt zuletzt doch alles an. Eine große Folge daraus ist: daß die Arbeit an der Erhebung des Menschen zu seinem wahren Menschentum, zur wahren Sittlichkeit seiner Natur, die wahre soziale Arbeit ist. Über Träume von Welt- und Staatenverbesserungen dagegen würde Pestalozzi heute wie damals urteilen: 'Wenn so etwas reif ist, so kommt es von selbst.'"[23]

---

[21] Paul Natorp, Herbart, Pestalozzi und die heutigen Aufgaben der Erziehungslehre (1899), Paul Natorp, Gesammelte Abhandlungen zur Sozialpädagogik, Stuttgart ²1922, S. 132.

[22] P. Natorp, Pestalozzi unser Führer ..., S. 92.

[23] Paul Natorp, Pestalozzis Ideen über Arbeiterbildung und die soziale Frage (1894), in: Paul Natorp, Gesammelte Abhandlungen zur Sozialpädagogik, Stuttgart ²1922, S. 123.

Natorp führte Pestalozzi aus den traditionellen Grenzen der Pädagogik heraus und interpretierte ihn als sozialpolitischen Wegweiser und Begründer einer umfassenden Sozialpädagogik. In Natorps sozialpädagogischen Schriften werden darum nicht nur Fragen der Jugend- und Kindererziehung thematisiert, sondern das Verhältnis von Bildung und Gemeinschaft wird zur zentralsten Frage der sozialen Entwicklung erhoben. Nicht nur die Überlieferung von Bildungsgütern an die jüngere Generation oder die Bedeutung der modernen Lebensformen für die Persönlichkeitswerdung waren Gegenstand seiner Sozialpädagogik. Natorp betrachtete die Menschwerdung ganz im Verhältnis zu den sozialen Bedingungen und suchte in den neuen Bedingungen den Menschen und sein Streben nach menschlicher Gemeinschaft und selbstschöpferischer Gestaltung. Er versuchte in seiner Sozialpädagogik, der andauernden Krise des Gemeinschaftslebens im Kapitalismus eine sozialpädagogische Alternative und das Recht auf menschliche Gemeinschaft entgegenzusetzen und ließ sich nicht aufhalten durch eine Einengung der Sozialpädagogik zwischen einer Soziologie der Pädagogik und Sozialphilosophie, wie Edelheim sie vorschlug. Im Gegensatz zu Edelheim, der die Aufgabe der Pädagogik mit der Individualgenese zu einer ganzer Persönlichkeit abgeschlossen sah, ging es Natorp um die Bildung der Menschheit an sich. So mußte sich Natorp beklagen, daß Edelheim in seiner Interpretation des französischen Revolutionszeitalters die soziale Seite Rousseaus nicht genügend gewürdigt habe und daß er damit den "tiefe(n) Soziologe(n)" Rousseau, der den Grundsatz aufstellte, "'die Gesellschaft im Menschen, den Menschen in der Gesellschaft zu studieren', verkannt habe.[24] Natorp versuchte analog und genauso umfassend wie Rousseau die

---

[24] Paul Natorp, Buchbesprechung, John Edelheim, Beiträge zur Geschichte der Sozialpädagogik mit besonderer Berücksichtigung des französischen Revolutionszeitalters, in: Archiv 17 (1902), S. 541.
Den ersten Abschnitt des Buches, schrieb Natorp in seiner Besprechung, könne der Leser sich sparen, kein Wort über Morus, Campanella und Comenius. "34 Seiten in Summa für die Sozialpädagogik von Urzeiten bis zur Revolution sind gewiss wenig; aber so gefüllt sind sie noch zu viel" (ebd.). Im zweiten Teil gehe es um die sozialpädagogischen Theoretiker am Vorabend der Revolution. Rousseau werde nur marginal behandelt. Edelheim gehe besonders auf die Physiokraten ein - in Natorps Augen der beste Teil des Buches: "Das Bedeutsame liegt hier, wie mir scheint, in folgendem: 1) der fast ausschliesslich ökonomischen Auffassung der Gesellschaft und also der gesellschaftlichen Bildung, die, abgesehen von den Elementarfächern, rein auf die Grundsätze des Physiokratismus beschränkt wird; womit 2) in einem interessanten Zusammenhang steht die Auffassung des sozialen Lebens ausschliesslich nach dem Vorbild der Familie; ich glaube wenigstens (in meiner Sozialpädagogik) bewiesen zu haben, dass die Organisationsform der Familie des oikos, mit der ökonomischen Grundform der Gemeinschaft (Regelung des sozialen Trieblebens d.i. der sozialen Arbeit und Verteilung des Arbeitsertrags) in einer tiefbegründeten Beziehung (nicht bloss nach Seiten der Erziehung) steht; 3) in der statischen, nicht dynamischen Vorstellung des sozialen Lebens, d.h. in der Meinung von einer ewigen, unabänderlich identischen 'Natur' der Gesellschaft, die, ähnlich wie bei Plato, keine Entwicklung zu höheren und höheren, d.h. mehr differenzierten und wiederum zentraler geeinten Organisationsformen, sondern nur Schwankungen um eine Gleichgewichtslage, zeitweilige Störung und Wiederherstellung einer normalen Verfas-

Menschwerdung in der Gesellschaft und das soziale Werden in Abhängigkeit von der Bildung des Menschen zu bestimmen. Natorps Haltung zur Pädagogik im französischen Revolutionszeitalter wird z.B. in seinem Beitrag über Condorcets Ideen zur Nationalerziehung deutlich. Condorcet war nach seiner Ansicht der große bildungspolitische Vater eines gerechten, nationalen - von privatistischen Einzelinteressen getrennten - staatlichen Bildungswesens. Gleichwohl vermißte Natorp die Einbettung der Bildung in den alltäglichen Gestaltungsprozeß von Gesellschaft:

"Zu wenig beachtet, obwohl nicht ganz vergessen ist bei Condorcet die Arbeit selbst als ein Faktor, und zwar ein Grundfaktor aller Bildung, ihr wesentlicher Einfluß auf die leibliche und sittliche Ausbildung des Individuums wie die gesunde Gestaltung des gesamten sozialen Ernährungsprozesses. Darin besteht die klassische deutsche Pädagogik: Pestalozzi, Fichte, selbst Schleiermacher auf höherer Stufe. Diese Männer begriffen ganz, daß eine wahre Nationalerziehung sich nicht anders als auf dem Grunde der Arbeitsbildung aufbauen kann. Condorcet ist hier noch in der einseitigen Schätzung der Kopfbildung befangen, die das Erbteil des Aufklärungszeitalters war."[25]

Natorp erkannte nun in Pestalozzi den Sozialforscher im Zeitalter Schillers und Kants, der den prägenden "Leitstern" der "Idee des Menschentums",[26] den "Humanitäts-Standpunkt",[27] zu einer Pädagogik, in deren Mittelpunkt die alltägliche Arbeit stand, ausformuliert hatte. Wie Fichte habe Pestalozzi unter dem Einfluß der Ethik Kants einen wichtigen Beitrag zu einer "Ethik und Pädagogik des Sozialismus" geliefert.[28] Pestalozzi führte demnach den Gedan-

---

sung, gleichsam Erkrankung und Wiedergesundung des sozialen Körpers kennt" (ebd., S. 543). Natorp fand in der Einseitigkeit der natürlichen und ökonomischen Grundlage der Gesellschaft die Ursache für die statische Auffassung und für die mangelnde Entwicklung hin zum Sozialismus als 'unendlichen Aufgabe'. "Der Physiokratismus ist daher bedeutsam gerade durch die unbeirrte Verfolgung seiner Einseitigkeit, die besonders deutlich in der naiven Konsequenz zu Tage tritt, dass nicht nur der Inhalt der sozialen Bildung im physiokratischen Katechismus ein für allemal festgelegt, sondern eine fortdauernde soziale Erscheinung geleistet werden soll durch eine nach chinesischem Muster täglich erscheinende Zeitung, die 'von einem Tribunal hoher Mandarinen redigiert wird und für deren Richtigkeit und Genauigkeit die Autoren mit ihrem Kopf bürgen.' Ein Quesnay und Mirabeau hätten diese Haftpflicht treuherzig übernommen. Aber solche Irrtumsfreiheit ist nicht über-, sondern untermenschlich. Irren allein ist menschlich" (ebd.). Abschließend wies Natorp die Kritik an seiner Sozialpädagogik zurück.
Vgl.: John Edelheim, Beiträge zur Geschichte der Sozialpädagogik mit besonderer Berücksichtigung des französischen Revolutionszeitalters, Berlin, Bern 1902.

[25] Paul Natorp, Condorcets Ideen zur Nationalerziehung (1894), in: Paul Natorp, Gesammelte Abhandlungen zur Sozialpädagogik, Stuttgart ²1922, S. 80.
[26] P. Natorp, Herbart, Pestalozzi ..., S. 83.
[27] P. Natorp, Herbart, Pestalozzi ..., S. 126.
[28] P. Natorp, Pestalozzis Ideen über Arbeiterbildung ..., S. 104.

ken, daß der Mensch im vollen Sinn erst Mensch "durch den Besitz eines menschheitlichen, menschentümlichen Selbstbewußtseins" wird, aus der Studier- und Philosophenstube in die "Unmittelbarkeit des Lebens".[29]

Natorp erklärte die sozialphilosophischen Grundlagen der Pädagogik Pestalozzis: Pestalozzi beschreibe demnach einen natürlichen, gesellschaftlichen und sittlichen Stand in der Entwicklung des Menschengeschlechtes. Er nehme seinen Ausgangspunkt wie Rousseau, dessen Schriften ihn tief beeindruckten, beim Naturstand des Menschen als einen Zustand der "Harmlosigkeit (...) wie das unverdorbene Kind" ihn zeige, "und wie die Sage ihn als Zustand des Menschen vor dem Sündenfall"[30] voraussetze. Natorp lobte nun ausdrücklich Pestalozzis große Leistung in der Zeichnung des gesellschaftlichen Standes, "in Rousseau fast noch überbietender Schärfe".[31] Die vertragliche Regelung des sozialen Lebens kennzeichne ihmzufolge den gesellschaftlichen Stand, Rechts- und Unrechtsbegriffe würden aus ihr abgeleitet. Im gesellschaftlichen Stand komme es unweigerlich zu einer "Verkrüppelung des Naturmenschen", zu "Verlust an sinnlichem Wohlsein" und "harmloser Befriedigung".[32] Andererseits sehe Pestalozzi den gesellschaftlichen Stand als den "Lehrlingsstand" an, auf dem jeder Kulturfortschritt beruhe.[33] In diesem Punkt unterscheide er sich von Rousseau, so Natorp, da Pestalozzi für den 'Lehrlingsstand' auf dem Weg zum 'Mannesalter' des sittlichen Zustandes und auf diesem Weg für den Kulturfortschritt plädiere. Im gesellschaftlichen Stand werde der Mensch sozusagen vorbereitet auf den sittlichen Zustand, den er klar abgegrenzt wissen wollte. Denn im umfassenden sittlichen Zustand würde eine "äußerlich auferlegte() Ordnung" hinfällig, es gäbe keinen Willen "gegenseitiger Schädigung (...), der Einschränkung durch Recht und Gesetz nötig machte".[34]

Auf der Basis dieser Sozialphilosophie lehne Pestalozzi, so führte Natorp weiter aus, die zu seiner Zeit verbreitete Meinung ab, daß die Armen vor dem Einfluß der Fabriken zu bewahren seien, was aber nicht bedeute, daß er das "sittliche() Elend" übersehe, welches mit der "Fabrikarbeit schier unzertrennlich" zusammenhänge. Pestalozzi, so ist Natorp zu verstehen, glaubte, daß mit der Fabrikarbeit der "patriarchalische Knechtzustand" überwunden und darum gerade jetzt die gewerbliche Arbeit zu einem Mittel der Erziehung gemacht werden müsse. Im Mittelpunkt des Lebens stehe nach Pestalozzis Auffassung die Arbeit und darum müsse die Pädagogik auch bei der alltäglichen Arbeit ansetzen, soweit sie eine selbsttätige Bildung ermöglichen wolle. Die sozial-

---

Den Kern dieser Ethik fand Natorp in dem folgendem Grundsatz Kants begriffen: "'Handle so, daß du Menschheit, sowohl in deiner Person, als in der Person eines jeden andern, jederzeit zugleich als Zweck, niemals bloß als Mittel brauchst" (ebd.).

[29] P. Natorp, Herbart, Pestalozzi ..., S. 104.
[30] P. Natorp, Herbart, Pestalozzi ..., S. 132.
[31] P. Natorp, Herbart, Pestalozzi ..., S. 133.
[32] P. Natorp, Herbart, Pestalozzi ..., S. 134.
[33] P. Natorp, Herbart, Pestalozzi ..., S. 135.
[34] P. Natorp, Herbart, Pestalozzi ..., S. 134.

pädagogische Aufgabe konnte in diesem Sinn nicht in einer "gewöhnlichen Fürsorge" bestehen, in einem "'Verscharren des Rechts in die Mistgrube der Gnade.'"[35]

"'Es ist wie, wenn es nicht sein müsse, daß Menschen durch ihre Mitmenschen versorgt würden; die ganze Natur und die ganze Geschichte ruft dem Menschengeschlecht zu, es solle ein jeder sich selbst versorgen, es versorge ihn niemand und könne ihn niemand versorgen, und das Beste, das man dem Menschen tun könne, sei, daß man ihn lehre, es selber zu tun.'"[36]

Pestalozzi begreife es als Aufgabe seiner Pädagogik, den Menschen in ihrer Individuallage zu ihrem Recht auf Selbsttätigkeit zu verhelfen. Der erste Schritt zu einer Verbesserung der Umstände sei demnach die Einsicht des Menschen, daß er selbst ein Recht auf Mitgestaltung und Selbstbewußtsein habe, um so in der gegebenen Lage seine Selbstbefreiung von Fremdherrschaft und Abhängigkeit zu befördern. Der erste Schritt könne nur sein, Bedingungen zu schaffen, von denen man sagen könne: die "Seelen taglöhnen nicht", so daß die Armen wie in der Familie eine Heimat fänden und aus dieser inneren Haltung sich an der Verwirklichung des sittlichen Zustandes beteiligen könnten. Unterdrückung und Gewalt könnten nicht nur durch materielle Versorgung und rechtliche Gleichstellung überwunden werden, denn das Problem von Unterdrückung und Gewalt sei umfassender: "Die Gewalt des Kapitals" sei "nur eine bestimmte Seite des allgemeinen Phänomens der Gewalt des Starken über den Schwachen". Pestalozzi habe nämlich "die ewige, naturbedingte Notwendigkeit der Gewalt - ihr ewiges, sittliches Unrecht - und die ewige Ohnmacht des bloß gesellschaftlichen Rechts wider sie anerkannt".[37] Dementsprechend sei eine Pädagogik gefordert, resümierte Natorp, die letztlich das menschliche Recht auf Selbsttätigkeit sozial durchsetze und auf diesem Weg den 'allgemeinen Krieg aller gegen alle' beende.

Pestalozzis Lehre bot Natorp einen Zugang und eine Interpretationsfolie zu einer sozialpädagogischen Interpretation der Arbeiterbewegung. "Es ist merkwürdig genug", schrieb Natorp, "wie selbst so manche seiner Aussprüche auf die heutige Lage noch ganz anders zutreffen". Natorp meinte nicht nur Pestalozzis Rede vom "trügerischen Flor des 'Geld- und Gewaltspiels unserer Industrie'"[38], sondern die sozialpädagogische Aufgabenbestimmung, die er in einer Zeit formuliert habe, in der der Übergang vom "Landbau zur Industrie" zwar begonnen, aber die sozialen Umwälzungen noch nicht die Ausmaße erreicht hätten.[39]

---

[35] P. Natorp, Pestalozzis Ideen über Arbeiterbildung ..., S. 120.
[36] P. Natorp, Pestalozzis Ideen über Arbeiterbildung ..., S. 109.
[37] P. Natorp, Pestalozzis Ideen über Arbeiterbildung ..., S. 121.
[38] P. Natorp, Pestalozzis Ideen über Arbeiterbildung ..., S. 122.
[39] Paul Natorp, Johann Heinrich Pestalozzi, Teil 1: Pestalozzis Leben und Wirken, Langensalza 1905, S. 124.

In einem Briefwechsel aus dem Jahr 1895 diskutierte Natorp mit August Bebel über Pestalozzi und die Arbeiterbewegung. Anlaß des Briefwechsels waren Bebels Worte zu Natorps Aufsatz, 'Pestalozzis Ideen über Arbeiterbildung und soziale Frage', in der 'Neuen Zeit', für die Natorp sich bedankte. Natorp wies auf den Unterschied der Interpretationen hin. Gemeint war, daß Bebel eher die materialistischen, Natorp, anknüpfend an Fichte und Kant, die idealistischen Momente bei Pestalozzi herausgestrichen habe. Gleichwohl hatte in Natorps Augen die Arbeiterbewegung bereits selbst diesen einseitigen materialistischen Standpunkt aufgegeben, auch wenn sie sich in ihrer Theorie weiterhin auf "das Naturgesetz der wirtschaftlichen Entwicklung" stütze. Natorp schrieb an Bebel:

> "So erklärte z.B. ein Artikel (der Neuen Zeit) zur Maifeier 1894 sehr bestimmt, die Arbeiterklasse rechne nicht auf das Elend, wie man ihr fälschlich vorwerfe, sie wisse sehr wohl, daß sie am Tage der Entscheidung auf der vollen Höhe geistiger und körperlicher Entwicklung stehen müsse, wenn ihr der Sieg nicht wieder unter den Händen zerrinnen solle. Es wird also das Erringen der Höhen des Menschentums weit mehr zur Bedingung als zur Folge der Durchsetzung einer besseren Wirtschaftsform gemacht. Man erkennt damit ganz das an, was Pestalozzi so ausdrückt: die Umstände zwar machen den Menschen, aber der Mensch macht die Umstände. Die Produktionslage ruft auch ohne greifbare Folgen die Ideen hervor, die darauf zielen, sie und damit die Gesamtlage des Menschen zu bessern, aber die Ideen gestalten dann wieder die Produktion. Der Fortschritt der Produktion beruht z.B. auf den Fortschritten der Technik und des Verkehrs - deren jeder einen neuen Sieg menschlicher Intelligenz und menschlichen Willens bedeutet; er beruht auch weit mehr auf dem Faktor der inneren Organisation; diese ist vollends geistig (intellektuell und moralisch) bedingt; die Schädlichkeit desorganisierter Produktion mag sich noch so sinnlich fühlbar beweisen in Hunger und Elend, Rückgang der Bevölkerungsziffer etc. - aber das Gegenteil, die Organisation, würde daraus niemals von selbst folgen; sie ist weit mehr das Werk und die Aufgabe einer sozialen *Erziehung*, die den *Willen* zur Gemeinschaft wach ruft und wach erhält. Als eine solche Erziehung *hat* die sozialistische Bewegung gewirkt (...) und wirkt sie beständig. Sie hat so nebenher auch dazu mitgeholfen, daß die äußere Lebenslage sich für einen kleinen Teil der Arbeiter um ein geringeres (kaum in Verhältnis zu der der oberen und mittleren Klassen) gehoben hat; aber ihr

---

Natorp führte weiter aus: "Die Gefahr einer wachsenden Proletarisierung dieses 'Mittelstandes' selbst, als naturnotwendiger Folge der Übermacht des Großkapitals, unter dem Einfluß des zum Großbetrieb unwiderstehlich drängenden Fortschritts der Technik; die wieder dadurch gegebene Notwendigkeit des Zusammenschlusses einerseits der Arbeiter, anderseits der Unternehmer; die ganz neue Form, die damit der soziale Krieg, dieser wahre 'Krieg aller gegen alle', annimmt; aber auch die neuen Handhaben zu einer Lösung des immer unerträglicher sich zuspitzenden Konflikts - das alles konnte Pestalozzi nicht voraussehen" (P. Natorp, Pestalozzis Ideen über Arbeiterbildung ..., S. 122).

ungleich bedeutenderer Erfolg ist die Weckung des Bewußtseins der arbeitenden Klassen von ihrem unveräußerlichem Recht auf vollen Anteil am Menschentum."[40] (Hervorh. im Original; d. Verf.)

Die sozialen Verhältnisse in der kapitalistischen Gesellschaft hatten nach Natorp die 'Seelen' der Arbeiter 'taglöhnen' lassen. Die Arbeiterbewegung habe die sozialpädagogische Aufgabe übernommen, wie Pestalozzi sie entworfen habe, und den Arbeitern ihren Willen zur Gemeinschaft und ein gemeinschaftliches menschliches Selbstbewußtsein zurückgegeben, sie habe den für den Fortschritt entscheidenden Faktor der Erziehung in und durch Gemeinschaft wiederbelebt, den Arbeitern eine Heimat geschaffen und sie als selbsttätigen fortschrittlichen Gestaltungsfaktor in die Gesellschaft geführt. Vor diesem Hintergrund vermochte Natorp einen Widerspruch zwischen einer materialistischen und idealitischen, einer aristokratischen und demokratischen Auffassung des Sozialismus nicht mehr zu erkennen. Prägnant forderte er darum: "Die Demokratie im vollen Sinn muß zwar das Ziel, aber kann *Ausgangspunkt* sein."[41]

Dem Brief an Bebel legte Natorp seine Abhandlung, 'Plato's Staat und die Idee der Sozialpädagogik', bei, die im *Archiv für soziale Statistik und Gesetzgebung* im gleichen Jahr erschienen war. Natorp nannte sie "eine Art Gegenstück" zu

---

[40] Timothy Keck: Kant and Socialism. In: Archiv für Sozialgeschichte, Bd. 15 (1975), S. 326.
[41] T. Keck: Kant and ..., S. 326.
Bebel entgegnete Natorp, daß der Wille zur Mitgestaltung und der Zusammenschluß der Arbeiter zu sozialen Gemeinschaften weniger eine pädagogische Leistung der Arbeiterbewegung sei, die das Gestaltungsbewußtsein der Arbeiterklasse geweckt habe. Sondern in erster Linie die Not und der alltägliche Kampf habe die Menschen gezwungen, sich zusammenzuschließen, da sie merkten, "daß sie gegen die Macht des Unternehmers und der socialen Einrichtungen eine Null" waren. Die Epoche der Jahrhundertwende zeichne sich dadurch aus, daß inzwischen allein der industrielle Kapitalismus regiere. Bebel kam zu dem Ergebnis: Wenn Pestalozzi um die Jahrhundertwende seine Ideen hätte durchsetzen wollen, sei er gezwungen gewesen, Sozialdemokrat und nicht allein Sozialpädagoge zu werden. Denn die herrschende Klassen "schwiegen ihn todt oder steinigten ihn": "Die sociale Erziehung, welche die Massen gewonnen haben und immer mehr gewinnen, ist also hauptsächlich das Werk der socialen Entwickelung. Die Fortschritte der Wissenschaft der Technik sind nicht für die Massen bestimmt, sie stehen im Dienste der herrschenden Klassen, aber keine Macht der Erde kann verhindern, daß sie auf die Lebenslage und damit auf die Gedankenentwickelung der Massen einwirken. Jede Fabrik wird eine Art socialistischer Universität, die Klassenbewußtsein, Ideen- und Kampfgenossenschaft erzeugt und jene Opferfreudigkeit, welche die socialistischen Arbeiter auszeichnet. Sie schafft die materialistische Grundlage der Bewegung: Kampf um die sociale Stellung und um menschenwürdige Existenz, den höchsten Idealismus, der denkbar ist. Hier ist also in der That kein Gegensatz zwischen Idealismus und Materialismus vorhanden" (T. Keck: Kant and ..., S. 329). Bebel bezeichnete auch nicht den vollen Anteil an der Idee des Menschentums als das Ziel der Arbeiterbewegung, sondern er war davon überzeugt, daß nur in einer socialistischen Gesellschaft die Differenzierung der Individuen begünstigt und die Freiheit des Individuums ermöglicht würde.

den Schriften über Pestalozzi.[42] Schon die zitierte Forderung - Demokratie als Ursprung und Ziel - war im Kanon der platonischen Ideenlehre formuliert. 'Mit' Plato gab Natorp der Sozialpädagogik nun einen sozialphilosophischen Rahmen. Natorp hatte sich immer für öffentliche pädagogische Ersatzinstitutionen und für den Staat als 'Vollinteressent' in Bildungsangelegenheiten und nicht für die Kirche energisch stark gemacht, nun galt es, eine Staatstheorie vorzulegen, die der zugesprochenen Bildungsverantwortung gerecht wurde. Natorps Schrift war aber nur indirekt eine Erklärung zu den Auseinandersetzungen über das Bildungswesen.[43] Mit der Abhandlung über Platos Staat richtete er sich an die sozialwissenschaftliche und sozialpolitische Fachöffentlichkeit (vgl.: Kap. 9.). Seine Vorstellung von Bildung, Demokratie und Staat sollte in die sozialpolitische Diskussion getragen werden.

In erster Linie stellte sich der Staat demnach über eine Wirtschaftsordnung dar. Auch Plato habe schon gewußt, schrieb Natorp, daß die vorrangige Aufgabenstellung des Staates in der Gestaltung der Wirtschaftsordnung zu sehen sei, nämlich im 'Kampf ums Dasein' das Leben zu erhalten, d.h. so lange in erster Linie an der Wirtschaftsordnung zu arbeiten, bis sich "eine Form der Wirtschaft () durchgesetzt" habe, "welche die quälendste aller sozialen Fragen, die Hungerfrage", in einer Weise löse oder doch beschwichtige, "dass für Höheres überhaupt erst Raum wird."[44] Die Wirtschaftsordnung bedinge, führte Natorp weiter aus, indirekt auch die Erziehung. Allerdings begründe allein das Interesse an der Lebenserhaltung keinen Gemeinwillen. Die "herrlichste Wirtschaftsordnung" allein sei zum Scheitern verurteilt, soweit sie nicht auf einer "Hebung der physisch-geistigen Bildung" fuße.[45]

"Der Staat", so Natorp im Anschluß an Plato, "ist der Mensch im Grossen, der Mensch der Staat im Kleinen. Dieselben Grundfunktionen müssen wiederkehren im Leben des Individuums und in dem der Gesellschaft, da doch der soziale Körper aus den Indviduen besteht."[46] Über diese Definition glaubte er die Prinzipien der Pädagogik und der Sozialphilosophie miteinander vereinbaren

---

[42] T. Keck: Kant and ..., S. 325.
[43] Zu den Fragen des Bildungswesens vgl. auch: Paul Natorp, Ein Wort zum Schulantrag, in: Die Deutsche Schule 9 (1905), S. 15-32; 65-92.
[44] P. Natorp, Plato's Staat und ..., S. 145.
[45] P. Natorp, Plato's Staat und ..., S. 170.
[46] Paul Natorp, Plato's Staat und die Idee der Sozialpädagogik, in: Archiv 8 (1895), S. 161.
"Es ist für uns heute Lebende besonders überraschend, mit welcher Bestimmtheit er (Plato) bereits ausspricht, was heute auf allen Gassen widertönt: wie die Gewalt, die der Besitz dem Besitzenden über den Nichtbesitzenden verleiht, endlich dahin führen muss, dass die Inhaber der Produktionsmittel nicht mehr arbeiten, die Arbeitenden sich von den Produktionsmitteln entblößt sehen; wie so, was man einen Staat oder ein Volk nennt, zuletzt gar nicht mehr einer, sondern ihrer viele sind, indem sich zum wenigsten zwei Nationen, die Besitzenden und die Nichtbesitzenden, jede in sich durch natürliche Interessen zusammengehalten, in unversöhnlichem Krieg gegenüberstehen" (P. Natorp, Plato's Staat und ..., S. 147).

und damit die Grundaufgabe des Staates deklarieren zu können, die pädagogische Aufgabe zu erfüllen, Selbstgestaltungskräfte zu wecken - Autonomie herbeizuführen. Plato hatte Natorp zufolge bereits gezeigt, daß Zwang letztlich dem Staat nicht die Einheit und Festigkeit geben könne, darum bleibe der Staat auf die sozialpädagogische Idee der selbstschöpferischen Gemeinschaft angewiesen. In diesem Sinn konnte nur die sozialpädagogische Idee des Staates, wie Plato sie skizziert hatte, die Idee der Bildungsgemeinschaft, die "Bildung zum Geiste der Gemeinschaft" die Einheit eines Staates begründen.

Natorps Plädoyer für den Staat als umfassenden Bildungsträger ist vor dem Hintergrund der so gekennzeichneten sozialpädagogischen Idee des Staates zu sehen. Sein Programm schrieb er aus Sorge um eine "Verstaatlichung des Menschen" und aus ethischer Verpflichtung für eine "Vermenschlichung des Staates".[47] So war für ihn die Aufgabe der Sozialpolitik und Sozialpädagogik nicht damit erfüllt, dem herrschenden Staat passende Techniken zur Lösung der sozialen Probleme zurechtzulegen: Man finde vielleicht für den Menschen, der "Schaden" an seiner Seele nehme, einen "Seelenarzt", der den Schaden behebe, wie man "ein Hühnerauge" wegnehme. "Es muss ja (meint Sokrates) auch dafür einen 'Techniker' geben. Wir nennen ihn Erzieher."[48] Natorps Sozialphilosophie gab eine Antwort auf die Frage, warum der Staat für die 'Seelenprobleme' der Menschen eine Verantwortung trage, und aus dieser Perspektive bestimmte er den Weg, den der Staat zu beschreiten habe. Jedenfalls sei das Ideal der Bildungsgemeinschaft nicht verwirklicht, und äußerer Zwang in Politik und Wirtschaft lasse die Seelen der Menschen 'taglöhnen'. In seiner Sozialpädagogik benannte er nun 'konkret' die Ideen, die menschlich-soziales Handeln auszeichnen, und die zeitgenössischen Antworten auf die Grundfragen des menschlichen Lebens bestimmen sollten.

---

[47] P. Natorp, Herbart, Pestalozzi ..., S. 85.
[48] Natorp schrieb weiter: "Die Technik giebt also keine Antwort auf die gründlich gestellte Frage nach dem Warum des Sollens" (Paul Natorp, Ist das Sittengesetz ein Naturgesetz?, in: Archiv für systematische Philosophie 2 (1896), S. 239-240).

6.2 Der Mensch wird zum Menschen nur durch menschliche Gemeinschaft - die Sozialpädagogik

"Jeder Versuch, die arbeitenden Klassen, zumal wo sie durch die Sozialdemokratie bereits revolutioniert sind, der Religion in ihrer überlieferten Form zurückzugewinnen, wird rettungslos scheitern an dem einmal tief eingedrungenen Mißtrauen, das die überkommene Religion aus nur zu klaren Gründen im engen Zusammenhang sieht mit den Gewalten, die sie darniederhalten, die gerade ihre geistige Freiheit ihnen bisher vorenthalten haben."[49] *(Paul Natorp)*

Angesichts der zu seiner Zeit geführten Diskussionen überrascht es nicht, daß Natorp 1894 in seiner ersten grundlegenden sozialpädagogischen Schrift die 'Religion in die Grenzen der Humanität' verwies. Später 1899 zitierte er in seiner Sozialpädagogik den Soziologen Ferdinand Tönnies, der mit der sozialpädagogisch zu verstehenden Volkshochschul- und "Universitätsausdehnungsbewegung" die Entstehung eines "weltlichen Klerus" beobachtete;[50] und damit, wenn man so will, die Sozialpädagogen als weltliche Geistliche bezeichnete.

In der überkommenen Gesellschaft war, so das idealisierte Bild, die Religion für die sinnvolle Gestaltung des sozialen Lebens zuständig, und sie verhinderte die 'innere Entfremdung' der Menschen. Otto Willmann kämpfte darum in seiner Sozialpädagogik dafür, die sozialplastische Kraft der katholischen Kirche in die Neuzeit herüberzuretten. Und Wilhelm Rein war besorgt, daß der Mensch in der modernen Gesellschaft von der Beziehung zu Gott entfremdet werde und plädierte angesichts sozialer Dogmen für eine Erinnerung an die Reformation und eine Erneuerung des christlichen Gemeindelebens. Natorp wollte die Religion nun in die "Lebensfragen der Gesellschaftswissenschaft" einordnen und ihre Aufgabe aus dieser Perspektive definiert wissen. Er fragte, ob "Religion ein wesentlicher Bestandteil des Menschentums" sei, "ob sie zum Grunde einer die Menschheit umspannenden Gemeinschaft, folglich zum Inhalt einer für alle gemeinsamen Erziehung tauge"?[51] Natorp schloß sich der Auffassung Schleiermachers an, daß die Religion das Gefühl oder die tiefste Innerlichkeit des seelischen Lebens vertrete. Für den Idealisten Natorp war die genaue Klärung dieser Definition von entscheidender Bedeutung, denn das Gefühl galt ihm als "Mutterschoß alles Bewußtseins". Das Gefühl hatte für ihn

---

[49] P. Natorp, Religion innerhalb der Grenzen der Humanität. Ein Beitrag zur Grundlegung der Sozialpädagogik (1894), Tübingen ²1908, S. 83-84.
Der Titel bezieht sich auch auf Kants Schrift: Die Religion innerhalb der Grenzen der blossen Vernunft.

[50] P. Natorp, Sozialpädagogik ..., S. 213.

[51] P. Natorp, Religion innerhalb der Grenzen ..., S. IV.

"die Bedeutung des Unmittelbaren, subjektiv Ursprünglichen, Umfassenden, aber noch Gestaltlosen".[52]

Natorp wußte um den "Selbstbetrug", zu dem die "Inbrunst des Herzens" oder "die lodernde innere Flamme des Gefühls" neigte,[53] und wußte auch, daß die Gefühle durch den selbsttätigen Willen und die Erkenntnis zu regulieren seien. Das unendlich gestaltlose Gefühl verlange, so Natorp, nach Aufklärung, da es sich selbst angesichts "der Auflösung des Gemeinschaftslebens" in eine "geträumte() unmittelbare() Gemeinschaft mit dem Unendlichen" zu verlieren drohe.[54] Die Religion begehe einen Fehler, soweit sie einer derartigen Flucht vor den eigentlichen Aufgaben im Leben entgegenkomme, die den Menschen von seinen Mitmenschen entfremde: Denn der Mensch suche nur eine transzendentale Heimat, weil er in den Beziehungen unter den Menschen keine menschliche Gemeinschaften finde. Doch damit setze er sich über die Idee des Menschentums hinweg. Natorp sah die Gefahr, daß der Mensch seine "Sehnsucht nach Einheit" und "Versöhnung"[55] von der Gestaltung des menschlichen Lebens nach den Forderungen der Humanität abtrenne. In diesem Fall trage der einzelne nicht mehr dazu bei, daß das Ideal des Menschentums in der Wirklichkeit Gestalt annehme und in den Menschen selbst das Recht auf selbstbewußte Gestaltung des Lebens erwache. Für Natorp war entscheidend, was an der Religion die geistige Freiheit befördere und helfe, neue Gemeinschaften zu schaffen. Er faßte seine Haltung zur Religion folgendermaßen zusammen:

"Man erkennt andrerseits die sehr entschiedene Wirkung aller echten Religion gerade auf die Schaffung und Erhaltung innerer Gemeinschaft. Religion hat von jeher nicht die Trennung, sondern die Gemeinschaft zwischen Mensch und Mensch, ohne jede weitere Bedingung vertreten. Die christliche Religion zumal, die es vermag, ihren Gott geradezu durch die Liebe, d.i. die Gemeinschaft, zu definieren, durch die Gemeinschaft, die wir allein kennen als die Gemeinschaft zwischen Mensch und Mensch, diese Religion darf man doch nicht beschuldigen, daß sie wesentlich und notwendig trennend, nicht einigend wirke. Was trennend gewirkt hat und fortwährend so wirkt, ist das Dogma, nicht die Religion."[56]

Natorp griff erneut auf Pestalozzi zurück. In Pestalozzis Gesellschaftslehre existiere keine "ursprünglichere und notwendigere Gemeinschaft" als die "Arbeitsgemeinschaft", sie sei für ihn die "eigentliche Schule der Gerechtigkeit" und nicht die institutionalisierte Religion. Genauso war Natorp über-

---

[52] P. Natorp, Religion innerhalb der Grenzen ..., S. 35.
[53] P. Natorp, Religion innerhalb der Grenzen ..., S. 41.
[54] P. Natorp, Religion innerhalb der Grenzen ..., S. 51.
[55] P. Natorp, Religion innerhalb der Grenzen ..., S. 48.
[56] P. Natorp, Condorcets Ideen ..., S. 83-84.
Natorp fand seine Auffassung auch in jüdischen Religionslehren und Bildern von der urchristlichen Gemeinde belegt (vgl.: P. Natorp, Religion innerhalb der Grenzen ...).

zeugt, daß die Religion in den belebenden Gefühlen zu suchen sei, die sich in der unmittelbaren Teilnahme an einer Gemeinschaft der Arbeitenden ausdrückten, in der täglichen Erfahrung, "daß Gemeinschaft ohne Gerechtigkeit nicht" bestehe.[57] Natorp lehnte es ab, die Kraft der Menschen, sich gegen die Unterdrückung zu wehren und in Gemeinschaften zusammenzuschließen, allein aus der Not der Zeit zu erklären, die Arbeitergemeinschaften also nur auf die materielle Ausbeutung zurückzuführen. Er suchte in der Religion die psychische Grundkraft im menschlichen Bewußtsein selbst, welche das "endliche Individuum" ganz unmittelbar an das "Unendliche" binde, welche die Erlösungshoffnung und den Glauben an die Idee des Menschentums wach halte.[58]

Diese Definition der Religion war für Natorp eine Voraussetzung, um das Feld der Sozialpädagogik bestellen zu können. Es ist bezeichnend, daß er in seiner Sozialpädagogik 1899 in § 1 das Verhältnis der Idee des Menschentums zur Willensbildung bestimmte und erst in den letzten beiden Kapiteln des Buches die Stellung der Religion abhandelte. Natorp entwickelte in seiner Sozialpädagogik eine Gestaltungstheorie menschlicher Gemeinschaft, die ihren Ursprung und ihr Ziel in der Idee des Menschentums fand: Der gestalterische Auftrag der Pädagogik verpflichtete ihn bei der Idee zu beginnen:

"Bilden, sagten wir, heißt formen, wie aus dem Chaos gestalten; es heißt, ein Ding zu seiner eigentümlichen Vollkommenheit bringen; vollkommen aber heißt, was ist, wie es sein soll. Dasselbe besagt nur deutlicher das Wort Idee: es besagt die Gestalt einer Sache, die wir in Gedanken haben als die sein sollende, zu der der gegebene Stoff, so er gestaltet werden oder sich selbst gestalten soll."[59]

Natorps Idealismus prägte seine Sozialpädagogik. Er entwickelte die Idee oder die zukünftige Gestalt nicht aus einer Beschreibung und Analyse der sozialen Lebensformen und individuellen Verarbeitungsformen, sondern suchte sie in einer Analyse des menschlichen Bewußtseins. Denn "gegeben ist nicht das Bewußtsein als Vorgang in der Zeit, sondern die Zeit als Form des Bewußtseins", hielt Natorp bereits 1888 der vorherrschenden Psychologie entgegen.[60] Zentral war hier, daß der Kantianer Natorp nicht eine Untersuchung der zeitgenössischen Bewußtseinsprobleme vornahm, sondern die überzeitlichen wahren menschlichen Gestaltungs- und Erkenntnisgesetze erforschte.

Erkennen bedeutete ihm Schaffen, nämlich Verbindung bzw. Zusammenhang schaffen: "Methoden bedeuten ein Mannigfaltiges zur Einheit zusammenschauen".[61] Idee nannte Natorp ein nicht mehr zu übertreffendes 'Maximum'

---

[57] P. Natorp, Religion innerhalb der Grenzen ..., S. 7-8.
[58] P. Natorp, Religion innerhalb der Grenzen ..., S. 42.
[59] P. Natorp, Sozialpädagogik ..., S. 27.
[60] Paul Natorp, Einleitung in die Psychologie nach kritischer Methode, Freiburg i.Br. 1888, S. 32. Vgl. auch: Pädagogische Psychologie in Leitsätzen zu Vorträgen, Marburg 1901.
[61] Paul Natorp, Zum Gedächtnis Kants, in: Die Deutsche Schule 8 (1904), S. 77.

als eine letzte unerreichbare Verknüpfung aller Erkenntnisse. Jeder Bewußtseinsinhalt konnte ihmzufolge nur eine Ausformung des Geistes, eine eigene Gestaltung desselben, sein. Im Zentrum der Bildung habe darum, wie schon Pestalozzi erkannt habe, die Selbsttätigkeit des Zöglings zu stehen. Pestalozzi, so Natorp, habe letztlich auf die platonische Lehre zurückgegriffen, daß alles, was sich als geistiger Inhalt dem Menschen bilde, eigentlich schon in ihm selbst liege. Menschsein habe für Pestalozzi auch immer geheißen, das 'Werk seiner Selbst' zu werden.

Der Anfang jeder Pädagogik war demnach beim selbsttätigen Erkennen und Gestalten zu nehmen, denn "der Mensch versteht nur, indem er will, er will nur, indem er versteht".[62] Doch wirkliches und wahres Erkennen und autonomes Gestalten sei nicht möglich ohne die "gedachte letzte Einheit", ohne den ursprünglichen "Blickpunkt der Erkenntnis".[63] Jeder Erkenntnisschritt wurde so zu einem Fortschritt auf dem Weg erklärt, die unendliche Idee des Menschentums zu realisieren. Der Pädagogik stellte Natorp entsprechend die Aufgabe, Gestaltung und Erkenntnis zu ermöglichen, die Bedingungen zu erforschen, unter denen Erkenntnis - d.h. eine Beteiligung an der Entfaltung der Idee - möglich werde.

Wie können nun "die reinen Elemente der Konstruktion des Gegenstandes in der Vorstellung zum Bewußtsein" erhoben werden?[64]

"Der Mensch wird zum Menschen allein durch menschliche Gemeinschaft. (...) Ist aber das menschliche Bewußtsein schon in seiner Gestalt durch die Gemeinschaft bedingt, so gilt das Gleiche nur in erhöhtem Maße vom menschlichen Selbstbewußtsein. Es gibt kein Selbstbewußtsein und kann keines geben ohne Entgegensetzung und zugleich positive Beziehung zu anderem Bewußtsein; keine Selbstverständigung ohne die Grundlage der Verständigung mit Andern; kein sich selbst Gegenübertreten, kein Selbsturteil ohne die vielfältige Erfahrung, wie Bewußtsein und Bewußtsein sich gegenübertreten, wie der Eine den Andern beurteilt; nicht Frage noch Antwort, nicht Rätsel noch Auflösung, als Auftritte im Selbstbewußtsein des Einzelnen, wenn nicht das alles zuerst vorgekommen wäre im Wechselverhältnis der Individuen in der Gemeinschaft. Wie könnte ich mir selbst zum Du werden, wenn nicht erst ein Du mir gegenüberstände, in dem ich ein anderes Ich erkenne?[65]

---

[62] P. Natorp, Sozialpädagogik ..., S. 66.
[63] P. Natorp, Sozialpädagogik ..., S. 42.
[64] Paul Natorp, Eine neue Bearbeitung Pestalozzis, in: Die Deutsche 9 (1905), S. 746.
[65] P. Natorp, Sozialpädagogik ..., S. 90; 95.
Natorp erklärte in Bezug auf die Erziehungslehre: "So wie die Sozialwissenschaft das vergaß, wenn sie die Gesellschaft aus einer bloß äußeren Verbindung zuvor isoliert gedachter Einzelner zu erklären unternahm; wie die Ethik es übersah, so oft sie aus dem Egoismus, als, wenn nicht überhaupt einzigem, doch einzig ursprünglichem und selbstverständlichem Trieb im Menschen, dessen sittliches Leben und Denken

Der Mensch lerne "Wollen" nur im "Mitwollen", schrieb Natorp, "Verstehen" nur im "Mitverstehen" und auch "Fühlen" nur im "Mitfühlen".[66] Durch die Gemeinschaft mit anderen Menschen werde das "konstruktive Verfahren unmittelbar in Tätigkeit gesetzt" und während der Betätigung selbst die Besinnung des Zöglings auf die "Regel dieses Tuns" gelenkt.[67] Aber auch die Gemeinschaft existierte nach Natorp nur im Bewußtsein der Individuen, denn das gemeinschaftliche Leben werde gestaltet durch die teilnehmenden Individuen. Für ihn war der Begriff 'Gemeinschaft' so auch eine Vorstellung, die von den Menschen in jeder Zeit wieder neu gebildet werden müsse. Im Wechselspiel der gegenseitigen Bestimmungen von Mensch und Gemeinschaft sah Natorp die Chance, die gesellschaftliche Situation zu verändern. Es galt, einen Gemeinschaftsbegriff zu bilden, der einer größeren Anzahl von Menschen Mitgestaltungsmöglichkeiten einräume, der Gemeinschaftsbegriff sollte so konstruiert werden, daß die Menschheit dem Ziel der Teilnahme aller an der Ausgestaltung der Idee näher komme.

So war aller Fortschritt, eben auch der Fortschritt in die Richtung einer gerechteren Gesellschaft, für Natorp letztlich "Bewußtseinsfortschritt": "Nur deshalb ist zuletzt der sich gestaltende Inhalt derselbe, weil die gestaltende Tätigkeit, weil die Gesetzmäßigkeit der Gestaltung für alle dieselbe ist".[68] Das selbsttätige Bewußtsein sei nicht wirtschaftlichen oder politischen Zielen gegenüber verpflichtet, sondern allein der wahren Idee des Menschentums. Eine gesellschaftliche Veränderung sei infolgedessen nur zu erwarten, wenn die Menschen selbst den Begriff der Gemeinschaft fortschreitend bestimmten und dadurch die Idee des Menschentums realisierten.

"So wie in der innern Welt des 'Verstandes' durch Widerstreit und Ausgleich eine immer tiefere und zugleich umfassende Einheit des Verständnisses sich bildet; wie auf dem Gebiete des 'Willens' das gleiche Spiel sich wiederholt; so, und zwar in eben diesen beiden Hinsichten, zuerst aber in Hinsicht des Willens, muß sich eine Konzentration von Bewußtsein zu Bewußtsein durch Streit und Vergleich in stetem unbegrenzten Fortschritt vollziehen von bloß äußerer Gesellung zu innerer Gemeinschaft, von 'Heteronomie' zu 'Autonomie'. Und durch dieselben wesentlichen Stufen, welche die Entwicklung des Einzelnen durchläuft: durch Arbeit und Willensregelung zum Vernunftgesetz, muß auch die Gemeinschaft fortschreiten."[69]

---

durch irgend eine Entwicklung hervorgehen ließ; so muß auch die Erziehungslehre in wichtigen Hinsichten ihre Aufgabe verfehlen, wenn sie nicht als Grundsatz erkennt und an die Spitze stellt, daß Erziehung ohne Gemeinschaft überhaupt nicht bestände" (ebd., S. 90).
[66] P. Natorp, Herbart, Pestalozzi ..., S. 66.
[67] Paul Natorp, Eine neue Bearbeitung Pestalozzis ..., S. 746.
[68] P. Natorp, Sozialpädagogik ..., S. 93.
[69] P. Natorp, Sozialpädagogik ..., S. 99.

Vor diesem Hintergrund wird Natorps Interpretation der Arbeiterbewegung noch klarer. Die Arbeiter hatten sich auf den Weg gemacht, selbsttätig den wahren Begriff von Gemeinschaft zu bestimmen. Die Autonomie vor Augen, strebten sie einer inneren Gemeinschaft zu, sie erkannten, daß die "Erhebung zur Gemeinschaft" erst zu einer "Erweiterung des Selbst", zu einer neuen Identität führe.[70] Hier bilde sich in der Arbeitergemeinschaft eine Bildungsgemeinschaft, wie Natorp sie in seiner Plato-Interpretation gefordert hatte, wonach der Staat, der sich auf die Idee der Bildungsgemeinschaft gründe, auf dem Weg zu einer idealen Gesellschaftsordnung sei. Hier bilde sich die Erkenntnis aus, daß der Sozialismus nicht durch eine äußere Ordnung geschaffen werden könne, sondern in den alltäglichen Situationen die unendliche Arbeit am Sozialismus beginnen müsse.

6.3 Sozialpädagogik als emanzipatorische Gestaltungstheorie von Gesellschaft - wider den anarchischen Idealismus

"Diese Vorstellung vom Wesen sittlicher Erziehung weicht freilich einigermaßen ab von dem, was gemeinhin als solche in Brauch ist. Die weithin herrschende Meinung scheint noch immer zu sein, daß sich Moral einpredigen, oder, wenn die Predigt leider wirkungslos verhallt, durch Zucht und Strafe aufzwingen lasse. (...) So wie man für selbstverständlich hält, daß der eine Teil der Menschheit für den andern den Verstand hat, so soll er gar auch den sittlichen Willen für ihn aufbringen. Vergebens freilich fragt man sich, woher wohl der kleinen Minderheit der gewaltige Überschuß an Erkenntnis und gutem Wollen kommen mag, aus dem sie den ganzen Rest zugleich damit zu versorgen instande ist?"[71] (Paul Natorp)

Nur der Staat als soziale Ausdrucksform der bürgerlichen Gemeinschaft konnte nach Natorp der Träger der Bildung und Erziehung sein. Nur die "möglichste Sozialisierung des ganzen Lebens" bot in seinen Augen "die sicherste Gewähr der inneren Einheit, Leistungsfähigkeit und festen Dauer einer menschlichen Gemeinschaft". Grundvoraussetzung der sittlichen Bildung war ihm die "gemeinschaftliche Regelung aller socialen Functionen".[72] Nur die Beteiligung an der Gestaltung von Gesellschaft, die Möglichkeit, die menschlichen Kräfte zu entfalten und nicht die 'eingepredigte' oder erzwungene Teilhabe an überkommenen Moralvorstellungen, führe demnach zu einer Überwindung der Klassen-Gegensätze in der Gesellschaft.

---

[70] P. Natorp, Sozialpädagogik ..., S. 92.
[71] P. Natorp, Religion innerhalb der Grenzen ..., S. 8.
[72] zit. n.: N. Jegelka, Paul Natorp. ..., S. 49.

Natorp selbst hatte sich schon vor der Jahrhundertwende aufgrund seiner konsequent idealistischen Haltung mit dem Vorwurf auseinanderzusetzen, einem "idealen Anarchismus" zu huldigen: Er erkenne nur einen idealen Staat an und nicht ein "irdisches Vaterland und als dies Vaterland den Staat":[73]

> "Bin ich vielleicht dem Staatsgesetze überhaupt sittlich verbunden? Verbunden also auch da, wo es mit dem absoluten Sittengesetz nicht im Einklang steht? Keine Staatsverfassung kann den höchsten sittlichen Forderungen je unbedingt gemäß sein. Daraus folgt unweigerlich eines von beiden: entweder der Anarchismus oder die Notwendigkeit, dem Staatsgesetz selbst da nachzuhandeln, wo es dem Sittengesetz vor der Hand nicht entspricht."[74]

Natorps Entscheidung war unschwer zu erraten: Natürlich schulde er dem Staat Gehorsam, auf der Basis des Anarchismus sei kein Staatsbegriff möglich. Gleichwohl entbinde ihn diese Auffassung nicht von der Pflicht, die sittliche und wissenschaftliche Überzeugung immer zu bekennen, den Staat zu kritisieren, wo die "bestehenden Gesetze und Einrichtungen (...) mit den sittlichen Forderungen nicht im Einklang sind". Sokrates war ihm in diesem Punkt ein leuchtendes Vorbild. Sokrates habe den Giftbecher gewählt, da er den Gesetzen des Staates "Gehorsam" schuldete, weil er, hätte er sich für die Flucht entschieden, wirklich zu einem "Jugendverderber" geworden wäre.[75] Diese Haltung durchzog Natorps sozialpädagogische Schriften. Der Staat, so sehr er zu kritisieren sei, wie er existiere, stehe im Mittelpunkt der sozialpädagogischen Reformen. Der Staat sei auf seinen Ursprung - auf die Idee des Staates - zu verweisen und das staatliche Handeln danach auszurichten. Der Staat könne auf die umfassende Idee des Menschentums verpflichtet werden, den selbsttätigen Menschen durch die Teilnahme an wahren Bildungsgemeinschaften zu befreien.

Natorp forderte deshalb auch, daß nur der Staat als umfassender Kultur- und Bildungsträger auftrete und wandte sich gegen jeden religiösen Partikularismus. An Dörpfeld wußte er durchaus den genossenschaftlichen Zug zu loben und dessen Plädoyer für die Selbstverwaltung und Gewissensfreiheit, doch gleichwohl hielt er die damit eingehende Aufteilung des Staates in so viele "Staatchen (...), als es Bekenntnisse gibt" für den Anfang vom Untergang Preußens.[76]

> "Jedes Verhandeln dagegen mit der Kirche als einer gleichstehenden Macht, welche auf weite Gebiete des staatlichen Interessenkreises gleich-

---

[73] Paul Natorp, Der Fall Thröner und die Ethik, in: Ethische Kultur 4 (1896), S. 201. Thröner war ein Rekrut, der den Krieg für unsittlich hielt, und darum "den Dienst mit der Waffe" verweigerte (Franz Staudinger, Der Fall Thröner und die Ethik, in: Ethische Kultur 2 (1896), S. 189).
[74] P. Natorp, Der Fall Thröner und ..., S. 202.
[75] P. Natorp, Der Fall Thröner und ..., S. 202.
[76] Paul Natorp, Ein Wort zum Schulantrag ..., S. 26.

falls Anspruch erhebt, also vielmehr selbst als ein andrer Staat gegen den Staat steht, einer Kirche zumal, die, wie die römische, ihren Mittelpunkt außer seinen Grenzen hat, jedes solches Verhandeln ist schon ein Kapitulieren vor dem Feind, ist eine bedenkliche Erweichung des Staatsgedankens, die der lauernde Gegner sofort erspähen und unerbittlich ausnutzen wird, um Zugeständnisse über Zugeständnisse zu erzwingen."[77]

Zudem verwehrte sich Natorp gegen jede "Rückwärtsbewegung", dagegen, daß man sich nach einem "Zustand gleich dem Mittelalter" zurücksehne.[78] Die moderne soziale Entwicklung führe nicht unweigerlich zu einem Leben ohne organisierte Gemeinschaften, man brauche nicht den vergangenen patriarchalischen Sozialformen nachzutrauern, nur weil die neuen Organisationen des Gemeinschaftslebens "noch nicht feste Gestalt gewonnen" hätten.[79] Gleichwohl sei, indem man den Staat als umfassenden Kultur- und Bildungsträger anerkenne, nur ein Anfang gemacht und die sozialen Probleme seien nicht damit gelöst, daß staatliche Einrichtungen die Erziehungs- und Bildungsaufgaben allein übernähmen. So unterstützte Natorp beispielsweise zwar die Forderung nach Kindergärten, wollte sie aber nur als ein "Surrogat" für eine Übergangszeit anerkennen, da die gegenwärtige "individualisierende Tendenz" keine andere Möglichkeit lasse. Würde man aber an dem Prinzip festhalten, "die Frauen (...) allgemein und in organisierter Weise" zur Erziehung in den Kindergärten heranzuziehen, so würde der Mann noch mehr der Erziehungsaufgabe entfremdet und gleichzeitig allein auf die "Erwerbspflicht" festgeschrieben, was angesichts der Frauenarbeit bereits nicht mehr der zeitgenössischen Arbeitswelt entspreche:[80]

"Die Grundidee des Kindergartens ist vielmehr in genaue Verbindung zu setzen mit dem Postulate der Wiederherstellung eines häuslichen Lebens des Arbeiters selbst, in einer solchen Form, die mit der bisher erreichten und weiter fortschreitenden Konzentration der Wirtschaft vereinbar ist. Wenn irgendwo, so kann hier die den heute gedrückten Klassen zu leistende Hilfe nur Hilfe zur Selbsthilfe sein. Der klare Weg zu dem gedachten Ziel ist: daß unter dem Einfluß erhöhter Arbeitsgemeinschaft Familienverbände sich bilden, zu deren vornehmsten Aufgaben die gemeinschaftliche Sorge um die Erziehung der Kinder gehört."[81]

Mit dem Begriff 'Sozialpädagogik' verband Natorp eine emanzipatorische Gestaltungstheorie von Gesellschaft, die sich auf die Erkenntnis stützte, daß jede Erziehung sozial bedingt sei. Natorps Gestaltungstheorie verpflichtete die Pädagogik, bei den "Lebenslage(n)"[82] und Arbeitsbedingungen der Menschen

---

[77] Paul Natorp, Ein Wort zum Schulantrag ..., S. 15.
[78] P. Natorp, Sozialpädagogik ..., S. 196.
[79] P. Natorp, Sozialpädagogik ..., S. 195.
[80] P. Natorp, Sozialpädagogik ..., S. 196-7.
[81] P. Natorp, Sozialpädagogik ..., S. 197.
[82] P. Natorp, Herbart, Pestalozzi ..., S. 117.

anzusetzen. Zur Grundvoraussetzung der Gestaltung des sozialen Lebens erhob er die selbsttätige Bildung der Menschen, "die an ihm teilnehmen sollen".[83] Natorp mahnte also den Staat, in der Schaffung von sozialpädagogischen Einrichtungen nicht ein Mittel oder eine Technik zur Stabilisierung der äußeren Herrschaft zu sehen, sondern die gesellschaftlichen Einrichtungen überhaupt sozialpädagogisch zu gestalten, d.h. zu Bildungsgemeinschaften werden zu lassen, in denen den Menschen selbst die Gestaltung des sozialen Lebens ermöglicht werde. Soweit zu diesem Zweck auch explizit sozialpädagogische Einrichtungen, wie Kindergärten (vorübergehend) notwendig würden, seien sie durchaus zu unterstützen.

---

[83]P. Natorp, Sozialpädagogik ..., S. 98.

7. Vertiefung IV: Bildung als Sozialisierungsinstanz in der modernen Welt - Die Sozialpädagogik Paul Bergemanns

Biographische Skizze: Paul Bergemann wurde am 20.10.1862 in Löwenberg (Schlesien) geboren. Von den im 'Kampf um Herbart' beteiligten Sozialpädagogen ist Bergemann der unbekannteste Theoretiker.[1] In einem pädagogischen Lexikon wird man heute seinen Namen vergeblich suchen. Trotzdem wurde Bergemann um die Jahrhundertwende neben Natorp als der zweite führende sozialpädagogische Kritiker der Herbartianer angesehen. Bis zum ersten Weltkrieg fehlte eine Kurzskizzierung seiner Sozialpädagogik in so gut wie keiner Abhandlung über die Sozialpädagogik der Jahrhundertwende.[2] Bergemann studierte in Berlin, Halle und Jena, wo er das Seminar Wilhelm Reins besuchte. In den neunziger Jahren veröffentlichte er vereinzelt Aufsätze in den Zeitschriften der Herbartianer. Er konnte hier einer Richtung zugezählt werden, die sich besonders der Heimatkunde zuwandte. Bekanntheit hat Bergemann errungen, weil er neben Natorp der einzige war, der unter der Chiffre Sozialpädagogik eine systematische Pädagogik veröffentlichte. Nach seinen 1899 veröffentlichten "Aphorismen zur sozialen Pädagogik" erschien 1900 die "Soziale Pädagogik auf erfahrungswissenschaftlicher Grundlage und mit Hilfe der induktiven Methode als universalistische oder Kultur-Pädagogik". 1901 ergänzte er die Grundlegung durch das "Lehrbuch der Pädagogischen Psychologie" und 1905 durch die "Ethik als Kulturphilosophie". 1904 wurde Ber-

---

[1] Zur Biographie und Theorie Bergemanns vgl. die sehr differenzierte und gründliche Untersuchung von Carsten Müller: Sozialpädagogik als Gesellschafts- und Gemeinschaftserziehung. Ein Beitrag zur Theorie der Sozialpädagogik dargestellt anhand von Karl Mager, Paul Natorp und Paul Bergemann, unv. Diplom-Arbeit, Universität Köln 1997. Müller weist u.a. darauf hin, daß Bergemanns Theorie international einige Anhänger fand.

[2] Vgl. z..B.: Gerhard Budde, Sozialpädagogik und Individualpädagogik in typischen Vertretern, Langensalza 1913, S. 65-76; Bernhard Strehler, Die sozialphilosophischen Grundlagen bei Natorp und Bergemann, o.O. 1909.
Für Natorp war Bergemann ein verschleierter Metaphysiker, der sich mit einer erfahrungswissenschaftlichen Methode tarne. Pointiert faßte Natorp den Unterschied seiner Theorie zu der Bergemanns zusammen: "Der gesunde Sinn des Evolutionismus" kommt nicht darin zur Geltung, daß die Erkenntniskritik auf den Evolutionismus gegründet werde, sondern umgekehrt: "der Evolutionismus auf die Erkenntniskritik" (P. Natorp, Zum Gedächtnis Kants ..., S. 76).

*gemann Direktor des privaten Lyzeums in Striegau, wo er bis 1930 tätig war. Bergemann starb am 8.10.1946 auf dem Vertriebenentransport in Kohlfurth.*³

*Bergemanns Wirkungsgeschichte ist schnell geschrieben. Rissmann gab Bergemann in der 'Deutschen Schule' immer wieder das Wort, und jener erfüllte mit scharfer Polemik gegen die Herbartianer die gehegten Erwartungen. Schon bald jedoch, nachdem in der 'Deutschen Schule' der 'Kampf um Herbart' ausgestanden war, verschwand Bergemann aus dem Autorenkreis. E. v. Sallwürk nannte die "Soziale Pädagogik" Bergemanns einen "ungestümen Vorstoß" und traf damit den Kritikpunkt fast aller Rezensenten.*⁴ *Im ausgehenden Kaiserreich und in der Weimarer Republik wird die Pädagogik Bergemanns noch hin und wieder als ein Beispiel erfahrungswissenschaftlicher Pädagogik angeführt, das die Entscheidung für eine `philosophisch' begründete Kulturpädagogik nachvollziehbar machen sollte. Frischeisen-Köhler hob z.B. hervor, daß Bergemanns biologisch orientierte Pädagogik "mit der Hineinbeziehung der Idee der Kultur in den Begriff der menschlichen Gattung eine entscheidende Wendung von weittragendster Bedeutung" vollzog.*⁵ *Und August Messer besprach die Pädagogik Bergemanns in seiner "Pädagogik der Gegenwart", um den Gegensatz von deduktiver und induktiver Pädagogik zu verdeutlichen. Messer stellte Bergemanns "empirisch-induktive" Methode der "deduktiven-systematischen" Natorps gegenüber. Bergemann verfiel nach Messer einem Relativismus, der schon lange vor ihm von Dilthey thematisiert worden sei.*⁶ *Bergemanns Theorie war ein Kind ihrer Zeit, sie ist ein Konglomerat von zeitgenössischen Strömungen und Problemen.*

---

³ vgl.: Lexikon der Pädagogik. I. Bd, ⁴1964 S. 378.
⁴ Eduard von Sallwürk, Bergemanns Sozialpädagogik, in: Die Deutsche Schule 5 (1901), S. 271.
⁵ Max Frischeisen-Köhler, Bildung und Weltanschauung, Charlottenburg o.J., S. 53.
⁶ August Messer, Pädagogik der Gegenwart, Leipzig ²1931, S. 22.
"Jedenfalls wird man es als ein Verdienst Diltheys anerkennen, daß er das vorliegende Problem in seiner Wichtigkeit erkannt hat und daß er durch seine Lösung (in der wir freilich nicht die Lösung sehen) Anlaß gegeben hat zu der weiteren Fragestellung, ob nicht in dem Wandel des Geschichtlichen doch auch Momente von allgemeiner und dauernder (weil überzeitlicher, 'ewiger') Geltung anzuerkennen sind." Messer sah bei Natorp die Gefahr, daß die Theorie ein "formal-abstraktes, lebens- und wirklichkeitsfremdes Gepräge" werden könne. Hinsichtlich Bergemanns Ethik kam Messer zu dem Schluß, "daß auch Bergemann bei der Bestimmung des Erziehungszieles ein Menschenideal vorschwebt und daß dieses heimlich seine Ausführungen beeinflußt, während Natorp offen und gleich vornherein ein solches Ideal hinstellt (...)" (ebd., S. 20). Weniger heimlich als gänzlich offensichtlich waren die Bemühungen Bergemanns, 'sein' Kulturideal in der Ethik zu rechtfertigen.

7.1 Sozialpädagogik und die Einschränkung der menschlichen Degeneration

"Die Vergangenheit kann uns in solchen Epochen keine Fingerzeige für die Neugestaltung der Dinge geben oder doch nur sehr geringfügige (...). Diese wie ich es nennen möchte: Schöpfungs-Stimmung, gilt es, im Erziehungsziele bereits zum Ausdruck zu bringen, wenn es sich wie hier darum handelt, eine neue Erziehungslehre zu verkündigen."[7] *(Paul Bergemann)*

Bergemanns 'neue' Erziehungslehre beschrieb den modernen Menschen als ein kritisches Wesen, das sich nicht mehr durch eine Religion oder durch metaphysische Konstruktionen befriedigen lasse, eher lebe es in Ungewißheit. Die richtungsweisenden 'Fingerzeige' für die Gestaltung von Gesellschaft und der Erziehungsverhältnisse habe man darum aus der sozialen Wirklichkeit selbst und der ihr zugrundeliegenden 'Lebensgesetzlichkeit' zu entnehmen. Die Bildungsbestrebungen der Gegenwart, die Aufbruchstimmung der Arbeiter-, Frauen- und Friedensbewegung waren für Bergemann 'schöpferische' Wiederbelebungsversuche des deutschen Volkes. Selbstverständlich mußte er eine Sozialpädagogik, wie Otto Willmann sie entworfen hatte, zurückweisen, da dieser die Lebensgesetzlichkeit zurück in die Dogmen der Kirche drängen wolle.

"Die Kirchen sind es, welche jetzt wie ehedem, allen Bildungsbestrebungen feindlich gegenübertreten; sie drücken der Lehrerbildung und der Jugendbildung ihren aufklärungsfeindlichen Stempel nach wie vor auf. Allen grossen Bewegungen der Gegenwart gegenüber verhalten sie sich ablehnend und feindselig; sie wollen nichts wissen von der Arbeiterbewegung; soweit sie sich von ihnen emanzipiert hat, von der Frauenbewegung, die sie niederdonnern möchten mit den abgenutzten und verbrauchten Gemeinplätzen der alttestamentlichen Schriften und durch den Hinweis auf Mythen und Legenden, von der Friedensbewegung: scheuen sich doch die Diener der verschiedenen Kirchen der Liebe und des Friedens nicht, in ihren Tempeln für die Vernichtung anderer Menschen zu Gott zu flehen."[8]

Auch Reins Ansätzen stand er ablehnend gegenüber, da dieser die Bildungsbestrebungen allein nach einer überkommenen Ethik beurteile. Im Gegensatz zu Natorp war Bergemann bestrebt, die Sozialpädagogik erfahrungswissenschaftlich zu begründen.

---

[7] Paul Bergemann, Soziale Pädagogik auf erfahrungswissenschaftlicher Grundlage und mit Hilfe der induktiven Methode als universalistische oder Kultur-Pädagogik, Gera 1900, S. 77.
[8] P. Bergemann, Soziale Pädagogik ..., S. 603-604.

Entsprechend suchte er die Legitimation seiner Sozialpädagogik in einer Erfahrungswissenschaft, die er universalistisch nannte: Soziologie, Geschichte, Völkerpsychologie und Anthropologie bildeten die Eckpfeiler dieses Ansatzes.[9] Doch die Grundlagen dieser Universallehre konnte aus Bergemanns Perspektive im Zeitalter der Naturwissenschaft und der Entwicklungstheorien nur die Wissenschaft des Lebens selbst, die Biologie, bieten. Die Biologie zeige die Gesetze der natürlichen Entwicklung auf und gebe Auskunft über die "immanente Lebensgesetzlichkeit" sowie über die Aufgaben der Menschheit, wie sie sich aus der Entwicklung des menschlichen Lebens ergäben.[10] Das Ziel der Erziehung hatte also nicht eine "das Leben lediglich verzierende Ethik" oder Religion zu bestimmen, sondern die evolutionistische Ethik. Als den von der Natur selbst gewollten Zweck aller menschlichen Beziehungen bezeichnete Bergemann die "Erhaltung und Vervollkommnung des Lebens überhaupt, im besonderen der Gattung".[11]

> "Die Erhaltung der Gattung und ihre Vollkommnung ist zunächst einmal bedingt durch die Fürsorge für das körperliche Gedeihen, für die Befestigung und Erhaltung der Gesundheit: nur der gesunde Mensch vermag wahrhaft zur Erhaltung und Vervollkommnung der Gattung beizutragen. Im kranken Körper bildet sich auch kranker oder doch schwächlicher Samen, aus dem wieder kranke oder schwächliche Menschen entstehen, die entweder gar nicht lebensfähig oder siech und elend sind und wieder nur solche Menschen oder gar keine erzeugen können, und deren Leistungsfähigkeit durch Krankheit und Siechtum beeinträchtigt oder gar völlig lahm gelegt wird. Ferner aber ergiebt sich die Forderung, dass jeder Mensch in Angemessenheit seiner körperlichen und geistigen Kraft an der Fortentwikkelung, an der Vervollkommnung der Gattung mitarbeiten muss, mit anderen Worten, dass jeder Mensch ein Kulturarbeiter sein muss, sei es nun im grossen oder im kleinen, sei es als Wegbahner oder Wegbereiter oder auch bloss als Wegausbesserer, sei es als ein Fürst oder nur als schlichter Kärner."[12]

Bergemann behauptete, das individuelle Dasein bestimme sich aus den natürlichen und geschichtlichen Lebensbedingungen, die menschliche Existenz damit allein aus der "Momentisierung" des Lebens. Insgesamt, resümierte er, "denkt, fühlt und handelt" der Mensch "in allen wesentlichen Stücken, wie die Gesamtheit denkt, fühlt und handelt".[13] Zwischen Kultur und natürlicher Gemeinschaft entdeckte er darum eine innere kausale Beziehung, ja Kultur sei ohne Gemeinschaft ganz undenkbar. Aus diesem Grund sei in der Geschichte der Menschheit die soziale Tendenz gegenüber individualistischen Ausrichtungen vorherrschend gewesen. Aufgrund der hohen Variabilität der Umwelt-

---

[9] P. Bergemann, Soziale Pädagogik ..., S. 232.
[10] P. Bergemann, Soziale Pädagogik auf..., S. 74.
[11] P. Bergemann, Soziale Pädagogik auf..., S. 78.
[12] P. Bergemann, Soziale Pädagogik auf..., S. 79.
[13] P. Bergemann, Soziale Pädagogik auf..., S. 152.

Einwirkungen bezweifelte er, daß die Erziehung einzelner Individuen planbar sei. Bergemann sah zwar die Bildsamkeit der Menschen als eine Erfahrungstatsache an, doch für die Pädagogik sei nicht die Bildsamkeit der Individuen, sondern allein die der Gattung entscheidend. Die von ihm sogenannte 'Gattungs-Pädagogik' beruhe auf der biologischen Erkenntnis, daß die Anlagen der Individuen nicht eine "konstante, sondern eine variable Grösse" seien und sich "die Grenze der Normalität" im Laufe der Entwicklung verschiebe. Darum könne eine Veränderung des Milieus durchaus "eine wirkliche generelle Keimes-Variation veranlassen".[14] Die Erziehungslehre habe den Menschen, folgerte er, als psycho-physisches Wesen anzuerkennen und das "Naturam sequi" in den Vordergrund der Erziehungstätigkeit zu stellen.

Die moderne Gesellschaft litt demnach an der Entfremdung von den natürlichen Grundlagen, sie habe die Verbindung zum Leben selbst, zu den Gesetzen der Gattungsentwicklung verloren. Die sozialen Bewegungen suchten nun - in Bergemanns Weltbild - den Weg zu einer universellen Ganzheit, damit die natürliche und die darauf fußende kulturelle Entwicklung der Menschheit voranschreiten könne. Wie viele Zeitgenossen verglich auch Bergemann die Gesellschaft mit einem Organismus. Der Begriff stand bei ihm für eine ausgewogene Wechselwirkung zwischen materiellen und geistigen, biologischen und kulturellen Anteilen und für eine Vernetzung der einzelnen Glieder, die ihre je besondere Aufgabe erfüllten. Genau diese Ausgewogenheit und Vernetzung des gesellschaftlichen Organismus sah Bergemann in Gefahr.

Auf dem Weg vom Natur- zum Kulturzustand habe sich langsam eine "Individualisierung des Fühlens, Wollens und Denkens" durchgesetzt, die den Menschen von seiner sozialen Anbindung an die Lebensgesetzlichkeit entferne. Die Folgen des Individualismus waren für ihn unübersehbar und die "Lockerung der Solidarität" nur ein erstes Zeichen. Am deutlichsten drücke sich die Entwicklung im Wirtschaftssystem aus, hier sei die soziale Perspektive ganz verloren: 95% der europäischen Bevölkerung seien "jenen (Kapitalisten) mit allen Produktionsmitteln" ausgeliefert und würden in einem Zustand des Barbarentums gehalten und proletarisiert.[15] Andererseits wußte Bergemann durchaus auch auf die positiven Leistungen des Individualismus hinzuweisen, z.B. die "praktische Nutzbarmachung" der Idee der Toleranz.

Er nannte seine biologisch-orientierten Vorschläge zur Sozialreform soziale Pädagogik, da die Menschen im Kulturzustand lebten und angesichts der Fortentwicklung des Hirns die Voraussetzungen vorhanden seien, daß die Menschen selbst die Lebensbedingungen gestalten und unter die Herrschaft der geistigen Kräfte bringen könnten. Doch momentan befinde sich die Menschheit ihmzufolge in einer Epoche, in der der Mensch von seinen überreichen Anlagen nur wenig Gebrauch mache, sogar zu degenerieren beginne.[16] Dieser

---

[14] P. Bergemann, Soziale Pädagogik auf..., S. 33-34.
[15] P. Bergemann, Soziale Pädagogik auf..., S. 415.
[16] P. Bergemann, Soziale Pädagogik auf..., S. 288.

Tendenz konnte nach Bergemann nicht entgegengewirkt werden, indem man sich zurück zum Naturzustand sehne. Die historische Herausforderung der Epoche bestand nach seiner Ansicht darin, die Leistungen der Kulturentwicklung, die Differenzierung der Kräfte und die Arbeitsteilung mit dem ganzen Leben zu vereinen, sie an die Lebensgesetzlichkeit zu binden.

"Aller Kulturfortschritt beruht auf der Differenzierung der Kräfte, auf der Teilung der Arbeit; das gilt für die Gestaltung des Lebens sowohl innerhalb der einzelnen Völker als auch bezüglich der Menschheit im grossen und ganzen."[17]

Derzeit zerstöre aber die Arbeitsteilung und Differenzierung die einheitliche Wahrnehmung der menschlichen Lebensaufgaben, sie dienten nicht dem Nutzen des Ganzen, wie es z.B. die Arbeiterbewegung fordere. Der aus dem "naiven Zusammengehörigkeitsgefühl" stammende staatliche und hierarchische Universalismus von Altertum und Mittelalter und das "naive Selbstherrlichkeitsgefühl" des "überstiegenen Individualismus der Aufklärungszeit" müßten überwunden werden.[18] Das fortgeschrittene menschliche Leben verlangte eine höhere Einheit und zumindest eine weitgehende Einschränkung der Degeneration.[19]

"Differenzierte() Sozialverbände()" zu schaffen, sei darum das erste Ziel einer sozialen Pädagogik, damit sich die individualisierten Menschen entsprechend ihrer ausdifferenzierten Kulturaufgaben wieder an die sozialen Lebensgesetze gewöhnen könnten. Die Gewöhnung war für Bergemann die vorherrschende pädagogische Methode. Sie sah er durch das nachahmende Wesen des Menschen gestützt. Der Mensch sollte wieder starke soziale Gewohnheiten ausbilden, damit das auf dem "umfänglichsten und tiefgründigsten Erfahrungswissen beruhende reflektierte Bewußtsein, daß der Mensch ein sozial-individuales Wesen" sei, sich durchsetzen könne.

---

[17] P. Bergemann, Soziale Pädagogik auf..., S. 68.
[18] P. Bergemann, Soziale Pädagogik auf..., S. 133.
[19] P. Bergemann, Soziale Pädagogik auf..., S. 316.
Aus der biologischen Perspektive habe der Weg der Menschheitsentwicklung, so Bergemann, zu dem Typus des Jugendlichen oder Kindes zu führen. An diesem Punkt schränkte er die Aussage ein, nur eine gewisse Annäherung an den kindlichen Zustand sei möglich, und als Ziel müsse darum der Typus des Kulturweibes gesetzt werden, dieser zwischen Kind und Mann positioniert, nehme dem Mann die "Brutalität und Robustheit" und lasse die Menschheit an "Feinheit und Zartheit der Organisation" gewinnen (ebd.).

7.2 Die Frage nach dem 'Ich' in der modernen Welt

"Die Sprachphilosophie lehrt, dass die Sprachbildungen der Rektion und Flexion im Anschluss an Bedeutungsunterschiede zum Ausdrucke kommen. Man kann und muss geradezu sagen, dass die Redeformen also die Sätze, Produkte des logischen Denkens sind. Somit ist weiterhin die Behauptung gerechtfertigt, dass jede entwickelte Sprache für uns urteilt und schliesst."[20]

In einer Auseinandersetzung mit dem Philosophen Rehmke fragte Bergemann: "Woher weiss er, dass das Ich Träger von Denken, Fühlen und Wollen ist?" Das Ich sei doch nichts anderes als eine Vorstellung unter anderen Vorstellungen und somit Produkt des Gesamtgeistes, vermittelt und entwickelt durch die Sprache. Erst durch die Sprache werde uns, den Menschen, die Möglichkeit gegeben, zu sagen: "Ich denke". Denke der Mensch aber besonders intensiv nach, dann komme er unweigerlich zu der Erkenntnis, zu sagen: "Es (die Gesamtheit) denkt".[21]

Lernen, Ich zu sagen, ein Prozeß, der nach Bergemann auf Nachahmung und Beobachtung beruht, markiert in der Bergemannschen Psychologie einen Wendpunkt: Von nun an reflektiere der Mensch sich und seine Umwelt, das heißt, er beginne "sich als Objekt unter anderen Objekten der Sinneswahrnehmung zu betrachten".[22] Der Mensch differenziere nun zwischen geistiger und körperlicher Welt, zwischen Selbst- und Sinneswahrnehmung. Die Ich-Vorstellung entstehe, da ein jeder das im Selbstbewußtsein Gegebene auf ein Subjekt beziehe, so erwache das Selbstbewußtsein. Das Kind lebe ganz in der Außenwelt, es nehme nicht wahr, wenn es sich wahrnehmend verhalte. Der sich selbst bewußte Mensch, setzte Bergemann dagegen, beobachte sich und nehme seine Vorstellungen, Gefühle und Strebungen wahr.

Bergemann vermißte wie die Vertreter der experimentellen Pädagogik und 'Gegner' der Psychologie Herbarts die Namen Müller, Weber, Helmholtz, Fechner und Wundt in der pädagogischen Literatur und damit die moderne Psychologie als Wissenschaft "vom kausalen Zusammenhang der psychischen und der psycho-physischen Vorgänge".[23] Als Vorstufe des Selbstbewußtseins

---

[20] Paul Bergemann, Lehrbuch der pädagogischen Psychologie, Leipzig 1901, S. 222.
[21] Paul Bergemann, Der Schulherr. Eine Buchbesprechung, in: Die Deutsche Schule 4 (1900), S. 637.
[22] P. Bergemann, Soziale Pädagogik auf..., S. 312.
[23] P. Bergemann, Lehrbuch der pädagogischen ..., S. 27.
Bergemann bemerkte, daß Herbart durchaus Vorarbeiten für die empirische Psychologie geleistet habe. Demgegenüber fiel sein Urteil über die Herbartianer härter aus. Der größte Teil der Herbartianer bleibe, schrieb er, im Intellektualismus stecken und betrachte z.B. die Gefühle als "sekundäre Bewusstseinserscheinungen" (ebd. S. 320). Ihre Einseitigkeiten machten, so Bergemann, die Herbartianer blind, die

identifizierte er ein mit psychischen Vorgängen verbundenes sinnliches Ich des Körpers, "so lange bis die Reflexion diese Einheit zerstört".[24] Er schloß daraus, daß das geistige Ichbewußtsein im physischen seine Grundlage finde: Die menschliche Fähigkeit zu erkennen und sich ein zusammenhängendes Weltbild zu erschließen, sei demnach nur dank der "psycho-physischen Residuen" unserer Psyche möglich. Umgekehrt schwebe ein Mensch, dem die Fähigkeit zu erkennen und Zusammenhänge zu schaffen abgehe, in ständiger Lebensgefahr. Jedoch zerstöre die Reflexion nicht nur die Einheit des sinnlichen-Körper-Ichs, sondern sie hebe es auf ein höheres Niveau, denn die Sprache schaffe eine neue - reflektierte - Einheit. Zeugnis dafür lege der dreifache Charakter der Sprache ab: Die Physiologie bedinge den Lautbestand, die psychologischen Bestandteile den Wortbestand und die Logik, der urteilende und denkende Charakter der Sprache drückt die in die Sprache hineingewachsene Grammatik aus.[25]

Das Wollen konzentriere, so Bergemann, das Psychische des jeweiligen Menschen und rücke zu diesem Zweck die Ich-Vorstellung in das Zentrum der Reflexion. Die manifestierte Form der Ich-Vorstellung nannte er Charakter. Entsprechend habe ein Mensch einen Charakter, wenn bestimmte Taten einer Wesensbeschaffenheit zugeordnet werden könnten. Die Verantwortung für den Charakter trage letztlich nicht der einzelne, da vererbte Dispositionen und die Momentisierung der Existenz ihn bestimmten. Um die Bedeutung der Er-

---

grundlegenden Neuerungen in der Psychologie wahrzunehmen. So habe der Aufschwung der Physiologie der Psychologie neben der Selbstbeobachtung die Methode des Experiments gelehrt und sie um den physiologischen und genetischen Gesichtspunkt erweitert. Die Bindung des Psychischen an das Physische glaubte Bergemann bewiesen, demnach entwickelte sich erstens das Bewußtsein nur entsprechend der organischen Grundlage, dem Hirn, und hänge zweitens die Qualität der Empfindungen weniger von der Beschaffenheit des Reizes als vielmehr von der Beschaffenheit des Sinnesorganes ab.

[24] P. Bergemann, Lehrbuch der pädagogischen ..., S. 189.
[25] Im Gegensatz zur hochgradigen Subjektivität der Gefühle befinden sich, so Bergemann, die sprachlichen Vorstellungen im Besitz der Gesamtheit. Gefühle besitze nur der, der sie erlebt. Die Vorstellungen könnten zwar auch als subjektive Bewußtseinsinhalte ausgemacht werden, seien aber letztlich allen zugänglich. Nach Bergemann zeichne die Gefühle, das Lust- und Unlustgefühl als Zustandsbeschreibungen des Bewußtseins, eine eigenständige Position "im teleologischen Zusammenhange des psychischen Lebens" (P. Bergemann, Lehrbuch der pädagogischen ..., S. 326) oder "des Seelenlebens" (ebd., S. 386) aus. Wobei er den Begriff der Seele für nicht zentral hielt, da er "als blosse Fiktion" (ebd., S. 322) lediglich die Einheit des sich evolutionär erhebenden selbstbewußten Denkens betone. Bergemann wollte die Kulturleistung in den Mittelpunkt gerückt wissen, daß der kultivierte Mensch, weil er um den instinktiven Wunsch, sich Lustgefühle zu verschaffen, weiß, die Reflektion auf Ursachen richte, die Lustgefühle, d.h. Momente der Selbstbehauptung auf körperlichen oder geistigen Gebiet versprechen. Er entwickelte seinen Standpunkt in Absetzung von Schopenhauer, der den Wert des Lebens an Lust und Leid und damit an Begleitzuständen messe, hier sei eine Trennungslinie zu ziehen zwischen einem eudämonologischen Pessimismus oder Optimismus und dem kulturellen Evolutionismus.

kenntnisse zu unterstreichen, verwies Bergemann auf das Problem der Verbrechensbekämpfung. Man habe zu berücksichtigen, führte er aus, daß der Charakter nichts Starres sei, sondern wandelbar, darum nicht Vergeltung, sondern "Unschädlichmachung des Verbrechers im Interesse der Gemeinschaft" das Ziel sein müsse.[26]

Charakterfeste Personen stellten autonom, so Bergemann, auf der Grundlage ihres Gefühls und einer geschlossenen Weltanschauung die Handlungen und das Wollen in den Dienst der Gemeinschaft. Mißlungene Erziehung erkenne man - so Bergemann fast in Herbarts Vokabular - an der "Schwindsucht des Charakters". Diese Menschen seien durch die Bedingungen dazu gezwungen worden, Willensakte auszuführen, die Grundbestandteile menschlichen Lebens ausgrenzten. Sie mußten unter Bedingungen leben, in denen die im biologischen und im geistigen Leben vorhandene universelle Lebensgesetzlichkeit nicht mehr wirken konnte. Die Frage der Freiheit des Handelns entschied sich für ihn nicht an der Gegenüberstellung von Determinismus und Interdeterminismus, sondern daran, ob die Person ohne äußere Zwänge gehandelt habe. Schon allein die Bewußtwerdung seiner Gefühle befreie den Menschen, schrieb er, von dem Glauben, daß er grundlos oder frei gehandelt habe.

"In einem gegebenen Augenblicke kann ich immer nur auf einunddieselbe Art handeln, welche bedingt ist durch die gegebene jeweilige Gesamtbewusstseinslage und die davon abhängige Reaktion meiner selbst auf irgendwelche äussere und innere Reize."[27]

Der moderne Mensch stand nach Bergemann unter dem Eindruck der Individualisierung, die ihre gesellschaftliche Wirkung erst durch die Entwicklung von einer binnenstrukturierten Gesellschaft - Familie, Haus, Gemeinde, Zunft, Kirche, Staat - zu einer Massengesellschaft erlangen konnte. Die Massengesellschaft mache es notwendig, daß sich jeder Mensch seiner Funktion als Träger des Menschen-Milieus und der Erziehung bewußt werde und damit seine soziale und kulturelle Aufgabe wahrnehme. Die Auflösung der Binnenstruktur der Gesellschaft erschien ihm als ein Akt, der die weitere "Verinnerlichung und Vergeistigung" des Sozialen vorbereite. Der Mensch habe die Chance, seine Kultur zu vervollkommnen und sich dem letzten Zweck allen menschlichen Lebens zu nähern, das Soziale im menschlichen Bewußtsein zu konzentrieren und sich selbst als Ursache der Tätigkeiten wahrzunehmen, den Zustand der Autonomie zu erreichen.[28] Vor diesem Hintergrund war es nur folgerichtig, daß Bergemann seine 'Soziale Pädagogik' mit dem Nietzsche-Zitat überschrieb: "Es wird irgendwann gar keinen Gedanken

---

[26] P. Bergemann, Lehrbuch der pädagogischen ..., S. 434.
[27] P. Bergemann, Lehrbuch der pädagogischen ..., S. 432.
[28] P. Bergemann, Soziale Pädagogik auf..., S. 229.

geben als Erziehung".[29] Die Erziehung werde in ferner Zukunft zur einzigen Gesetzlichkeit des sozialen Lebens.

Bergemann klagte die Lebensbedingungen an. Sie bestärkten den einzelnen in dem Gefühl, ein von der Gesamtheit losgelöstes Wesen zu sein. Der einzelne verstehe nicht, daß er nur 'Ich' sagen könne, weil die Kulturentwicklung es ihm erlaube und einen dementsprechenden Differenzierungs-Grad erreicht habe. Die soziale Entwicklung verlege in ihrer Widersprüchlichkeit einerseits die Verantwortung für das soziale Leben in die Hände der Menschen und ernenne sie zu den gestaltenden Stützen der menschlichen Gesellschaft, andererseits dulde sie eine gesellschaftliche Organisation, die den Menschen nicht von der Heteronomie zur Autonomie voranschreiten lasse. Folglich gelte es, soziale Strukturen und Organisationen zu schaffen, in denen der Mensch sich selbst als Gestalter des sozialen Lebens bewußt werden könne, damit er nicht in den das Leben und die Menschen zersetzenden 'Kampf ums Dasein' getrieben werde. Bergemann forderte ein umfassendes Sozial- und Sozialisierungsprogramm:

"Die individualistische Anschauungsweise, welcher Wilhelm von Humboldt in seiner Schrift 'Ideen zu einem Versuch, die Grenzen der Wirksamkeit des Staates zu bestimmen', in der wir u.a. lesen: 'Der Staat enthalte sich aller Sorgfalt für den positiven Wohlstand der Bürger', und: 'Öffentliche Erziehung scheint mir ganz außerhalb der Schranken zu liegen, in welchen der Staat seine Wirksamkeit halten muss', einen klassischen Ausdruck verliehen hat, ist gänzlich überwunden; wir fordern heute vom Staate, dass er die Heranwachsenden durch positive, d.h. legislatorische Maßnahmen in jeder Hinsicht gegen intellektuelle, moralische und körperliche Verkümmerung von vornherein sicherstelle."[30]

Seine praktischen Vorschlägen bezogen sich auf Maßnahmen zum Kinderschutz und zur Volkserziehung. Bergemann teilte dem Staat die gesamte Erziehungs-Verantwortung zu und forderte, alle Erziehung unter öffentliche Kontrolle zu stellen: "Es gehört eben zur erzieherischen Staatsfürsorge die Schaffung eines günstigst möglichen Milieus".[31] Er begrüßte die Einrichtung von Ziehkinderämtern, wie sie z.B. in Leipzig bekannt waren und die Entwürfe zum Ziehkinder- und Vormundschaftswesen im "Bürgerlichen Gesetzbuch". Weiterhin sollte ein Erziehungsrat, in dem "erprobte() Berufs-Pädagogen" mitarbeiteten, in jedem Gemeinwesen eingerichtet werden.[32] Zur materiellen

---

[29] P. Bergemann, Soziale Pädagogik auf..., S. V.
[30] P. Bergemann, Soziale Pädagogik auf..., S. 534.
[31] P. Bergemann, Soziale Pädagogik auf..., S. 535.
[32] Drei Aufgaben schrieb Bergemann dem Erziehungsrat zu: Erstens die "Kontrolle" der Familienerziehung überhaupt, zweitens die "Überwachung" von Waisenkindern und drittens die "Fürsorge" für uneheliche Kinder (P. Bergemann, Soziale Pädagogik auf..., S. 288). Für diese Aufgaben sei die Frau besonders geeignet. Das Muttergefühl der Frau und das erweiterte "Allmuttergefühl" bei kinderlosen Frauen mache die Frauen zu geborenen Erziehern. Er unterstützte darum deren Emanzipationbe-

Absicherung aller Familien trat er für einen Ausbau der Armenfürsorge und weitere städtische Armenämter ein. Bergemann verurteilte die Kinderarbeit, den Alkoholismus und prangerte die Wohnungsverhältnisse an. Soziale Gerechtigkeit war für ihn abhängig von einer genossenschaftlichen Wirtschaftsordnung. Schließlich legte er ein Volksbildungsprogramm vor. Ausführlich widmete er sich Einrichtungen wie öffentlichen Lesehallen und Volksbüchereien sowie dem Volkshochschulwesen.[33]

Natürlich unterstützte Bergemann auch die Forderungen einer staatlichen Einheitsschule. Zwar könne die Schule, schrieb er, die "schlechten Einflüsse des Milieus (...) nur sehr mangelhaft reparieren",[34] doch sei ihr in der Massengesellschaft ein zentraler Stellenwert nicht abzuerkennen, denn "durch die Schule" werde "das Kind sozialisiert, in noch höherem Grade, als dies in der Familie schon der Fall ist".[35] Der Pädagogik teilte er überhaupt die Aufgabe zu, die Sozialisierung der Menschen zu überwachen und zu fördern. Bergemann definierte den Bildungs- und Erziehungsbegriff als Kategorie der Sozialisierung. Die Entwicklung der Gesellschaft zur Massengesellschaft habe es notwendig gemacht, eine umfassendere Erziehungs- und Bildungsvorstellung zu entwickeln, der sozialisierende Einfluß der Umgebung müsse unter bildnerischen Vorzeichen geformt werden.

7.3 Von der Sozialpädagogik zur Kulturideologie - die Ethik

"Erziehung ist alles zu Hoffende."

"Erzieher erziehen! Aber die ersten müssen sich selbst erziehn! Und für diese schreibe ich."
(Friedrich Nietzsche)[36]

"Wir sind ja nicht auf der Welt, um glücklich zu sein; sondern wir haben die Bestimmung, tüchtige Menschen, Kulturarbeiter zu sein." (Bergemann)[37]

Bergemann bemühte sich in seiner Ethik, die Intentionalität des sozialen Lebens kulturphilosophisch zu begründen. Herbert Spencers Philosophie bildete die Grundlage, und über diese formulierte er den Ansatzpunkt, an dem Nietzsches Beitrag für ihn wertvoll werden sollte. Spencers Philosophie beschrieb er

---

strebungen, soweit sie dadurch ihren angeborenen Fähigkeiten besser nachkommen würden.
[33] Vgl. auch: Paul Bergemann, Über Volkshochschulen, Wiesbaden 1896.
[34] P. Bergemann, Soziale Pädagogik auf..., S. 48.
[35] P. Bergemann, Soziale Pädagogik auf..., S. 264.
[36] P. Bergemann, Soziale Pädagogik auf..., S. V.
[37] Paul Bergemann, Ethik als Kulturphilosophie, Leipzig 1904, S. 510.

als konsequente Entwicklungsphilosophie, die ethische Anschauungen aus der Anwendung der Deszendenztheorie ableite. Die zentralen Begriffe 'Anpassung' und 'Vererbung' verwiesen danach auf den sozialen und den entwicklungstheoretischen Charakter der Spencerschen Lehre. Das Sittliche erscheine Spencer, so interpretierte Bergemann, als das den Lebensbedingungen Angemessene. Gegen die Auffassung, daß die menschliche Fortentwicklung direkt von den Lebensbedingungen abhänge, hatte Bergemann nichts einzuwenden, doch die Gleichsetzung des Sittlichen mit den Existenzbedingungen menschlichen Lebens sei dadurch noch nicht gerechtfertigt. Auch Bergemann bezeichnete alles der Lebens- und Gattungserhaltung Förderliche und Dienliche als sittlich, doch Spencers Philosophie bleibe hier in einer utilitaristischen Position stecken.

"Aber es gibt darüber hinaus noch etwas anderes, ein Ideelles, das wir als Kultur bezeichnen. Und die Erfahrung scheint mir dafür zu sprechen, daß die Förderung der Lebenserhaltung darauf hinsteuere, die Kulturentwicklung zu ermöglichen. Somit ist meiner Anschauung zufolge vornehmlich Kulturfortschritt als Entwickelungsrichtung und Kultursteigerung als Entwickelungsziel des menschlichen Lebens gegeben."[38]

Die Menschheitsentwicklung war nach Bergemann an einem Punkt angekommen, an dem die Gattungserhaltung und -vervollkommnung allein der Kultursteigerung zu dienen habe, d.h., "daß die Menschen auf der Erde sind um der Kultur willen, um Kultur zu 'produzieren'".[39] Bergemann glaubte, die Grenzen der empirischen Wissenschaften seien erreicht. Der höhere Zweck der Kultur könne in der Erfahrung nicht gefunden werden. Deshalb sei der Spekulation und Metaphysik die Aufgabe aufzutragen, den erfahrungstranszendenten Beziehungspunkt zu erfassen. Eine Aufgabe, gestand er ein, die, wie schon Liebmann gesagt habe, lediglich 'Übermenschen' vorbehalten sein sollte.

Die 'metaphysische Spitze' der Moral lasse die erfahrungswissenschaftliche Methode für die Ethik aber nicht unwirksam werden - beruhigte Bergemann seine vermeintlichen Anhänger -, denn die Moral der Menschen bleibe stets das Produkt der Gesamtheit, und nur das könne sittlich genannt werden, was im Bewußtsein der Menschen als sittlich wahrgenommen werde und damit Teil des Gesamtheitbewußtseins sei: "Ja, Hegels bekannter Satz, daß alles Wirkliche vernünftig sei, kann dahin variiert werden, daß man sagt: 'Alles Wirkliche ist sittlich'".[40] In der Kultur, d.h. in den geistigen Lebensäußerungen einer bestimmten Menschengruppe, finde auch die Sitte und Moral ihren Ausdruck.

---

[38] P. Bergemann, Ethik als ... S. 249.
[39] P. Bergemann, Ethik als ..., S. 449.
[40] P. Bergemann, Ethik als ..., S. 250.

Die Konzentration des Psychischen und damit zugleich die Bewußtwerdung der Handlungsursachen im einzelnen Menschen selbst bezeichnete Bergemann - wie gezeigt - als eine Entwicklungsnotwendigkeit. "Sie war gefordert durch die größere Kompliziertheit der sozialen Organisation".[41] Bergemann glaubte, daß die Gesellschaft, in der er lebte, hinsichtlich des Charakters eher mit einem Schwindsuchts-Spital verglichen werden könne, da die äußeren Bedingungen die Menschen zur Degeneration gezwungen hätten. Er markierte die erreichte Entwicklungsstufe als Wendepunkt in der Menschheitsentwicklung: Menschwerdung sei zu einer geistigen und damit kulturellen Leistung geworden. Die Verknüpfung der verschiedenen Anlagen menschlichen Lebens werde nicht mehr durch das biologische und soziale Leben, sondern jetzt durch Kultur und Pädagogik gewährleistet, darum könne auch nur in der Kultur - folgerte Bergemann weiter - der Zweck menschlichen Lebens gefunden werden.

Friedrich Nietzsche 'half' Bergemann an dieser Stelle weiter. Nietzsche folgend, wollte er nach dem suchen, was trotz der Kultur im Menschen an natürlichen Kräften noch vorhanden sei. Diese gelte es zu nutzen, um sich frei zu machen von den leeren Formen des Gewordenen. Nietzsches Philosophie demonstriere die Wende in der Menschheitsentwicklung: "So überwindet Nietzsche den Pessimismus der älteren Pessimistengeneration, namentlich denjenigen Schopenhauers, gründlichst dadurch, dass er das Leben bejahen heißt, trotzdem und weil es pessimistisch aufzufassen ist."[42] Bergemann verglich Nietzsche, Tolstoj und Rousseau: Allen ging es darum, den Knoten der üblen Kultur zu zerschlagen, denn nicht die Natur des Menschen, sondern die Kultur beweise sich als unzulänglich, Tolstoj und Rousseau seien darum mit dem Fanal: "Zurück zur Natur" angetreten. Auch Nietzsche wolle die Kultur hinweggefegt wissen, doch nicht um eine Reinkarnation des Naturzustandes zu ermöglichen, sondern um eine 'neue Kultur' zu gebären.

"Diese neue Kultur ist das Problem, auf welches Nietzsches Gedanken vorzugsweise gerichtet sind. Ihre Herstellung soll das Werk der Philosophie sein, der Zukunftsphilosophen, die, wie er im 'Schopenhauer als Erzieher' sagt, die 'Richter und Reformatoren des Lebens' sein und, wie er sich in seiner Schrift 'Richard Wagner in Bayreuth' ausdrückt, 'mit der rücksichtslosesten Tapferkeit' auf die 'Verbesserung der als veränderlich erkannten Seiten der Welt' losgehen sollen. Das Idealbild dieser neuen Kultur skizziert Nietzsche in 'Jenseits von gut und böse' und in 'Also sprach Zarathustra'. Hier erfahren wir, daß die neue Kultur eine solche der Herrenmenschen sein müsse, eine Kultur, welche den Stempel ihres Geistes trägt und nur für sie da ist, d.h. welche dazu bestimmt ist, die sie auszeichnenden Eigentümlichkeiten, Kraft, Tapferkeit, Härte, ja Härte bis zur Grausamkeit, Eigentümlichkeiten, die man unter dem Begriff der Willensstärke zusammenfas-

---

[41] P. Bergemann, Ethik als ..., S. 110.
[42] P. Bergemann, Ethik als ..., S. 265.

sen kann, weiterzubilden, den Typus der Herrenmenschen noch zu erhöhen und dadurch die Natur zu vervollkommnen: denn jene Merkmale seien ja nicht die des Kultur- sondern die des Naturmenschen."[43]

Nietzsches 'Zurückgehen' zur Natur sei ein "Hinaufkommen in die hohe, freie, selbst furchtbare Natur und Natürlichkeit" und eben nicht eine 'Rückkehr' ins verlorene Paradies, von welchem Tolstoj und Rousseau träumten.[44] Nietzsches Rückkehr zum "tierischen Instinkt" war für Bergemann ein Ausdruck der Gegenwartskultur, daß die Zeit wisse, woran sie litte, nämlich an der Degeneration und dem damit zusammenhängenden Verlust der natürlichen Implikate im kulturellen Leben. Bergemann glaubte die Menschheit an einem Punkt angekommen, an dem sie von ihrer psycho-physischen Entwicklung in der Lage sei, ihr Leben im Verhältnis zu dem universalethischen Fundament aller Menschen zu setzen. Ein ur-menschliches Bedürfnis könne erfüllt werden. Die Suche nach dem neuen Menschen solle sich nicht in dem Dilemma der Gegenwarts-Menschheit verfangen, sondern sich dem zuwenden, was verborgen und noch entfernt sichtbar das Innerste des Menschen ausmache: Denn schon Nietzsche habe geschrieben, "höher als die Liebe zum Nächsten ist die Liebe zum Fernsten und Künftigen!"[45] Die Frage nach dem höchsten Ideal war für Bergemann schließlich wieder eine Frage des Glaubens:

> "Wir sind nämlich der Überzeugung, daß in jedem Menschen wenigstens ein Fünkchen des Guten vorhanden sei; denn das Gute ist uns ein Wesensbestandteil der menschlichen Natur, an dem daher jeder, der sich Mensch nennt, teilhaben muß, sei es auch in noch so geringem Grade."[46]

Doch die Liebe zum Guten sei dem Menschen nicht angeboren, sie ergebe sich erst aus dem Menschlichen, sie müsse durch die Zucht geweckt werden. Allein die Unvollkommenheit und die sich darin ausdrückende "Disharmonie der ideellen und der materiellen oder mechanischen Kräfte" mache die Menschheitsentwicklung notwendig, um die eigentliche Identität von "Menschheit und Absolutem" wiederherzustellen.

In seiner Psychologie zeigte Bergemann am Phänomen der Sprache die Möglichkeit und Notwendigkeit der kulturellen Vermittlung von geistigen und natürlichen Momenten des menschlichen Lebens auf, in der Ethik warb er, den Kulturströmungen zu folgen, die sich "des besten Teils ihrer ererbten Eigentümlichkeiten" bewußt seien.[47] Bergemann entdeckte die Kultur der 'Herrenmenschen'. Den 'Herrenmenschen' sei ein "glühender Erkenntnisdrang" zu eigen, gekennzeichnet von Stärke und "unverfälschter Natürlichkeit und Naturwüchsigkeit", die ihnen die Kraft gebe, mit Humor die Wahrheit zu ertra-

---

[43] P. Bergemann, Ethik als ..., S. 264.
[44] P. Bergemann, Ethik als ..., S. 263.
[45] P. Bergemann, Ethik als ..., S. 240.
[46] P. Bergemann, Ethik als ..., S. 351.
[47] P. Bergemann, Ethik als ..., S. 263.

gen.⁴⁸ Nicht akzeptieren wollte er hingegen den Individualismus oder gar Anarchismus Nietzsches, denn der "einzig mögliche Weg", Kulturentwicklung zu fördern, sei "'die Hebung des Niveaus der Menge' nicht die auf einen kleinen Kreis beschränkte 'Aristokratenzüchtung'".⁴⁹ Nietzsche ignoriere, daß der Einzelwille allein ein Element des Gesamtwillen sein könne. Bergemann führte diesen Fehler Nietzsches darauf zurück, daß er lediglich Wissen über aber keinen Sinn für Geschichte habe.

Entwicklungstheoretisch wollte Bergemann Nietzsche um Spencer ergänzt wissen. Die Spencersche Differenzierungsthese eigenwillig auslegend, begründete er eine Aufgabenverteilung in der Gesellschaft. Das Ideal Platos und das Ideal Nietzsches bleibe den Tüchtigsten schon aufgrund der biologischen Voraussetzungen vorbehalten. Leider würden gerade die 'Tüchtigsten' in der Schule nur gedrillt und nicht zu wahren Herrschern erzogen. Zudem wehrte er sich gegen die Vorstellung, die Beherrschten als Sklaven anzusehen. Er wollte die Beherrschten bilden, damit sie aufgrund ihrer Einsicht dem Willen der Tüchtigen gehorchten.

7.4 Das Eigenleben der modernen Völker - Sozialisierung und die europäische Kulturgesellschaft

"Die Erziehung muss werden eine Erziehung des Geistes und des Leibes, eine Erziehung zur Klarheit und zur Kraft, damit im neuen Jahrhundert ein Geschlecht entstehe, das die neue grosse Zeit, von der wir träumen, auch wirklich heraufzuführen vermag, ein Geschlecht von germanischer Kraft und Tiefe, von hellenischer Anmut und Beweglichkeit, rechtwinkelig an Leib und Seele."⁵⁰

Bergemann beschrieb den Staat seiner Zeit - wie alle modernen Staaten - als Volksstaat. 'Volksstaaten' charakterisiere die Zusammenfassung der legislativen mit der emotionalen Ebene, denn ein Volk könne man lieben - einen Staat nicht. Der einzelne sei dem Volksstaat voll und ganz verpflichtet, "ein Glied, daß die Ehre innerhalb der Gemeinschaft verloren hat, ist moralisch tot."⁵¹ Ge-

---

⁴⁸ P. Bergemann, Ethik als ..., S. 264.
⁴⁹ P. Bergemann, Ethik als ..., S. 270.
⁵⁰ P. Bergemann, Lehrbuch der pädagogischen ..., S. 475.
⁵¹ P. Bergemann, Soziale Pädagogik auf..., S. 411.
  Bergemann Äußerungen - teilweise mit Nietzsches Worten formuliert - über den Selbstmord, zeigen, wie ernst es ihm war, der `sozialen Tendenz´ den Vorrang einzuräumen: "Zur Ethik der Kraft und zur Religion des Lebens, denen die Zukunft gehört, gehört die Lehre vom Recht auf den Tod: dem ganz unbrauchbar gewordenen, dem gänzlich untauglichen Individuum muss das Recht zugestanden werden, freiwillig vom Schauplatz, von der Bühne des Lebens abzutreten" (P. Bergemann, Soziale Pädagogik auf..., S. 433).

rade das geistige Leben des deutschen Volkes war für Bergemann charakteristisch gezeichnet durch die Entwicklung der modernen Welt überhaupt. Es sei nicht wie z.B. das geistige Leben des griechischen Volks "auf dem Boden" eines "Eigenlebens erwachsen", es sei "nicht als eine kontinuierliche, immanente Entwicklung aus unserem Volk hervorgegangen". Aus diesem Grund schloß Bergemann: "Es fehlt unserem Volksleben an Eigenleben". Schon in der Geschichte habe es zwei "grosse Stillstände" in der Entwicklung des deutschen Volksleben gegeben. Der erste sei die "Bekehrung zum Christentum" gewesen, und als dieses sich "assimiliert()" habe, da erfolgte "in der Renaissance die Bekehrung zum Altertume".

"Hat sich das alles nun auch mit historischer Notwendigkeit vollzogen, so dass gegen niemanden ein Vorwurf erhoben werden kann, so muss man sich doch andererseits klar machen, dass, da die Träger der Kunst bloss die Gebildeten, die durch die Schule des klassischen Altertums hindurchgegangenen sind, die Massen immer mehr und mehr verrohen müssen, da ihnen gar keine Beziehungen zu höheren, rein-geistigen Idealen bleiben. Dadurch wächst die Kluft zwischen Gebildeten und Nichtgebildeten noch beständig; und es ist zu bedenken, dass eine Kultur, die auf so schmaler Basis ruht, wie die der modernen Völker, leicht erschüttert und unter Umständen plötzlich vernichtet werden kann. Wenn die modernen Völker die Einheit des geistigen Lebens nicht wieder gewinnen wie im Altertume und im Mittelalter, so sind sie auf die Dauer nicht lebensfähig."[52]

Der Bruch erschien ihm offensichtlich: Der geistigen Welt fehle im modernen Leben der natürliche Unterbau. Die wenigen Gebildeten hätten schon seit der Renaissance keinen Kontakt mehr zu dem sie tragenden Organismus gesucht, sich von ihm entfremdet und die Mehrzahl der Menschen dem barbarischen Kapitalismus überlassen.

"Mit Marx muss man thatsächlich sagen, dass das Kapital in seinem 'masslos blinden Triebe', in seinem 'Werwolfsheisshunger nach Mehrarbeit' alle Schranken 'überrennt', sowohl die physischen als auch, (...) die intellektuellen und moralischen".[53]

Bergemann erkannte die Notwendigkeit einer überindividuellen Perspektive. Jetzt wo die gewachsenen Sozialformen wegzubrechen drohten, werde die "schmale Basis" der modernen Kultur offensichtlich und eine soziale Pädagogik notwendig. Die moderne Kultur, für die Bildung wohl die entscheidende Stütze gewesen sei, habe sich kein Fundament geschaffen, sei aus der sozialbiologischen Einheit ausgebrochen. Die technische Entwicklung und soziale Differenzierung fordere nun eine Rückbindung und Einordnung der Bildung, eine Sozialisierung der Menschen im Sinne der sozialen Strukturbegriffe der modernen Kulturidee: 'Volksstaat' und 'Selbstbewußtsein'. Der Verfall der

---

[52] P. Bergemann, Soziale Pädagogik auf..., S. 382.
[53] P. Bergemann, Soziale Pädagogik auf..., S. 517.

traditionellen Lebensformen setze damit eine Pädagogik ins Licht, die mit den Ordnungsformen der modernen Kulturidee: 'Selbstbewußtsein' und 'Volksstaat' die Einheit des sozialen, biologischen, kulturellen - ja universellen - Lebens sichern wolle.

Nur Bildung konnte in Bergemanns Augen die Sozialisierungsinstanz sein, welche dem Selbstbewußtsein einen sicheren Platz in der modernen Gesellschaft zu verschaffen in der Lage sei - nur eine Bildung, die den Menschen daran gewöhne, sich selbst als Ursache seiner Tätigkeiten zu sehen.[54] Nur an die Menschen, denen es möglich werde, ein Selbstbewußtsein auszubilden, könne appelliert werden, sich aus biologischer, sozialer oder kultureller Einsicht der Gemeinschaft in Leben und Arbeit zu unterstellen. Die Schule und die Bildungsinstitutionen allein könnten nach Bergemann die Sozialisierung nicht garantieren. Der Volksstaat trage die Bildungsverantwortung, er habe es zu rechtfertigen, wenn die Menschen im modernen Leben sich nicht als Ursache ihrer Tätigkeiten sehen könnten, wenn die soziale Lage ihr "Ursache-Tätigkeitsbewußtsein" auseinanderrisse. Die soziale Lage halte den Menschen im Zustand des Kindes, lasse ihn ganz in der 'Außenwelt' leben, die Tätigkeiten nicht im Bewußtsein konzentrieren und verinnerlichen. Der Mensch müsse sich durch die Außenwelt gesteuert wahrnehmen. Nietzsche zeichne nun das Gegenbild und stelle den ersten Kulturpfadfinder dar. Doch Bergemann glaubte, daß dieser Weg nur zu beschreiten sei, soweit sich ein "Verband der europäischen Kulturgesellschaft" bilde und zu einer friedlichen Zusammenarbeit bereit sei - zur "Förderung des Kulturfortschrittes auf allen Gebieten des Kulturlebens, nicht etwa bloß auf denen der Wissenschaft, Kunst und Technik, auf denen wir längst ein solches Zusammenarbeiten haben".[55]

---

[54] Wollen war darum in Bergemanns Psychologie allein "Ursache-Tätigkeitsbewußtsein" (P. Bergemann, Lehrbuch der pädagogischen ..., S. 407/8). Vgl. in diesem Zusammenhang auch die Rezension der pädagogischen Psychologie Bergemanns von Felsch in der *Zeitschrift für Philosophie und Pädagogik*. Felsch wies die Auffassung vom Willen als Ursache-Tätigkeitsbewußtsein entschieden zurück: "Das Wollen ist als Tatsache des Bewusstseins gegeben. Nicht als solche Tatsache gegeben ist das Ursachverhältnis. Als Tatsache des Bewußtseins ist uns gegeben das Aufeinanderfolgen von Ereignissen. Nicht als solche Tatsache gegeben ist das Aufeinanderfolgen. Letzteres oder das Ursachverhältnis ist etwas Erschlossenes" (Felsch, Buchbesprechung,Paul Bergemann, Lehrbuch der pädagogischen Psychologie, in: Zeitschrift 10 (1903), S. 501). Felsch kritisierte weiterhin den Titel des Buches, bald würde es auch noch eine Jünglings-, Jungfrauen-, Männer-, Frauen-, Greisen-Psychologie geben.
Vgl. zu Bergemanns Psychologie auch: M. Lobsien, Experimentelle Studien zur ..., S. 184-186.

[55] P. Bergemann, Ethik als ..., S. 625-626.

8. Ausblick: Sozialisierung und Bildung - Bildung heißt bewußte Freisetzung zur Schaffung einer 'neuen' Kultur.

"Im Wald der deutschen Pädagogik steigen die Säfte, über die Wipfel legt sich ein brauner Hauch von schwellenden Knospen, und eine Stimmung breitet sich aus, wie wenn im Februar vom höchsten Ast der Drosselruf die Gewissheit des neuen Frühlings verkündet."[1] *(Alfred Lichtwark)*

"Es kommt die Generation, die dazu ausgerüstet ist, die Warnung Nietzsches zu entkräften: 'Alles Fertige, Vollkommene wird angestaunt, alles Werdende wird unterschätzt.'" (Hermann Itschner) [2]

Das Vordringen des sozialpädagogischen Gedankengutes, schrieb Schäfer, mache den sozialen Durchschnittsmenschen, an dem "weder Hervorragungen noch sittliche Mängel" aufträten, zum Musterbild der Pädagogik. Der Mensch solle ein nützliches Glied der Gesellschaft werden, um an ihrer Kulturarbeit teilzunehmen. Die sozialpädagogische Bildungsvorstellung zeichne sich dadurch aus, daß sie eine Einordnung der Menschen in die Kulturgemeinschaft durch ein 'antikes' Erstaunen im Angesicht der großartigen Kulturgüter zum Ziel erhebe. Die Sozialpädagogen versuchten, so das Urteil, "geistige und soziale Gleichmacherei" als angeblich kulturförderliche Momente zu stilisieren.[3] Kultur entwickele oder verändere sich bekanntlich aus sozialpädagogischer Perspektive, weil sie das Produkt einer großen Gemeinschaft gleichgesinnter und gleichartiger Volksgenossen sei. Die Geschichte der Menschheitsentwicklung beweise das Gegenteil. Innere und äußere Gleichartigkeit könne nur bei Naturvölkern entdeckt werden. Kulturvölkern sei es eigen, daß sie sich durch Verschiedenartigkeit auszeichneten: "Je tiefer die Gegensätzlichkeit im Denken und Fühlen ausgeprägt" sei, führte Schäfer den Gedankengang weiter, "desto höher steht ein solches Volk in der Kultur". Die Absicht der Sozialpädagogik sei darum "kein Vorteil für den Kulturfortschritt", sondern im Gegenteil "direkt kulturfeindlich".[4] "Die große Menge", die ja gerade von den

---

[1] Alfred Lichtwark, Kunst und Schule, in: Die Deutsche Schule 5 (1901), S. 1.
[2] Hermann Itschner, Zwei Pfingstversammlungen in Weimar, in: Zeitschrift 12 (1905), S. 505.
[3] F. Schäfer, Einzel- und Gesamtentwicklung, in: Die Deutsche Schule 7 (1903), S. 229.
[4] F. Schäfer, Einzel- und Gesamtentwicklung ..., S. 229.

Sozialpädagogen an der Kultur beteiligt werden solle, beschrieb Kammerer die Stimmung, "fördere die Kultur nicht", sie werde -wenn überhaupt - nur "von ihr mitgeschleppt".[5] Die Pädagogik habe sich von der Auffassung zu verabschieden, die der "Entwicklung führender Kraftgestalten" weniger Bedeutung beimesse als dem "materiellen Behagen des Durchschnitts". "Unsere Hoffnung ist", schrieb Artur Bonus, "daß wir noch keine Kultur haben, sondern Barbarei unter einem schlechten Kulturanstrich."[6] Das, was bisher Kultur genannt worden sei, entspreche nicht der Natur des Menschen, sondern sei eher "un-, ja, widernatürlich".[7] Die Bildung habe den Menschen aus den Fängen der gleichmachenden Sozialisierungstendenzen und von der bestehenden Kultur zu befreien, denn diese unterdrückten die eigenen, ursprünglichen, natürlichen, individuellen oder unmittelbaren Potenzen der Menschen.

Wiederum stand in den Augen der Pädagogen "ein neues pädagogisches Zeitalter" bevor.[8] Rissmann kommentierte die neuen Strömungen distanziert: Die traditionell gefestigten Strukturen in der Gesellschaft, "die früher imstande waren, auch das sittliche Leben der Jugend" zu begründen, würden als Fesseln wahrgenommen, die die "berechtigte Freiheit" der nachkommenden Generation einengten. Nachdenklich gab er zu bedenken, daß "die Grundlegung der in sich tüchtigen Persönlichkeit" sich immer schwieriger gestalte.[9] Die entscheidende Prägung erhalte der Zögling nicht mehr durch die Erziehung. Er notierte 1904 aus Gustav Schmollers, 'Grundriß der Volkswirtschaftslehre', daß zunehmend die Einflüsse des "Milieus", der Einfluß der "Presse", des "Theaters" und der "öffentlichen Meinung", also ein "geistiges Fluidum", das "in alle Poren" dringe, die Menschen forme.[10] Der Bildungswert der Schule werde weiter relativiert - das Leben bilde: Der Unterschied von "Gebildeten" und "Ungebildeten" könne letztlich, ergänzte Uphues, in die Frage nach "Begabung und Lebensgang" aufgelöst werden.[11] Rissmann gestand vorsichtig ein, daß die Sozialpädagogik eigentlich keine innere Reform der Schule angestrebt habe. Er wehrte sich aber gegen die These der Schwedin Ellen Key:

---

[5] Kammerer, Über die Unfreiheit, in: Die Deutsche Schule 7 (1903), S. 459.
[6] C. Pretzel, Vom Kulturwert der deutschen Schule, in: Die deutsche Schule 9 (1905), S. 446.
[7] C. Pretzel, Vom Kulturwert der deutschen ..., S. 446.
[8] Robert Rissmann, Schulreform, in: Die Deutsche Schule 9 (1905), S. 2.
[9] R. Rissmann, Schulreform ..., S. 2.
[10] Robert Rissmann, Notizen, in: Die Deutsche Schule 8 (1904), S. 510.
[11] 27. Hauptversammlung der Gesellschaft für ..., S. 456.
Doch nur selten wurde genauer betrachtet, wieviel Macht die Erziehung überhaupt habe. Paul Barth führte drei "Tatsachen" an, warum das Vertrauen zur "Macht der Erziehung" gerechtfertigt sei: "die Umwandlung der tierischen Instinkte, die Wirkungen der Suggestion sowohl im pathologischen wie im normalen Zustande, und die Erfolge an geistig und sittlich minderwertigen Kindern" (Paul Barth, Die Macht der Erziehung, in: Die Deutsche Schule 9 (1904), S. 544).

"Ein vernünftiges Schulsystem heiße ein von dem jetzigen in allem verschiedenes".[12]

Aus der Perspektive der eher traditionell orientierten Pädagogen erschien die neue Pädagogik in erster Linie als Versuch, aus Kulturentwicklung und Vergangenheit herauszutreten und überkommene 'Autoritäten' und 'Überlieferungen' zu überwinden. Demnach forderte eine Generation die Pädagogen heraus, die frei zu sein glaubte, um mit großem Tatendrang ein neues Zeitalter zu suchen. Das Gegenbild war die Generation der Väter, die 1870/71 die äußere nationale Einheit erkämpften, aber keine Kultur im inneren zu gestalten vermochten.

Die Herbartianer begrüßten die neue Individualorientierung und den Perspektivenwechsel in der Pädagogik von der "äußeren Gleichheit" zur Herbartschen Idee der "innere(n) Freiheit".[13] Andererseits wies man die neuere energische Kritik an der Herbartianischen Methoden- und Erziehungsschule zurück:

"Es ist eine gar einfache Art zu kurieren, wenn man sagt: Weg mit der Schule! Bei Licht besehen, ist es aber ein Zeugnis der Ohnmacht. Gerade dort wo aus dem Gegebenen heraus die Wandlung angebahnt wird, dort stehen die Helden: es sind die Männer, welche rufen: Dennoch!"[14]

Zudem zeigte Rein in der *Zeitschrift für Philosophie und Pädagogik* regelmäßig die Erfolge, Berichte und Veröffentlichungen des Herbartianers Hermann Lietz an, der die Pädagogik Herbarts, die Erziehungsschule, mit neueren Reformbestrebungen in seinen Landerziehungsheimen verbinde:

"Herr Dr. Lietz, der die Errungenschaften der deutschen Pädagogik mit der englischen Anstaltserziehung zu vereinen bestrebt ist, wird mit der Zeit seine Anstalt trotz aller Hindernisse, die sich einem Unternehmen, das teilweise mit alten gewohnten Überlieferungen bricht, entgegen stellen, zu einem Vorbild für eine gesunde, vernünftige Erziehung unserer Jugend zu gestalten wissen."[15]

Die Herbartianer wandten sich darüber hinaus besonders den Fragen der nun zunehmenden Kinder- und Jugendforschung zu und verfolgten die Debatten um die Kinder- und Jugendfürsorge. Grundsätzlich verwarfen sie immer wieder Ansätze, die eine religionslose Moral propagierten.

Von den Sozialpädagogen griffen Paul Bergemann und Albert Görland die Kritik auf. Görland schloß sich der Sozialpädagogik Natorps an und zeigte, daß die Sozialpädagogik durchaus mit einer an der ursprünglichen Natürlich-

---

[12] R. Rissmann, Schulreform ..., S. 1.
[13] Kammerer, Über die Unfreiheit ..., S. 456.
[14] H. Itschner, Zwei Pfingstversammlungen in Weimar ..., S. 503.
[15] Wilhelm Rein, Das deutsche Landerziehungsheim in Ilsenburg, in: Zeitschrift 7 (1900), S. 333. Vgl. auch: Wilhelm Rein, Buchbesprechung H. Lietz, Emlohstobba. Roman und Wirklichkeit? Berlin 1897, in: Zeitschrift 4 (1897), S. 399.

keit des Menschen ansetzenden Erneuerung des Volkes zu vereinbaren sei. Für Bergemann stand - wie gesehen - die Kultur der Jahrhundertwende an einer Wegkreuzung: Benötigt wurden 'Kulturpfadfinder' wie Nietzsche, die den richtigen Weg wiesen. Bildung bedeutete bei Bergemann freilich nicht bewußte Freisetzung zur Wiederentdeckung des wesenhaften, natürlichen oder unmittelbaren Individuums, sondern bewußte Zurückbindung, eine nunmehr reflektierte Sozialisierung des individualisierten Menschen an seine 'natürlichen' sozialen Bedingungen. Der Mensch sollte erkennen, daß die Ausbildung seiner selbst nur einen Sinn finde in der Schaffung einer neuen natürlichen Kultur, allein habe das individuelle Leben keinen Wert (vgl.: Die Sozialpädagogik Paul Bergemanns).

8.1 Schulkritik vom Kinde aus - Kunst und Unmittelbarkeit als Ansatzpunkte einer Suche nach dem ganzen Menschen

"An den eigenen Kindern haben wir bemerkt, wie die Prüfungszeiten nachteilig auf Körper und Geist einwirken. Die Gesichtsfarbe wird blässer, der Appetit nimmt ab. Der Junge wird müde und reizbar. Im Schlaf wird noch dekliniert und konjugiert. Wenn die Schule kein anderes Mittel hat als Prüfungen und Noten, um die Schüler zu vermehrten Fleiss zu bringen, um die Wiederholung zu veranlassen, um das geistige Wachstum zu erfahren, dann ist sie das Geld nicht wert, welches man zu ihrer Einrichtung und Erhaltung aufwendet. Alle äusseren Mittel zur Aufrüttelung der jugendlichen Geister gehören in die pädagogische Rumpelkammer. Und an Noten und Prüfungen gehören vorn und hinten Ausrufezeichen. Warum probiert man es endlich nicht mit einschneidenden innerlichen Reformen, mit wahrhaftigen pädagogischen Heilsideen?" [16] *(H. Schreiber)*

Die Schule, die Kultur, das Vaterland, das Volk und die Menschen zu beleben und sie sich von innen neu erschaffen zu lassen, wurde zur Mission der Jahrhundertwende: "Alles, was von außen kommt, trägt den Keim des Todes an sich."[17] Die herkömmliche Schule entlarvte sich nach Ansicht der Schulkritiker immer wieder von neuen als ein "'Engros-Lieferant geistiger Ware'". Vom Kinde spreche man in Pädagogenkreisen kaum, und "jede freie körperliche und geistige Regung", die sich dem Zwang entziehe, werde "in den Schraubstock der Disziplin" gespannt.[18] Ries verglich die bisherigen Bildungsbestrebungen mit dem Vorhaben, eine "Konservenbüchse" zu füllen. Wie der Ausdruck "abgeschlossene() Bildung" verrate, polemisierte er, sei das Unterneh-

---

[16] H. Schreiber, Gegen Prüfungen und Noten, in: Zeitschrift 6 (1899), S. 34.
[17] Hermann Itschner, Zwei Pfingstversammlungen in Weimar ..., S. 504.
[18] Robert Rissmann, Naturerzieher in Weimar, in: Die Deutsche Schule 8 (1904), S. 450.

men "Bildung" wohl erfolgreich beendet, wenn die Büchse "amtlich verlötet und plombiert" sei.[19] Diese Anspielung auf eine Errungenschaft der modernen Versorgungskultur, die Konserve, zeigte den Kern der Kritik an: Zwar werde heute jeder mit Bildung versorgt, doch der einzelne Mensch gleichzeitig zum bürokratisch geordneten und genehmigten Massenprodukt von außen verformt.

Nicht nur Rissmann fühlte sich an Rousseau erinnert. Rousseau und die radikalen Reformer der Gegenwart, so Rissmann, forderten die Befreiung des Menschen von der sie umgebenden Kultur, da sie der menschlichen Natur widerspreche. Wie Rousseau glaubten auch die Reformer nicht an die Möglichkeit, daß der Mensch durch Integration in die überlieferte Kultur in eine freiere und vor allen Dingen ihm eigentümliche Zukunft hineinwachsen könne. Sie erkannten die natürlichen Kräfte des Individuums als Grundlage einer neuen Kultur.[20] Zum Ausgangspunkt der neuen Zeit erhob man das Kind in seiner ganzen Unverdorbenheit, da nur der kindliche Zustand noch frei von Zwängen und Regeln sei. "Sachlich ergab sich", berichtete Hermann Itschner, "Kindern soll man nichts aufnötigen, man soll warten, bis sie fragen; dann erst ist der Augenblick gekommen, wo geistige Befruchtung sich vollzieht".[21]

Die Schule vollzog im Urteil Gurlitts genau das Gegenteil. Der Lehrer, so Gurlitt, als "Kritiker, Zensor" und "Zuchtmeister" vernichte das natürliche Vertrauen, die "Hingabe an die Autorität der Erzieher". Der Lehrer herrschte in seinen Augen wie ein Feldherr, der mit seiner Waffe - "die rote Tinte" - die Schüler geistig töte; das Ergebnis: "Blut allseits, wie auf einem Schlachtfelde."[22] Fälschlicherweise stehe in der Schule bisher der Lehrer im Mittelpunkt, bemängelte er, und nicht das Kind, "die Sonne, um die sich alles zu drehen" habe.[23] Rissmann warf den radikalen Reformern vor, daß sie die bedeutungsvollste pädagogische Frage nicht beantworteten, nämlich in welches Verhältnis pädagogischer Zwang und Freiheit zueinander gesetzt werden müßten. Eine Antwort könne nicht sein, allen Zwang vom Kinde fernzuhalten.

Doch mit dieser Entgegnung wurde die Absicht nicht getroffen. Denn es sollte nicht allein die pädagogische Grundfrage zeitgemäß gefaßt, sondern in erster Linie die kulturelle Einlagerung der Pädagogik thematisiert und aus dieser Perspektive das pädagogische Handeln betrachtet werden. Das Verhältnis des Kindes zur Schule repräsentierte in den Augen der radikalen Schulkritiker den unversöhnlichen Gegensatz des Individuums zur Gesamtheit, der "Individual-

---

[19] Notizen, in: Die Deutsche Schule 9 (1905), S. 589.
[20] R. Rissmann, Schulreform ..., S. 12.
[21] Hermann Itschner, Zwei Pfingstversammlungen in Weimar ..., S. 504.
Diese Aussage bezog sich auf ein Referat Berthold Ottos, gehalten auf dem Tag für die deutsche Erziehung 1905.
[22] Ludwig Gurlitt, Die rote Gefahr, in: Die Deutsche Schule 9 (1905), S. 179.
[23] L. Gurlitt, Die rote Gefahr ..., S. 180.

entfaltung" zur "geschichtlichen Entwicklung".[24] Ja, die Pädagogik sollte den Neuanfang für eine ganzheitliche, jenseits der äußerlichen, wissenschaftlich systematisierten und sezierenden Moderne bereiten. Die Kultur der Gegenwart, wurde Heinrich Pudor zitiert, "krankt geradezu an Einseitigkeit":

"Diese Einseitigkeit ist so unhygienisch als möglich, sie frißt das Nervenmark aus, verkümmert uns den Genuß am Dasein und verkürzt uns das Leben (...) und dabei verdirbt sie uns die Arbeit selbst."[25]

Von Äußerlichkeiten getrieben, verliere der Mensch an "Lebenslust, Lebenskraft und den Lebensgenuß", eine "nervös-romantische Seelenverwirrung" zeichne ihn aus:

"Dem Kinde dagegen wollen wir den wertvollsten Besitz, die Naivität, erhalten, nicht aber rauben. Das Kind fühlt instinktiv, was recht und gut ist: das Bewusstsein davon und die Gründe dafür wollen wir erst dem Jüngling beibringen. (...) Unter diesen Gesichtspunkt fällt die Lebensschule, wie sie heute schon vielfach verwirklicht ist."[26]

An die Stelle des Religionsunterrichtes und des theoretischen Moralunterrichtes sollte eine "praktische Übung in der Lebensführung" treten.[27] Pudor plädierte explizit, sich die Vielseitigkeit der italienischen Renaissance zum Vorbild für die Erinnerung an das unmittelbare ganze Leben, das Individuelle und den deutschen Geist zu nehmen: Cato habe nicht unrecht gehabt, wagte ein Zeitgenosse einen historischen Vergleich, "wenn er mit dem Eindringen des griechischen Geistes den Anfang des Endes prophezeite".[28] In diesem Sinn sollte sich die Schule von den antiken Bildungssprachen und -inhalten befreien und sich des eigenen geistigen Lebens bewußt werden: "Los von Rom, los von Griechenland, los von Juda! (...) Deutsche Geschichte, deutsche Sprache, deutsche Kunst."[29]

Gansberg[30] forderte eine Reform der Pädagogik "aus dem Prinzip der Kunst" und der Unmittelbarkeit des Lebens: Nicht die Nachahmung könne weiterhin das Prinzip der Pädagogik sein, sondern das "Prinzip des Schaffens."[31] Vom Kind selbst ausgehend und nicht von der Wissenschaft solle in Zukunft der Lehrplan gestaltet werden. Die gedachten Tatsachen der objektivierenden Wissenschaften entsprächen gar nicht der Wirklichkeit, sondern seien nur Aussagen im Anschluß an gedachte Tatsachen. Nur der Lehrer als schöpferi-

---

[24] R. Rissmann, Naturerzieher in Weimar ..., S. 450.
[25] Heinrich Pudor, Hygiene der Arbeit, in: Zeitschrift 11 (1904), S. 305.
[26] Heinrich Pudor, Moral-Unterricht, in: Zeitschrift 11 (1904), S. 57.
[27] H. Pudor, Moral-Unterricht ..., S. 58.
[28] Nationale Erziehung der deutschen Jugend, in: Die Deutsche Schule 7 (1903), S. 55.
[29] Hermann Itschner, Zwei Pfingstversammlungen in Weimar ..., S. 502.
[30] Vgl.: Gansberg, Vorbereitung zur Anschauungskunde, in: Die Deutsche Schule 7 (1903), S. 238-246.
[31] Notizen: Gegen die "Radikalen" auf dem Dresdner Kunsterziehungstage, in: Die Deutsche Schule 8 (1904), S. 387.

scher Künstler und nicht als Wissenschaftler könne dem Zögling die zur Entfaltung der Individualität notwendige Atmosphäre bieten:

> "Es muss überall und beständig nicht von der Wissenschaft, dem Stoff, nicht von dem Vorstellungskreis des Erwachsenen, sondern von der Natur des Kindes ausgegangen werden. Nur die Methoden führen zum Ziel, die so tief begründet sind."[32]

Die Reformer beschuldigten die Pädagogen, eine Zerstörung der ursprünglichen Individualität des Kindes zu betreiben. Dabei sei die Individualität gerade die conditio sine qua non aller Kulturschaffung und wirklicher Werte. Die Wurzel einer neuen deutschen Kultur suchten sie darum in den künstlerischen Schaffensakten der Individuen und nicht in der Aneignung von überlieferten und fremden Kulturinhalten. Der Rembrandtdeutsche Lagardes wurde zum Reformsignal erkoren. Die neuen deutschen Pädagogen glaubten, der Mensch befinde sich in einem entfremdeten Zustand und harre der Befreiung, er sei nicht Bestandteil eines begonnenen Projektes, das der Fortsetzung entgegenblicke und durch die soziale Frage gestört werde. Die einzige feste Größe in dieser Welt war den Reformern die unmittelbar vorzufindende Individualität des Kindes. Das Kind sollte in die Lage versetzt werden, neue Ganzheiten gemäß seiner unmittelbaren Eigentümlichkeit zu schaffen.

Die Herbartianer blieben ihrem Selbstverständnis treu, ihre theoretische Position weniger gegenüber den konkreten pädagogischen Bestrebungen, sondern den 'dahinterstehenden' philosophischen und sozialwissenschaftlichen Entwicklungen zu bestimmen. Burk sah - angesichts der neuen Suche nach 'Ganzheiten' und einem 'neuen' individuellen und sozialen Selbst - die Notwendigkeit, das Verhältnis von Sozialeudämonismus und sittlicher Verpflichtung zu thematisieren. "Eudämonismus ist immer praktischer Egoismus", definierte er mit Kant seine Ausgangskategorie, an der er die Ansätze bemaß, und fügte hinzu:[33]

> "Es wird stets als ein Schiboleth jedes ethischen Systems gelten müssen, dass der Pflichtbegriff und die mit ihm verwandten Begriffe des Opfersinnes, der Schuld, der Reue, des Gewissens, darin eine Stelle haben. Nicht als ob wir jeglicher Ethik, welche dieser Forderung genügt, nun auch beistimmen müßten, nur negativ gilt unser Satz: Ein ethisches System, welches den Grund der sittlichen Verpflichtung für das handelnde Individuum nicht aufweisen kann oder gar eine solche konsequenterweise überhaupt nicht zulässt, muss auf den Anspruch, als solches fernerhin noch angesehen zu werden, verzichten."[34]

Er beobachtete eine Tendenz, in der "Opfersinn für eine Selbstverleugnung im Sinne Christi, die dem alltäglichen Leben, besonders auch dem Familienleben

---

[32] A. Lichtwark, Kunst und Schule ..., S. 5.
[33] G. Burk, Sozialeudämonismus und sittliche ..., S. 106.
[34] G. Burk, Sozialeudämonismus und sittliche ..., S. 17-18.

erst die rechte Weihe gibt", keinen Platz finde, stattdessen würde - wie in der Philosophie Nietzsches und Stirners die Ethik konsequent einem "reine(n) Egoismus" unterworfen.[35] Burk plädierte nun keineswegs für eine bewußte Aufopferung im Interesse der Gesamtheit, womit allein ein Eudämonismus des Sozialen gemeint sein könne. Zwei Ansatzpunkte waren für seine Position entscheidend: Erstens wehrte er sich dagegen, "die große Wahrheit, die das Christentum geprägt habe: daß die Welt lebe durch den freiwilligen Opfertod des Unschuldigen und Gerechten", in einem Eudämonismus aufzulösen, in dem Selbstlosigkeit und Selbstaufopferung zu Mitteln einer Ethik der Klugheit verkämen.[36] Zweitens wies er folgerichtig die Ansicht zurück, daß im Grunde Altruismus und Egoismus ineinander aufgingen. Die Ethik und das Sittengesetz, so kann mit Burk resümiert werden, können nicht dem Maßstab einer individuellen und kulturellen Selbstfindung unterworfen werden.

Nahezu übereinstimmend war die Argumentation von Ströle. Unter anderem mit Blick auf die Leistungen der Inneren Mission äußerte er sich verwundert darüber, wie leichtfertig sich die Überzeugung durchgesetzt habe, daß die Religion nicht mehr ein "gemeinschaftsbildendes Element der menschlichen Gesellschaft" sei.[37] Die Frage, ob eine religionslose Moral möglich sei, war für Ströle dahingehend entschieden, daß jeder Versuch der Begründung einer naturalistischen oder wissenschaftlichen Ethik schließlich wieder im Glauben ende. Die Empfehlung der Herbartianer angesichts der Kultur- und Schulkritik lautete darum in erster Linie, neue Ganzheiten in den alten Ganzheiten zu suchen. Die eigentliche Frage, wie der moderne Mensch gebildet werde und wo dieses komplex gestaltete Wesen seine Anknüpfungspunkte finden solle, beantworteten sie in den bekannten und nicht wie gefordert in 'neuen Bahnen'. Die Persönlichkeit, wie sie in der Reformation formuliert wurde, sollte der pädagogische Maßstab bleiben.

Doch unterhalb dieser Empfehlung 'öffneten' sich die Herbart-Schüler durchaus den neueren Entwicklungen. Sie widmeten sich der Kinder- und Jugendpsychologie und diskutierten in diesem Zusammenhang auch die Bedeutung von Kunst und Leben in der Erziehung und Bildung, freilich ohne die Leistungen Herbarts auf diesem Gebiet - insbesondere der ästhetischen Erziehung - zu vergessen.[38] Schließlich hatte auch Wilhelm Rein mit folgendem Kommentar zum Weimarer Kunsterziehungstag nicht unrecht:

---

[35] G. Burk, Sozialeudämonismus und sittliche ..., S. 115.
[36] G. Burk, Sozialeudämonismus und sittliche ..., S. 124.
[37] A. Ströle, Ist eine religionslose Moral möglich? In: Zeitschrift 9 (1902), S. 307.
Ströle wies in diesem Punkt besonders die Auffassung der Deutsche Gesellschaft für ethische Kultur zurück, die eben in ihrem Programm davon ausgehe, daß die Religion nicht mehr eine Grundlage für eine sittliche Gemeinschaftsbildung schaffen könne.
Vgl. dazu auch: H. Pudor, Moral-Unterricht ..., S. 56.
[38] Vgl. dazu I. Pokorny: Wie, wann und wodurch gefällt uns das Schöne?, In Zeitschrift 9 (1902), S. 273-288; S. 369-386; Max Lobsien: Kind und Kunst, in Zeitschrift 12

"Viele, die eine geheime Scheu vor dem Herbartianismus haben, wissen gar nicht, wie sehr sie von diesem Gift infiziert sind. Ahnungslos bewegen sie sich in Herbartischen Gedankenbahnen, die sie doch als Schablonenwerk verabscheuen. Das gehört zur humoristischen Seite des Weimarischen Kunsterziehungstages."[39]

Und gleichzeitig sah Rein, wie am Beispiel Lietz bereits erwähnt, in einigen Reformansätzen Positionen, die dem Herbartianischen Erziehungsschulgedanken nicht nur verwandt waren.

8.2 Albert Görlands Sozialpädagogik: Bildung durch unmittelbare Gemeinschaften

"Individuum ist der Torso des Menschen der Idee, ist Mensch in den Schranken seiner Kreatürlichkeit."[40]

Der Natorp-Anhänger Albert Görland befürchtete, die Pädagogik könne zurückfallen auf die "alte" Ansicht des Individualismus und allein der "genialen Originalität" ausgewählter Individuen die höchste Aufmerksamkeit beimessen. Aus seinem Blickwinkel erhöhe nämlich der Individualismus "Menschencharaktere von gewissem Totalwerte, deren Sinn und Wert in einer kosmischen Einheit" lägen, zum Ideal der Bildung.[41] Görland schloß sich hingegen der Ansicht an, daß eine Kultur sich nicht durch die Gegensätzlichkeit der Individuen auszeichne, sondern durch ihre innere Differenzierung. Eine Kultur finde dementsprechend nicht in der Originalität einzelner Individuen ihren Ausdruck. Umgekehrt, die Individualität offenbare sich in einer "scharf angerissene(n) Spezialität" und damit als Teil einer differenzierenden Kultur, deren Streben aber einer Menschheitsidee und der einzig wahren Erkenntnis-Methode folge.[42] Denn nicht die Sonderung von der Gemeinschaft führe zur Differenzierung, sondern die volle Teilnahme an der Arbeit der Gemeinschaft.

(1905), S. 489; Hugo Münsterberg, Auszüge aus einem Aufsatz in der Atlantic Monthly (1898), übersetzt von Carl Werner, Psychologie und Leben, in: Zeitschrift 6 (1899), S. 137-141.

[39] Wilhelm Rein, Vom Herbartianismus, in: Zeitschrift 11 (1904), S. 155.

[40] Albert Görland, Paul Natorp als Pädagoge. Zugleich mit einer Bestimmung des Begriffs Sozialpädagogik, Leipzig 1904, S. 66. 1903 abgedruckt in der *Deutschen Schule*.

[41] A. Görland, Paul Natorp als Pädagoge ...., S. 41-42.

[42] A. Görland, Paul Natorp als Pädagoge ...., S. 42.
Für Görland verdankte gerade ein Genie der einzig wahren Erkenntnis-Methode seine Genialität. Die Universität könne "als die Bildungsstätte des Genies" bezeichnet werden. Das Genie - wie die Universität - habe sich nicht mehr vor dem Staate, sondern nur vor der Idee zu rechtfertigen (ebd., S. 78). Das Genie sei geradezu "die Er-

Görland interpretierte Rousseau, um eine sozialpädagogische Theorie unmittelbarer Gemeinschaft zu begründen, die Natorps Ansatz aufnahm. Das Wesen des Menschen oder auch das Gute war demnach für Rousseau der natürliche Mensch - alles das, was frei ist vom Charakter des Erworbenen. Rousseau habe der Urkraft geistiger Entwicklung vertraut. Nach Görland unterscheide sich Rousseau von Pestalozzi, da Pestalozzi als Zeitgenosse der nachkantischen Epoche bereits über ein System von Erkenntnisbedingungen verfügt habe, mit dem er die Pädagogik als eine Theorie des 'Erweckens' entwickeln konnte. Rousseaus Psychologie bleibe darum noch eine Theorie des 'Erwachten'. In die Seele eines jeden Menschen werde nach Rousseau ein ursprüngliches Inventar allgemeingültiger Erkenntnisse eingeboren. Er habe die Urgesetzlichkeit in der Ursprünglichkeit der menschlichen Individualität vorgefunden.

Im idealen Staat, in dem die Menschen entsprechend dieser Urgesetzlichkeit zusammenleben, entfalte sich jedes Individuum gemäß seiner Natur. Der Mensch erkenne im idealen Staat aus sich heraus, daß er abhängig sei und nur in Gemeinschaft leben und Kultur schaffen könne. Der Mensch empfinde idealiter die Abhängigkeit als eine regel- oder gesetzmäßige Kausalität des Bewußtseins.[43] Die Urgesetzlichkeit begriff Görland als das Regelwerk der mit der menschlichen Natur gegebenen Abhängigkeit. Eine Gesellschaft müsse gebildet werden, in der die Abhängigkeit in eine selbstbestimmte ethische Gesetzlichkeit übergehe. In der Gegenwart sei nach Görland der Staat noch gefordert, der Wechselbeziehung von Individuum zu Individuum einen Halt zu geben, denn die sozialen Bedingungen erweckten den Menschen nicht, selbsttätig gemäß seiner Natur zu leben, sondern hielten ihn in einem Zustand der Fremdbestimmung. Der jetzige Staat entspreche nicht der Idee; noch gelte es, wie Görland es nannte, "reales Blut für imaginäres Gut zu riskieren", damit ein freies Reich der Brüderlichkeit entstehen könne.[44]

Als ein Beispiel von Fremdbestimmung führte Görland die Unterordnung der menschlichen Seele unter den Rhythmus der Maschine an. Seitdem "die Billigkeit städtischer Fabrikware (...) den Preis des Heimatproduktes unsinnig hoch erscheinen" lasse, sei dem "entfremdeten Sinn die Heimatlichkeit des Produktes nicht mehr teuer". Der Mensch lebe in einer Zeit der Rekorde und Vergänglichkeiten, obwohl nur wahren Wert habe, so Görland, was beständig und zeitlos sei. Die heimatliche Arbeit in den ländlichen Regionen habe z.B. Rhythmen ausgebildet, die den Menschen im Arbeiter befreit hätten. Die gemeinsame Arbeit unter dem Rhythmus eines Volkslieds ordne z.B. die Arbeit "dem Modus allen seelischen Lebens unter".[45] Es sei die Lyrik eines Volkslie-

---

füllung des Charakters", ein Charakter "von zusammengeraffter Einzelenergie". Charakter begriff Görland als die Stufe der Entwicklung des Menschen, in der seine Willenstätigkeit voll entfaltet sei (ebd. S. 42).

[43] A. Görland, Paul Natorp als Pädagoge ...., S. 55.
[44] A. Görland, Paul Natorp als Pädagoge ...., S. 44.
[45] Albert Görland, Das Wesen des volkstümlichen Liedes, in: Die Deutsche Schule 9 (1905), S. 416.

des, die die "Augenblickslage des Gemütes zeitlos" zu fassen vermöge.[46] Sie vergeistige des "Leibes Arbeit" und mache die Arbeit zu einem Ausdruck der Gesetzlichkeit, quasi zu einem "Baustücke einer Persönlichkeit".[47] Die Gemeinschaft der so geeinten Menschen schaffe einen Ort, in dem die Individualität des einzelnen durch die unmittelbare Verbundenheit aufgehoben sei. Görland behauptete, "nur in alledem, was stumm und unerweckt" bleibe, zeige sich die Individualität.[48] Im Industriezeitalter klappere aber die Maschine den Rhythmus. Entstanden sei so eine "Masse der erblich Enterbten", die nicht mehr wisse, ob sie auf dem "Wege des Werdens" sei.[49] Die großstädtische Fabrikarbeit, so Görland, entfremde die Menschen von ihrer Natur und von ihrem Volke, sie mache aus ihnen eine Masse von tagelöhnernden Seelen. Denn das Herz nehme nur die "Gesetze an, die aus ihm fließen", es sei der "Führer des Geistes bei seinen ersten Funktionen".[50]

Aus Görlands Perspektive hatte das Industriezeitalter den Respekt vor der Kulturentwicklung und dem begonnenen Werk der Befreiung des Menschen von Fremdbestimmung verloren. Der Mensch wurde demnach in einem von außen regulierten individualisierten Zustand gehalten, anstatt in einem unmittelbaren natürlichen Zusammensein seiner Bestimmung gerecht zu werden.

---

[46] A. Görland, Das Wesen des volkstümlichen ..., S. 423.
[47] A. Görland, Das Wesen des volkstümlichen ..., S. 416.
[48] A. Görland, Paul Natorp als Pädagoge ...., S. 65.
[49] A. Görland, Das Wesen des volkstümlichen ..., S. 422.
[50] A. Görland, Paul Natorp als Pädagoge ...., S. 1.
Natorp war mit den Ausführungen seines Gefolgsmannes nicht zufrieden. Auch allgemein fand Görlands Sozialpädagogik nur wenig Anklang. Natorp stimmte Görland in der Erkenntnis zu, daß Rousseaus Sozialphilosophie durchaus platonische, und das heißt zugleich sozialistische und idealistische Tendenz aufweise. Rousseau gründe die Sittlichkeit aber auf den Instinkt, welchen er psychologisierend als seelischen Instinkt, und zwar sozialen Gattungsinstinkt bezeichne. Natorp warf Görland vor, den Unterschied von Sensualismus und Idealismus nicht zu beachten. Dem Idealismus sei die Vernunft die Quelle des sittlichen Bewußtseins, die Sinnlichkeit allein das Mittel.
Ein idealistisch kulturkritischer Standpunkt könne demnach nicht durch eine Anthropologie Rousseauscher Coleur legitimiert werden. Die Rousseausche Staatsidee könne aber sehr wohl in die idealistische Sozialpädagogik integriert werden. Natorp erkannte in Görlands Bemühungen auch positive Ansätze: So hob er z.B Görlands Versuch hervor, den Stellenwert und die Bedeutung der Entwicklungsstufe des Genies in der idealistischen Sozialpädagogik zu bestimmen. Offensichtlich war nämlich, daß die Zeit eine stärkere Betonung der Individualiät forderte, als Natorp zuvor berücksichtigt hatte.

8.3 Resümee: Sozialisierung und Bildung: Der moderne Mensch

> *"Nietzsche ist der Philosoph, der aus dem Bedürfnis unseres Zeitalters geboren wurde, der ein Bewegungsmittel von unversiegbarer Kraft in das moderne Nachdenken warf und der uns lehrt, mit Freimut und Selbstvertrauen alle unsere Angelegenheiten zu prüfen; er hat den modernen Menschen 'eingeschifft auf seine hohe See'." (Otto Gramzow)[51]*

Die Grundstimmung faßte Wolgast zusammen: Er gab den Pädagogen den Ratschlag, weniger die logisch und pädagogisch konstruierte Ordnung der Begriffe als vielmehr das "Erlebnis" zu würdigen, denn "erst durch die Wechselwirkung schaffender und geniessender, bedürfniserregender und anspornender Kräfte wird ein volles Leben möglich".[52] "Die Systematik ertötet den Lebensgehalt", brachte Rudolf Lehmann die Kritik auf den Punkt.[53] Wolgast berief sich wie Natorp auf Pestalozzi und wünschte sich darum auch eine Sozialpädagogik, die ein "volles Kulturleben" schaffen möge, "an dem jeder nach dem Masse seiner natürlichen Kraft teilnehmen darf".[54] Doch im Gegensatz zu Görland, der das Individuum ganz in einer natur- und heimatgebundenen Gemeinschaftsidee aufgehen ließ, befand Wolgast angesichts der Differenzierungstendenzen auch, daß nunmehr "Ritterlichkeit" den Menschen auszuzeichnen habe, damit er eine "stille Höhe" und Einheit finden könne.[55] Wolgast empfahl den Sozialpädagogen damit ebenfalls, ihre Begrifflichkeiten von Individualität zu überdenken und dem Einzelnen das Rüstzeug für das Kulturleben in der ausdifferenzierten Welt zur Verfügung zu stellen.

Otto Gramzow war es schließlich, der in der *Deutschen Schule* Friedrich Nietzsches Herrenmoral wiederum als eine Lehre bezeichnete, die zwar überwunden werden müßte, aber durch die "hindurch" sich die Entwicklung zu vollziehen habe:[56] Nietzsche kämpfte nach Gramzows Ansicht für die Befreiung des modernen Menschen aus der Welt der "Gleichmacherei", die den Menschen "seines wertvollsten Besitzes, seiner individuellen Eigenart," beraube[57], für die Befreiung aus der Welt der "Dekadence", die sich durch

---

[51] Otto Gramzow, Friedrich Nietzsches Herrenmoral, in: Die Deutsche Schule 9 (1905), S. 760.
[52] Heinrich Wolgast, Zur Pflege der künstlerischen Bildung, in: Die Deutsche Schule 1 (1897), S. 225.
[53] Aus der pädagogischen Sektion ..., S. 55.
[54] H. Wolgast, Zur Pflege der künstlerischen ..., S. 225.
[55] H. Wolgast, Zur Pflege der künstlerischen ..., S. 224.
[56] O. Gramzow, Friedrich Nietzsches ..., S. 721.
[57] O. Gramzow, Friedrich Nietzsches ..., S. 727.

"krankhafte Willensschwäche und Unfähigkeit zu grossen Entschlüssen"[58] auszeichne, für die Befreiung aus der Welt der sozialen Unterdrückung durch "Nächstenliebe", "Schonung" und "Mitleid"[59]. Der moderne Mensch werde nun 'eingeschifft' in eine Welt, in der die Parole "Differenzierung der Kräfte und Eigenschaften" heiße.[60] Er habe sich darum das "Herrenrecht des Werteschaffens" zurückzuerobern.[61] Dem modernen Menschen habe Nietzsche folglich mit aller Entschiedenheit verdeutlicht, daß die Moral "ein Gebiet des Lebens" und etwas "Veränderliches und Fliessendes" sei.[62]

> "Hatten die führenden Geister der Renaissance sich losgemacht von der Anerkennung, dass die überlieferte Wissenschaft für alle Zeiten Norm des Erkennens bleiben müsse, so thut Nietzsche den gleichen Schritt auf ethischem Gebiete. Er vollzog theoretisch den Bruch mit den überkommenen moralischen Normen und nahm für sich und alle, die reif dazu sind, die Entscheidung darüber in Anspruch, was künftig der Menschheit frommen möge. So ist er der echte, volle Widerklang der Renaissance, ist deren Vollender, indem er dem Renaissancegedanken allseitig Wirkung zu geben versucht. Seine Lehre ist das geistige Band, das zwei zeitlich getrennte Welten aneinander knüpft. Leidenschaftliches Ringen nach Neugestaltung des Lebens damals wie heute".[63]

Gramzow resümierte: Nietzsche rüttele die Menschheit auf, zu suchen, wie eine moderne Persönlichkeit aussehen könne, die sich selbst eine Moral zu geben imstande sei. Mit psychologischem Feinsinn sei Nietzsche die ersten Schritte gegangen, endgültig eingeschifft habe aber auch er den modernen Menschen noch nicht auf seiner hohen See.

---

[58] O. Gramzow, Friedrich Nietzsches ..., S. 726.
[59] O. Gramzow, Friedrich Nietzsches ..., S. 725.
Bereits 1894 wurde in einem Beitrag über Ernest Renan in der *Zeitschrift für Philosophie und Pädagogik* von der "Generation der 'décadents'" gesprochen, die es zu überwinden gelte. Schoen schrieb: "Renan hat sich der ihn umgebenden Generation der 'décadents' angepasst, und umgekehrt hat er dazu beigetragen, die geistige Krankheit der neuesten Romanschriftsteller zu verbreiten. Jener tolerante Skeptizismus, den die Franzosen 'le Renanisme' nennen, war schon vor Renan vorhanden. Doch hat des geistlichen Professors Witz viel dazu beigetragen, diese moralische 'névrosée' unter der Jugend zu verbreiten. (...) Renans religiöse Grundlagen war nicht fest genug, um die Krisis des Zweifels zu überwinden" (H. Schoen, Ernest Renan, in: Zeitschrift 1 (1894), S. 18-21).
[60] O. Gramzow, Friedrich Nietzsches ..., S. 730.
[61] O. Gramzow, Friedrich Nietzsches ..., S. 729.
[62] O. Gramzow, Friedrich Nietzsches ..., S. 759.
[63] O. Gramzow, Friedrich Nietzsches ..., S. 760.

9. Die sozialpädagogische Verlegenheit der kapitalistischen Moderne

"Die soziale Frage ist aber trotz Schmoller nicht in erster Linie eine Frage der Erziehung, sondern des Besitzes. Die Bildungsgegensätze sind nur eine natürliche Folge der Unterschiede in der materiellen Lage der verschiedenen Bevölkerungsklassen. (...) Wir Lehrer haben doch das alles, was dem Volke durch die Sozialpädagogik gegeben werden soll, wir sind uns der Zusammengehörigkeit mit allen Volksklassen bewusst, wir haben noch dazu die Gewissheit, dass uns auch von den Höhen der Gesellschaft Achtung und Wohlwollen entgegengebracht wird (...) und doch fordern wir noch Aufbesserung unserer Besoldung! Aber für das Volk fordern wir die Sozialpädagogik; da steht es 'ausser Zweifel, dass der Hauptanteil an der Lösung der sozialen Frage der Erziehung zukommt'." (W. Möller)[1]

1898 zog Möller in der *Deutschen Schule* kritisch Bilanz. "Energisch" protestierte er gegen die These,[2] daß die "soziale Frage" vornehmlich "eine pädagogische Frage" sei.[3] Natürlich druckte Robert Rissmann Möllers Generalabrechnung mit der Sozialpädagogik nicht unkommentiert in 'seiner' *Deutschen Schule* ab. Möller habe die Hervorhebung der Bildungsfrage wohl allzu wörtlich genommen, selbstverständlich erkenne man die Bedeutung der wirtschaftlichen Seite an, nur dürfe "die Bildungsfrage nicht vernachlässigt werden".[4] Gleichzeitig verenge Möller den eigentlichen Horizont der sozialpädagogischen Anliegen: Nicht zum Geist der Nächstenliebe und zu einem neuen Altruismus wollten die Sozialpädagogen erziehen, und nicht zu diesem Zweck forderten sie eine entsprechende Ausweitung der Bildungsinstitutionen und Beachtung der bildenden Sozialformen. Die Sozialpädagogen hätten erkannt, daß bisher der Mensch in der Pädagogik nur aus religiöser und nationaler Perspektive als "Bürger des Reich(es) Gottes" und als "Bürger des Vaterlandes" betrachtet worden sei. In der Gegenwart müsse dagegen auch die politische und wirtschaftliche Perspektive in die Pädagogik aufgenommen werden, der Mensch "als Bürger des Staates" und "als Glied des wirtschaftlichen Organismus".[5] Man könne ein ganzes Programm der Sozialreform schreiben, er-

---

[1] W. Möller, Die Bilanz der Sozialpädagogik, in: Die Deutsche Schule 2 (1898), S. 221-222.
[2] W. Möller, Die Bilanz der ..., S. 220.
[3] J. Trüper, Erziehung ..., S. 233.
[4] Robert Rissmann, Nachschrift zu W. Möller, Die Bilanz der Sozialpädagogik, in: Die Deutsche Schule 2 (1898), S. 224.
[5] Robert Rissmann, Nachschrift ..., S. 225.

gänzte Maurenbrecher, wenn man vom Standpunkt des Pädagogen aus die soziale Frage stelle.[6]

1890 forderte Trüper im Kreis der Herbartianer eine Öffnung der Pädagogik zur sozialen Seite, da die soziale Pädagogik nicht nur den politischen Interessen und hier besonders der Arbeiterbewegung und der sozialialistischen Programmatik ausgeliefert werden dürfe. "Erst wenn die erforderlichen geistigen und sittlichen Eigenschaften im Arbeiterstande vorhanden sind", propagierte er, könne die soziale Frage gelöst werden.[7] Jedes Mitglied der Gesellschaft, lautete die Losung, solle an den Errungenschaften der Kultur teilhaben und nicht ausgegrenzt sittlich verrohen. Doch die sozialstrukturelle Verankerung der deutschen Bildungsnation erschien in der kapitalistischen Gesellschaft nicht mehr gesichert, der erzieherische Einfluß der Bildung auf Mensch und Gesellschaft gefährdet. Nicht die Kultur an sich, sondern die innere soziale Ordnung des Deutschen Reiches und die Vergesellschaftungsformen von Erziehung und Bildung wurden problematisiert. Die sozialen Bedingungen der Bildung sollten so gestaltet werden, argumentierte z.B. auch Rein, daß jeder Mensch zu einer sittlichen(-religiösen) Persönlichkeit gebildet werden könne. Willmann verwies auf die Notwendigkeit von integrativen sozialen 'Mittelgliedern' zwischen Staat und Individuum, in denen der Mensch über die gemeinsame Sprache in den übergreifenden Gestaltungsprozess von Gesellschaft eingegliedert würde.

Für Natorp war das sozialpädagogische Problem der Zeit dagegen nicht, daß die Individuen nicht zu charakterfesten Persönlichkeiten erzogen würden, sondern daß der zeitgenössische Staat sich über äußeren Zwang manifestiere, anstatt sich, seiner ursprünglichen menschlichen Konstitutionsidee entsprechend, als Organ von vernunftbegabten Menschen und dementsprechend selbstschaffenden Gemeinschaften zu verstehen. Fand Rein als führender Herbartianer seine sozialpädagogischen Leitideen in der Idee des Wohlwollens und dem Erziehungsgedanken, so richtete Natorp seine Erziehungs- und Bildungslehre nach der Idee der Gerechtigkeit und der Gemeinschaft aus. Die pädagogische Aufgabe, Menschen zu bilden, definierte Natorp in den sozial(politisch)en Auftrag um: menschliche Gemeinschaften zu suchen und fortzubilden, die vom selbsttätigen Willen der Menschen getragen würden und den Menschen ihr Recht auf selbsttätige Mitgestaltung bewußt werden ließen, denn der Staat sei entsprechend seiner Konstitutionsidee auf die Bildungsgemeinschaften angewiesen. Natorp löste die Frage der Persönlichkeitsbildung in einer Analyse der konkreten sozialen Bildungsgemeinschaft auf. In den Bildungsgemeinschaften erkannte er die ideale Form der Verknüpfung von Individuum und Gesamtheit, denn durch sie werde die selbsttätige Teilnahme an der Fortentwicklung des Gemeinwesens erweckt. Natorp blickte auf das soziale Leben als idealistischer Erkenntnis- und Prinzipientheoretiker und zog In-

---

[6] M. Maurenbrecher, Die Bedeutung der gesteigerten Volksbildung ..., S. 403.
[7] J. Trüper, Erziehung und ..., S. 233.

dividuum und Gesamtheit durch das Band einer Erkenntnis- und Prinzipienlehre zusammen.

Gleichzeitig wurden in der Pädagogik vor allem seit der Jahrhundertwende soziale und kulturelle Differenzierungsprozesse wahrgenommen und zunehmend das Verhältnis von Individuum und Gesamtheit problematisiert. Ein Zeitgenosse brachte die neue Perspektive auf die einfache Formel: "Das Zeitalter der sozialen Frage" werde abgelöst durch das "Jahrhundert des Kindes".[8] Das heterogene und rätselhafte moderne Individuum wie das ebenso unübersichtliche Leben der Gesamtheit spiegelte sich in einer aufgeregten Reformathmosphäre. Jeder (er)fand den (vor)modernen Menschen oder das (vor)moderne Leben oder belebte wie Görland sozialromantische Phantasien.

Exkurs: Das sozialpädagogische Grundproblem bei Karl Mennicke

Die Sozialpädagogen bemühten sich insgesamt, die "sozialpädagogische Verlegenheit" der kapitalistischen Moderne zu beantworten. Die Diagnose dieser "sozialpädagogischen Verlegenheit", die Karl Mennicke 1926 beschrieben hat, wird hier herangezogen, da sie das sozialpädagogische Problem der Jahrhundertwende, wie es damals diskutiert wurde, treffend auf einen Begriff bringt und resümiert.[9]

Erst um die Jahrhundertwende hatten, so Mennicke, die sozialen Veränderungen ein Ausmaß erreicht, daß man von einer sozialpädagogischen Verlegenheit der kapitalistischen Moderne sprechen konnte. Mennicke wollte die Fragen beantworten, warum gerade in der Gesellschaft am Anfang unseres Jahrhunderts eine Sozialpädagogik entstand, warum gerade in dieser Zeit Ansätze einer Jugendpädagogik entwickelt und die ersten umfassenden sozialpädagogischen Diskussionen geführt wurden und warum gerade in dieser Zeit die Bürger vor allem in den Großstädten die Notwendigkeit sahen, sozialpädagogische Reformen einzuleiten. Mennickes Frage lautete schließlich, welche sozialen Umbrüche haben eine Sozialpädagogik notwendig werden lassen, und worin unterscheidet sich diese Sozialpädagogik von der überkommenen oder herkömmlichen Pädagogik.

Er erklärte die Zusammenhänge: Das soziale Leben habe durch die Durchsetzung der modernen kapitalistischen Welt in allen Lebensbereichen an "bildkräftigten Formen des gesellschaftlichen Lebens" verloren.[10] So werde der moderne Familienhaushalt "zur reinen Konsumgemeinschaft" degradiert und

---

[8] P. Sydow, Die Pädagogische Bedeutung J.H. Wicherns, in: Die Deutsche Schule 12 (1908), S. 550.
[9] Karl Mennicke, Das sozial=pädagogische Problem in der gegenwärtigen Gesellschaft, in: P. Tillich (Hg.), Kairos. Zur Geisteslage und Geisteswendung, Darmstadt 1926. S. 331.
[10] K. Mennicke, Das sozial=pädagogische Problem ... S. 332.

das "Tempo des modernen Wirtschaftsleben" lasse dem Mann immer "weniger Raum zur wirklichen Pflege des Familienlebens". Die moderne Familie sei auf jeden Fall keine zuverlässige Erziehungsgemeinschaft mehr. Zudem sei dem Arbeitsverhältnis die "pädagogische Qualität beraubt" worden. [11]

"Die Unpersönlichkeit und menschlich-pädagogische Unerfülltheit des Lehr- wie des Arbeitsverhältnisse läßt erwiesenermaßen an Ausdrücklichkeit nichts zu wünschen übrig."[12]

Schließlich finde der moderne großstädische Mensch insgesamt nur wenig Gelegenheit, "innere Anforderungen des gemeinschaftlichen Lebens zu erfahren". Der Mensch wird "unsicherer und williger, dem Zug der Reklame zu folgen". "Kein Zweifel", so Mennickes Resumee, "daß auf diesem Wege viele Einzelleben überhaupt jede Richtung und Bestimmtheit verlieren".[13]

Um dieses Bild noch zu verdeutlichen, stellt Mennicke dagegen ein Bild von der alten Gesellschaft, in der ein sozialpädagogisches Problem nicht wahrgenommen worden sei. In den alten autoritären und in Lebensformen eingebundenen Strukturen habe es klare Zuordnungen gegeben. Familie und Arbeitsverhältnisse banden den Einzelnen in eine "opferheischende Strenge der gesellschaftlichen Stufungen und Zuordnungen" ein, die gleichsam von einem Gewand der Heiligkeit umgeben wurden.[14] Der Zwang zur Einfügung, den die gesellschaftlichen Verhältnisse auf das werdende Glied des gesellschaftlichen Körpers ausübten, war so stark, daß ein leidliches Ergebnis so gut wie selbstverständlich erreicht wurde.

Mennicke betonte weiter, daß natürlich auch in den alten Gesellschaften Menschen aus den Verhältnissen ausgebrochen seien, doch sie hätten sich dem Einfluß der gesellschaftlichen Atmosphäre gewaltsam entziehen müssen und standen dann als Banden und Vaganten außerhalb der Gesellschaft und wurden insgesamt als Frevler behandelt, da sie gegen die geheiligten Lebensformen verstießen. Die Pädagogik habe in den alten Gesellschaften ihre Aufgabe allein darin begriffen, die religiösen und kulturellen Werte weiterzutragen, sie zu übergeben. Die sozialen Lebensformen erzogen, und den Menschen wurden durch die Lebensformen ihr Platz zugewiesen. Die Pädagogik stand selbst in diesem Geflecht von Zuordnungen und funktionierte in dieser Gesellschaft. Das soziale Leben forderte sie nicht heraus, es war einfach gesetzt und gegeben. "Die Bildung des Individuums zum sich einfügenden und bejahenden Gliede" der Gesellschaft ging "gleichsam von selbst vor sich".[15]

---

[11] K. Mennicke, Das sozial=pädagogische Problem ... S. 323-324.
[12] K. Mennicke, Das sozial=pädagogische Problem ... S. 324.
[13] Karl Mennicke, Die soziale Lebensformen als Erziehungsgemeinschaften, in: Nohl, H./Pallat, L.: (Hg.): Handbuch der Pädagogik Bd. II. Langensalza. 1928, S. 293.
[14] K. Mennicke, Das sozial=pädagogische Problem ... S. 319.
[15] K. Mennicke, Das sozial=pädagogische Problem ... S. 320.

Mennicke war weit davon entfernt, die alten Strukturen idealisieren zu wollen. Er zeichnete diese lediglich so überpointiert nach, um die sozialpädagogische Verlegenheit der kapitalistischen Moderne deutlich werden zu lassen. Die Eingliederung der Menschen in die Gesellschaft war in der alten Gesellschaft keine Frage, die alte Gesellschaft setzte "den Bewegungsrahmen des Einzelnen fest", und der Einzelne hatte sich dem zu fügen.[16] Die moderne Gesellschaft tat nun genau das Gegenteil. Durch die Auflösung der traditionellen Lebensformen, durch das Zurücktreten des Gemeinschaftlichen im Gegensatz zum Gesellschaftlichen, durch die modernen kapitalistischen Arbeitsverhältnisse, setzte sie den Einzelnen frei, sie entließ ihn aus den alten autoritären und patriarchalen Strukturen. Wurde der Mensch in der alten vormodernen Gesellschaft festgesetzt und wurde ihm selbst kaum Spielraum gelassen aus den übermächtigen Sicherheiten auszubrechen, so wird er nun, so ist Mennicke zu verstehen, immer wieder freigesetzt.

Vor diesem Hintergund läßt sich die 'sozialpädagogische Verlegenheit' der kapitalistischen Moderne definieren. Diese 'sozialpädagogische Verlegenheit' besteht darin, daß die modernen Gesellschaften den Einzelnen einerseits freisetzen und ihm andererseits nicht vermitteln, wozu sie frei sind, den freigesetzten Menschen keine sozialen Lebensformen bieten, in denen man sich für die Persönlichkeitsbildung - wie es damals hieß - interessiert, obwohl sie von ihm verlangt wird. Der Mensch werde aus einer Welt autoritärer Lebensformen, die ihn eingliederten, in eine moderne Gesellschaft freigesetzt, in der z.B. Arbeitsverhältnisse regierten, die sich gegen alle sozialpädagogischen Schwierigkeiten und Notwendigkeiten gleichgültig verhielten. Das Leben, schreibt Mennicke, steht in den modernen Gesellschaften "viel zu ausdrücklich unter dem Zeichen der gemeinsamen Bewältigung der Lebenslast".[17]

Hatte die alte Pädagogik sich einfach als Erfüllungsgehilfe der Eingliederung in die Gesellschaft auf die Vermittlung von kulturellen und sozialen Werten beschränkt, so sei dies nicht mehr möglich, da es keine einfache Eingliederung in die Gesellschaft mehr gebe, denn das soziale Leben stelle die Integrationsfrage immer wieder neu und fordere immer wieder neue Antworten - auch pädagogische Antworten - heraus. Schließlich habe darum die Erziehungsgemeinschaft in der kapitalistischen Moderne selbst zur gesellschaftlichen Form zu werden. Die Pädagogik wurde damit herausgefordert, zur Sozialpädagogik zu werden, da sie ihre soziale Einbettung verloren habe und der Mensch in seiner Lebensgestaltung mit sozialen Fragen konfrontiert werde, die durch die Familie kaum mehr bewältigt, geschweige denn produktiv beantwortet werden könnten. So wie der Handwerksbetrieb damals vielfach dem Lehrling keine voll qualifizierte Berufsausbildung mehr bieten konnte, weil der Arbeitsradius viel zu beschränkt war, so konnte auch die Familie die Fragen der modernen Lebensgestaltung kaum mehr überblicken.

---

[16] K. Mennicke, Das sozial=pädagogische Problem ... S. 318.
[17] K. Mennicke, Die sozialen Lebensformen ..., S. 283.

Die Sozialpädagogik, lautete die Konsequenz, habe die Aufforderung der kapitalistischen Moderne anzunehmen und selbst pädagogische Sozialkulturen zu schaffen, in denen der Mensch selbst aus seinen Lebensverhältnissen heraus einen Sinn an einer sozialen Teilnahme finden kann. Darum sei das Gemeinschaftliche auch für die Sozialpädagogik so zentral, denn darin liege gleichzeitig die soziale Chance, daß die Sozialpädagogik sich nicht in ein festes Gefüge einzubetten habe, sondern Gemeinschaften mitgestalten könne, die die sozialen und kulturellen Fragen der Menschen in ihrer jeweiligen 'Individuallage' aufnehmen und sie in Beziehung zum Gestaltungsprozess von Gesellschaft setzen.

Die Sozialpädagogen der Jahrhundertwende diskutierten intensiv die Bedeutung der Familie und der christlichen Gemeinde sowie der Kirchen, weil aus ihrer Perspektive die Menschen in ihren Familien und in den Kirchen - trotz aller sozialwissenschaftlichen Untergangsdiagnosen - entscheidende Sozialformen fänden, damit sie nicht nur der Unsicherheit ausgeliefert seien, sondern gehalten und kontrolliert würden. Der Mensch, so sagte es Willmann, werde in der modernen Welt auf eine 'Nadelspitze' gestellt, dabei brauche er doch Gemeinschaften, in denen er positive Werterfahrungen mache und die mehr als nur Bausteine für eine ganze Biographie böten. Gerade Natorps Sicht auf die Arbeiterbewegung und die Bildungsgemeinschaften, die von ihm herausgestrichene Leistung, die 'Weckung des Bewußtseins der arbeitenden Klassen', charakterisierte ebenfalls diese pädagogische Perspektive.

In Bergemanns Lehre wurde die 'sozialpädagogische Verlegenheit' der kapitalistischen Moderne zum universellen kulturellen Problem der Gattung definiert. Vor dem Hintergrund einer zugespitzten Individualisierungs- und Differenzierungsdiagnose verkehrte er die Klage über den Verlust des Lebensganzen und der Ganzheit des Menschen in eine universelle Gestaltungstheorie von Ganzheit. Seine plausiblen Forderungen nach differenzierten neuen Sozialverbänden sowie sein entschiedener Einsatz für die Volks- und Arbeiterbildung wurden so zu Bestandteilen einer sozialbiologischen Gattungspädagogik, in der dem Individuum ein Lebensrecht nur in der Volksgemeinschaft zugesprochen wurde. Bergemann erkannte zwar, daß die Suche nach dem modernen Menschen beim Individuum anzusetzen habe, entindividualisierte aber die Sinnsuche und machte sie zu einer Frage der Gewöhnung innerhalb eines 'gesunden neuen Volkskörpers'.

Insgesamt eröffnet sich ein komplexes Bild der sozialpädagogischen Problemwahrnehmung. Unterschiedliche sozialpädagogische Blickfelder und -winkel, ausgehend von - zum Teil kontrovers zueinander stehenden - Wesensbestimmungen des Menschen, werden deutlich. Die Sozialpädagogen zwischen 1888 und 1905 überschätzten die Bedeutung der Pädagogik und glaubten, über Bildung und Erziehung eine den Staat, die Gesellschaft, Arbeit und Wissenschaft, Familie und Individuum umfassende einheitliche deutsche Soziokultur schaffen zu können. Ihr Programm beinhaltete immer auch eine soziokulturelle

Überformung sozialstruktureller Unterschiede. Idealisierte Gemeinschaftsformen wurden ungebrochen in sozialpolitische Gestaltungsperspektiven von Gesellschaft übersetzt und das Verhältnis von sozialpädagogischer und sozioökonomischer Gesellschaftsperspektiven kaum thematisiert. Die Sozialpädagogen begannen sich auf einem "Schiff selbst heimisch einzurichten, so daß sie schließlich meinten, das Schiff selbst wäre das neue Land",[18] wie Simmel in einem anderen Zusammenhang formulierte.

9.1 Die "sozialpädagogische Mission" und die Sozialpolitik[19]

1894 veröffentlichte Natorp den programmatischen Aufsatz 'Plato's Staat und die Idee der Sozialpädagogik' im *Archiv für soziale Gesetzgebung und Statistik*. Er stellte seine sozialpädagogische Theorie damit der sozialpolitischen Fachöffentlichkeit vor. Provoziert durch Natorps sozialpädagogische und sozialidealistische Fassung der Sozialpolitik ordnete Werner Sombart nur kurze Zeit später die Sozialpädagogik in die Sozialpolitik ein. Er bemerkte in seinen Studien zur Entwicklungsgeschichte des italienischen Proletariats, daß die Arbeitskammern (Camere del Lavoro) in Italien eine "sozialpädagogische Mission" erfüllten.[20]

---

[18] zit. n.: Hans Blumenberg, Schiffbruch mit Zuschauer, Frankfurt a.M. 1979, S. 22.

[19] Die folgenden Ausführungen beziehen sich auf die Diskussionen im Archiv für soziale Gesetzgebung und Statistik.

[20] Werner Sombart, Studien zur Entwicklungsgeschichte des italienischen Proletariats, in: Archiv 8 (1895), S 561.
Die Arbeitskammern waren demnach Organe der Arbeiterschaft, Arbeitsbörsen und Intressenvertretungen der Arbeiterschaft. Mitglied einer Arbeitskammer konnte jeder Angehörige der arbeitenden Klasse werden. Die Aufgaben der Arbeitskammern können im einzelnen folgendermaßen benannt werden: 1. Sammlung von Nachrichten über Standards der Arbeitswelt im Inland und Ausland; 2. Errichtung eines Arbeitsnachweises; 3. Einfluß auf den Gang der sozialen Gesetzgebung und Verwaltung; 4. Einfluß auf die Unternehmerschaft; 5. Die Funktion als Schiedsgerichte und Einigungsämter; 6. Förderung des Genossenschaftswesens und 7. Pflege der geistigen und moralischen Interessen der Arbeiterschaft.
Die Arbeitskammern veränderten, so Sombarts Einschätzung, die soziale Bewegung in Italien nicht nur, indem sie die Arbeiter wachrüttelten, sondern gerade "das Quale" der Vertretungsform habe Vorbildcharakter: "Die Kammer vertritt gleichsam die partikularistischen Velleitäten der Gewerke gegenüber der unionistischen Tendenz des Proletariats als Klasse" (ebd., S. 562). Sie vereinigten die unterschiedlichen Interessen der Arbeiterorganisationen, das Interesse an den einzelnen Arbeitswelten und die Internationale Bewegung. Sie arbeiteten damit konstruktiv an einer Arbeiteridentität, an einer proletarischen Klassenidentität gegenüber dem "bodenlosen Politizismus" und einer Berufsidentität gegenüber dem "Fachidiotentum". Sie vereinigten diese Faktoren (ebd., S. 562). Weiterhin stelle die Kammer sich gegen einen "proletarischen Chauvinismus" im Bewußtsein der wahren Lehre, da die Arbeiter durch die Kammern immer mit der Bourgeosie im Kontakt seien und so eine Verhandlung zwischen den feindlichen Klassen möglich werde: "Die ganze Organisation

Die Arbeitskammern stellten "einen Krystallisationspunkt für alle Ansätze zur Organisierung und Disziplinierung der Arbeiterschaft" dar.[21] Die 'sozialpädagogische Mission' der Arbeitskammern in Italien zeichnete sich nach Sombart durch einen doppelten Charakter aus. Einerseits charaktersierte sie ein ausgleichendes und auf Verhandlungen zwischen den sich gegenüberstehenden Parteien orientiertes Tun, andererseits stärkten die Arbeitskammern die Arbeiteridentität, das Wissen, daß Verhandlungen nur möglich seien, soweit beide Seiten über eine gefestigte Position und ein eigenes Selbstbewußtsein verfügten. Das Adjektiv 'sozialpädagogisch' zeigte eine Tendenz an, die den Arbeiter jenseits einer reinen Gewöhnung an seine Verhältnisse zu einer Arbeiteridentität führen sollte, die es ihm ermöglichte, sich selbst zu vertreten, womit gleichzeitig gesetzt sein sollte, daß der Arbeiter dadurch in eine Position gelange, um im Verhandlungsstil seine Interesse erstreiten zu können. Demnach erfüllten diejenigen Institutionen eine 'sozialpädagogische Mission', durch die der Mensch zu einer 'Identität' gelangen, in denen der Mensch einen Sinn entdecken konnte, selbst an der Gestaltung der sozialen Verhältnisse teilzunehmen. Die sozialpädagogische Mission zielte also darauf ab, Vergesellschaftungsformen zu finden, die den Menschen mit seiner 'Identität' selbst an der sozialen Gestaltung teilnehmen ließen. Sombart stand damit nicht im Kontrast zu den Sozialpädagogen, sondern er bestimmte die Aufgabe der Sozialpädagogik nur innerhalb der sozioökonomischen Verhältnisse und sozialpolitischen Perspektiven.

Sombart sah - so kann formuliert werden - die Arbeitskammern als eine Antwort auf die 'sozialpädagogische Verlegenheit'. Er machte damit implizit deutlich, daß die sozialpädagogische Verlegenheit im Kontext der sozialökonomischen Entwicklungen zu betrachten sei und auch die Sozialpädagogik nicht aus diesem Kontext herausgelöst werden könne. Darum gilt es nicht nur zu fragen, wie in der sozialpolitischen Diskussion die Sozialpädagogik wahrgenommen wurde, sondern wie sich auch in den sozialpolitischen Analysen und Reformvorschlägen die 'sozialpädagogischen Verlegenheit' der kapitalistischen Moderne abzeichnete. Wie stellte sich in den sozialpolitischen Diskussionen die Integrationskrise dar, die sich in der 'sozialpädagogischen Verlegenheit' ausdrückt, und welche sozialpolitischen Maßnahmen wurden vorgeschlagen? An drei Problembereichen: der Ausgrenzungs-, der Desintegrations- und der Entfremdungsfrage läßt sich dies bespielhaft verdeutlichen. Hier konturiert sich einerseits die unterschiedliche Betrachtungsweise von Sozialpädagogik und Sozialpolitik, andererseits die Notwendigkeit einer Debatte über die Verhältnisbestimmung von Sozialpädagogik und Sozialpolitik.

---

der Kammern, ihr Programm heischen eine gewisse Verständigung, ja in gewisser Hinsicht ein Zusammengehen und Zusammenarbeiten der feindlichen Klassen." (ebd., S. 563).

[21] W. Sombart, Studien zur Entwicklungsgeschichte ..., S. 559.

Die Ausgrenzungsfrage und die soziale Verantwortung des Staates

Mit der Ausgrenzungsfrage ist in den sozialpolitischen Debatten der Zeit eng die Diskussion um die soziale Verantwortung des Staates verbunden. Sozialreformer wie Anton Menger, Adolph Wagner oder auch Lujo von Brentano kritisierten den "sozialen Zustand des Staatsbürgers", wie er durch den Staat und seine Steuerungsinstanzen definiert wurde.[22] Sie begriffen die Spaltung der Gesellschaft in zwei Klassen als Ausgrenzung der Arbeiter von bürgerlich-liberalen Rechten und sozialen Sicherungssystemen. Die grundlegende These des liberalen Nationalökonomen Lujo von Brentano besagte, daß ein Staat der Grundbesitzer und Fabrikanten sowie der Unfreiheit der Organisationen vom Arbeiter nicht eine konstruktive Teilnahme in Gesellschaft und Staat erwarten könne. Wenn in England an die Stelle des sozialrevolutionären Programms in der Arbeiterschaft das "konstitutionelle-staatssozialistische der Fabier" getreten sei,[23] dann deswegen, weil die Arbeiterklasse ein ausschlaggebender Faktor im englischen Staatsleben werden konnte:

---

[22] Anton Menger, Das bürgerliche Recht und die besitzlosen Volksklassen, in: Archiv 3 (1890), S. 73.
Der sog. "Staatssozialist" Adolph Wagner erklärte diese Position: Sozialpolitik sei "diejenige Politik des Staats, welche Missstände im Gebiete des Verteilungsprozesses mit Mitteln der Gesetzgebung und Verwaltung zu bekämpfen" suche." (Adolph Wagner, Über soziale Finanz- und Steuerpolitik, in: Archiv 4 (1891), S. 4). Er verdeutlichte die Position am Beispiel der Finanz- und Steuerpolitik und unterschied zwei Arten sozialer Finanzpolitik. Einmal könne die Finanz- und Steuerpolitik Verteilungsmißstände ausgleichen, die durch das Finanzwesen (1) selbst hervorgerufen würden, auf der anderen Seite Verteilungsmißstände, die sich (2) durch die Verteilungsordnung überhaupt ergäben. Im eigentlichen Sinn mochte er nur im zweiten Fall von Sozialpolitik sprechen, da nur hier wirklich in den Verteilungsprozeß einschließlich der Produktionsordnung eingegriffen werde, wobei im anderen Fall allein hausgemachte Fehler ausgeglichen würden. Wagner führte das Verteilungsproblem auf die privatwirtschaftliche und individualistische Organisation der Volkswirtschaft zurück. Das heiße aber nicht, daß er dem "wissenschaftlichen Sozialismus" beipflichte, der sich vom "unrealistischen Optimismus hinsichtlich einer möglichen Veränderung und Verbesserung der psychischen menschlichen Natur" nicht zu trennen vermöchte (ebd., S. 16). Die Konkurrenzwirtschaft trug aus Wagners Perspektive zwar einen großen Teil der Mitschuld, doch die Menschen selbst könnten durch eine Umwandlung der Eigentums-, Arbeits-, und Erwerbsverhältnisse nicht verändert werden. Wagner fand in den "Wesenseigenschaften des Menschengeschlechts" die entscheidende Ursache für den sozialen Kampf, den der Staat durch ausgleichende Verteilung zu regulieren habe (ebd., S. 16).

[23] L. Brentano, Entwicklung und Geist der englischen Arbeiterorganisationen, in: Archiv 8 (1895), S. 133.
In England habe sich gezeigt, nicht die Niederlagen der Arbeiterbewegung brächten Beruhigung, sondern der Sieg der Arbeiterschaft. Die 'Fabier', Beatrice und Sidney Webb, betonten die Integrationsfähigkeit der Arbeiterorganisationen und die sich mit der Integration verändernde Interessenlage der Arbeiterorganisationen von einer egoistischen hin zu einer kollektivistischen und damit das ganze gesellschaftliche Gefüge berücksichtigenden Politik. Zudem versuchten sie, den volkswirtschaftlichen Wert der englischen Gewerkvereinspolitik darzulegen. Mit dem Fortschreiten der

"Da man den Arbeitern die nötige Freiheit liess, die zur Beseitigung der Missstände, unter denen sie litten, nötigen Organisationen und Agitationen ins Leben zu rufen, und das Land wirtschaftlich weiter fortschritt, sind ihnen auch die wirtschaftlichen Erfolge der letzteren nicht ausgeblieben; und mit jedem Erfolge im Rahmen der bestehenden Ordnung minderte sich das Streben, gegen sie anzustürmen."[24]

Brentano verglich die Gewerkvereine mit den alten Gilden, "mittelst derer die Gildegenossen" nicht nur "um ihre wirtschaftliche Existenzbedingungen kämpften", sondern sie seien die Organisationen gewesen, innerhalb derer sich das "ganze() Dasein abspielte, das Mittel zur Steigerung der gesellschaftlichen Stellung und zur Erlangung politischen Einflusses".[25] Charakteristisch für diese Organisation wäre also, daß tendenziell der "ganze Mensch" ergriffen würde. So könnten auch die Arbeiterorganisationen für alle Bereiche des Lebens der Arbeiter sorgen und auch Versicherungen selbst einrichten. Brentano wollte beweisen, daß die Gewerkvereine nicht nur einseitig auf den kapitalistischen Arbeitsprozeß bezogene Organisationen und politische Kampforganisationen, sondern umfassend sorgende Selbsthilfeformen darstellten.[26] Er wollte die Selbstversorgungsformen der Arbeiterklasse als historisch gewachsen auszeichnen und aus der Opposition zur bürgerlich-liberalen Gesellschaft herausführen. Brentano verwies auf das im historischen Prozeß entstandene Gestaltungs- und Bewältigungspotential der gesellschaftlichen Organisation "Gewerkverein", welches nicht zu seiner eigentümlichen Entfaltung kommen könne.[27]

---

industriellen und technischen Entwicklung werde eine "funktionelle Anpassung" einhergehen. Eine Verbesserung der Arbeitsbedingungen und eine weitsichtige Politik der Gewerkvereine unterstütze schließlich die "Auswahl der Passendsten", was wiederum eine Produktivitätssteigerung hervorbringe und von volkswirtschaftlichem Nutzen sei (Sidney Webb, Beatrice Webb, Die englischen Gewerkvereine nach ihrem volkswirtschaftlichen Wert, in: Archiv 11 (1897), S. 364). Die Beiträge des Ehepaars Webb sollten beweisen, daß die Arbeiterbewegung sich selbst politisch und gesellschaftlich verorten könne, die Arbeiter sich selbst eine neue Heimat und Identität schaffen könnten, ohne der industriellen Entwicklung zu schaden. Es gelte, den Staat auch aus ökonomischen Gründen in die Pflicht zu nehmen und den Arbeitern Selbstgestaltungsmöglichkeiten zu eröffnen.

[24] L. Brentano, Entwicklung und Geist ..., S. 134.
[25] L. Brentano, Entwicklung und Geist ..., S. 138.
[26] Hier setzten auch die für Brentanos Theorie konstitutiven Einwände gegen die Darstellungen des Ehepaar Webbs ein, die die Entwicklung der Gewerkvereine im Kontext der Genese der kapitalistischen Industriegesellschaft erklärten und sie als Verbindung zur Hochhaltung und Verbesserung von Arbeitsbedingungen interpretierten. Der forschungsmethodische Einwand zielte in die gleiche Richtung. Da es sich bei den Gewerkvereinen um organisch gewachsene Institutionen handele, konnte demnach nicht eine Definition am Anfang des Werkes stehen, sondern erst nach "der Vorführung ihres Wachstums" (L. Brentano, Entwicklung und Geist ..., S. 86).
[27] Brentano versuchte zu zeigen, daß auch die Eigentumsfrage keine Erfindung der Arbeiterklasse sei, sondern auf die traditionelle Verankerung dieser Frage hinzuweisen

Entsprechend strebten die Sozialreformer eine Demokratisierung der Ordnung gesellschaftlicher Teilnahme an, um einer Ausgrenzung der Arbeiterklasse entgegenzuwirken. Weniger die Entfremdung von Selbstbestimmung und Selbstgestaltung durch die Vergesellschaftungsformen gewerblicher Arbeit wurde beklagt, sondern die soziale Ordnung, die Selbstbestimmung und Emanzipation nicht als integrale Elemente kenne. Pointiert vorgetragen: Der Geselle solle zumindest zum Bürger werden, soweit er nicht (mehr) Meister werden könne, damit er nicht als Arbeiter in der revolutionären Masse der Proletarier verschwinde. Das bürgerliche Gemeinwesen wurde zum Paten der industriell kapitalistischen Vergesellschaftungsprozesse ernannt. Weniger die Produktionsverhältnisse wurden dementsprechend problematisiert, vielmehr die soziale Ordnung und im besonderen der Staat, der nicht in der Lage sei, den Arbeitern einen sicheren sozialen Rechtsstatus zu geben und ein Steuerungssysstem zu entwerfen, das den streitenden Parteien einen Rahmen zur Bewältigung und zum Aushandeln ihrer Interessen gebe. Die Arbeiter sollten eine Heimat in der Gesellschaft finden und ihr erstarktes Selbstbewußtsein zum Wohl des "Ganzen" einbringen können. "Jede Sozialpolitik", schrieb z.B. Heinrich Herkner, "welche den als Mann sich fühlenden Arbeiter zum gängelbandbedürftigen Kinde herabwürdigt, muss scheitern":

"Man denke der schönen Mahnung Fr. A. Lange's: Selbst wenn Du Bildung im höchsten Sinne des Wortes besitzest, ist Dein Mitmensch Dir gegenüber kein Kind. Entweder Du erniedrigst ihn zum Sklaven - solange die Kette halten will - oder Du anerkennst ihn als freien Mann und in der Hauptsache als ebenbürtig. Das Gängelband gehört nicht in den Umgang mit Männern, und wenn Du ihnen gegenüber ein Riese an Kenntnissen wärest."[28]

Die bürgerlichen Sozialreformer verwiesen auf die ethische Verantwortung des Staates. Ausgangspunkt war die grundlegende Verteilungsungerechtigkeit hinsichtlich der materiellen und geistigen Güter. Soweit der Staat den Arbeitern bürgerliche Rechte und eine gerechtere Verteilung der Güter zusichere, könne er Bedingungen schaffen, damit die Arbeiter sich als Bürger des Staates empfinden und eine soziale Teilnahme anstreben.

---

sei: "Kein Stammbaum, der älter wäre als der der Angriffe gegen das Eigentum. Ich denke dabei nicht an die kommunistischen Ausführungen, die bei den einzelnen griechischen Philosophen sich finden. Sie sind auf die Ausbildung der neueren kommunistischen Lehren nicht ohne Einfluß geblieben; aber sie waren dies weniger unmittelbar, als insofern sie die christlichen Anschauungen in der Zeit der Kirchenväter beeinflußt haben. Diese sind es, von denen die kommunistischen Ideen in ununterbrochener Linie in die Neuzeit hinüberlaufen. Ihre Grundgedanken wirkten auch dann noch nach, nachdem die Angreifer den christlichen Boden verlassen hatten. Damit geht der Stammbaum dieser Angriffe zurück auf das ehrwürdigste Element unserer Kultur, die Bibel" (Lujo Brentano, Zur Genealogie der Angriffe auf das Eigentum, in: Archiv 19 (1904), S. 251).

[28] Heinrich Herkner, Studien zur Fortbildung des Arbeitsverhältnisses, in: Archiv 4 (1891), S. 588.

Die Desintegrationsfrage und die Vergesellschaftungsformen gewerblicher Arbeit

Die Diskussion um die Desintegrationsfrage rückte nun die Vergesellschaftungsformen gewerblicher Arbeit stärker in den Vordergrund. Versuchte Brentano gerade die Stärke der Gerwerkvereine dadurch zu unterstreichen, da sie in der Kontinuität mit den alten Gilden zu sehen seien und der Staat sie darum zu schützen habe, so wurde nun thematisiert, ob nicht angesichts des Vergesellschaftungsgrades der gewerblichen Arbeit neue Vergesellschaftungsformen sozialer Teilnahme gefunden werden müßten. Sombart sah in der Vergesellschaftung das 'principium divisionis' und er entdeckte in der Arbeiterbewegung die soziale Bewegung, deren Vorschläge den Anforderungen der Zeit entsprachen:

"Aber während die Arbeiterbewegung fortschrittlich auftritt, d.h. keine der modernen Errungenschaften hoher Wirtschaftsformen aufgeben will, ist es die Mission der 'ethischen' Nationalökonomie zu 'stoppen'. Es geht zu rasch, wir verlieren bei dem raschen Tempo all unser Kulturgepäck, die 'sittliche' Umbildung kann nicht Schritt halten mit der ökonomischen, die alten, bewährten Formen des Wirtschaftslebens, die Pflanzstätten von Zucht und Ordnung, von Sitte und Moral dürfen der wirtschaftlichen Revolution nicht so ohne weiteres preisgegeben werden, die Schwachen müssen geschützt, die Starken gebändigt werden: so und ähnlich lauten die Mahnworte, die die 'ethische' Nationalökonomie an die Regierungen richtet."[29]

Es wurden Gesellschaftsanalysen vorgetragen, die von einer grundlegenden Umstrukturierung der gesellschaftlichen Binnenstruktur durch den Kapitalismus ausgingen und die von der Politik nicht nur eine Bewahrung des 'gewachsenen' Gesellschaftsgefüges forderten. Familie und Erwerbsarbeit gerieten als Basisinstanzen sozialer Sicherung und damit der Chancen- und Güterverteilung zunehmend schärfer in die Kritik, und es wurde fraglich, ob eine rechtliche Korsettierung und Ersatzinstanzen ausreichen konnten, um Ungerechtigkeiten und die sozialstrukturell bedingten Desintegrationsprozesse aufzufangen. Besonders am Beispiel der sog. Heimarbeit[30] und den sich damit ergeben-

---

[29] Werner Sombart, Ideale der Sozialpolitik, in: Archiv 10 (1897), S. 33.

[30] Besonders wurde das sog. 'Sweating-System' kritisiert. Adolphe Smith klagte 1896 die Brutalität des 'Sweating-Systems' in England an. Charles Kingsley hatte in seinem Roman 'Alton Locke, Schneider und Poet' den Ausdruck 'Sweating-System' geprägt. Der sog. 'sweater' sei ein Mittelsmann. Er habe sich als eine Art Subunternehmer oder Zwischenmeister zwischen Unternehmer und Arbeiter geschoben und wohne häufig in 'Billig-Lohngegenden'. Der Sweater übernehme die Aufträge und lasse die Arbeiter für wenig Geld die Arbeit verrichten und aus der Arbeit seinen Profit herausschwitzen (Vgl.: Adolphe Smith, Das Sweating-System in England, in: Archiv 9 (1896), S. 392-393). Florence Kelley zeigte am Beispiel des Sweatingsystem in der Vereinigten Staaten auf, daß die Ursache der Armut in "dem einmütigen Vorgehen der Engroshändler, die über grosse Kapitalien verfügen und die Zwischenmeister beschäftigen", zu sehen sei (Florence Kelley, Das Sweatsystem in

den sozialpolitischen Herausforderungen wurde diese Frage zugespitzt und zeigte sich der Unterschied zwischen einer bewahrenden und einer 'fortschrittlichen' Sozialpolitik.

"In langwierigen Kämpfen wehren sich die ursprünglichen, im unmittelbaren Wollen und Glauben beruhenden Verbände und Gemeinschaften der Menschen gegen die zersetzende, vereinzelnde, sie zu Mitteln für ihre Zwecke herabsetzende Vernunft der Individuen auf der einen, gegen die ebenso individualistisch wirkende Staatsraison auf der anderen Seite: in diesen Kämpfen vollzieht und verzehrt sich die gesamte neuere Entwicklung des sozialen Lebens. Jeder so geartete Kampf ist ein Todeskampf, sie erfüllen den Prozess des Unterganges jener durch Wesen und Ueberlieferung geheiligten Verbände. Der letzte, einfachste, aber zäheste, weil innerlichste von allen ist die Familie. Dass ihre hergebrachte Gestalt durch die moderne ökonomische Entwicklung aufgelöst wird, ist beinahe ein Gemeinplatz geworden. Die Staatsgewalt wird angerufen, sie zu retten. Schutz der Frauen und Kinder vor der - formell durch ihre eigenen oder durch den Willen des Familienvaters, materiell durch das Interesse des Kapitalisten bewirkten - Individualisierung, die sie den Männern gleich zu Verkäufern ihrer Arbeitskraft macht, bildet den Kern der ganzen bewussten Reaktion der Gesellschaft gegen ihre gegebenen Entwicklungstendenzen, die in der Fabrikgesetzgebung enthalten ist; und der Fortschritt wird immer lebhafter gefordert werden, wie er immer dringender notwendig und unaufhaltbar wird, der sie zu einer Hausindustrie-Gesetzgebung erweitert."[31]

---

den Vereinigten Staaten, in: Archiv 12 (1898), S. 208). Ein Vergleich der Zigarrenindustrie und der Bekleidungsindustrie lege dar, daß die Zigarrenarbeiter über einen Achtstunden-Tag verfügten, eine Lohnregelung und Lehrlingssystem vorhanden sei und "ein Warenzeichen, das dem Käufer die Garantie giebt, dass seine Zigarren unter den Arbeitsbedingungen der Gewerkvereine angefertigt sind. (...) Jeder Zigarrenarbeiter kauft sein eigenes Rohmaterial ein; verkauft seine fertigen Produkte. Engroshändler und Zwischenmeister giebt es in diesem Gewerbe nicht, in dem das Kapital sich noch nicht stark konzentriert hat" (ebd., S. 209). Andererseits seien die Arbeiter trotz dieser Zersplitterung in großer Zahl in Gewerkvereinen, die vier Zigarrenfabriken in Chicago beschäftigten nach Kelley dagegen wenig organisierte Arbeiter.
Alfred Weber fragte, ob das Sweatingsystem wirklich die Ursache für die niedrigen Löhne sei (Alfred Weber, Das Sweatingsystem in der Konfektion und die Vorschläge der Kommission für Arbeitsstatistik, in: Archiv 10 (1897), S. 501). Denn die niedrigen Löhne seien nicht die Folge, sondern die Voraussetzung des Zwischenmeistersystems. Weber erklärte den Zusammenhang folgendermaßen: "Die parasitären Zwischenmeistergewinne werden gar nicht auf Kosten der Arbeitslöhne gemacht. Sie sind vielmehr ein Preis, den der Konfektionäre dem Zwischenmeister für die Bequemlichkeiten, die seine Existenz ihm verschafft, bezahlt" (A. Weber, Das Sweatingsystem in der ..., S. 511). Als Ursache des Übels erkannte Weber die mit der industriellen Entwicklung entstandene Heimarbeit und hier besonders die weibliche Nebentätigkeit.
[31] Ferdinand Tönnies, Die Erweiterung der Zwangserziehung, in: Archiv 15 (1900), S. 458-459.

Werner Sombart plädierte bereits 1888 und 1891 für eine Ausdehnung des Arbeitsschutzes auf die Hausindustrie.[32] Sombart suchte das Wesen der Hausindustrie zu erfassen. Er kritisierte den Mitbegründer des Vereins für Sozialreform Gustav Schmoller. Schmoller gehöre zu den Nebenbeschäftigungstheoretikern, die in der Hausindustrie die Möglichkeit entdeckten wollten, traditionelle Lebensformen zu erhalten, so z.B. kleinere Betriebe in der Landwirtschaft. Demgegenüber habe schon Karl Marx in einer kurzen Ausführung im "Kapital" die Hausindustrie "als eine Form der modernen grosskapitalistischen Produktionsweise" gekennzeichnet, die im prinzipiellen Gegensatz zum Handwerk zu setzen sei.[33] Sombart schloß sich der Marxschen Bestimmung an. Er wehrte sich gegen das Schmollersche Argument, daß die Hausindustrie bestimmte Siedlungsverhältnisse noch möglich mache. "Sehr wohl", hielt Sombart dagegen, "könnte bei einer anderen Verteilung des Grund und Bodens eine gleiche, nur Landwirtschaft treibende Bevölkerung auf demselben Gebiete ernährt werden".[34] Sombart wies - wie auch Alfred Weber - jegliche Romantisierung der Hausindustrie zurück, z.B. daß in der Hausindustrie noch die Erziehung durch die Familienbande erhalten bleibe: Selbst wenn man Erziehung als Anleitung zur beruflichen Tätigkeit definieren wolle, könne in der Hausindustrie von einer "lehrlingsmäßigen Ausbildung" keine Rede sein, sondern allein von einer reinen Ausnutzung der kindlichen Kräfte.[35] Vielmehr müsse umgekehrt festgehalten werden, daß die Hausindustrie die Entwicklung der Industriearbeiterverhältnisse, z.B. durch das Drücken der Preise, verzögere. Was ideell und materiell für die Hausindustrie sprechen solle - die Erhaltung der Familienbande und die Erhaltung kleiner Handwerksbetriebe oder Landwirtschaften - behindere also indirekt ein Familienleben der Industriearbeiter. Hebung der Löhne und Abschaffung der Heimarbeit erschienen ihnen die einzig vernünftigen Konsequenzen.

> "Es hiesse romantische Ideale über die Gesichtspunkte der Erhaltung der nationalen Kraft stellen, wollte man weiter ruhig mit ansehen, wie eine Generation grossstädtischer Arbeiterinnen nach der anderen in dem Tretwerk der gegenwärtigen Betriebsverfassung der Konfektion untergeht, bloss weil man sich scheut, durch die Beseitigung der Heimarbeit einige innerlich durch die Heimarbeit bereits zerrissene Familien auch äusserlich zu zerreissen."[36]

Der sozialethische Appell für die Familie wurde durch eine gesellschaftspolitische Diskussion um die soziale Stellung und Neugestaltung der sozialen Lebensformen und des Verhältnisses von Reproduktion und Produktion in der kapitalistischen Gesellschaft ersetzt. Der Atomisierungs- und Individualisie-

---

[32] Werner Sombart, Die deutsche Zigarrenindustrie und der Erlass des Bundesrats vom 9. Mai 1888, in: Archiv 2 (1889), S. 107-128.
[33] W. Sombart, Die deutsche Zigarrenindustrie ..., S. 109.
[34] W. Sombart, Die deutsche Zigarrenindustrie ..., S. 139.
[35] W. Sombart, Die deutsche Zigarrenindustrie ..., S. 149.
[36] A. Weber, Das Sweatingsystem in der ..., S. 519.

rungsprozeß sollte nicht nur als ein Problem des Arbeiters oder der Frau angesehen werden, die ihre Familie 'verlasse', sondern die sozialen Desintegrationsprozesse auf ihre sozialökonomischen Zusammenhänge zurückgeführt werden. Dementsprechend skizzierte auch Lily Braun den Standpunkt der Frauenbewegung:

> "Natürlich wird diesen Ausführungen das bekannte Schlagwort von der Auflösung der Familie entgegengeschleudert werden. Sehen wir aber doch einmal ehrlich, ohne die rosige Brille, mit der man das Familienleben zu betrachten pflegt, den Thatsachen ins Gesicht, und fragen wir uns, ob nicht die alte Familienform ohne unser Zuthun, einfach infolge der wirtschaftlichen Entwicklung, der auch die Frauenbewegung angehört, ihrer Zersetzung entgegengeht. (...) Eine weit bessere Politik ist es, ihnen und uns den Gang der Dinge klar zu machen und ruhig auszusprechen, dass die Frauenbewegung mit ihrer Tendenz, der wirtschaftlichen Befreiung der Frau, zweifellos die heutige Familienform untergräbt, und es an uns liegt, den neuen Formen für das Gemeinschaftsleben zwischen Mann, Weib und Kind nachzuspüren und sie aufbauen zu helfen."[37]

Lily Braun wehrte sich dagegen, die Familien- zur Frauenfrage zu retouchieren. Die Auflösung der Familie war für Braun wie die Frauen- und Männerfrage eine sozioökonomische Frage. Die alleinige Sorge der Frau für die Familie entpuppe sich folglich als eine durch wirtschaftliche Abhängigkeit erkaufte Sorge. Sobald die Abhängigkeit der Frau sich lockere, werde auch der letzte Halt der alten patriarchalisch geordneten Familie gelöst. Umgekehrt erkannte Braun die Chance, nunmehr gemeinsam (Mann, Weib, Kind) an einer neuen Gemeinschaft als Teil der sozialistischen Gesellschaft zu bauen. Die Suche nach einer neuen Gesellschaftsform implizierte für sie die Neudefinition der Geschlechtervorstellungen, losgelöst von der Macht des Geldes der Patriarchen.[38]

---

[37] Lily Braun, Der Kampf um Arbeit in der bürgerlichen Frauenwelt, in: Archiv 16 (1901), S. 131.
[38] 1901 besprach Lily Braun das Buch von Adele Gerhard und Helene Simon: Mutterschaft und geistige Arbeit. In diesem Kontext erklärte sich noch einmal Zusammenhang: "Fragen wir nun nochmals nach den Resultaten, zu denen das Buch uns führt, so muss ich gestehen, dass die Frage: Ist die Mutterschaft vereinbar mit der geistigen Arbeit? eine bestimmte Antwort nicht gefunden hat und nicht finden konnte. Vielmehr ist der Konflikt nur schärfer beleuchtet worden. Die Frage zu beantworten, den Konflikt, soweit es möglich ist, zu lösen, wird erst in einer Zeit möglich sein, wo die Fesseln der Tradition die Frauen nicht mehr bei jedem Schritt vorwärts wieder zurückzerren, und die Last ökonomischer Abhängigkeit sie nicht niederdrückt" (Lily Braun, Buchbesprechung, Adele Gerhard/Helene Simon, Mutterschaft und geistige Arbeit, Berlin 1901, in: Archiv 16 (1901), S. 543).

Die Entfremdungsfrage und die Vergesellschaftungsformen individueller Lebensführung

Die Entfremdungsfrage schließlich bezieht sich auf die Diskussionen um die Vergesellschaftungsformen individueller Lebensführung. Traditionell war das Hineinwachsen in einen Beruf gleichzeitig mit dem Hineinwachsen in eine gesellschaftliche Position verbunden. Beruf, gesellschaftliche Position und Persönlichkeit gingen nicht selten ineinander auf. Im Kapitalismus verschwand, zumindest in der Einschätzung Sombarts, die Möglichkeit, überhaupt noch mit einem Beruf zu verwachsen oder Berufsstolz und Berufsgefühl zu entwickeln. Sombart trat der Auffassung entgegen, daß aufgrund der Spezialisierung der Beruf eine größere Bedeutung gewonnen habe. Mit der Verbesserung und Veränderung des Produktionsverfahrens entwickele sich das Tätigkeitsprofil unabhängig von der organischen Persönlichkeit des Ausübenden. Marx habe diese Verschiebung von Real- und Personalkapital für den Kapitalismus ausführlich dargestellt. Deshalb verliere auch die Ausübung eines Berufs "unausgesetzt an gesellschaftsbildender Kraft".[39] Sombart skizzierte die Diktion des modernen Wirtschaftslebens[40]:

---

[39] W. Sombart, Beruf und Besitz, in: Archiv 18 (1903), S. 5.

[40] Die Kultur des Wirtschaftslebens beschrieb Sombart vor dem Hintergrund einer Theorie der Konjunktur. Die Theorie der Konjunktur sollte die ökonomischen Krisentheorien ablösen, die als Pathologien des Wirtschaftsorganismus definiert worden seien, was bedeuten würde, daß es einen normalen oder gesunden Zustand gebe: "Einen solchen 'normalen' Zustand ohne Krisen gibt es nicht, und es hätte auch wenig Zweck, ihn als regulative Idee für die Forschung zu konstruieren" (Werner Sombart, Versuch einer Systematik der Wirtschaftskrisen, in: Archiv 19 (1904), S. 18). 'Krise' könne nach Sombart nur eine Gefährung der wirtschaftlichen Existenz als Massenerscheinung genannt werden. Sombart erstellte das folgende Schema: Eine Krise könne nun als a) persönliche Schuld-, als b) Natur- oder c) gesellschaftliche Tatsache auftreten. Die letzte Kategorie unterscheide sich wiederum in 1. privatwirtschaftliche Krisen, 2. Finanzkrisen, 3. volkswirtschaftliche Krisen, wo wiederum I. Absatzkrisen und II. Kapitalkrisen auszumachen seien, letztere als primäre oder sekundäre Kapitalkrisen, welche letztlich Handels- oder Produktionskrisen seien. "Wenn man innerhalb der volkswirtschaftlichen Krisen partielle und allgemeine unterscheidet, so ist das nicht zweckmäßig, denn die Unterscheidung läßt sich einigermaßen genau gar nicht vornehmen. Wirklich 'allgemeine' Krisen, in dem eminenten Sinne, daß alle Wirtschaften eines größeren Wirtschaftsgebietes (etwa einer moderne Volkswirtschaft) Not litten, hat es nie gegeben und wird es nie geben. Immer bleiben einzelne Branchen von der Notlage, mag sie noch so 'allgemein' gewesen sein, verschont. Es handelt sich also um ein Mehr oder Weniger. Deshalb wird man besser tun zu sagen: jede volkswirtschaftliche Krisis setzt als partielle ein, hat aber eine Tendenz zur Verallgemeinerung" (ebd., S. 9-10). Insgesamt kam Sombart zu dem Schluß, daß nicht eine Krisenlehre erarbeitet werden müsse, der Begriff sei zu unbestimmt und empirisch nicht brauchbar, sondern daß man sich auf das "Problem der Bewegungsformen der kapitalistischen Wirtschaft" auszurichten habe, und "da wir nun für diesen Wechsel von Expansions- oder Kontraktionszuständen, für diese Bewegungsformen den Ausdruck 'Konjunktur' haben", so war es für Sombart nur ei-

"Wir werden uns die Eigenart des Verlaufs moderner Wirtschaft am besten klar machen, wenn wir unser Augenmerk auf die aller kapitalistischen Wirtschaft offenbar innewohnende Tendenz zur Entfaltung von Widersprüchen, von Konflikten lenken. Widersprüche meine ich, in diesem Sinne Antinomien, (...) zwischen der Zwecksetzung der kapitalistischen Wirtschaftssubjekte und den Erfolgen ihrer auf die Erfüllung jener Zwecke gerichteten Thätigkeit. Diese Erfolge nämlich stellen in entscheidenden Fällen das Gegenteil dessen dar, was man erreichen wollte: vom Standpunkte kapitalistischer Wertung aus betrachtet, wirkt also hier die Kraft, die stets das Gute will und stets das Böse schafft."[41]

Für Sombart lag in der Produktion von Widersprüchen die 'Bewegungsformel' des modernen kapitalistischen Wirtschaftslebens: "Der Kapitalismus erzeugt also selbst wieder mit Hilfe höchster Rationalisierung der Technik das für ihn schlechthin Irrationelle."[42] Sombart übertrug nun dieses Prinzip der wirtschaftlichen Entwicklung auf "den gesamten Zuschnitt der modernen Kultur, auf den 'Stil des Lebens'".[43] Es sei der Zeit mit Recht oft vorgehalten worden, daß eine vorwiegend sachliche Kultur vorherrsche und die Persönlichkeit zunehmend zurücktrete: Die Menschen erhielten eine Flut von Anregungen. Sie würden mit Erfindungen und Kultur aus der ganzen Welt überhäuft: Telegraphen, Telephone, Photographie seien Erfindungen, die dem Sieg über Zeit und Raum Ausdruck verliehen. "Diese objektive Beherrschung der Zeit hat nun aber zu einer völligen Neugestaltung des individuellen Zeitbewusstseins geführt, an der die Einwirkung der kapitalistischen Interessen noch unmittelbarer, handgreiflicher zu Tage trifft."[44] Die Entwicklung habe nivellierend auf Lebensgewohnheiten und Geschmack gewirkt. Sombart endeckte eine Tendenz zur beschleunigten Lebensführung: "Häufung der Eindrücke und dadurch bewirkte vermehrte Ausschaltung von Lebensenergie ist unser tiefstes und

---

ne logische Konsequenz, daß die Krisentheorie in eine Theorie der Konjunktur umgewandelt werden müsse (ebd., S. 21).

[41] Werner Sombart, Der Stil des modernen Wirtschaftslebens, in: Archiv 17 (1902), S. 1.

[42] W. Sombart, Der Stil des ..., S. 3.

Sombart glaubte, in der nationalökonomischen Literatur ein gutes Beispiel für die Widersprüchlichkeit gefunden zu haben: Da behaupte der eine Denker, daß die wirtschaftlichen Prozesse sich durch das Wirtschaftsleben verkürzen, da spreche der andere von einer Verlängerung des Produktionsweges. Natürlich hätten beide recht. Einerseits dränge das Kapital darauf, die Umschlagperioden zu verkürzen, andererseits erzeuge gerade das Bestreben zur Verkürzung auch eine Verlängerung, indem z.B. durch den Einsatz von Maschinen Kapital gebunden werde: "Aber was das Entscheidende ist: ihr Gegeneinanderwirken ist ein notwendiges, ein 'gesetzliches' deshalb, weil die eine andere aus sich erzeugt. (...) Das Streben des Unternehmers nach Abkürzung erzeugt also zunächst die Tendenz zur Verlängerung der Umschlagperioden seines Kapitals" und umgekehrt natürlich auch (ebd., S. 14).

[43] W. Sombart, Der Stil des ..., S. 16.

[44] W. Sombart, Der Stil des ..., S. 18.

nachhaltigstes Bedürfnis geworden."[45] Menschliches Leben, so das Ergebnis, werde durch die "Herrschaft der vorgethanen über die lebendige Arbeit" in einer Welt von Antinomien und Konflikten gehalten.[46] Entscheidend sei, spitzte Max Weber die Diagnose zu, daß im ausgestalteten Kapitalismus ein "stahlhartes Gehäuse" den "Mantel" individueller Sinnstiftung verdrängt habe und die Berufserfüllung oder jene Form systematischer Selbstkontrolle nicht einmal mehr individuell ausgedeutet zu werden brauche, sondern nur durch den äußeren ökonomischen Zwang beherrscht werde. Weber ging es darum, die Entleerung der Welt, die Entzauberung individueller Sinnstiftungs- und Lebensführungslogiken durch den Kapitalismus aufzuzeigen: "Jene mächtige Tendenz zur Uniformierung des Lebensstils", "welcher heute das kapitalistische Interesse an der 'standardization' der Produktion zur Seite steht".[47]

Die Vergesellschaftungsformen individueller Lebensführung schienen den Menschen auf eine ausführende Funktion zu reduzieren. Demgegenüber wurden vom einzelnen Menschen immer genauere Fertigkeiten und selbsttätige

---

[45] W. Sombart, Der Stil des ..., S. 19.
[46] W. Sombart, Der Stil des ..., S. 15.
[47] M. Weber, Die protestantische Ethik und der "Geist" des Kapitalismus, in: Archiv 19; 20 (1905), S. 96.
Max Weber ging einen Schritt weiter. Auch Weber analysierte das soziale Phänomen 'Beruf' und empfahl, den sozialökonomischen Blick weiter zu öffnen, da man die im Kapitalismus vorherrschenden Normen des wirtschaftlichen Handelns nur begreifen könne, soweit man die "Triebkräfte der Entwicklung des Kapitalismus" beleuchte und damit die 'ethischen Qualitäten', die bei der Genese des Kapitalismus gegenüber traditionellen Wirtschaftsweisen wirkten. Er betonte, daß die Durchsetzung des kapitalistischen Geistes sich wesentlich "dornenvoller" vollzogen habe, als die "Theoretiker des 'Überbaues'" annähmen und fragte nach dem ethischen Unterbau des Kapitalismus (ebd., S. 23.): Den Idealtypus des kapitalistischen Unternehmers zeichne ein asketischer Zug aus, der weniger durch das Ausnutzen von Reichtum für die eigene Person noch durch ein Genießen der Macht oder gesellschaftlicher Positionen geprägt sei. Diese Elemente seien ihm eher unangenehm. Kennzeichnend für den kapitalistischen Unternehmer sei die "irrationale( ) Empfindung der 'Berufserfüllung'" (ebd., S. 31). Weber suchte die Idee des Berufsgedankens zu erfassen, die Berufsethik als "Produkt eines lang andauernden 'Erziehungsprozesses'" zu beschreiben (ebd., S. 23). Er stellte die Genese und Verbreitung des kapitalistischen Geistes als Grundkraft kapitalistischen Wirtschaftens dar. Die Verfügbarkeit von materiellen Ressourcen sei letztlich nur die Folge seines Wirkens. Weber wollte die Gedankenkreise aufzeigen, aus denen die "Einordnung einer äußerlich rein auf Gewinn gerichteten Tätigkeit unter die Kategorie des 'Berufs'" entstammte (ebd., S. 33.): "Man kann eben das Leben unter höchst verschiedenen letzten Gesichtspunkten und nach sehr verschiedenen Richtungen hin 'rationalisieren', der 'Rationalismus' ist ein historischer Begriff, der eine Welt von Gegensätzen in sich schließt, und wir werden gerade zu untersuchen haben, wes Geistes Kind diejenige konkrete Form 'rationalen Denkens und Lebens war, aus welcher jener 'Berufs'-Gedanke und jenes, - wie wir sahen, vom Standpunkt der rein eudämonistischen Eigeninteressen aus so irrationale - Sichhingeben an die Berufsarbeit erwachsen ist, welches einer der charakteristischen Bestandteile unserer kapitalistischen Kultur war und noch immer ist. Uns interessiert hier gerade die Herkunft jenes irrationalen Elements, welches in diesem wie in jedem 'Berufs'-Begriff liegt." (ebd., S. 35.)

Leistungen nicht nur im Produktionsprozeß, sondern auch im kulturellen und privaten Leben abverlangt, bei gleichzeitigem Wissen um die Komplexität und Widersprüchlichkeit der Entfremdungsprozesse in der kapitalistischen Moderne.

Sozialpädagogik und Sozialpolitik

In den Debatten um die Ausgrenzungs-, Desintegrations- und Entfremdungsfrage werden Gemeinsamkeiten mit der sozialpädagogischen Problemwahrnehmung der Zeit deutlich. Nicht nur in den offensichtlichen Problematisierung von pädagogischen Fragen, wie bei Lily Braun oder in der Thematisierung der Ungerechtigkeiten in der Verteilung von Bildung, sondern auch in den sozialpolitischen Diskussionen um die Integration der Arbeiterbewegung - z.b. bei Brentano oder Sombart - oder um die Vergesellschaftungsformen individueller Lebensführung sind deutliche Überschneidungen in den Problemdefintionen zu erkennen. Diese Diskussionen fordern geradezu eine sozialpädagogische Auseinandersetzung heraus. Entsprechend kann die eigene sozialpolitische Qualität der Sozialpädagogik nur formuliert werden, soweit die sozialpädagogischen Ansätze in den sozialpolitischen Reflexionshorizont gerückt werden. So ist Reins Sozialpädagogik und seine Formel: 'Erst Bildung, dann Freiheit', z.B. vor dem Hintergrund der Debatten um die rechtlichen, materiellen und kulturellen Verteilungsungerechtigkeiten zu betrachten. Er selbst bezieht sich explizit auf die staatssozialistischen Positionen Adolph Wagners. Auch Natorp sieht seine Idee der Bildungsgemeinschaften im Kontext der Diskussionen um die Vergesellschaftung gewerblicher Arbeit und das Verhältnis von Reproduktion und Produktion, und schließlich setzen sich die pädagogischen Reformbestrebungen insgesamt mit den sozioökonomischen Vergesellschaftungsformen individueller Lebensführung auseinanderzusetzen.

Gleichzeitig zeichnet sich in der Absetzung von den nationalökonomischen und sozioökonomischen Zugängen aber auch die Eigenheit der sozialpädagogischen Problemwahrnehmung ab: Das Menschsein und das Aufwachsen in der kapitalistischen Moderne steht im Mittelpunkt der sozialpädagogischen Betrachtungen. Die Sozialpädagogen versuchten aus dieser Perspektive, den pädagogischen Gestaltungsauftrag herauszustreichen. Vor diesem Hintergrund kann die 'sozialpädagogische Verlegenheit' der kapitalistischen Moderne als sozialpädagogische Problemdefinition der Ausgrenzungs-, Desintegrations- und Entfremdungsfrage begriffen werden.[48]

---

[48] Lothar Böhnisch hat jüngst (1999) in seiner 'Sozialpädagogik der Lebensalter', diese Perspektive weiterentwickelt und für die gegenwärtigen Diskussionen um die Sozialpädagogik fruchtbar gemacht. Er beschreibt den epochalen Zusammenhang, indem er festhält: "Insgesamt gilt: Da die Problematik sozialer Desintegration dem arbeitsteiligen Industriekapitalismus strukturell immanent ist und sich in ihren Folgen am Einzelnen auswirkt, enthalten die psychosozialen Folgeprobleme selbst einen pädagogischen Aufforderungscharakter. D.h., sie folgen nicht der Rationalität der

Aus sozialpolitischer Perspektive kann schließlich resümiert werden: Gerade weil in der Sozialpädagogik die Ausgrenzungs-, Desintegrations- und Entfremdungsprozesse in der kapitalistischen Moderne vom Menschsein her begriffen und beantwortet werden, fordert sie wiederum eine sozialwissenschaftliche und sozialpolitische Einlagerung und Reflexion ihrer Gestaltungsperspektiven und Begriffe vom Menschen heraus. Am Ende dieses Buches soll darum beispielhaft eine zeitgenössische Reflexion von Sozialpädagogik im Horizont der Sozialpolitik und Sozialwissenschaft stehen. Ferdinand Tönnies setzte sich um die Jahrhundertwende intensiv mit der Sozialpädagogik auseinander.

9.2 Ferdinand Tönnies und die Sozialpädagogik I - die sozialpolitische Einordnung der Bildungsgemeinschaft

"Denn Willensbildung wird wesentlich durch die Erziehung erreicht, d.h. durch Einlebung in die sittlichen Formen menschlicher Gesellschaft; nur die sittlich begründete Gemeinschaft erzieht unmittelbar, Unterricht vermag nur insofern mitzuwirken, als er durch Soziologie und Geschichte die Idee der Gemeinschaft der Arbeits- und Volksgenossen, endlich aller Menschen erwecken und nähren hilft." (Ferdinand Tönnies)[49]

1905 bemerkte Schneider, "wer einmal die Geschichte der Volksbildungslehre als Sozialwissenschaft schreiben will, hat auszugehen von dem großangelegten und tiefgründigen Werke Natorp's: Sozialpädagogik".[50] Ferdinand Tönnies besprach 1894 Natorps Aufsatz über Pestalozzi und die Arbeiterbildung und lobte ihn, da er die Bedeutung des Arbeitsprozesses in ein Konzept humaner Bildung integriert habe. Tönnies setzte sich ebenfalls mit Natorps Theorie in einer Besprechung des Hauptwerkes - der 'Sozialpädagogik' - auseinander.

Am Anfang dieser Besprechung betrachtete er kurz die englische Universitätsausdehnungsbewegung. Diese sei ins Leben gerufen worden, damit das Volk sich selbst regieren lerne, zum Selbstbewußtsein gelange, sich zur Selbsterkenntnis erhebe, wofür Selbstbeherrschung eine Bedingung sei. Auch in Natorps Sozialpädagogik finde man Anklänge solcher Gedanken, doch insgesamt habe die Schrift einen anderen Charakter: Natorp gehe über den Gedanken des "pis-aller" hinaus, er wolle eine soziale Theorie der "Vervollkommnung der

---

ökonomischen Arbeitsteilung, sondern dem sozialtechnisch nur bedingt kalkulierbaren Eigensinn der Menschen" (Lothar Böhnisch, Sozialpädagogik der Lebensalter, Weinheim, München 1999, S. 24-25).

[49] Ferdinand Tönnies, Buchbesprechung, Paul Natorp, Pestalozzi's Ideen über Arbeiterbildung und soziale Frage, in: Archiv 7 (1894), S. 716.

[50] F. Schneider, Literatur zur Volksbildungsfrage, in: Archiv 21 (1905), S. 707.

gesamten menschlichen Kultur" begründen."[51] Natorps Sozialphilosophie suche die gemeinsame Wurzel von Erziehungs- und Gesellschaftslehre. Tönnies betonte, daß Natorp die sozioökonomische Auffassung nicht als Kontrapart ansehe. Er klage nur die Herrschaft des Bewußtseins und damit eine umfassendere Perspektive ein. Tönnies markierte als Hauptgedanken Natorps, daß die Gesetzlichkeit der Entwicklung und die Gestaltung des Bewußtseins letztlich identisch seien.

"Diesen Satz anerkenne ich allerdings, und sehe darin einen anderen Ausdruck dessen, was ich als die allgemeine Entfaltung des Rationalismus darzustellen pflege; nur dass für mich eine 'gesetzliche' Entwicklung nicht in jedem Sinne 'eine im ganzen fortschreitende' ist."[52]

Tönnies gab aber zu bedenken, ob Natorp nicht zu stark den Umstand betone, daß der Mensch die Umstände gestalten könne. Schon Pestalozzi habe in seinem Roman 'Lienhard und Gertrud' aufgezeigt, daß der Mensch durch die gesellschaftlichen Verhältnisse zu dem geworden sei, was er ist. "Pestalozzi würde darum, in unser heutiges Staatsleben hineingestellt, das Wort 'seiner Wahrheit getreu; aber keiner Partei' ohne eine gewisse Modifizierung nicht zum Prinzip seines Handelns machen."[53] Tönnies hatte eine Unterscheidung von Realitäten erster und zweiter Ordnung entwickelt, diese hielt er Natorp entgegen. So seien Tatsachen der Arbeit und der Arbeitsteilung Realitäten erster Ordnung, sie seien von "dem Willen der einzelnen sehr wenig abhängig", bedürften "aber zu ihrer Erhaltung des sozialen Willens, der als Ueberlieferung, als Sitte, als natürliche Ordnung oder als göttlicher Wille schon in diesen einfachen Thatsachen sich regelmässig" projiziere.[54] Die politische Verfassung und die Institutionen seien soziale Realitäten zweiter Ordnung. Hier sei der soziale Wille ganz allein entscheidend.

Natorp versuche sich mit seiner Theorie gegen die Aufhebung der Einheit der Zwecke, gegen einen Relativismus zu stemmen; übrigens in diesem Punkte vergleichbar mit der Marxschen Lehre, wo auch ein 'Reich der Freiheit' prophezeit werde, in dem wie bei Natorp die gesellschaftliche Praxis der Herrschaft des Bewußtseins unterliege. Nur der Weg zu diesem Ideal werde unterschiedlich beschrieben. Tönnies bezeichnete die von Marx gebotene Begründung einer unkapitalistischen Produktionsweise oder - wie Natorp es ausdrükken würde - einer organischeren sozialen Ordnung als sicherer. Trotzdem verfolgte Tönnies den Natorpschen Gedanken weiter und verband Hoffnungen in die damit verbundene sozialpädagogische Bewegung. So besprach er die beiden Schriften von Hermann Lietz, 'Das erste Jahr des deutschen Landerziehungsheims bei Ilsenburg im Harz', und 'Das zweite Jahr des u.s.w.':

---

[51] Ferdinand Tönnies, Buchbesprechung, Paul Natorp, Sozialpädagogik, Stuttgart 1899, in: Archiv 14 (1899), S. 445.
[52] F. Tönnies, Buchbesprechung, Paul Natorp, Sozialpädagogik ..., S. 457.
[53] F. Tönnies, Buchbesprechung, Paul Natorp, Pestalozzi's ..., S. 716.
[54] F. Tönnies, Buchbesprechung, Paul Natorp, Sozialpädagogik ..., S. 452.

"Der kühne Gedanke, auf der Basis eines gemeinschaftlichen Lebens von Lehrern und Schülern den ganzen Unterricht zu gestalten, in einem kleinen Gemeinwesen produktive Arbeit und möglichst vielseitige Ausbildung des Verstandes organisch zu verbinden, Ernst und Spiel in freudigem Wirken zu vereinigen, alles scheint sich bisher trefflich bewährt zu haben. Die Erziehung soll hier ganz und gar sein, was sie ihrer reinen Idee nach ist: ethische Erziehung oder, wie Natorp sagt, Erziehung des Willens, und wie es in dem ersten Berichte selber heisst, 'Erziehung zum Idealismus, zur Liebe!'"[55]

Die "Idee der 'Sozialpädagogik'" war für Tönnies "ein Erbteil des 'philosophischen Jahrhunderts', das im 19. Jahrhundert eine Weile noch mit Zärtlichkeit gehegt und gepflegt wurde, um dann freilich mit so vielen 'Schwärmereien' jenes Zeitalters in Vergessenheit unterzugehen". Tönnies ließ sich gar zu der hoffnungsfrohen Frage bewegen: "Wird auch ihr neuer Morgen mit dem Morgenrot des Jahrhunderts dämmern?"[56]

Doch Tönnies war nicht nur 'begeistert' von den sozialpädagogischen Ansätzen. Er kritisierte z.B. heftig David Koigen, der in seinem Buch, 'Die Kulturanschauung des Sozialismus', die Ansicht vertrat, daß nunmehr der "Revolutionsmensch" von dem "Renaissancemensch(en)" abgelöst werde. Koigen behauptete, daß in den sozialistischen Bestrebungen zusehends eine Verwandtschaft mit der Lehre Nietzsches zu erkennen sei:

"'Der Lebensstil der sozialistischen Demokratie ist seiner entwicklungssoziologischen Tendenz nach' dem Nietzsche'schen verwandt: denn er ist ein 'Streben, aus jedem einen 'Herrn' zu machen (...) einen Herrn über sich selbst und über die Welt der natürlichen und kulturgesellschaftlichen Verhältnisse'. 'Im Prinzipe sehen wir im arbeitenden Kulturmenschen der Entfaltung des Renaissancemenschen in seiner Universalgestalt entgegen.'"[57]

Aus Koigens Sicht passe es nun "vortrefflich", schrieb Tönnies weiter, "daß zurzeit sich zum Vorteil der sozialistischen Demokratie ein neuer Wissenschaftszweig, die sogenannte Sozialpädagogik" entfalte.[58] Tönnies lobte Koi-

---

[55] Ferdinand Tönnies, Buchbesprechung, Hermann Lietz, Das erste Jahr des deutschen Landerziehungsheimes bei Ilsenburg im Harz. Das zweite Jahr des u.s.w., Berlin 1899 und 1900, in: Archiv 15 (1900), S. 757.
Tönnies verwies in der Besprechung auf die Staatspädagogik Fellenbergs, um der Pestalozzi-Renaissance die stärker in aufklärerischen Ideen beheimatete Pädagogik Fellenbergs zur Seite zu stellen: Treffender als die häufig benutzten Bezeichnungen Mann des Verstandes (Fellenberg) und Mann des Gemütes (Pestalozzi) fand Tönnies die Charakterisierungen 'Denker' für Fellenberg und 'Künstler' für Pestalozzi. Nun sei eine Verwandschaft zwischen Abboltsholme, dem Vorbilde des deutschen Landerziehungsheims, und Hofwyl, der Schöpfung Fellenbergs nicht zu verkennen. Freilich biete Hermann Lietz - der Begründer der Landerziehungsheime - nur Anfänge.
[56] F. Tönnies, Buchbesprechung, Hermann Lietz, ..., S. 756.
[57] Ferdinand Tönnies, Buchbesprechung, David Koigen, Die Kulturanschauung des Sozialismus, Berlin 1903, in: Archiv 19 (1904), S. 458.
[58] F. Tönnies, Buchbesprechung, David Koigen, ..., S. 459.

gen zwar, da er den "'moralischen Nihilismus'" strenger Marxisten ablehne,⁵⁹ hielt ihm aber entgegen, daß er unter dem Mantel eines Kulturmenschentums und der Vorstellung eines gemeinsamen "'kulturellen Bauen(s)'" alle Klassenunterschiede verwische und die unterschiedlichen Lebenslagen und die Vergesellschaftungsformen individueller Lebensführung nicht mehr genau analysiere. Anstatt in den sich widersprechenden liberalen, reaktionären und sozialistischen Ansichten die emanzipatorischen Ansätze aufzuspüren, sei er, so muß Tönnies verstanden werden, beseelt von einem sog. sozialistischen Utopismus: "So ist denn manches mit Emphase Ausgesprochene, z.B. die angebliche Verwandtschaft des 'sozialistischen Lebensstiles' mit dem Nietzscheschen nichts als leeres Phantasma."⁶⁰ Tönnies Kritik an Koigen war charakteristisch für seine Haltung zur Sozialpädagogik. Er warnte trotz aller aufklärerischen Hoffnung, die er mit der Sozialpädagogik verband, vor einer Trennung der pädagogischen Frage von der sozioökonomischen Perspektive, vor einer euphorischen Pädagogik, die sich nicht um ihre soziale und politische Einlagerung mühte, die mit der Auflösung der überlieferten Lebensformen nur noch ein freigesetztes und zu pädagogisierendes Individuum erkannte.

9.3 Tönnies und die Sozialpädagogik II - die Zwangserziehungsgesetzgebung

"Und wenn der allgemeine Satz zum Rechtssatz wird: 'verwahrloste Kinder fallen der Sorge des Staates anheim', und wenn sogar dieser Satz von Kindern auf alle Minderjährige ausgedehnt wird - so ist dies von unermesslicher Tragweite. So eng auch der Begriff der Verwahrlosung umschrieben werden möge, prinzipiell ist damit das Recht des Staates gesetzt, das Erziehungsrecht der Eltern nach seinem Ermessen aufzuheben, den Vater oder die Mutter, ganz wie ein Vormund, ihres Amtes zu entsetzten."⁶¹ (Ferdinand Tönnies)

Tönnies fühlte sich verpflichtet, nicht nur eine Forschungsperspektive zu entwickeln, sondern gleichfalls die konkreten sozialpädagogischen Reformen aus dem Blickwinkel seiner Theorie zu kritisieren. Er setzte sich darum nicht nur mit der sozialpädagogischen Theoriebildung auseinander, sondern mischte sich in Gesetzgebungsverfahren ein, die dem Bereich der Sozialpädagogik zugezählt werden können. Das berühmteste Beispiel ist wohl der Beitrag zum Entwurf eines Gesetzes über Zwangserziehung Minderjähriger aus dem Jahr 1900. Tönnies These lautete: Die Zwangserziehungsgesetzgebung legitimiere aus ordnungspolitischer Perspektive den Staat, pädagogische Aufgaben der

---

⁵⁹ F. Tönnies, Buchbesprechung, David Koigen, ..., S. 460.
⁶⁰ F. Tönnies, Buchbesprechung, David Koigen, ..., S. 459.
⁶¹ F. Tönnies, Die Erweiterung der ..., S. 460.

Familie zu übernehmen, ohne die soziale Realität des Familienlebens zu hinterfragen, die soziale Desintegration zu betrachten, und ohne für diese Aufgabe gründlich vorbereitet zu sein. Es sei ja wohl hinlänglich bekannt, "dass Erziehung Geld kostet", doch für die Regierung sei "in der Arbeiterklasse Erziehung und Verwahrlosung eine 'rein sittliche Frage'".[62]

"Es ist aber ferner wie durch ein Vergrösserungsglas sichtbar, daß jede Erhöhung der Lohnsätze, und ganz besonders die Erhöhung jeder Art von Frauenlöhnen und die Verkürzungen der Arbeitstage in unvergleichlich viel intensiverer Weise zur Verhütung 'leiblicher und geistiger Verwahrlosung' armer Kinder wirken muss, als alle hochnotpeinlichen Aktionen der Herren Amtsrichter gegen ein armes Kind, das der Herr Landrat oder der Herr Polizeiinspektor wegen einer 'strafbaren Handlung' angezeigt hat. Wenn also der preussischen Regierung es so bitterlich ernst darum ist, der Verwahrlosung von Kindern entgegenzuarbeiten - wohlan! fördere sie mit allen Mitteln, nein! entferne sie nur alle Hemmnisse einer erfolgreichen Selbstorganisation der Arbeit, insonders der weiblichen Arbeit!"[63]

Grundlegender Gegenstand der Kritik müsse schon der Begriff 'Zwangserziehung' sein:

"Der Begriff der Zwangserziehung, der thatsächlich im Volksbewusstsein lebendig ist, und der auch durch den Umstand, dass nur noch der Vormundschaftsrichter soll auf Zwangserziehung erkennen können, in seinem Wesen nicht verändert wird, ist eben der einer Strafe; und zwar einer Be-

---

[62] F. Tönnies, Die Erweiterung der ..., S. 470.
Der Entwurf des Gesetzes über die Zwangserziehung-Minderjähriger, welcher am 8.1.1900 dem "preussischen Herrenhause" unterbreitet wurde, enthielt drei bedeutende Neuerungen gegenüber dem Gesetz vom 13.3.1878: Die Begrenzung (1) der Altersspanne von 6 bis 12 Jahren sollte aufgehoben werden. Die Zwangserziehung (2) sollte nicht mehr unbedingt abhängig von der richterlichen Feststellung einer strafbaren Handlung sein. Auch "schuldhaftes Verhalten" des Vaters oder der Mutter, soweit ihnen die elterliche Gewalt zustehe, sollten als Grund für die Zwangserziehung angeführt werden. Schließlich sollten auch Unzulänglichkeiten (3) in der Erziehung seitens der Eltern oder Schule oder sonstiger Erziehungsträger, um eine Verhütung des "völligen sittlichen Verderbens" sicherzustellen, geltend gemacht werden können (ebd., S. 461). Der Entwurf gebe ein Zeugnis ab, inwiefern auch in der gesetzlichen Regelung der Eigenwert der Familie zurücktrete und staatlichem und individuellem Willen untergeordnet werde. Im Privatrecht stelle die Familie eine Anomalie dar, sie erfahre eine spezielle Behandlung, die nunmehr mit den Eingriffsmöglichkeiten in die Familie abgeschwächt werde: "Wenn nun im Privatrecht der Gleichstellung von Kindern unter elterlicher Gewalt mit bevormundeten Kindern die Tradition starke Hemmungen entgegenstellt, so bestehen hingegen für das öffentliche Recht solche Hemmungen nicht" (ebd., S. 460). Das besondere im Privatrecht sei, daß soweit die Eltern die Rechte des Kindes vertreten, dies nicht wie ein Fall der Vormundschaft behandelt werde.
[63] F. Tönnies, Die Erweiterung der ..., S. 470.

strafung nicht des etwaigen ehrlosen oder unsittlichen Erziehers, sondern des verwahrlosten oder der Gefahr ausgesetzten Kindes selber."[64]

Wenn ein Junge als 'Zeitungsausträger' arbeite und aus einem Brotbeutel eine Schrippe stehle, so habe man doch nicht aus der Entwendung, sondern aus der Erwerbstätigkeit die Verwahrlosung zu schließen. Gleichzeitig wunderte sich Tönnies, daß, obwohl man allein pädagogische und sittliche Probleme erkenne, ein Richter ohne psychologische, sozialwissenschaftliche, philosophische Vorbildung die moralische Obervormundschaft innehaben solle. Tönnies bezweifelte heftigst, daß gerade diese "hochbegünstigte Berufsgruppe" mit ihren "aristokratischen Laster(n)", die sich durch "pseudo-aristokratische Blasiertheit" auszeichne, über ihren ethischen "Indifferentismus" und "Stumpfsinn" hinauswachsen könne.

Tönnies stellte zudem die Erfolge der Zwangserziehungsanstalten in Frage, - einige seien "Schulen spezifischer kindlicher Laster"[65] - ein konsequent verfolgtes Verbot der Kinderarbeit hätte wahrlich weittragendere Folgen. Sollte dennoch eine Ersatzerziehung notwendig werden, so wollte er einerseits die pädagogische Aufsicht in den Händen fachlich geschulter Pädagogen und andererseits den Begriff Zwangserziehung durch Pflegerziehung ersetzt wissen, um diese von der Kriminal-Politik ablösen.[66] Er plädierte für eine Erziehungsbehörde, die sich - soweit die gesellschaftliche Organisation sich nicht ändere - um die Kinder zu kümmern habe, welche aufgrund der Massenarmut Hilfen benötigten. Prinzipiell mahnte er zur größten Vorsicht im Umgang mit der Idee, mit Hilfe des staatlichen oder öffentlichen Rechtes in den Bereich des Privatrechtes oder der Erziehungsgemeinschaften einzugreifen. Die dafür notwendigen Kompetenzen, gab Tönnies unter anderem zu bedenken, habe die soziale Wissenschaft und Öffentlichkeit noch kaum entwickelt.

Schließlich wies er die These zurück, daß die Kriminalität der Jugendlichen in einer die Gesellschaftsordnung bedrohenden Weise gestiegen sei.[67] Das

---

[64] F. Tönnies, Die Erweiterung der ..., S. 468-469.
[65] F. Tönnies, Die Erweiterung der ..., S. 469.
[66] Dagegen plädierte Tönnies dafür, daß die Einweisung in "(Erziehungs- oder Besserungs-) Anstalten" strafrechtlich fundiert bleiben solle (F. Tönnies, Die Erweiterung der ..., S. 474). "Was wir also in dieser Hinsicht fordern, ist die Errichtung von besonderen Anstalten zum pädagogisch geregelten Vollzug von Freiheitsstrafen an jugendlichen Personen; dieser bleibt aber, was er der Natur der Sache nach ist, eine Angelegenheit der Strafjustiz; liegt also ausserhalb dieses Gesetzesentwurfs" (ebd., 474-475).
[67] In einem früheren Aufsatz setzte Tönnies sich mit dem Verbrechen als soziale Erscheinung auseinander. Den soziologischen Begriff des Verbrechens bestimmte Tönnies in Beziehung zum juristischen Begriff der strafbaren Handlung und nicht als einen moralischen Begriff. "Mein Begriff des Verbrechens bezieht sich auf strafbare Handlungen wider natürliches Recht, mein Begriff des Vergehens auf strafbare Handlungen wider positives Recht, das ausserhalb des natürlichen steht" (Ferdinand Tönnies, Das Verbrechen als soziale Erscheinung, in: Archiv 8 (1895), S. 330). Die Betrachtung des Verbrechens lasse erst einmal kritisch auf die Kriminalstatistiken

Zwangserziehungs-Gesetz verstand sich nach Tönnies als eine Reaktion auf den heftigen Anstieg der Verurteilungen bei gefährlicher Körperverletzung und Sachbeschädigung. Eine wissenschaftliche Differenzierung der Straftaten habe nicht stattgefunden. Er stellte bei einem Vergleich der Kriminalitätsrate im Jugendalter in Preußen mit der in anderen Ländern, in denen ein ähnliches Gesetz bereits Gültigkeit habe, fest, daß keine nennenswerte Unterschiede zu verzeichnen seien. Tönnies Resümee ist dementsprechend eindeutig: "Die Auffassung des heutigen sozialen Lebens, die in der uns vorliegenden 'Begründung' geltend gemacht wird, ist in der That die des Sittenpredigers und entrüsteten Staatsbürgers, nicht die des Soziologen und Politikers."[68] Man strebe scheinbar danach, "die kapitalistisch zersetzte Gesellschaft gern von gewissen auffallenden Flecken befreien" zu wollen.[69]

---

blicken. Hier würden nämlich Handlungen aufgeführt, die mit verbrecherischen Tendenzen nicht zu verwechseln seien, so z.B. die Verletzung der Wehrpflicht. Tönnies teilte das Verbrechen als soziale Erscheinung in zwei Kategorien. 1. "Einfacher und unmittelbarer Ausdruck", der grossen "Ungleichheit der ökonomischen und moralischen Lage" und sozialer und sittlicher Notlagen. 2. Das Gaunertum habe sich anscheinend als eine Form "des sozialen Schmarotzertums" durch Jahrhunderte erhalten. Das Gaunertum sei in diesem Jahrhundert mehr zu einer großstädtischen Erscheinung geworden (ebd., S. 341). Eine Kriminal-Soziologie solle darum nach Tönnies unter anderem auch eine Geographie und Genealogie der Gauner erarbeiten und die anthropologische Analyse durch "rapports du milieu social" ergänzen (ebd., S. 344).

[68] F. Tönnies, Die Erweiterung der ..., S. 484-485.
[69] F. Tönnies, Die Erweiterung der ..., S. 485.

Weiter führte Ferdinand Tönnies aus: "Insofern als die Kriminalität überhaupt, die der Jugendlichen insbesondere, ökonomische und sittlich-soziale Ursachen hat, ist die Erwartung von vornherein falsch, sie mit strafrechtlichen Massnahmen hemmen zu können. Auch die Zwangserziehung, die nur eine modifizierte, meinetwegen eine verbesserte strafrechtliche Massregel ist, wird sich in dieser Hinsicht als ohnmächtig erweisen, man darf sagen, hat sich als ohnmächtig erwiesen" (ebd., S. 483-484). Und: "Die Kriminalität also - das ist der Sinn dieser Ausführung - in der Begrenzung, die ihr die Kriminalstatistik des Deutschen Reiches giebt, ist ein unmittelbarer Ausdruck der sittlichen Zustände, in dem Verstande, dass jede Vermehrung jener 'Kriminalität' eine Verschlechterung der sittlichen Zustände bedeutet. Diese Meinung ist durchaus falsch und völlig unhaltbar" (ebd., S. 476). Noch im gleichen Heft besprach Tönnies eine Schrift P.F. Aschrotts zum Gesetzentwurf. Ashrott mache keine Anmerkungen zur Statistik des Gesetzes und zur damit gegebenen Einschätzung der Lage. Ashrott und er seien allein hinsichtlich der Ablehnung des Entwurfes einer Meinung. Ashrott verzerre einen alten Gedanken von ihm (Tönnies), nämlich den Staatsanwälten Jugendanwälte zur Seite zu stellen, indem er pensionierte Offiziere dafür als besonders geeignet ansehe. Dies sei so Tönnies "wohlwollend gedacht - für die pensionierten Offiziere" (Ferdinand Tönnies, Buchbesprechung, P.F. Aschrott, Die Zwangserziehung Minderjähriger und der zur Zeit hierüber vorliegende Preussische Gesetzentwurf, Berlin 1900, in: Archiv 15 (1900), S. 512). Zudem wolle er Erziehungsämter bilden, in denen neben Verwaltungsbeamten und Juristen vor allem Pädagogen sitzen sollten. Tönnies fragte, was hier denn Verwaltungsbeamte und Juristen zu suchen hätten, dies sei doch wohl Aufgabe von Pädagogen allein, "sie, die Erziehungsbehörden, oder ein ihnen unterstehender pädagogischer Beamter,

Karl Flesch besprach dann 1902 das am 2. Juli 1900 verabschiedete Preussische Fürsorge-Erziehungsgesetz. Kaum ein Gesetz, so Flesch, habe sich einer derart günstigen Aufnahme erfreuen können. Fleschs Einwände deckten sich tendenziell mit der Kritik Tönnies an dem Entwurf.[70] Flesch bezeichnete den Arbeitsvertrag und die Familie als die Institutionen, die dem Erwachsenen ohne Privatvermögen dienen sollten, sich den Unterhalt und die Teilnahme an allen Kulturgütern zu verschaffen. In der sozialpolitischen Debatte gehe nun eine Seite davon aus, daß diese Institutionen normalerweise ausreichten, während die anderen in der Zunahme der Armenpflege einen Beweis dafür sähen, daß diese Ansicht überholt sei. Flesch verwies auf den besonderen Status der Familie gegenüber dem Arbeitsvertrag. Vom Familienverband werde erwartet, daß er sich aus religiösen und ethischen Kräften speise, anstatt ihm durch weiterführende materielle Hilfen ein Fundament zu schaffen, so wie man beim Arbeitsvertrag Regelungen getroffen habe, die einer Ausweitung der Armenfürsorge entgegenwirken sollten. Insgesamt, so Fleschs Resümee, dürfe der Schutz der unvermögenden Minderjährigen nicht als "eine lästige Ueberwachung" betrachtet werden, sondern man habe in ihm "eine Art Ausgleich für einen Teil dessen zu erblicken, was der durch Vermögensbesitz gestärkte Familienverband seinen Angehörigen leistet und was die Kinder der Aermeren bisher entbehren" müßten.[71] Neben der erwähnten materiellen Stützung der Familien plädierte er für weitere präventive Einrichtungen wie z.B. die Fortbildungsschule für die schulentlassene Jugend, denn bisher werde die Individualisierung der Probleme, die Einzelfallorientierung der alten Zwangserziehungsgesetze und Armenpflege auch im Fürsorgeerziehungsgesetz fortgeschrieben.

---

wären die gegebenen Organe für diese "pädagogisch-polizeiliche Thätigkeit" (ebd., S. 513). Tönnies verwies auf sein Gutachten für die Kommision der Internationalen kriminalistischen Vereingung von 1891. Ein Erziehungamt oder eine -behörde sei nötig, da die Waisenräte, welche in freier Liebestätigkeit arbeiteten, nicht ausreichten, wie schon Münsterberg und Brückner gezeigt hätten. "Wenn in der That der ernste Wille vorhanden wäre, aus dem Waisenrat eine lebendig wirksame Institution zu machen, so wäre die Einstellung von 5-6 Millionen Mark in den ordentlichen Etat das Allermindeste, was verlangt werden müsste" (ebd., S. 514). Zusammen mit Aschrott bemängelte er, daß letztlich nur um die Verteilung der Kosten gestritten werde, einmal für die Jugendanwälte (Aschrott) oder die Behörden (Tönnies). Tönnies empfahl einen staatlichen Zuschuß pro Kopf an die Kommunen. Eine alleinige Herrschaft des Staates in dem Bereich würde die Sache noch 'seelenloser' und 'bureaukratischer' machen (ebd., S. 515).

[70] Flesch kritisierte z.B auch die Macht des Vormundschaftsrichters und die Aufsichtbefugnisse des Staates gegenüber den Gemeinden. Flesch ordnete die mit dem Gesetz geplanten Maßnahmen der Armenpflege zu: "Das Fürsorgegesetz hat der Armenpflege nichts genommen; sondern es hat im Gegenteil ihr ein bisher vom Staat fast unbeachtet gelassenes Gebiet hinzugefügt: die Hilfeleistung an Kinder, die zwar nicht der Nahrung und Kleidung, oder des Obdaches, wohl aber der Erziehung entbehren." (Karl Flesch, Das preussische Fürsorge -Erziehungsgesetz vom 2. Juli 1900, in: Archiv 17 (1902), S. 33).

[71] Karl Flesch, Das preussische Fürsorge ..., S. 45.

Literatur

1. Analysierte Zeitschriften
2. Literatur bis 1905
3. Literatur ab 1905

Analysierte Zeitschriften

Archiv für soziale Gesetzgebung und Statistik; ab 1904: Archiv für Sozialpolitik und Sozialwissenschaft (1888-1905). (Zit. als: Archiv.)
Die Deutsche Schule (1897-1905). (Zit. als: Die Deutsche Schule.)
Jahrbuch des Vereins für wissenschaftliche Pädagogik (1888-1905). (Zit. als: Jahrbuch.)
Zeitschrift für Philosophie und Pädagogik (1894-1905). (Zit. als: Zeitschrift.)
Die einzelnen Zeitschriftenbeiträge wurden - um den Umfang zu reduzieren - nicht in das Literaturverzeichnis aufgenommen. Die detaillierten Angaben wurden vollständig in die Fußnoten eingearbeitet.

Literatur bis 1905

Altenburg, Oskar, Die Arbeit im Dienste der Gemeinschaft, Berlin 1901.
Bergemann, Paul, Soziale Pädagogik auf erfahrungswissenschaftlicher Grundlage und mit Hilfe der induktiven Methode als universalitische oder Kultur-Pädagogik, Gera 1900.
Bergemann, Paul, Lehrbuch der pädagogischen Psychologie, Leipzig 1901.
Bergemann, Paul, Über Volkshochschulen, Wiesbaden 1896.
Bergemann, Paul, Ethik als Kulturphilosophie, Leipzig 1904.
Dix, Arthur, Die Jugendlichen in der Sozial- und Kriminalpolitik, Jena 1902.
Dörpfeld, Friedrich Wilhelm, Gesammelte Schriften. 10. Band. Socialpädagogisches, Gütersloh 1900.
Edelheim, John, Beiträge zur Geschichte der Sozialpädagogik mit besonderer Berücksichtigung des französischen Revolutionszeitalters, Berlin, Bern 1902.
Fischer, Karl, Grundzüge einer Sozialpädagogik und Sozialpolitik, Eisennach 1892.
Garmo, Charles des, Herbart and the Herbartians, New York 1895.
Hochegger, R., Über die Culturaufgabe des Lehrers und die Notwendigkeit eines freien Lehrerstandes, Bielefeld 1892.
Huckert, Egon, Sammlung sozialpädagogischer Aufsätze, Paderborn 1898.
Linde, Ernst, Persönlichkeitspädagogik, Leipzig 1896.
Meumann, Ernst, Zur Einführung, in: W.A. Lay, E. Meumann (Hg.), Die Experimentelle Pädagogik, Leipzig 1905.
Natorp, Paul, Einleitung in die Psychologie nach kritischer Methode, Freiburg i.Br. 1888.

Natorp, Paul, Condorcets Ideen zur Nationalerziehung (1894), in: P. Natorp, Gesammelte Abhandlungen zur Sozialpädagogik, Stuttgart ²1922.
Natorp, Paul, Religion innerhalb der Grenzen der Humanität. Ein Beitrag zur Grundlegung der Sozialpädagogik (1894), Tübingen ²1908.
Natorp, Paul, Pestalozzis Ideen über Arbeiterbildung und die soziale Frage (1894), in: P. Natorp, Gesammelte Abhandlungen zur Sozialpädagogik, Stuttgart ²1922.
Natorp, Paul, Der Fall Thröner und die Ethik, in: Ethische Kultur 4 (1896).
Natorp, Paul, Ist das Sittengesetz ein Naturgesetz?, in: Archiv für systematische Philosophie 2 (1896).
Natorp, Paul, Herbart, Pestalozzi und die heutigen Aufgaben der Erziehungslehre (1899), in: P. Natorp, Gesammelte Abhandlungen zur Sozialpädagogik, Stuttgart ²1922.
Natorp, Paul, Sozialpädagogik (1899), Paderborn ⁷1974.
Natorp, Paul, Pädagogische Psychologie in Leitsätzen zu Vorträgen, Marburg 1901.
Natorp, Paul, Johann Heinrich Pestalozzi, Teil 1: Pestalozzis Leben und Wirken, Langensalza 1905.
Natorp, Paul, Pestalozzi und die Frauenbildung (1905), in: P. Natorp, Gesammelte Abhandlungen zur Sozialpädagogik, Stuttgart ²1922.
Natorp, Paul, Pestalozzi unser Führer (1905), in: P. Natorp, Gesammelte Abhandlungen zur Sozialpädagogik, Stuttgart ²1922.
Rein, Wilhelm, Zur Schulrede des Kaisers (1890), in: W. Rein, Kunst, Politik, Pädagogik. Gesammelte Aufsätze, 3. Bd. Pädagogik 1. Teil, Langensalza 1914.
Rein, Wilhelm, Das bürgerliche Wohnhaus (1891), in: W. Rein, Kunst, Politik, Pädagogik. Gesammelte Aufsätze, 1. Bd. Kunst, Langensalza 1910.
Rein, Wilhelm, Der Streit um den Geschichtsunterricht (1891), in: W. Rein, Kunst, Politik, Pädagogik. Gesammelte Aufsätze, 3. Bd. Pädagogik 1. Teil, Langensalza 1914.
Rein, Wilhelm, Zur Schulgesetzgebung (1892), in: W. Rein, Kunst, Politik, Pädagogik. Gesammelte Aufsätze, 2. Bd. Politik, Langensalza 1911.
Rein, Wilhelm, Vorwort, in: Johannes Trüper, Die Familienrechte an der öffentlichen Erziehung, Langensalza 1892.
Rein, Wilhelm, Sozialismus und Erziehung (1893), in: W. Rein, Kunst, Politik, Pädagogik. Gesammelte Aufsätze, 3. Bd. Pädagogik 1. Teil, Langensalza 1914.
Rein, Wilhelm, Zur Schulaufsichtsfrage, Vortrag gehalten in den Kaisersälen zu Halle a./S. am 19. Mai 1894, Langensalza 1894.
Rein, Wilhelm, Sozialismus und Sozialdemokratie (1894), in: W. Rein, Kunst, Politik, Pädagogik. Gesammelte Aufsätze, 2. Bd. Politik, Langensalza 1911.
Rein, Wilhelm, Alte und neue Pädagogik (1895), in: W. Rein, Kunst, Politik, Pädagogik. Gesammelte Aufsätze, 3. Bd. Pädagogik 1. Teil, Langensalza 1914.
Rein, Wilhelm, Leitsätze (1886), in: W. Rein, Kunst, Politik, Pädagogik. Gesammelte Aufsätze, 3. Bd. Pädagogik 1. Teil, Langensalza 1914.
Rein, Wilhelm, Schulbildung und Volkserziehung (1897), in: W. Rein, Kunst, Politik, Pädagogik. Gesammelte Aufsätze, 3. Bd. Pädagogik 1. Teil, Langensalza 1914.

Rein, Wilhelm, Soziales Christentum (1897), in: W. Rein, Kunst, Politik, Pädagogik. Gesammelte Aufsätze, 2. Bd. Politik, Langensalza 1911.
Rein, Wilhelm, Zur Frage der Lehrerbildung in Deutschland, Gotha 1898.
Rein, Wilhelm, Gegen die Grossstadt (1899), in: W. Rein, Kunst, Politik, Pädagogik. Gesammelte Aufsätze, 1. Bd. Kunst, Langensalza 1910.
Rein, Wilhelm, Volkshochschule, in: W. Rein (Hg.), Encyklopädisches Handbuch der Pädagogik. Bd. 7, Langensalza 1899
Rein, Wilhelm, Schulverfassung, in: W. Rein, Encyklopädisches Handbuch der Pädagogik. 6. Band, Langensalza 1899.
Rein, Wilhelm, Künstlerische Jugenderziehung (1901), in: W. Rein, Kunst, Politik, Pädagogik. Gesammelte Aufsätze, 1. Bd. Kunst, Langensalza 1910.
Rein, Wilhelm, Grundriss der Ethik, Osterwieck 1902.
Rein, Wilhelm, Pädagogik in systematischer Darstellung. Band 1. Die Lehre vom Bildungswesen, Langensalza 1902.
Rein, Wilhelm, Universität und Volksschule (1903), in: W. Rein, Kunst, Politik, Pädagogik. Gesammelte Aufsätze, 3. Bd. Pädagogik 1. Teil, Langensalza 1914.
Rein, Wilhelm, Volksbildung und Universität (1904), in: W. Rein, Kunst, Politik, Pädagogik. Gesammelte Aufsätze, 3. Bd. Pädagogik 1. Teil, Langensalza 1914.
Rein, Wilhelm, Vortrag gehalten im Festsaal des Abgeordnetenhauses zu Berlin am 3. Januar 1904 in der Frauengruppe für Bodenreform, Halle a.S. 1904.
Rein, Wilhelm, Heimat und Kunst in der Schule (1904), in: W. Rein, Kunst, Politik, Pädagogik. Gesammelte Aufsätze, 1. Bd. Kunst, Langensalza 1910.
Rein, Wilhelm, Unterricht im Freien (1904), in: W. Rein, Kunst, Politik, Pädagogik. Gesammelte Aufsätze, 3. Bd. Pädagogik 1. Teil, Langensalza 1914.
Rein, Wilhelm, Fortbildungskurse an der Universität (University extension), in: W. Rein, Encyklopädisches Handbuch der Pädagogik. Bd. 7, Langensalza ²1904.
Rein, Wilhelm, Bildende Kunst und Schule, Langensalza 1905.
Sallwürk, Eduard von, Handel und Wandel der Pädagogischen Schule Herbart's, Langensalza 1885.
Seidel, Robert, Der Arbeitsunterricht. Eine pädagogische und soziale Notwnedigkeit, Tübingen 1885.
Seidel, Robert, Sozialpädagogische Streiflichter über Frankreich und Deutschland. Hamburg 1886.
Simmel, Georg, Die Gross-Städte und das Geistesleben (1903), in: G. Simmel, Das Individuum und die Freiheit, Frankfurt a.M. 1993.
Staudinger, Franz, Der Fall Thröner und die Ethik, in: Ethische Kultur 2 (1896).
Stein, Lorenz von, Die innere Verwaltungswesen. Das Bildungswesen, Stuttgart 1868.
Tews, Johannes, Sozialdemokratische Pädagogik, Langensalza 1892.
Tews, Johannes, Sozialpädagogische Reformen, Langensalza 1900.
Trüper, Johannes, Friedrich Wilhelm Dörpfelds sociale Erziehung in Theorie und Praxis, Gütersloh 1901.
Villanyi, H., Das soziale Princip der Pädagogik, Cöthen 1890.

Willmann, Otto, Die Erziehung als Assimilation des Nachwuchses (1873), in: O. Willmann, Sämtliche Werke. Band 3, 1873-1875, Aalen 1971.
Willmann, Otto, Ausgabe von Johann Friedrich Herbarts Pädagogischen Schriften - Einleitung und Vorbemerkungen (1873/75, in: O. Willmann, Sämtliche Werke. Band 3, 1873-1875, Aalen 1971.
Willmann, Otto, Über die Dunkelheit der "Allgemeinen Pädagogik" Herbarts (1873), in: O. Willmann, Sämtliche Werke. Band 3, 1873-1875, Aalen 1971.
Willmann, Otto, Tagebuchnotizen 1874-1875, in: O. Willmann, Sämtliche Werke. Band 3, 1873-1875, Aalen 1971.
Willmann, Otto, Über Schleiermachers Erziehungslehre (1875), in: O. Willmann, Sämtliche Werke. Band 3, 1873-1875, Aalen 1971.
Willmann, Otto, Herbart und Schleiermacher; aus der Vorlesung "Geschichte der Pädagogik des 19. Jahrhunderts" (1874/1875), in: O. Willmann, Sämtliche Werke. Band 3, 1873-1875, Aalen 1971.
Willmann, Otto, Enzyklopädie der Erziehungswissenschaft (1874), in: O. Willmann, Sämtliche Werke. Band 3, 1873-1875, Aalen 1971.
Willmann, Otto, Didaktik als Bildungslehre (1882/1888), Freiburg/Wien ^{6}1957.
Willmann, Otto, Die soziale Aufgabe der höheren Schule (1891), in: O. Willmann, Aus Hörsaal und Schulstube. Gesammelte kleinere Schriften zur Erziehungs- und Unterrichtslehre, Freiburg i.Br. 1904.
Willmann, Otto, Geschichte des Idealismus. Band 1. Vorgeschichte und Geschichte des antiken Idealismus (1894), in: O. Willmann, Sämtliche Werke. Band 8, Aalen 1973.
Willmann, Otto, Geschichte des Idealismus. Band 2. Der Idealismus der Kirchenväter und der Realismus der Scholastiker (1896), in: O. Willmann, Sämtliche Werke. Band 9, Aalen 1975.
Willmann, Otto, Geschichte des Idealismus. Band 3. Der Idealismus der Neuzeit (1897), in: O. Willmann, Sämtliche Werke. Band 10, Aalen 1973.
Willmann, Otto, Der Neukantianismus gegen Herbarts Pädagogik (1899), in: Otto Willmann, Gesammelte Werke. Band 7, Aalen 1982.
Willmann, Otto, Wesen und Aufgabe der Sozialpädagogik (1900), in: O. Willmann, Gesammelte Werke. Band 7, Aalen 1982.
Willmann, Otto, Zur Berechtigung des Schlagwortes 'Sozialpädagogik' (1900), in: O. Willmann, Aus Hörsaal und Schulstube. Gesammelte kleinere Schriften zur Erziehungs- und Unterrichtslehre. Freiburg i.Br. 1904.
Willmann, Otto, Die Zusammengehörigkeit des individualen und sozialen Faktors der Erziehung (1901), in: O. Willmann, Gesammelte Werke. Band 7, Aalen 1982.
Willmann, Otto, Pro aris et focis (1903), in: O. Willmann, Aus Hörsaal und Schulstube. Gesammelte kleinere Schriften zur Erziehungs- und Unterrichtslehre. Freiburg i.Br. 1904.
Willmann, Otto, Über W. Reins Theorie der Schulgemeinde. Anzeige des Buches von Prof. Dr. Wilhelm Rein, Pädagogik in systematischer Darstellung, (1903), in: O. Willmann, Aus Hörsaal und Schulstube. Gesammelte kleinere Schriften zur Erziehungs- und Unterrichtslehre, Freiburg i.Br. 1904.

Willmann, Otto, Über Sozialpädagogik und Pädagogische Soziologie (1904), in: O. Willmann, Aus Hörsaal und Schulstube. Gesammelte kleinere Schriften zur Erziehungs- und Unterrichtslehre. Freiburg i.Br. 1904.
Willmann, Otto, Stärke und Schwäche der herbartschen Didaktik, Düsseldorf 1905.
Ziehen, Julius, Eine Reichsamt für Volkserziehung und das Bildungswesen, Berlin 1903.

3. Literatur ab 1905

Arnold, Helmut, Von der Armenfrage zur Arbeiterfrage - Arbeiterbildung und Arbeiteridentität, in: C. Niemeyer, W. Schröer, L. Böhnisch, Grundlinien historischer Sozialpädagogik, Weinheim 1997.
Beck, Joseph, Ueber Sozialpädagogik, Donauwörth 1911.
Benner, Dietrich, Hauptströmungen der Erziehungswissenschaft, Weinheim ³1991.
Blankertz, Herwig, Der Begriff der Pädagogik im Neukantianismus, Weinheim 1959.
Blumenberg, Hans, Schiffbruch mit Zuschauer, Frankfurt a.M. 1979.
Böhnisch, Lothar, Die Großstadtjugend und der sozialpädagogische Diskurs der 20er Jahre. Von der "pädagogischen" zur "soziologischen" Jugend, in: C. Niemeyer, W. Schröer, L. Böhnisch, Grundlinien historischer Sozialpädagogik, Weinheim 1997.
Böhnisch, Lothar, Niemeyer, Christian, Schröer, Wolfgang, Die Geschichte der Sozialpädagogik öffnen - ein Zugangstext, in: C. Niemeyer, W. Schröer, L. Böhnisch (Hg.), Grundlinien historischer Sozialpädagogik, Weinheim 1997.
Böhnisch, Lothar, Sozialpädagogik der Lebensalter. Eine Einführung, Weinheim ²1999.
Bruch, Rüdiger vom (Hg.), Weder Kommunismus noch Kapitalismus, München 1985.
Bruch, Rüdiger vom, Gesellschaftliche Funktionen und politische Rollen des Bildungsbürgertums im Wilhelminischen Reich - Zum Wandel von Milieu und politischer Kultur, in: Jürgen Kocka (Hg.), Bildungsbürgertum im 19. Jahrhundert. Politischer Einfluß und gesellschaftliche Formation, Stuttgart 1989.
Buchwald, Reinhard, Miterlebte Geschichte, Lebenserinnerungen 1884-1930, Köln, Weimar, Wien 1992.
Budde, Gerhard, Sozialpädagogik und Individualpädagogik in typischen Vertretern, Langensalza 1913.
Budde, Gerhard, Die philosophische Grundlegung der Pädagogik Herbarts im Urteile P. Natorps, Langensalza 1913.
Bühler, J.-C. v., Die gesellschaftliche Konstruktion des Jugendalters, Weinheim 1990.
Coriand, Rotraud, Winkler, Michael (Hg.), Der Herbartianismus - die vergessene Wissenschaftsgeschichte. Weinheim 1998.
Donath, W., Otto Willmann in seinem Verhältnis zu Lorenz von Stein. Versuch einer Würdigung und Kritik. Langensalza 1910.
Dudek, Peter, Jugend als Objekt der Wissenschaften, Opladen 1990.

Eley, Geoff, Deutsche Geschichte und die Widersprüche der Moderne, in: F. Bajohr, W. Johe, U. Lohalm (Hg.), Zivilisation und Barbarei. Die widersprüchlichen Potentiale der Moderne, Hamburg 1991.

Ernst, Otto, Flachsmann als Erzieher, Leipzig 1922.

Evers, Adalbert, Nowotny, Helga, Über den Umgang mit Unsicherheit. Die Entdeckung der Gestaltbarkeit von Gesellschaft, Frankfurt a.M. 1987.

Frischeisen-Köhler, Max, Bildung und Weltanschauung, Charlottenburg o.J..

Froese, Leonhard, Paul Natorp - ein vergessener Pädagoge? In: Pädagogische Rundschau 16 (1962).

Gängler, Hans, Staatsauftrag und Jugendreich, in: T. Rauschenbach, C. Sachße, T. Olk (Hg.), Von der Wertgemeinschaft zum Dienstleistungsunternehmen, Frankfurt 1995.

Geertz, Clifford, Dichte Beschreibung. Beiträge Zum Verstehen kultureller System, Frankfurt a.M. ^{4}1995.

Geissler, Erich E, Huber, Sylvia, Otto Willmann, in: H. Glöckel (Hg.), Bedeutende Schulpädagogen, Bad Heilbrunn 1993, S. 73.Franz Xaver Eggersdorfer, Otto Willmann. Leben und Werk, Freiburg i.Br. 1957.

Ghibu, Onisifor, Auf den Barrikaden des Lebens. Meine Lehrjahre, Cluj-Napoca 1988.

Gräser, Marcus, Der blockierte Wohlfahrtsstaat, Göttingen 1995.

Grittschneder, Max, Der Begriff der Sozialpädagogik in der deutschen erziehungswissenschaftlichen Literatur des XIX. Jahrhunderts, Typoskript München 1921.

Henseler, Joachim, Natorps philosophischer Pestalozzi, in: C. Niemeyer, W. Schröer, L. Böhnisch, Grundlinien historischer Sozialpädagogik, Weinheim 1997.

Henseler, Joachim, Disziplingeschichtliche Analyse der Sozialpädagogik Paul Natorps und Herman Nohls, Dissertation, Berlin 1997.

Henz, Hubert, Bildungstheorie, Frankfurt a.M. 1991.

Herget, A., Die wichtigsten Strömungen im pädagogischen Leben der Gegenwart, Leipzig 1925.

Hermann, Ulrich, Historische Bildungsforschung und Sozialgeschichte der Bildung, Weinheim 1991.

Hermann, Ulrich, Die Gründer der Volkshochschule Thüringen und der Volkshochschule Jena. Wilhelm Rein, Heinrich Weinel, Herman Nohl, Reinhard Buchwald, in: Volkshochschule der Stadt Jena (Hg.), 75 Jahre Volkshochschule Jena, Jena 1994.

Herrlitz, Hans-Georg, Einhundert Jahre "Die Deutsche Schule", in: Die Deutsche Schule 89 (1997).

Hobsbawn, Eric, Das imperiale Zeitalter, Frankfurt a.M.,New York 1989.

Hufnagel, E., Der Wissenschaftscharakter der Pädagogik. Studien zur pädagogischen Grundlehre von Kant, Natorp und Hönigswald, Würzburg 1990.

Jegelka, Norbert, Paul Natorp. Philosophie, Pädagogik, Politik, Würzburg 1992.

Jenaer Festschrift zum 50. Semester des Päd. Universitäts-Seminars unter Prof. D. Dr. W. Rein, Langensalza 1911.

Keck, Timothy, Kant and Socialism, in: Archiv für Sozialgeschichte, Bd. 15 (1975).

Klafki, Wolfgang, Das pädagogische Problem des Elementaren und die Theorie der kategorialen Bildung, Weinheim ³1963.
Knecht-von Martial, Ingbert, Geschichte der Didaktik, Zur Geschichte des Begriffs und der didaktischen Paradigmen, Frankfurt a.M. 1985.
Koerrenz, Ralf, Übungsschule - Erziehungsschule - Alternativschule. Rekonstruktionen eines pädagogischen Reformweges, in: Pädagogische Rundschau 48 (1994).
Koerrenz, Ralf, Wilhelm Rein als Reformpädagoge, in: Jahrbuch für Historische Bildungsforschung Bd. 1, Weinheim 1993, S. 133-152.
Konrad, Franz-Michael, Sozialpädagogik. Begriffsgeschichtliche Annäherungen - von Adolph Diesterweg bis Gertrud Bäumer, in: neue praxis 23 (1993).
Koselleck, Reinhart, Einleitung - Zur anthroplogischen und semantischen Struktur der Bildung, in: R. Koselleck (Hg.), Bildungsbürgertum im 19. Jahrhundert, Teil II, Bildungsgüter und Bildungswissen, Stuttgart 1990.
Kuhlemann, F.-M., "Niedere Schulen", in: C. Berg u.a. (Hg.), Handbuch der deutschen Bildungsgeschichte, Bd. IV, München 1991.
Lehmann, Rudolf, Pädagogik, in: Max Frischeisen-Köhler (Hg.), Jahrbücher der Philosophie, 2 (1914).
Lenger, Friedrich, Werner Sombart 1863-1941, Eine Biographie, München 1994.
Lexikon der Pädagogik. I. Bd, o.O. ⁴1964.
Lütgert, Will, Braucht die Schulreform Reformschulen?, in: Marotzki, W., Meinert A. u.a., Erziehungswissenschaft für Gymnasiallehrer, Weinheim 1996.
Marburger, Helga, Entwicklung und Konzepte der Sozialpädagogik, München 1979.
Marxen, Peter, Erziehungswissenschaft und Arbeiterbewegung, Frankfurt a.M. u.a. 1984.
Mennicke, Karl, Das sozial=pädagogische Problem in der gegenwärtigen Gesellschaft, in: P. Tillich (Hg.), Kairos. Zur Geisteslage und Geisteswendung, Darmstadt 1926.
Messer, August, Pädagogik der Gegenwart, Leipzig ²1931.
Metz, Peter, Herbartianismus als Paradigma für Professionalisierung und Schulreform, Bern, Berlin, u.a. 1992, S. 122.
Mollenhauer, Klaus, Die Ursprünge der Sozialpädagogik in der industriellen Gesellschaft, Weinheim 1959.
Müller, C. Wolfgang, Wie Helfen zum Beruf wurde, 2. Bd., Weinheim/Basel ²1988.
Müller, Carsten, Sozialpädagogik als Gesellschafts- und Gemeinschaftserziehung. Ein Beitrag zur Theorie der Sozialpädagogik dargestellt anhand von Karl Mager, Paul Natorp und Paul Bergemann, unv. Diplom-Arbeit, Universität Köln 1997.
Münchmeier, Richard, Zugänge zur Geschichte der Sozialarbeit, München 1981, S. 171.
Natorp, Paul, Selbstdarstellung, in: R. Schmidt (Hg.), Die Philosophie der Gegenwart, Leipzig 1921.
Natorp, Paul, Pädagogik und Philosophie. Drei pädagogische Abhandlungen, Paderborn 1964.

Neugebauer, Wolfgang, Das Bildungswesen in Preußen seit der Mitte des 17. Jahrhunderts, in: Otto Büsch (Hg.), Handbuch der Preussischen Geschichte, Band II, Das 19. Jahrhundert und große Themen der Geschichte Preußens, Berlin, New York 1992.

Niemeyer, Christian, Zur Systematik und Aktualität der Sozialpädagogik Natorps vor dem Hintergrund ihrer ideengeschichtlichen Einlagerung, in: J. Oelkers, W. Schulz, H.-E. Tenorth (Hg.), Neukantianismus, Weinheim 1989.

Niemeyer, Christian, Einfache Sozialpädagogik, reflexive Sozialpädagogik - Sozialpädagogik in den neuen Bundesländern? In: Pädagogik und Schule in Ost und West 40 (1992).

Niemeyer, Christian, Sozialpädagogik und der Zwang der disziplinären Verortung, in: C. Niemeyer, W. Schröer, L. Böhnisch, Grundlinien historischer Sozialpädagogik, Weinheim 1997.

Niemeyer, Christian, Die disziplinäre Engführung des Sozialpädagogikbegriffs im Zuge des Jugendwohlfahrtsdiskurses der Weimarer Epoche, in: C. Niemeyer, W. Schröer, L. Böhnisch, Grundlinien historischer Sozialpädagogik, Weinheim 1997.

Niemeyer, Christian, Klassiker der Sozialpädagogik, Weinheim 1998.

Nipperdey, Thomas, Deutsche Geschichte 1866-1918. Bd. 1. Arbeitswelt und Bürgergeist, München 1990.

Nohl, Herman, Die volkserzieherische Arbeit innerhalb der pädagogischen Bewegung (1932), in: Pädagogik aus dreißig Jahren, Frankfurt a.M. 1949.

Oelkers, Jürgen, Das Ende des Herbartianismus. Überlegungen zu einem Fallbeispiel der pädagogischen Wissenschaftsgeschichte, in: P. Zedler, E. König (Hg.), Rekonstruktionen pädagogischer Wissenschaftsgeschichte. Fallstudien, Ansätze, Perspektiven, Weinheim 1989.

Oelkers, J., Schulz, W., Tenorth, H.-E., (Hg.), Neukantianismus, Weinheim 1989.

Paulsen, Friedrich, Das moderne Bildungswesen, in: P. Hinneberg (Hg.), Die Kultur der Gegenwart, Berlin/Leipzig 1906.

Paulsen, Friedrich, Bildung, in: W. Rein (Hg.), Enzyklopädisches Handbuch der Pädagogik. (Bd. 1), Langensalza ^{2}1908.

Peukert, Detlev J.K., Grenzen der Sozialdisziplinierung, Aufstieg und Krise der deutschen Jugendfürsorge 1878 bis 1932, Köln 1986.

Peukert, Detlev J.K., Die Weimarer Republik, Frankfurt a.M. 1987.

Peukert, Detlev J. K., Max Webers Diagnose der Moderne, Göttingen 1989.

Pippert, Richard, Idealistische Sozialkritik und "Deutscher Weltberuf", Weinheim, Basel 1969.

Pippert, Richard, Paul Natorps Sozialpädagogik, in: Paul Natorp, Sozialpädagogik, Paderborn ^{7}1974.

Pippert, Richard, Paul Natorps Sozialpädagogik, in: Horst Wollenweber (Hg.), Modelle sozialpädagogischer Theoriebildung, Paderborn 1983.

Pixberg, Hermann, Soziologie und Pädagogik bei Willmann, Barth, Litt und Krieck, Langensalza 1927.

Reformpädagogik in Jena. Peter Petersens Werk und andere reformpädagogische Bestrebungen damals und heute, Universitätsverlag Jena 1991.

Rein, Wilhelm, Pädagogik in systematischer Darstellung, Band 1, Langensalza ^{2}1911.

Rein, Wilhelm, Marx oder Herbart, Langensalza 1924.
Rein, Wilhelm, Wilhelm Rein, in: Erich Hahn (Hg.), Die Pädagogik der Gegenwart in Selbstdarstellungen, Leipzig 1926.
Rissmann, Robert, Geschichte des Deutschen Lehrervereins, Leipzig 1908.
Ruhloff, Jörg, Paul Natorps Grundlegung der Pädagogik, Freiburg i.Br. 1966.
Sachße, Christoph, Tenstedt, Florian, Geschichte der Armenfürsorge in Deutschland. Vom Spätmittelalter bis zum 1. Weltkrieg. Stuttgart 1980.
Sachße, Christoph, Tenstedt, Florian, Geschichte der Armenfürsorge in Deutschland. Band 2. Fürsorge und Wohlfahrtspflege. 1871 bis 1929, Stuttgart 1988.
Sachße, Christoph, Tenstedt, Florian, Der Wohlfahrtsstaat im Nationalsozialismus. Geschichte der Armenfürsorge in Deutschland, Band 3, Stuttgart 1992.
Schaller, Klaus, Wodraschke, Georg, Information und Kommunikation, Hamburg 1968.
Schwenk, Bernard, Das Herbartverständnis der Herbartianer, Weinheim 1963.
Stölting, Erhard, Akademische Soziologie in der Weimarer Republik, Berlin 1986.
Strehler, Bernhard, Die sozialphilosophischen Grundlagen bei Natorp und Bergemann, o.O. 1909.
Thiersch, Hans, Lebensweltorientierte soziale Arbeit. Aufgaben der Praxis im sozialen Wandel, Weinheim 1992.
Treptow, Rainer, Wilhelm Rein und Paul Natorp - einige Gemeinsamkeiten und Unterschiede, in: Coriand, Rotraud, Winkler, Michael (Hg.), Der Herbartianismus - die vergessene Wissenschaftsgeschichte. Weinheim1998, S. 155-168.
Wallgärtner, Gisela, Der soziologische Diskurs im Kaisrreich, Münster 1990.
Wendt, Wolf Rainer, Geschichte der sozialen Arbeit, Stuttgart ³1990.
Whang, J. H., Die Entwicklung der Pädagogischen Soziologie in Deutschland, Ratingen 1963.
Winkler, Michael, Eine Theorie der Sozialpädagogik, Stuttgart 1988.
Winkler, Michael, Die Lust am Untergang: Polemische Skizzen zum Untergang ..., in: neue praxis 27 (1997).
Wolgast, Heinrich, Ganze Menschen. Eine sozialpädagogischer Versuch, Leipzig 1913.